Kohlhammer
Urban-
Taschenbücher

Band 119

Wolfgang Thome 7/88

Günther Bornkamm

Paulus

Sechste, unveränderte Auflage

Verlag W. Kohlhammer
Stuttgart Berlin Köln Mainz

Hans Freiherr von Campenhausen
zum 65. Geburtstag
in Freundschaft

Übersetzungen liegen vor in englischer, französischer, italienischer, norwegischer und spanischer Sprache.

Umschlagbild: Kapitell aus der Kirche von Vézelay (12. Jahrhundert):
Moses schüttet das Korn des Gesetzes in eine Mühle;
Paulus fängt es im Sack des Evangeliums auf:
Tollis agendo molam de furfure, Paule, farinam,
Mosaicae legis intima nota facis.
Fit de tot granis verus sine furfure panis,
Perpetuusque cibus noster et angelicus.
(Suger, Abt von St. Denis, 1081–1151 n. Chr.)

CIP-Kurztitelaufnahme der Deutschen Bibliothek

Bornkamm, Günther:
Paulus: [Hans Frh. von Campenhausen zum 65. Geburtstag in Freundschaft] / Günther Bornkamm. –
6., unveränd. Aufl. – Stuttgart; Berlin; Köln; Mainz:
Kohlhammer, 1987.
(Urban-Taschenbücher; Bd. 119)
ISBN 3-17-009639-7 kart.

NE: GT; Campenhausen, Hans Frhr. von: Festschrift

Sechste, unveränderte Auflage 1987

Stuttgart Berlin Köln Mainz
Verlagsort: Stuttgart
Umschlag: hace
Gesamtherstellung:
W. Kohlhammer Druckerei GmbH + Co. Stuttgart
Printed in Germany

Vorwort

Dieses Buch mutet dem Leser einiges zu, vielleicht weniger dem mit der neueren Forschung vertrauten Theologen als dem »Laien«, für den es in gleicher Weise gedacht ist. Er wird in ihm vieles nicht finden, was der kirchlichen Tradition vor allem aus der Apostelgeschichte seit jeher geläufig ist. Von dieser wird aus den zu Anfang dargelegten Gründen ein sparsamer, kritischer Gebrauch gemacht. Auch in der Auswertung der Paulusbriefe geht das Buch weithin ungewohnte Wege. Erst recht fordert das Mit- und Nachdenken der paulinischen Theologie Bereitschaft und Geduld. Doch läßt sich ein Denker von Art und Rang des Paulus nicht leichter machen, als er ist. Ich habe mich bemüht, ihn nicht nur zu referieren, sondern den Leser am Prozeß des Fragens und Erkennens zu beteiligen.

Innerhalb der paulinischen Theologie greifen viele Themen und Gedanken so stark ineinander, daß der Leser unter den angegebenen Überschriften nicht immer eine erschöpfende Behandlung einzelner Gedankenkreise erwarten darf; sie werden vielfach erst in weiteren Zusammenhängen und unter anderen Leitworten genauer erörtert.

Der Charakter und der knapp bemessene Raum des Buches erlaubten es nicht, in jedem Fall abweichende Interpretationen und Urteile sorgfältig in ihrem Für und Wider zu diskutieren. Wieviel ich der Arbeit anderer, auch nicht Genannter, verdanke und wie sehr sich Verständnis und Urteil auch in der kritischen Auseinandersetzung mit älterer und neuerer Forschung gebildet haben, wird der Kundige auf Schritt und Tritt bemerken. Wer nicht zur Zunft gehört, wird sich glücklich schätzen, nicht alle ihre Wege und Irrwege mitgehen zu müssen.

Heidelberg, im Mai 1969 — Günther Bornkamm

Zur vierten Auflage

Nicht zuletzt durch die außerordentliche, heilsame Wirkung der Holocaust-Sendungen ist in den letzten Jahren das lange verstummte christlich-jüdische Gespräch erneut in Gang gekommen und, wie nicht anders zu erwarten, auch Leben, Wirken und Denken des Paulus in neuer Weise in den Brennpunkt des Interesses getreten. Ich habe mich gleichwohl auch durch die vor allem im Verständnis des Römerbriefes nicht unwesentlich abweichende Abhandlung von Krister Stendahl, Paul among Jews and Gentiles (1976), nicht veranlaßt gesehen, die vierte Auflage dieses Buches zu verändern. Doch hoffe ich, daß es mit um so schärferer, kritischer Aufmerksamkeit gelesen werden und zu dem dringend erwünschten offenen Dialog auch in Zukunft beitragen möge. Denn zu dem »Ungesagten« – oder mindestens neu zu Sagenden –, das wir nach M. Bubers schönem Wort einander schulden, wird, wie niemand bestreiten kann, in erster Linie auch die Botschaft des Paulus gehören.

Heidelberg, im November 1979 Günther Bornkamm

Inhaltsverzeichnis

Vorwort 5

Vorwort zur vierten Auflage 6

Karte 9

Zeittafel 10

Einführung:

Paulus in seinen Briefen und in der Apostelgeschichte 11

Erster Teil: Leben und Wirken

1. Herkunft und Umwelt. Paulus vor seiner Bekehrung 27
2. Der Verfolger der Gemeinde. Bekehrung und Berufung 36
3. Erstes missionarisches Wirken 48
4. Der Apostelkonvent in Jerusalem 52
5. Der erste Zug nach Cypern und Kleinasien. Der Antiochenische Konflikt 63
6. Der Welthorizont der paulinischen Mission 68
7. Die ersten Gemeinden in Griechenland (Philippi, Thessalonich, Athen) 78
8. Korinth 85
9. Ephesus 94
10. Der Römerbrief als Testament des Paulus 103
11. Letzte Jerusalemreise. Gefangenschaft und Tod 111

Zweiter Teil: Botschaft und Theologie

I. Paulus und die Christusbotschaft der Urgemeinde 121

II. Mensch und Welt in ihrer Verlorenheit 131
   1. Das Gesetz 131
   2. Mensch und Welt 139

III. Das Heilsgeschehen 145
1. Gottes Gerechtigkeit 146
2. Die Gnade 149
3. Der Glaube 151
4. Heilsgeschehen und Heilsgeschichte 155
5. Leben im Glauben 160
6. In Christus 163

IV. Die Gegenwart des Heils 165
1. Das Wort 165
2. Dienst und Leiden des Apostels 172
3. Die Kirche 184
Ekklesia / Der Geist / Geist und Recht / Gottesdienst / Taufe und Herrenmahl / Der Leib Christi

V. Zukunft und Gegenwart (Eschatologie und Ethik) 203
1. Die Zeit des Glaubens 203
2. Leben aus der Gnade 207
3. Stand und Abstand des Christen 212
4. Seid untertan der Obrigkeit! 216
5. Die Liebe 222
6. Die Hoffnung 225

Schluß: Paulus und Jesus 234

Exkurs I: Echte und unechte Paulusbriefe 245
Exkurs II: Literarkritische Probleme des 1/2Kor, Phil und Röm . . . 246
Exkurs III: Christologie und Rechtfertigung 249
Literaturverzeichnis 251
Register 255

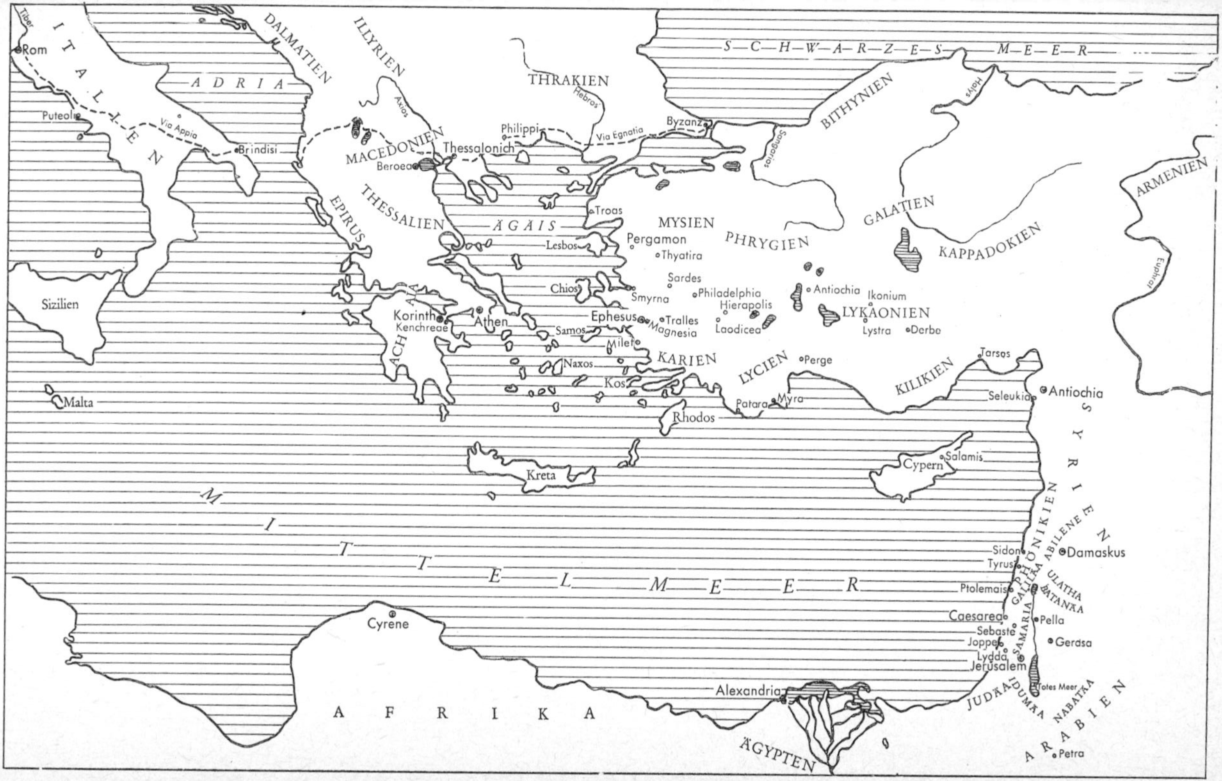
SCHWARZES MEER
ADRIA
ITALIEN
Rom
Tiber
Puteoli
Via Appia
Brindisi
Sizilien
Malta
DALMATIEN
ILLYRIEN
Axios
MACEDONIEN
Beroea
Thessalonich
Philippi
THRAKIEN
Hebros
Via Egnatia
Byzanz
EPIRUS
THESSALIEN
ÄGÄIS
ACHAIA
Korinth
Kenchreae
Athen
Lesbos
Chios
Samos
Naxos
Kos
Kreta
Rhodos
Troas
Pergamon
Thyatira
Sardes
Smyrna
Ephesus
Tralles
Magnesia
Milet
MYSIEN
PHRYGIEN
Philadelphia
Hierapolis
Laodicea
KARIEN
LYCIEN
Patara
Myra
Perge
BITHYNIEN
Sangarios
GALATIEN
Halys
KAPPADOKIEN
ARMENIEN
Euphrat
Antiochia
Ikonium
LYKAONIEN
Lystra
Derbe
KILIKIEN
Tarsos
Seleukia
Antiochia
SYRIEN
Cypern
Salamis
PHÖNIKIEN
ABILENE
Damaskus
Sidon
Tyrus
Ptolemais
GALILÄA
ULATHA
BATANÄA
Caesarea
SAMARIA
Pella
Sebaste
Gerasa
Joppe
Lydda
Jerusalem
JUDÄA
IDUMÄA
Totes Meer
NABATÄA
ARABIEN
Petra
MITTELMEER
Cyrene
AFRIKA
Alexandria
ÄGYPTEN

Zeittafel

Das einzige absolute Datum für die Chronologie des Paulus ergibt sich aus der Erwähnung des Statthalters L. J. Gallio (Act. 18, 12), eines Bruders Senecas, dessen prokonsularische Amtszeit in Achaia auf Grund einer in Delphi gefundenen Inschrift sich auf Frühjahr 51–52 (weniger wahrscheinlich 52–53) errechnen läßt. Alle weiteren relativen Datierungen müssen von hier aus nach unvollständigen und nicht in jedem Fall präzisen Angaben über Zeitspannen in Acta und Paulusbriefen nach rückwärts und vorwärts versucht werden; im einzelnen ist hier und da ein Spielraum zu lassen. Neueste sorgfältige Erörterung der paulinischen Chronologie bei D. Georgi, Die Geschichte der Kollekte des Paulus für Jerusalem (1965), S. 91–96 (dort weitere Literatur), mit dessen Ergebnissen die folgenden Zeitangaben im wesentlichen übereinstimmen. Diese beschränken sich auf einige markante Daten, zwischen denen die weiteren in diesem Buche geschilderten Ereignisse anzusetzen sind:

Kreuzigung Jesu:	um 30
Geburtsjahr Pauli:	unbekannt (wahrscheinlich um die Jahrhundertwende)
Bekehrung und Berufung:	um 32
Apostelkonvent:	48 (49?)
Paulus in Korinth:	18 Monate; Winter 49/50 bis Sommer 51
Paulus in Ephesus:	etwa 2½ Jahre; wahrscheinlich 52 bis 55
Letzter Aufenthalt in Macedonien und Achaia:	wahrscheinlich Winter 55/56
Jerusalemreise und Gefangennahme:	Frühjahr 56
Überführung des Gefangenen nach Rom:	wahrscheinlich 58
Zweijährige Gefangenschaft in Rom:	wahrscheinlich 58 bis 60
Märtyrertod Pauli unter Nero:	wahrscheinlich 60

Paulus in seinen Briefen und in der Apostelgeschichte

Keine andere Gestalt des Urchristentums steht so wie Paulus im hellen Licht, aber auch im Zwielicht der Geschichte. Von vielen anderen, selbst aus dem engsten Jüngerkreis Jesu, wissen wir nur wenig, kennen allenfalls ihre Namen und einige Daten ihrer Geschichte. Die meisten bleiben für uns völlig im Dunkel, sosehr auch die Legende sich bemüht hat, es aufzuhellen. Sogar der Gestalt Jesu gegenüber ist der Historiker in einer schwierigeren Lage als gegenüber Paulus; denn Jesus hat kein schriftliches Dokument hinterlassen. Was wir von ihm wissen, geht über die Evangelien auf mündliche Überlieferung der nachösterlichen Gemeinde zurück und ist so tief in ihr Glaubenszeugnis eingebettet, daß geschichtlicher Bericht und Glaubensaussage der ersten Christenheit sich oft nicht sicher unterscheiden lassen. Unsere Kenntnis von dem historischen Jesus ist darum weithin unsicher und lückenhaft.
Für Paulus fließen die Quellen reichlicher und sind von anderer Art. Die wichtigsten sind seine eigenen Briefe, die die Kirche in großer Zahl im Neuen Testament aufbewahrt hat. Von den 27 Schriften des neutestamentlichen Kanons tragen nicht weniger als dreizehn seinen Namen. Darunter sind freilich einige, die nach dem Urteil der neueren kritischen Forschung nicht von ihm selbst stammen, sondern erst später nach dem Vorbild seiner Briefe und unter seinem Namen abgefaßt wurden, um sein apostolisches Vermächtnis zu bewahren oder auch sich selbst apostolische Autorität zu geben. Die Gründe für und wider die Echtheit der einzelnen Briefe können hier nicht im Detail erörtert werden (vgl. dazu Exkurs I). Hier begnügen wir uns mit einer Aufzählung der im folgenden als echt geltenden Paulusbriefe. In der mutmaßlichen, wenn auch nicht in jedem Fall gesicherten zeitlichen Reihenfolge ihrer Abfassung sind dies der 1. Thessalonicherbrief, die Briefe des Apostels an die Gemeinde zu Korinth (wahrscheinlich eine Sammlung seiner umfangreichen, über einen längeren Zeitraum ausgedehnten Korrespondenz mit ihr), der Galater-, Philipper-, Philemonbrief und als letzter der große Brief an die Römer. Von allen diesen wird im Verlauf unserer Darstellung der Geschichte des Paulus noch die Rede sein. Zu den Deuteropaulinen, d. h. unter seinem Namen abge-

faßten Briefen rechnen wir mit der Mehrzahl der Forscher heute die sogenannten Pastoralbriefe, d. h. in Briefform gekleidete, an Timotheus und Titus gerichtete Anweisungen für das »Hirtenamt« und die Ordnung der Gemeinde, aber auch die stärker umstrittenen Briefe an die Kolosser und Epheser sowie den 2. Thessalonicherbrief. Auch bei kritischer Sichtung bleibt auf alle Fälle ein beträchtlicher und bedeutender Bestand authentischer Dokumente. Sie bringen uns Paulus und seine Botschaft unmittelbar nahe, geben ein höchst lebendiges Bild seines Wirkens und Kämpfens, seiner Erfolge und Mißerfolge, seiner Erfahrungen und Gedanken und gewähren uns zugleich einzigartige Einblicke in die Geschichte des Urchristentums. In den fünfziger Jahren des ersten Jahrhunderts geschrieben, sind sie auch Geschichtsquellen ersten Ranges, ja die ältesten und historisch zuverlässigsten urchristlichen Dokumente überhaupt, um Jahrzehnte älter als die Evangelien, die von Jesu Verkündigung und Geschichte erzählen.

Nicht nur für seine Botschaft und Theologie, auch für seine Geschichte, die uns in diesem Buch zuerst beschäftigen wird, sind die Briefe des Paulus die erste und maßgebliche Quelle, an der alle Nachrichten, die wir anderenorts über ihn erhalten, gemessen werden wollen. Seine Briefe sind freilich keine Selbstbiographie, sondern um der dem Apostel aufgetragenen Sache willen verfaßte Schreiben; hinter dieser Sache tritt seine eigene Person zurück. Überdies sind sie situationsbedingt und alle in einem begrenzten Zeitabschnitt, in der letzten Phase seines Lebens, entstanden, als er zwar auf der Höhe seines Wirkens stand, aber auch seinem Ende schon nahe war. So sind von ihnen von vornherein nicht gleichmäßige Nachrichten über alle Abschnitte seines Lebens zu erwarten. Weite Partien seiner Geschichte lassen sich aus den Briefen nicht mehr aufhellen und manche Einzelheiten sich oft nur aus gelegentlichen Andeutungen erschließen.

Diese Mängel scheinen dadurch ausgeglichen, daß uns das Neue Testament eine zweite wichtige Quelle anbietet, die *Apostelgeschichte* (im lateinischen Kanon *Acta* Apostolorum). Mehr als die Hälfte dieses umfangreichsten neutestamentlichen Buches, vom selben Verfasser wie das Lukasevangelium und mit ihm ausdrücklich schon im Prolog (Act 1, 1 ff.) zu einem Geschichtswerk verbunden, ist speziell mit dem Wirken und Schicksal des Paulus befaßt. So ist es nicht verwunderlich, daß sich die selbstverständliche Übung herausgebildet hat, sich für die Geschichte des Apostels im wesentlichen an die Acta, an die Briefe dagegen nur für seine Lehre zu halten. Das landläufige Paulusbild der kirchlichen Überlieferung hat infolgedessen ganz überwiegend seine Prägung aus der Apostelgeschichte erhalten.

Dieser traditionellen Praxis können wir heute auf Grund der neueren Forschung nicht mehr folgen. Ihr Recht ist durch den eindeutigen Nachweis erschüttert, daß das Geschichtswerk des Lukas in erster Linie als Dokument seiner eigenen Zeit, des nachapostolischen Zeitalters, verstanden sein will. In dieser Zeit und für diese Zeit schreibt Lukas, frühestens gegen Ende des ersten Jahrhunderts, also mehr als vier Jahrzehnte nach Abfassung der Paulusbriefe. Wichtiger als der für unsere Begriffe noch relativ geringe zeitliche Abstand ist dabei, daß das Zeitalter der Apostelgeschichte den Verhältnissen und Ereignissen, den Konflikten und widerstreitenden Anschauungen der Frühzeit, von denen die paulinischen Briefe reichlich Zeugnis geben, schon sehr fern stand. Sie waren zur Zeit der Abfassung der Apostelgeschichte weithin überholt, erledigt und vergessen, vieles nur noch ungenau in Erinnerung, manches in der Überlieferung unterdrückt und das Verständnis der Heilsbotschaft, des christlichen Glaubens, der Kirche und ihres Verhältnisses zur Welt in vielerlei Hinsicht durch neue Fragen, Anschauungen und Aufgaben überwachsen.

Gewiß, das große Interesse der Apostelgeschichte gerade für Paulus ist nicht von ungefähr. Der Standort ihres Verfassers und seiner Zeit wäre ohne Paulus undenkbar. Lukas schreibt sein Werk als Grieche und Heidenchrist, die Christusbotschaft hat die einst umstrittenen und zäh verteidigten Grenzen zwischen dem privilegierten Heilsvolk der Juden und den Heiden längst und endgültig durchbrochen, die Kirche hat sich über die Völkerreiche des Römischen Imperiums ausgebreitet, der Paulus der Apostelgeschichte predigt das Evangelium am Ende des Buches »ungehindert« (Act 28, 31) in der Reichshauptstadt. Lukas steht auf dem von Paulus bereiteten Boden. Sein Buch enthält, wenn auch oft abgewandelt und vereinfacht, allerlei Anklänge an paulinische Gedanken. Gleichwohl ist überall zu erkennen, daß der spannungsvolle Prozeß, der diesen Boden bereitet hat, abgeschlossen ist, die Geschichte seiner Entstehung, in die uns die Briefe Einblick geben, ist Vergangenheit geworden. So bewahrheitet sich in der Apostelgeschichte auch da, wo paulinische Töne in ihr nachklingen, der alte Satz: Wenn zwei dasselbe sagen, ist es nicht mehr dasselbe. Geschichte, von rückwärts gesehen, und Geschichte, die für die Zukunft noch offen ist und erst entschieden werden will, sind nicht ohne weiteres identisch. Was sich im Vergleich zwischen der Apostelgeschichte und den authentischen

Briefen des Paulus zeigt, ist einem Strom ähnlich, der in seinem Verlauf vieles abgelagert und aus neuen Quellen und Seitenflüssen Neues in sich aufgenommen hat.
Man wird gegen solche Überlegungen einwenden, Lukas schreibe sein Werk doch offenkundig als Historiker und noch dazu als einer, der längere Zeit Mitarbeiter und Reisegefährte des Paulus gewesen sei (Phm 24; Kol 4, 14; 2Tim 4, 11), mithin schon als Augenzeuge für die Zuverlässigkeit des von ihm Berichteten bürge. Doch ist auf diesen Einwand zu antworten: Die Apostelgeschichte selbst nennt den Namen ihres Verfassers nirgends, und die erst seit dem Ende des 2. Jahrhunderts feststehende kirchliche Tradition hat, wie die neueste Forschung zeigt, gewichtige Gründe gegen sich. Aber auch wenn sie recht hätte, sind derlei summarische Konsequenzen für den Geschichtswert der Acta, wie heute kaum noch bestritten wird, in jedem Falle unhaltbar. Allerdings schreibt Lukas – wir behalten der Einfachheit halber seinen traditionellen Namen bei – als Historiker, aber als Historiker nicht im Sinne der modernen, sondern der antiken Geschichtsschreibung. Auf diese ist der uns geläufige, bekanntlich von Ranke formulierte Grundsatz, der Historiker habe »bloß (zu) sagen, wie es eigentlich gewesen ist«, keineswegs anwendbar. Der schriftstellerischen Kunst des Erzählers ist im Altertum ein ganz anderer Spielraum gelassen, und gerade als Historiker bedient er sich bestimmter Darstellungsmittel, die der moderne Geschichtsschreiber nicht ohne weiteres verwenden darf. Seine Leistung besteht in der Art und Weise, wie er die Überlieferung nicht nur weiter-, sondern wiedergibt, Vorgänge zu anschaulichen, beispielhaften Szenen und Bildern ausgestaltet, sie damit deutet, das Vielerlei zu einem Ganzen verknüpft und den »Richtungssinn« des Geschehens (M. Dibelius) herausarbeitet. Daß er dabei die ihm nur irgend erreichbaren Überlieferungen verarbeitet, bleibt unbestritten, doch selbstverständlich ohne die erst in der neueren Geschichtsschreibung entwickelten Methoden und Grundsätze kritischer Prüfung und Sichtung. In keinem Falle aber ist die bloße Exaktheit der historischen Fakten die ihm gemäße Norm.
Daß diese Feststellungen auch für Lukas zutreffen, davon kann sich der Leser seines Werkes auch ohne viel gelehrtes Rüstzeug überzeugen, wenn er auf die Vielschichtigkeit und Verschiedenartigkeit der einzelnen Abschnitte des Buches achtet. Sie zeigen sofort, daß die Frage nach dem Geschichtswert des Erzählten nicht pauschal beantwortet werden kann. Neben kurzen, spröden Angaben über Daten, Personen- und Ortsnamen – zumal in

den Berichten über die Reisen des Paulus – finden sich stereotype überleitende und verbindende Zustandsschilderungen, etwa über Wachstum und Leben der Gemeinden. Dann wieder große, plastisch ausgemalte Szenen unter beherrschenden Themen, die die Wunderkraft der christlichen Zeugen, Heilungen und Bekehrungen einzelner, die Überlegenheit der Christusbotschaft über heidnischen Götzendienst und Aberglauben, die Standfestigkeit der Zeugen vor feindlichen Tribunalen, ihre Bewahrung durch Gottes Macht und ähnliches schildern. Ein besonders hervortretendes Element des ganzen Buches sind die zahlreichen, z. T. umfänglichen Reden, in denen vor Juden oder Heiden, einer Volksmenge oder den Regierenden die Grundwahrheiten der christlichen Botschaft entfaltet werden. Daß diese Reden – 24 an der Zahl, nahezu ein Drittel des ganzen Buches – nicht Protokolle oder Exzerpte wirklich gehaltener Reden, sondern vom Verfasser der Acta gestaltet und an Höhepunkten und Übergängen seines Werkes eingelegt sind, überdies auch ohne Interesse an einer individuellen Differenzierung der jeweiligen Redner, sei es Paulus, Petrus oder anderer, ist auf Grund des reichlichen Materials aus der antiken Historiographie, die sich dieses Darstellungsmittels mit Vorliebe bedient, heute nicht mehr zweifelhaft. In allen diesen Weisen und Möglichkeiten der Gestaltung erweist sich Lukas als »Historiker« im Sinne seiner Zeit und kann darum, so paradox es klingt, gerade hier am wenigsten als authentischer Zeuge, vielmehr nur als sekundärer Berichterstatter gelten (M. Dibelius).

Bedenkt man Standort und Darstellungsweise des Lukas, so wird verständlich, daß sich das Bild des Paulus und seiner Geschichte gegenüber dem, was die Briefe bieten, nicht unerheblich verschoben hat. Von ihren ersten Anfängen an erscheint die Kirche in der Apostelgeschichte als die von jeher auf die Völkerwelt angelegte, in völliger Einmütigkeit lebende Gemeinschaft der Gläubigen, von der Mutterkirche in Jerusalem, repräsentiert durch die zwölf Apostel, geführt und seit der Auferstehung und Erhöhung Christi vom Geist Gottes machtvoll und einheitlich gelenkt. An ihr haben sich die Verheißungen des Alten Testaments erfüllt; auf sie ist das von den ungläubigen Juden verwirkte heilsgeschichtliche Erbe übergegangen. So hat sich die Kirche gemäß der Zusage ihres Herrn (Act 1, 8) stetig und mächtig allen Widrigkeiten und Verfolgungen zum Trotz von Jerusalem aus über die Völkerwelt ausgebreitet. Unschwer läßt sich erkennen, daß in diesem Gesamtbild, auch wenn es stark vereinfacht und idealisiert ist, zwar paulinisches Erbe bewahrt ist, ebenso deutlich aber sind die beträchtlichen geschichtlichen und theologischen Differenzen. Beides greift ineinander und berührt, wie im einzelnen erst später erläutert werden soll, nicht nur periphere, sondern grundlegende Fragen. Es mag genügen, hier auf einige besonders augenfällige und für das Ganze charakteristische Einzelzüge zu verweisen: Lukas schildert auch den Christen und Missionar Paulus noch mit allem Nachdruck als überzeugten Pharisäer, der dem Gesetz der Väter und dem gerade vom Pharisäismus vertretenen und durch die Auferstehung Jesu nunmehr bestätigten Glauben an die Totenauferstehung treu geblieben ist, während die Juden zugleich mit der Verwerfung Jesu ihre eigensten heiligen Traditionen verraten haben (vgl. z.B. Act 26,2 ff.). Ganz anders der wirkliche Paulus, der, wie besonders im Philipperbrief deutlich wird, seinen einstigen pharisäischen Eifer um die Gerechtigkeit aus den Werken des Gesetzes preisgegeben und für »Schaden« und »Dreck« erachtet hat, um das Heil allein im Glauben an Christus zu finden (Phil 3,5 ff.). Man darf von dieser offensichtlichen Differenz her freilich nicht auf eine primitiv judaistische Tendenz der Apostelgeschichte schließen. Möglich wurden ihre Anschauungen, weil der Kampf zwischen Judentum und Christentum um die Geltung des Gesetzes beigelegt war und das Gesetz, von seiner einstigen partikularistischen Beschränkung befreit, nun als bleibend gültige, allgemeine Gottesordnung verstanden wurde. Nicht minder kennzeichnend ist die Tatsache, daß die Apostelgeschichte Paulus Rang und Namen eines Apostels versagt und diesen Titel ausschließlich den Zwölfen vorbehält. Dies geschieht selbstverständlich nicht, um Paulus zu degradieren. Wohl aber zeigt sich darin ein grundlegender Wandel im Verständnis der Kirche und des Apostolats. Das Apostelamt ist hier anders als bei Paulus selbst als eine auf den irdischen Jesus zurückgehende, auf die Zwölf als seine einstigen Weggenossen und Augenzeugen beschränkte, die rechtmäßige Tradition verbürgende Institution verstanden, die an Jerusalem als Mutterkirche gebunden bleibt. Paulus dagegen, nicht selbst Apostel, ist der große, von Jerusalem legitimierte Völkermissionar. Bedenkt man, wie sehr der historische Paulus nach Ausweis seiner Briefe um seine Anerkennung als Apostel in vielen seiner Gemeinden mit seinen Gegnern und sicher schon mit den Jerusalemer Autoritäten hat kämpfen müssen, so lernt man die Bedeutung auch dieser Differenz zwischen Briefen und Acta ermessen. Ihr zufolge schildert Lukas auch die geschichtlichen Beziehungen zwischen Paulus und Jerusalem anders, als wir es vor allem aus dem Galater- und Römerbrief wissen. Weitere Beispiele solcher Unterschiede betreffen die von Lukas völlig übergangenen Konflikte des Apostels mit Judaisten und Enthusiasten oder auch die Bedeutung seiner Kreuzesbotschaft, die für das Selbstverständnis wie für das Verständnis des Christseins überhaupt bei Paulus entscheidend ist; sie spielt in der Apostelgeschichte keine Rolle mehr, sondern ist eher durch das Bild des triumphierenden Zeugen ersetzt. Entsprechendes wäre für die Eschatologie und andere theologische Fragen zu zeigen.

Die aufgezählten Unterschiede stellen keineswegs den Geschichtswert der Acta überhaupt in Frage. Zweifellos hat Lukas auch viele zuverlässige Nachrichten verarbeitet, und keine Paulusdarstellung kann auf sie verzichten. Am sichersten wird man sie dort finden, wo von offenkundig legendärer Ausschmückung der Berichte, von den Tendenzen des Buches sowie von der schriftstellerischen Kunst seines Verfassers gerade am wenigsten festzustellen ist. Das sind in vielen Fällen gerade die wenig auffälligen und schnell überlesenen Partien. Woher Lukas seine Nachrichten bezogen hat, verrät er leider nirgends. Zu dieser Frage lassen sich nur Vermutungen äußern. Literarische Vorbilder, wie er sie für sein Evangelium nennt (Lk 1,1-4), hat er mit Sicherheit für die Apostelgeschichte nicht gehabt; er hat sich als erster auf diesem Felde versucht. Möglich ist, daß er wie zahlreiche andere antike Historiker die wichtigsten von Paulus gegründeten Gemeinden bereist hat oder durch Vermittlung anderer von umlaufenden Paulusgeschichten Kenntnis erhielt. An einigen Stellen deutet der Text auf Grund stilistischer und sachlicher Indizien darauf hin, daß er bereits schriftlich fixierte Aufzeichnungen, von wem auch immer stammend, benutzen konnte. Aufs ganze gesehen kann es sich dabei jedoch nicht um größere, zusammenhängende Komplexe handeln. Lange Zeit hat die Forschung für eine solche umfangreichere schriftliche Quelle bestimmte Passagen des Werkes in Anspruch genommen, in denen die Erzählung aus der dritten Person unvermittelt in die erste Person Pluralis überwechselt und ein unmittelbarer Reisegefährte des Paulus zu sprechen scheint (16,10-17; 20,5-15; 21,1-18; 27,1 – 28,16). Doch läßt sich nicht einmal hier ein sicherer Beweis für eine benutzte Quelle führen, denn über das genannte Stilmerkmal hinaus lassen sich aus Wortschatz und Erzählungsweise keine Besonderheiten gegenüber dem Buch im ganzen erheben. Auch ist die Abgrenzung dieser »Wir«-Stücke unsicher. Vor allem aber beweisen Parallelen aus der antiken Historiographie, daß auch dieser Wechsel ein beliebtes schriftstellerisches Mittel lebhafter Darstellung war. Mit Recht ist die Hypothese einer »Wir-Quelle« darum durch die sehr viel einleuchtendere Vermutung der stellenweisen Benutzung eines »Itinerars«, d. h. eines kurzgefaßten Reisetagebuches, ersetzt worden (M. Dibelius). Auch wenn wir davon nur Relikte ausmachen können, muß diesem Itinerar ein hoher Quellenwert zuerkannt werden. Das soll nicht heißen, daß nicht hier und da deutliche Spuren einer unverdächtigen mündlichen oder schriftlich fixierten Überlieferung festgestellt werden können. Zu allseits gesicherten Ergebnissen ist man in der Quellenfrage bisher jedoch nicht gelangt und wird man auch in Zukunft nicht kommen.

Besonders auffällig ist, daß das ganze lukanische Werk auch nicht an einer Stelle Kenntnis und Benutzung der Briefe des Apostels selbst verrät. Wir haben daraus zu folgern, daß es zur Zeit der Entstehung der Acta noch nicht eine repräsentative, über größere Kirchengebiete verbreitete Sammlung von Paulusbriefen gab. Wohl sind einzelne Briefe schon früh zwischen benachbarten Gemeinden ausgetauscht worden. Sichere Spuren einer Sammlung, auf die andere altkirchliche Autoren ausdrücklich verweisen, finden sich nur vereinzelt, jedoch in zunehmendem Umfang seit den neunziger Jahren des ersten Jahrhunderts. In diese Zeit etwa ist auch die Apostelgeschichte, auch wenn sie die Briefe noch nicht zu kennen scheint, zu datieren. Da das ihr schon vorausgehende und abgeschlossen vorliegende Lukasevangelium, das letzte der drei nach 70 entstandenen synoptischen Evangelien, wohl in den achtziger Jahren verfaßt ist, hat diese Datierung die besten Gründe für sich.

Aus der hier schon, wenn auch nur in Grundzügen gegebenen kritischen Analyse der Acta erhellt, daß diese zweite Paulusquelle nicht einfach unser Quellenfundament verbreitert und befestigt, sondern auch vor besondere Schwierigkeiten stellt. Sie nötigen uns, das weithin übliche Verfahren aufzugeben, Acta und Briefe unbesehen zu verschmelzen, und bei der Heranziehung der Apostelgeschichte ein Höchstmaß von Zurückhaltung zu üben, was unkritische, an die Tradition gewöhnte Bibelleser vielleicht befremden und des öfteren auch konservativen Vertretern der Forschung übertrieben erscheinen mag. Deutlich sollte in jedem Fall sein, daß es nicht angeht, die Apostelgeschichte auch nur für die Geschichte des Paulus bedenkenlos zu Grunde zu legen und ihr die Briefe nur als gelegentlich willkommene Ergänzung oder Illustration zuzuordnen oder die Lücken, welche die Briefe lassen, ungeprüft aus den reicher fließenden

Nachrichten der Acta aufzufüllen, m. a. W. unkritisch die eine Quelle reden zu lassen, wo die andere schweigt. Es ist das Verdienst der neueren Forschung, die Problematik dieses gängigen Kombinationsverfahrens offenkundig gemacht zu haben. In verhängnisvoller Weise hat dieses Kombinieren und Harmonisieren die Konturen des historischen Paulusbildes verwischt und das Verständnis der geschichtlichen und theologischen Probleme seiner Botschaft und seines Wirkens verharmlosend beeinträchtigt. Unsere kritische Vorsicht wird sich, wie ich hoffe, nur als die andere Seite eines begründeten Vertrauens zu den Paulusbriefen selbst erweisen, die nicht nur Dokumente seiner Botschaft und Theologie, sondern auch seiner Geschichte sind.

Daß die schriftliche Hinterlassenschaft des Apostels ausschließlich Briefe sind, ist nicht nur ein historischer Zufall, sondern von erheblicher sachlicher Bedeutung. Nichts deutet darauf, daß Paulus jemals auch nur den Gedanken gehabt hat, etwa in einem Evangelium die Geschichte Jesu von Nazareth zu erzählen, wie es Jahrzehnte nach ihm erstmals der Evangelist Markus und andere getan haben. Auch hat er schwerlich je daran gedacht, z. B. Kommentare über einzelne Schriften des Alten Testamentes zu verfassen, wie wir sie von seinem jüdischen Zeitgenossen Philo von Alexandria und altchristlichen Schriftstellern kennen, oder auch Gemeindeordnungen, theologische Traktate, dogmatische Lehrschriften, die es seit der Alten Kirche in Fülle gibt. Selbst auf den Römerbrief, der noch am ehesten eine Art Lehrschrift genannt werden könnte und häufig als solche gegolten hat, trifft eine solche Klassifizierung nicht zu. Die Gründe für diesen Sachverhalt scheinen auf der Hand zu liegen. Paulus war, so sagt man natürlich nicht ganz unrichtig, ein Mann der missionarischen Praxis und kein Literat, ja wie manche sogar hinzufügen – dies allerdings sehr zu Unrecht –, auch nicht eigentlich ein Theologe, sondern Sendbote und Prediger, bemüht, sein gewaltiges Missionsprogramm bis zur bald erwarteten Wiederkunft Christi zu erfüllen, bedrängt von konkreten Aufgaben, Fragen und Kämpfen. Wie sollte er da die Zeit für theologische Meditationen und Schriftstellerei gefunden haben? Doch mischt diese Erklärung Richtiges und Falsches heillos durcheinander und ist dazu angetan, völlig in die Irre zu führen. Schon die gängige Gegenüberstellung von »Praxis« und »Theorie«, in diesem Fall von Leben und Theologie, ist für Paulus schlechterdings unsinnig. Vor allem aber macht diese Auskunft unkenntlich, wie sehr die Tatsache, daß der Apostel sich allein in Briefen ausgesprochen hat, mit

Inhalt und Eigenart gerade seines theologischen Denkens aufs engste zusammenhängt.
Daß seine Briefe wirkliche Briefe sind, ist dem heutigen Leser auf Grund kirchlicher Gewöhnung und ihres gottesdienstlichen Gebrauches vielfach überhaupt nicht oder nicht zur Genüge bewußt. Für die Kirche sind sie weithin nichts anderes als heilige Texte für Lesungen und Gebete. Allerdings sind sie keine Privatbriefe, sondern für den größeren Hörerkreis seiner Gemeinden bestimmt und sollten in der gottesdienstlichen Versammlung verlesen werden (1Thess 5, 27), worauf auch die liturgischen Wendungen, Gebets- und Segensworte an ihrem Anfang und Schluß weisen. Doch schließt das nicht aus, daß sie echte Briefe sind, also weder Sammlungen frommer Sprüche und religiöser Meditationen noch literarische Kunstprodukte, die ihr Autor, wie aus Beispielen der Literaturgeschichte seit der Antike reichlich bekannt, nur in die Form eines Briefes gekleidet hat. Wie jeder echte Brief sind sie in einem bestimmten Augenblick und für diesen, aus konkretem Anlaß an bestimmte Menschen geschrieben. In diesem Sinn sind sie Gelegenheits-, ja oft genug Verlegenheitsschreiben, vom Verfasser selbst oft als Notbehelf empfunden, unzureichender Ersatz für eine durch die äußere Trennung im Augenblick verhinderte, nicht mehr oder noch nicht mögliche persönliche Begegnung. Paulus redet davon mehr als einmal und beklagt die widrigen Umstände, die ihn zur Zeit von der Gemeinde fernhalten und ihn zu einem Brief nötigen (1Thess 2, 17 f.; Röm 15, 22 ff.).
Nicht minder deutlich wird freilich an seinen Briefen, daß gerade durch den aufgezwungenen Abstand und die gesammelte Stille des Schreibenmüssens die Gedanken des Briefschreibers eine Tiefe und Überzeugungskraft erhielten und sein Wort eine Gestalt annahm, die es in der mündlichen Rede im Gedränge des Augenblicks vielleicht nur selten zu erreichen vermochte. Die Gegner des Paulus in Korinth haben das wohl bemerkt und darum in der Gemeinde gegen ihn damit agitiert, daß seine Briefe zwar gewichtig und kraftvoll, aber sein persönliches Auftreten schwach und seine Rede stümperhaft seien (2Kor 10, 1. 10; 11, 6). Dieses boshafte Urteil ist allerdings an den überheblichen Maßstäben enthusiastischer Rede zu messen, wie sie die Schwärmer vertraten, Paulus aber entschieden verwarf (1Kor 2, 3 ff.). Immerhin zeigt der Erfolg seines missionarischen Wirkens, was gerade auch seine Predigt ausrichtete. Dennoch wird richtig sein, daß nicht selten seine Briefe noch mächtiger gewirkt haben als sein mündliches Wort. Ebenso gilt aber auch das zuerst Gesagte: das

Notvoll-Ersatzweise der brieflichen Äußerung und ihr Zurückbleiben hinter den Möglichkeiten unmittelbarer Begegnung, was Paulus in gleicher Weise erfuhr.
Wir heute verdanken gerade den zunächst lästig und zufällig erscheinenden Umständen, daß wir nach fast 2000 Jahren an dem Austausch des Apostels mit seinen Gemeinden teilnehmen können, auch wenn wir über den weiten geschichtlichen Abstand hinweg nicht mehr alle Aussagen und Andeutungen sofort verstehen und manches von dem, was einst unmittelbar verständlich war, sich nur noch erahnen läßt. Oft ist in überlieferten Briefen einer vergangenen Zeit die Dunkelheit einer Aussage ja nur ein Anzeichen dafür, daß die ersten Leser, die mit damaligen Situationen und Fragen, mit bestimmten Menschen und vor allem dem Briefschreiber selbst vertraut und in der gleichen Gedanken- und Vorstellungswelt beheimatet waren, das Gesagte sofort verstanden. Die zeitliche Ferne zu den überlieferten Dokumenten ist darum zu respektieren und nicht vorschnell einzuebnen. Das hebt nicht auf, daß gerade Briefe, wie jeder aus dem Studium solcher Geschichtsquellen weiß, auch die Erfahrung unmittelbarer Nähe vermitteln. Sind sie von Verfassern geschrieben, die sich nicht hinter Klischees und konventionellen Floskeln verbergen, sondern sich in ihren Briefen selbst auszusprechen verstehen – und das gilt für Paulus im höchsten Grad –, so tragen sie wie kein anderes Dokument das unverwechselbare Siegel gerade dieses Menschen an sich. Wir spüren gleichsam seinen Atem, aber auch die Nähe derer, an die seine Briefe sich wenden. So werden wir, über Jahrhunderte hinweg herangeholt, selbst zu Zeugen einer einstigen Begegnung, ja Partner jenes ersten Gespräches, mit angeredet, gefragt und aufgerufen. Man tut gut daran, sich die hier beschriebenen allgemein bekannten Erfahrungen auch im Blick auf die Paulusbriefe zu Bewußtsein zu bringen.
Doch ist der besondere Charakter der paulinischen Briefe damit noch nicht erschöpft. Denn trotz ihrer persönlichen und situationsbezogenen Prägung sind sie nun doch, wie bereits gesagt, alles andere als nur Privatbriefe, weder von ihrem Verfasser noch von ihren Adressaten und auch nicht von ihrem Inhalt her. Der Auftrag des Apostels, seine Verantwortung und Leidenschaft für die Christusbotschaft und die ihm anvertrauten Gemeinden, nicht irgendwelche ihm persönlich vertrauten Einzelpersonen, geben ihnen ihr eigentliches Gepräge.
Aus der missionarischen Arbeit des Apostels erwachsen und in der Absicht geschrieben, diese Arbeit aus der Ferne fortzusetzen, sind die Briefe des Paulus zur ältesten Gattung des urchristlichen

Schrifttums geworden, der aus der Literatur des Altertums sich nichts Vergleichbares an die Seite stellen läßt. Ihr Kennzeichen ist, daß sie der viva vox evangelii noch ganz nahe sind, d. h. der mündlich verkündeten, auf Gehör und Gehorsam im Glauben abzielenden Christusbotschaft, die nicht in abstrakt-theoretischen Reflexionen sich bewegt, sondern die Lebenswirklichkeit der Angeredeten als bestimmendes Element ständig mit einbezieht. Paulus hat diese Gattung der urchristlichen Briefe als Mittel der Kommunikation geschaffen und blieb darin das oft nachgeahmte, aber von keinem erreichte Vorbild. Wohl bedient er sich dabei geprägter, konventioneller Formen des hellenistischen Briefformulars, besonders deutlich in der Begrüßung im Briefeingang, in Danksagung und Versicherung der Fürbitte und in den Grüßen und Wünschen am Schluß. Doch wandelt er diese Formen entsprechend dem Zweck seiner Briefe vielfach ab: in der Art und Weise, wie er sich selbst als berufenen Apostel und Knecht Jesu Christi und seine Mitarbeiter als Mitabsender einführt (woraus jedoch nicht auf ihre Mitverfasserschaft zu schließen ist), in Gruß und Danksagung und Fürbitte die Gemeinden geistlich kennzeichnet und den sonst üblichen Wunsch für persönliches Wohlergehen durch den – aus orientalisch-jüdischen Briefen bekannten – Heilszuspruch ersetzt (»Gnade und Heil sei mit euch«). Auch zeigen die genannten, nach Länge und Inhalt höchst unterschiedlichen Briefabschnitte, wie sehr Paulus die festen Formen individuell nuanciert. Man ersieht daraus, daß er sich nicht nur äußerer Formen bedient, sondern Gedanke und Wort einer inneren, von der Sache bestimmten Ordnung entsprechen. Vor allem aber entziehen sich die großen Hauptabschnitte seiner Briefe jeder Einordnung in herkömmliche briefliche Formen. Sie entsprechen vielmehr völlig anderen Stilformen: der Predigt, der theologischen Beweisführung, der Mahnrede, liturgischen Wendungen (Bekenntnis, Hymnus, Doxologie, Segen und Fluch u. a.). Die Weitergabe der Briefe an andere Gemeinden (Kol 4,16) und ihre Sammlung in relativ früher Zeit und vollends ihre spätere Verwendung werden aus diesem Sachverhalt wohl begreiflich. Ihre Eigenart macht aber auch ihre starke Nachwirkung und den Vorrang der Briefgattung in der urchristlichen Literatur verständlich. Wie man den Namen des Paulus für Gemeindeschreiben wählte, so konnte man sie auch unter die Namen anderer Apostel stellen, um ihnen eine entsprechende Autorität zu sichern.

Von zahllosen anderen kirchlichen Lehrschreiben und pastoralen Episteln in früher und späterer Zeit unterscheiden sich die paulinischen Briefe freilich dadurch, daß in ihnen Sache und Person ihres Autors eine unlösliche Einheit bilden. Der Leser heute wird zwar vielfach ihre Fremdartigkeit empfinden und sollte sich darüber nicht zu schnell hinwegtäuschen. Doch sollte er ebenso inne werden, wie hier die Kraft des Geistes und die Kraft des Herzens eins sind und in einer oft erstaunlich gemeisterten Sprache ihren Ausdruck finden. Nicht selten ist diese Sprache schwer, abgründig und überladen; sie greift zu und wandelt sich, ist werbend und gütig, aber auch jäh und schroff, immer ist sie aber von Auftrag und Botschaft bestimmt, Werkzeug eines Mannes, der selbst nichts anderes ist als Werkzeug in der Hand seines Herrn. Nirgends erstarrt ihm die Sache zur leeren Formel, wird er selbst zum frommen Funktionär oder werden die Angeredeten zu bloßen Predigtobjekten. Wer die Paulusbriefe studiert, sollte nicht müde werden, sich diesem Eindruck immer erneut auszusetzen. Daß es uns oft nur schwer gelingt, hat seinen Grund wohl nicht nur in der Distanz unserer Welt von der seinen, sondern auch in dem weithin ebenso gewohnten wie verständnislosen Gebrauch, den wir im Umkreis kirchlicher Tradition von Gedanken und Worten des Apostels zu machen pflegen, mit andern Worten: in der frommen Staubschicht, die sich seit Jahrhunderten über die heiligen Texte wie ein Leichentuch gelegt hat.

Wir haben mit dem, was wir über den zwiespältigen Eindruck sagten, den die Briefe des Apostels vermitteln – die unmittelbare Nähe, in die sie uns hineinzwingen, und den nicht minder befremdlichen Abstand, den wir bei ihrer Lektüre erfahren –, bereits an die Besonderheit seiner Gestalt gerührt. Dieser widersprüchliche Eindruck ist keineswegs nur durch die geschichtliche Ferne der Abfassungszeit seiner Briefe bedingt. Wesentlicher sind die ungeheuren Spannungen und Gegensätze, die Paulus wie kein anderer im Urchristentum in sich vereint. Sie lassen jeden Versuch, zureichend von ihm zu reden, scheitern: ein gesetzesstrenger Jude und Feind Christi, der ein leibeigener Sklave dieses Herrn und Verkünder der den Gottlosen widerfahrenden Rechtfertigung wurde, eine »Mißgeburt« unter den Aposteln (1Kor 15,8), der doch zugleich sagen konnte: »Aber durch Gottes Gnade bin ich, was ich bin, und seine Gnade an mir ist nicht vergeblich gewesen« (1Kor 15,10). Bis ins Menschliche hinein reicht das Rätselhafte seiner Erscheinung. Wie wir aus einigen Stellen seiner Briefe erfahren, war er ein mit Krankheit geschlagener Mann, in seiner eigenen Sprache gesprochen: mit einem »Dorn im Fleisch«, »von einem Engel des Satans mit Fäusten geschlagen«, von einem Leiden geplagt, das ihm auch auf sein wiederholtes Gebet nicht abgenommen wurde (2Kor 12,7 ff.). Versuche, diese Krankheit medizinisch exakt zu bestimmen, haben schon darum zu keinem sicheren Ergebnis geführt, weil die von Paulus verwendeten Ausdrücke offensichtlich bildlich gemeint sind und die vulgär-antike Anschauung erkennen lassen, daß Krankheiten aller Art von dämonischen Mächten bewirkt werden. Immerhin, dieser kranke, zarte Mann hat unvorstellbare physische Belastungen zu ertragen vermocht (vgl. 2Kor 11, 23 ff.) und in weniger als einem einzigen Jahrzehnt zu allem anderen, was ihm oblag, mehrmals unter schwierigsten Bedingungen die östliche Reichshälfte des Römischen Imperiums durchzogen und lebensfähige Gemeinden in Kleinasien, Macedonien und Griechenland gegründet, ja Rom und den Westen bis nach Spanien in seine Pläne einbezogen. Erst recht aber durchdringen die Gedanken seiner Botschaft Dimensionen von einem unvergleichlichen, bis heute unbewältigten Ausmaß. Kein Wunder, daß vielen an seinen bis an den Rand mit schwerem Gedankengut befrachteten Briefen der Atem ausgeht und mancher, der sich auf seine Botschaft einläßt, sich vorkommen muß wie ein Wanderer in einer schwindelerregenden Bergwelt mit steilen, umwölkten Gipfeln, so daß er oft nicht weiß, wie er folgen und durchhalten soll.

Schon im Urchristentum war Paulus eine umstrittene Gestalt, ebenso verehrt und geliebt wie gefürchtet und gehaßt. Das Ansehen, das er in der Kirche genießt, darf nicht darüber hinwegtäuschen, daß die Christenheit weithin aus sehr anderen Quellen gelebt hat und lebt als aus der Botschaft gerade dieses Apostels, auch wenn man ihm selbst einen ungefährlichen Heiligenrang und seiner einst revolutionären Lehre einen gesicherten, aber unwirksamen Platz unter dogmatischen Paragraphen einräumte. Ebenso wahr ist aber auch, daß die Kirche ihre großen Augenblicke und heilsamen Revolutionen immer dann erlebte, wenn das Evangelium des Paulus wie ein erloschener Vulkan wieder zum Ausbruch kam. Die Kraft seiner Wirkung zeigt in vieler Hinsicht bereits die Bewegung des Ultrapauliners Marcion im 2. Jahrhundert. Wenn auch unter fälschlicher Berufung auf Paulus stellte dieser Gründer einer ketzerischen Gegenkirche die Einheit Gottes und seiner Offenbarung im Alten und Neuen Testament überhaupt in Frage und unterschied, Schöpfung und Erlösung dualistisch zerreißend, den »bekannten« Gott der Gerechtigkeit im Alten Testament von dem »unbekannten«, in Christus offenbaren Gott der Güte. Die Kirche selbst war damit zum Kampf und zu einer erneuten Bemühung um das Erbe des Apostels herausgefordert. Daß diese Aneignung oft nur stückweise und nicht ohne erhebliche Modifikationen gelang, wird man freilich nicht leugnen können. Zur kirchlichen Autorität wurde weithin nur ein domestizierter Paulus. Erst recht sind die starken, umwälzenden Wirkungen, die von ihm und seiner Theologie ausgingen, an anderen Gestalten und Bewegungen der Kirchengeschichte erkennbar. Augustins Theologie ist ohne eine Neuentdeckung des Paulus nicht zu denken und vor allem nicht der Durchbruch der reformatorischen Erkenntnisse Luthers und Calvins wie auch Jahrhunderte später John Wesleys Bewegung in England. Zu erinnern ist endlich auch daran, daß die sogenannte dialektische Theologie, ohne die der Kampf der Kirche gegen Ungeist und Irrglauben des Nationalsozialismus nicht denkbar gewesen wäre, mit der stürmischen neuen Auslegung des Römerbriefes durch Karl Barth ihren Anfang nahm. Aber auch die starke Gegenbewegung gegen Paulus bis in unsere Tage darf nicht verschwiegen werden – diesseits und jenseits der Grenzen der Kirche. Innerhalb ihrer Mauern hat sie sich noch immer mit der gedankenlosen Beflissenheit verbinden können, die nach Jesu Wort den Propheten geschmückte Gräber baut. Ebensowenig aber sind bis heute die Fragen und Klagen derer verstummt, denen Paulus, wie sie meinen, den Zugang zum Evangelium Jesu verstellt und die ihn gar als Verderber des Christentums bezeichnen (vgl. dazu das Schlußkapitel dieses Buches).

Schon die Erörterung der Quellen, insbesondere der Briefe des Paulus, hat gezeigt, wie sehr seine Geschichte, die von ihm selbst erfahrene und die von ihm durch Wort und Wirken hervorgerufene, und seine Botschaft und Theologie in einem beständigen und tiefgreifenden Wechselbezug zueinander stehen. Wer seine Lebensgeschichte erzählt, muß darum ständig von seiner Theologie reden. Aber auch das Umgekehrte gilt: Jede Betrachtung seiner Theologie kann von ihm selbst und seinen Gemeinden nicht absehen. Das soll nicht heißen, daß seiner Theologie damit ein nachgeordneter Platz zugewiesen und sie etwa nur als ein zufälliges oder zwangsläufiges Produkt seines individuellen Lebensweges verstanden werden könnte. Damit wäre das bestimmende Gewicht seiner Theologie bedenklich verkannt, und der Historiker, der nur Biograph des Paulus sein wollte, müßte sich auf Schritt und Tritt daran erinnern lassen, daß dem Apostel selbst die Sache, für die er sich beauftragt wußte, mehr galt als seine Person und die Umstände seiner Lebensgeschichte. Aber ebenso abwegig wäre es, hier sofort einen Abriß seiner Theologie

zu versuchen und dieser nur eine biographische Einleitung voranzustellen. Denn seine Theologie ist ebensowenig ein System allgemeiner zeitloser Gedanken und religiöser Erfahrungen wie seine Geschichte nur eine Abfolge glücklicher oder widriger Schicksale ist. Es gehört im höchsten Maße zu seiner Eigenart, daß seine Glaubenserkenntnisse ihm seinen geschichtlichen Weg vorgezeichnet haben und er selbst die Erfahrungen seiner Geschichte aufs intensivste – eigenständig, ja nicht selten eigenwillig – verarbeitet hat.
Die folgende Darstellung möchte diese Einheit erkennen lassen, auch wenn sie zunächst die Geschichte des Paulus verfolgt, um dann erst die sachlichen Zusammenhänge der paulinischen Theologie zu ihrem eigentlichen Thema zu machen.

ERSTER TEIL

Leben und Wirken

1. Herkunft und Umwelt. Paulus vor seiner Bekehrung

Paulus entstammt einer streng jüdischen Familie der Diaspora. Die Stadt Tarsos, wo er etwa um den Beginn unserer Zeitrechnung geboren wurde (Act 21, 39; 22, 3), ist die Hauptstadt der Landschaft und römischen Provinz Kilikien. Sie liegt unweit des Mittelländischen Meeres am Fuß des Taurusgebirges, an der Straße, die über hohe Pässe hinweg von Kleinasien nach Syrien führt. Der heute unbedeutende Ort war damals durch seine für Verkehr und Handel günstige Lage eine blühende hellenistische Stadt. Berühmt war Tarsos vor allem auch als ein Zentrum griechischer Bildung; der Geograph Strabon (XIV 673) nennt es gelegentlich sogar mit Athen in einem Atem. Lukas, der die sicher zuverlässige Nachricht über den Geburtsort des Paulus erhalten hat (Act 22, 3; vgl. 23 ,34), sagt im selben Zusammenhang, Paulus habe bereits Kindheit und Bildungszeit in Jerusalem verlebt, was eine frühe Übersiedlung seiner Eltern dorthin zur Voraussetzung hätte. Doch verrät das allzu deutlich die Tendenz, ihn als Urjuden zu kennzeichnen und so früh und intensiv wie möglich mit Jerusalem in Verbindung zu bringen. Schon darum ist es wenig glaubhaft; Paulus hätte das in seinem Selbstzeugnis Phil 3, 5 sicher erwähnt. Er selbst nennt seinen Geburtsort an keiner Stelle. Wohl aber redet er mit einem von seinen Gegnern herausgeforderten Stolz von seiner Abstammung aus Israel: »Hebräer sind sie? Ich auch. Israeliten sind sie? Ich auch. Nachkommen Abrahams sind sie? Ich auch« (2Kor 11, 22; vgl. auch Röm 11, 1). Eine ähnliche Front hat Paulus auch an der genannten Stelle im Philipperbrief vor sich, bei der Aufzählung alles dessen, was vor seiner Wendung zu Christus kraft seiner Geburt und eigenen Lebensentscheidung sein Ruhm und Gewinn war: »Beschnitten am achten Tag, aus dem Volk Israel, dem Stamm Benjamin, ein Hebräer von Hebräern, ein Pharisäer nach dem Gesetz ...« (3, 5). Diese gehäuften Wendungen umschreiben nicht nur ethnographisch seine jüdische Abstammung, sondern die religiöse Besonderheit seines Volkes inmitten der Völker. Das spricht der archaische Ehrenname »Hebräer« aus, wie auch die anderen Wendungen »Israelit« und »Nachkomme Abrahams« den reli-

giösen Vorrang bekunden, dessen der Jude als Glied des erwählten Gottesvolkes sich rühmt. Als solcher trägt Paulus das uralte Bundeszeichen der Beschneidung und ist stolz auf seine Abkunft aus einem der zwölf Stämme, an dessen ersten König auch sein jüdischer Name Saul erinnert (Act 7,58; 8,1.3; 9,1.8).
Die Aufzählung seiner Vorzüge von einst in Briefen, die an Heidenchristen gerichtet sind, ist nicht nur biographisch wichtig. Sie verrät, daß mit eben solcher Selbstvorstellung seine Gegner sich in den Gemeinden einführten und damit Eindruck machten. Ihre stolze Berufung auf ihr Herkommen sollte sichtlich ihrem Auftreten höhere Autorität und Gehör sichern und Paulus mattsetzen. Das wirft ein Licht auf die damalige Einschätzung des Judentums auch in einer ursprünglich heidnischen Umgebung. Wir sind heute leicht in Versuchung, uns darüber völlig falsche Vorstellungen zu machen. Jude, Hebräer, Abrahams-Sohn zu sein, stempelte die darauf sich Berufenden keineswegs als Angehörige einer minderen »Rasse« und Glieder eines verachteten Pariavolkes. Alle diese modernen Assoziationen sind strikt fernzuhalten. Andernfalls wäre nicht zuletzt auch die erstaunliche Ausbreitung und das enorme Anwachsen der jüdischen Gemeinden im hellenistischen Altertum undenkbar.
Exakte Angaben über die Zahl der Juden im Römischen Reich sind schon infolge der sehr zerstreuten und lückenhaften Quellen nicht möglich. Doch kommen die gelehrten Schätzungen darin ziemlich überein, daß diese Zahl zur Zeit des Augustus und seiner Nachfolger etwa 4½ Millionen, wenn nicht mehr, betragen haben muß. Das waren 7% der Gesamtbevölkerung des Reiches, konzentriert außer in Palästina vor allem in Ägypten und Syrien, wo sie vornehmlich in den großen Städten (Alexandria, Antiochia, Damaskus u. a.) wohnten. Hier läßt sich auf Grund der wohl kaum übertriebenen Angaben des Philo und des Josephus ihre Zahl auf je eine Million errechnen. Hohe Zahlen ergeben sich aus verschiedenartigen Belegen aber auch für Kleinasien, Cypern, die Cyrenaica, viele andere Gebiete und Städte des gesamten Mittelmeerraumes und darüber hinaus – zahlenmäßig nicht sicher anzugeben – für ihre Ausbreitung in den Euphratländern und im ferneren Osten (vgl. die Völkerliste der Pfingstgeschichte Act 2,9-11, aber auch zahlreiche außerbiblische Belege). Mit Sicherheit läßt sich sagen, daß die jüdische Bevölkerung in der Diaspora die Palästinas um ein mehrfaches überstieg. Die Ursachen dafür waren verschiedener Art: eine planmäßige, wiederholt bezeugte Ansiedlung von Juden zu kolonisatorischen Zwecken schon seit der Diadochenzeit, aber auch freiwillige Aus-

und Einwanderungen, in seltenen Fällen nur noch gewaltsame Deportationen, wie sie früher unter den Assyrern und Babyloniern vorkamen. Bereits die hellenistischen Herrscher hatten den Juden weitgehende Korporationsrechte, Rechtsschutz und Privilegien verliehen, und die Römer haben es darin nicht anders gehalten. So war den Juden die ungestörte Ausübung ihres Kultus, die nicht nur religiöse, sondern auch politische Organisation ihrer Gemeinden, die Verwaltung ihres Vermögens und vor allem auch eigene Gerichtsbarkeit, soweit sie die allgemeinen Staatsgesetze nicht berührte, ausdrücklich zuerkannt. Die Rechte gingen bis zur Freistellung vom Kaiserkult und in der Regel – schon mit Rücksicht auf ihr strenges Sabbat-Gebot – auch vom Militärdienst.

Der günstigen Rechtsstellung der Juden entspricht es, daß viele von ihnen das Bürgerrecht in ihren Städten und – was auch für Paulus schon von seiner Geburt an gilt (Act 16,37; 22,28) – das römische Reichsbürgerrecht besaßen. In der späteren Lebensgeschichte des Apostels hat, wie wir wissen, seine Stellung als civis Romanus wiederholt eine gewichtige Rolle gespielt. Als römischen Bürger kennzeichnet ihn auch sein gut römischer Name, mit dem er selbst sich in seinen Briefen durchgängig nennt. Daß er ihn erst vom Augenblick seiner Bekehrung ab angenommen habe – wie in kirchliche Orden Eintretende ihren bürgerlichen Namen gegen einen geistlichen eintauschen –, ist eine verbreitete, aber irrige Ansicht. Das behauptet auch die Apostelgeschichte nicht, die mit den Worten »Saulus, alias Paulus« (13,9) vom Beginn seiner Missionstätigkeit ab, übrigens auch ohne jede Beziehung auf seine dort erzählte Begegnung mit dem Prokonsul Sergius Paulus auf Cypern, ihn nur noch mit seinem allgemein bekannten Namen einführt. Sein jüdischer Name Saul ist als ein mehr familiärer, unter seinen Glaubensgenossen gebräuchlicher, zusätzlicher Name (signum oder supernomen) zu verstehen. Aus dem Gesagten mag deutlich geworden sein, daß Paulus nicht in einem Getto aufgewachsen ist, sondern einer sozial und bürgerlich durchaus gleichberechtigten Familie entstammt.

Doch erklären Zerstreuung, Duldung und Privilegierung noch nicht das gewaltige zahlenmäßige Ansteigen der Judenschaft in der heidnischen Diaspora. Es wäre irrig, dieses Phänomen auf biologische Ursachen, also auf eine explosive Vermehrung des jüdischen Volkes zurückführen zu wollen. In Wahrheit spiegelt sich darin die außerordentliche missionarische Kraft des Judentums auch in der heidnischen Bevölkerung. Gerade das Diasporajudentum zur Zeit des Paulus war von einem denkbar starken, weltweiten Sendungsbewußtsein erfüllt im Sinne der schon im babylonischen Exil erklungenen Prophetie des zweiten Jesaja, nach der Israel »zum Licht der Heiden« bestimmt sei (Jes 42,6 u. ö.). Zeugnisse dafür besitzen wir trotz der nur bruchstückhaft erhaltenen, aber immer noch ansehnlichen Literatur des hellenistischen Judentums in nicht geringer Zahl. Paulus selbst bietet dafür im Römerbrief innerhalb der überaus scharfen Abrechnung mit dem Juden ein fast klassisch zu nennendes Zeugnis. Er häuft hier die Vorzüge, die der Jude für sich in Anspruch nimmt und zum Fundament seiner Sendung macht, in einer langen Aufreihung von Sätzen: »Wenn aber du dich ›Jude‹ nennst und auf das Gesetz dich verläßt und dich Gottes rühmst und seinen Willen kennst und zu prüfen weißt, worauf es ankommt, unterwiesen aus dem Gesetz, und dir zutraust, ein Führer der Blinden zu sein, ein Licht derer in der Finsternis, ein Erzieher der Unverständigen, ein Lehrer der Unmündigen, als einer, der die Verkörperung der Erkenntnis und der Wahrheit im Gesetz besitzt ...« (2,17-20). An dieser Stelle bricht die Reihe jäh ab und setzt sich in einer Gegenreihe vernichtender Fragen fort (2,21-24), die dem Angeredeten die Diskrepanz zwischen seinem Anspruch und seinem Gott entehrenden Tun vor Augen stellen, endend in dem prophetischen Wort der Schrift, also des Juden höchster, hier aber gegen ihn gekehrten Autorität: »Denn der Name Gottes wird euretwegen unter den Heiden verlästert« (Jes 52,5). Uns interessiert in diesem Zusammenhang das stolze Selbst- und Sendungsbewußtsein, das, wie die gut griechische Formulierung der Sätze zeigt, gerade das Diasporajudentum kennzeichnet.

Der in ihren Synagogen intensiv betriebenen und von dort ausgegangenen Propaganda ist der Erfolg nicht versagt geblieben. Philo redet mit Stolz davon, daß die Gesetze des jüdischen Volkes »alle anderen an sich heranziehen und sie aufmerken lassen, Barbaren, Griechen, Kontinentale und Inselbewohner, Völker des Ostens, des Westens, Europa, Asien, die ganze bewohnte Welt von einem Ende zum anderen« (De vita Mosis II 20; vgl. auch Josephus, Contra Apionem II 39). Aber auch heidnische Autoren, Geographen, Historiker, Dichter (Strabon, Sueton, Seneca, Cassius Dio, Tacitus, Horaz, Juvenal) bestätigen, wenn auch oft mit Spott und Abscheu, die Werbe- und Verführungskraft der jüdischen Mission.

Man lernt die Ausstrahlungs- und Werbekraft der jüdischen Religion verstehen, wenn man sich in einigen Grundzügen das Bild ihrer religiös und weltanschaulich überaus zerklüfteten spätantiken Umwelt vergegenwärtigt. Die bergenden Bereiche der Polis waren längst dahin, die Welt hatte sich in einem zuvor niemals erlebten Ausmaß ausgeweitet, und damit war der Mensch selbst vereinzelt. Noch wurden den alten Göttern Tempel gebaut, Priester- und Opferdienst gingen weiter, aber sie waren überaltert, die Göttermythen verbraucht und nicht mehr tauglich, das Verlangen des einzelnen nach Schutz und Segen, Heil und Erlösung für das Diesseits und Jenseits zu befriedigen. Allenthalben war ein Prozeß der Verschmelzung und Vermischung der alten Religionen mit neuen, vor allem aus dem Osten hereinflutenden im Gange, je fremder und verworrener, desto attraktiver. Ein Überangebot von Mysterienriten und Heilslehren, die Befreiung von den Schicksals- und Todesmächten und ewiges Heil versprachen. Zugleich aber war dies die Zeit einer radikalen aufgeklärten Kritik der Religionen, die sich in den verschiedensten, auch den Mann auf der Straße erreichenden Philosophien um eine Vergeistigung der Religion bemühten und das Treiben auf dem Jahrmarkt der konkurrierenden Wundermänner und vermeintlichen Heilbringer nur mit überlegenem Spott begleiteten.

Auf diesem Hintergrund will das Judentum in seiner ganzen Andersartigkeit und Fremdheit gesehen werden: mit seinem Glauben an den einen, unsichtbaren Gott, den Herrn über Himmel und Erde; mit der Strenge seines Gesetzes, seinen ethischen und rituellen Geboten (Sabbatheiligung, Speisevorschriften usw.); mit der Einheit seiner Lebensordnungen über die ganze Welt, dem ehrwürdigen Alter seiner Geschichte, seinem Ruf zur Abwendung von allem Götzendienst und aller sittlichen Verworrenheit und mit der Ankündigung des künftigen Gerichtes über die Verstockten und des Friedens und der Gerechtigkeit, die der kommende Messias bringen wird.

Das hellenistische Judentum der Diasporasynagoge war für die Ausrichtung seiner Sendung längst dadurch gerüstet, daß es sich gegenüber dem an Tempel, Opfer- und Priesterdienst gebundenen palästinensischen Judentum verselbständigt hatte, sosehr Jerusalem der heilsgeschichtliche und ideelle Mittelpunkt auch der Diaspora blieb. Praktisch aber war die Synagoge an die Stelle des Tempels, die Auslegung der Tora an die Stelle des Opfers, der Schriftgelehrte und Gesetzesweise an die Stelle des Priesters getreten. Hinzu kommt, daß bei aller Absonderung von der heidnischen Umwelt sich im hellenistischen Judentum ein universales, auf alle Menschen ausgeweitetes Denken entwikkelte, in dem auch Sprache und Gedankengut der hellenischheidnischen Weisheit Raum hatten. Das zeigen die jüdische Weisheitsliteratur, Philo und viele andere, aber auch die griechische Übersetzung des Alten Testaments (nach der legendären Zahl ihrer 70 Übersetzer Septuaginta genannt). Sie wurde das heilige Buch der Synagoge und des frühen Christentums, wie auch Griechisch die Sprache des Gottesdienstes in Predigt, Liturgie und Gebet war. Die Sprache war auch das Vehikel, auf dem ein beträchtliches griechisches Gedankengut in die diasporajüdische Theologie eindrang: Motive der spätantiken Religionskritik an Götzendienst und Aberglauben und solche der platonischen und stoischen Vernunft- und Sittenlehre. In der Wahl der Mittel war man in Propaganda und Apologetik nicht zimperlich. Das beweist nicht nur die gerade in der hellenistisch-jüdischen Theologie kräftig geübte, aus der spätantiken Homerdeutung übernommene allegorische Methode der Schriftauslegung, sondern auch die Tatsache, daß man die eigene, für die jüdische Religion werbende Literatur mit Vorliebe unter der Maske griechischer Dichter, Weiser und Seher, sogar unter Nachahmung der uralt griechischen und römischen Orakel der sagenhaften Sibylle hinausgehen ließ. Dennoch kann nicht die Rede davon sein, daß die Bildungselemente der Umwelt, die weisheitliche Ausweitung der jüdischen Theologie und die Aufnahme zeitgenössischer Methoden und Mittel der Propaganda das Judentum ernstlich in Gefahr gebracht hätten, zu einer synkretistischen Religion zu werden. Das Bewußtsein, etwas unvergleichlich anderes und besonderes zu sein, und die strenge Wahrung der Eigenexistenz inmitten des Heidentums war und blieb das entscheidende Kennzeichen des Judentums. Hier liegen die Gründe für seine große Werbekraft, freilich auch für die furchtbaren Anfeindungen, Verleumdungen und Pogrome, die es zeitweise von seiten der heidnischen Bevölkerung in bestimmten Kommunen und Landstrichen zu erdulden hatte.

Paulus hat in seiner Jugend sicher niemals eine annähernd gleiche Schulung in griechischer Philosophie und Bildungstradition erfahren wie sein berühmter Zeitgenosse Philo von Alexandria (gestorben um 50 n. Chr.), auch läßt er insbesondere von dessen beharrlichem Interesse, das alttestamentlich-jüdische Erbe mit griechischer Weisheit bewußt zu harmonisieren, nicht das geringste erkennen. Doch sind die griechischen Bildungselemente, die ihm Predigt und Theologie der Diasporasynagoge vermittelten, auch bei ihm nicht gering. Sie zeigen sich in Begriffen und Gedanken, die ihren Ursprung in der stoischen Popularphilosophie haben (z. B. Freiheit, Vernunft, Natur, Gewissen, Besonnenheit, Tugend, Pflicht), aber nicht minder in der oft meisterlichen Beherrschung von Kunstmitteln der antiken Rhetorik und typischer populärer Lehrformen seiner Zeit, die er nicht selten eigenwillig und individuell, zuweilen erstaunlich nuancierend verwendet. Die charakteristische Lehrweise damaliger Wanderlehrer, aber auch die Stilform der hellenistischen Synagogenpredigt ist die sogenannte »Diatribe« (eigentlich: Zeitvertreib, Unterhaltung). Sie trägt philosophische, moralische oder religiöse Gedanken nicht in langatmigen Deduktionen und spekulativen Erörterungen vor, vermeidet bewußt die hohe Fachsprache und bewegt sich in lebhafter Gesprächsform, kurzen, oft durch Anreden belebten Sätzen, führt vom Standort eines fiktiven Gegners Einwände an, beteiligt Leser und Hörer als Gesprächspartner und läßt sie sozusagen keinen Moment aus dem Auge (s. u. S. 105). Alle diese Stilmerkmale finden sich reichlich in den paulinischen Briefen. Mit Recht hat der große Gräzist U. von Wilamowitz-Moellendorf über den Rang der Sprache des Paulus geurteilt: »Daß aber dieser Jude, dieser Christ griechisch denkt und schreibt ... daß dieses Griechisch ... direkt aus dem Herzen strömt und doch eben Griechisch ist, kein übersetztes Aramäisch (wie die Sprüche Jesu), macht ihn zu einem Klassiker des Hellenismus. Endlich, endlich redet einer auch griechisch von einer frischen inneren Lebenserfahrung.«

Das gezeichnete Bild der hellenistischen Synagoge zeigt, daß der junge Paulus auf Grund seiner Herkunft, Bildung und Begabung in hervorragender Weise bereits als Jude zum Heidenmissionar prädestiniert war. Tatsächlich hat die Annahme, daß er sich schon zum jüdischen Missionar berufen wußte, einiges für sich. Die Mission der Diasporasynagoge verfuhr nach einigermaßen liberalen Grundsätzen und begnügte sich damit, die »Gottesfürchtigen« aus der heidnischen Bevölkerung, die sich zur Gemeinde hielten, auf das monotheistische Glaubensbekenntnis, ein Minimum von rituellen Geboten (Sabbatheiligung, Speisevorschriften usw.) und auf die sittlichen Grundforderungen des Gesetzes zu verpflichten, ohne ihnen jedoch die Beschneidung und damit den Eintritt in den Stand des als volles Glied des jüdischen Volkes geltenden »Proselyten« zuzumuten. Das gesetzesstrenge, unter Führung der Pharisäer stehende palästinische Judentum urteilte abfällig über diese Praxis und bestand auf der Beschneidungsforderung für alle. Heidenmission betrieben gleichwohl auch die Pharisäer, wenn auch sicher mit geringerem Erfolg als das Diasporajudentum. Darauf bezieht sich das gegen sie gerichtete Jesus-Wort: »Wehe euch, Schriftgelehrte und Pharisäer, ihr Heuchler! Ihr durchzieht Meer und Land, um einen einzigen Proselyten zu machen; und ist er's geworden, so macht ihr ihn zu einem Sohn der Hölle, doppelt so schlimm als ihr« (Mt 23,15).

Wir ersehen daraus, daß schon auf dem Feld der jüdischen Heidenmission zwei in der Frage der Beschneidung differierende Richtungen miteinander stritten, eine von der Diaspora und eine von Jerusalem ausgehende. Ein Musterbeispiel nicht nur für die Erfolge jüdischer Mission überhaupt, sondern für die erwähnten Differenzen bietet in paulinischer Zeit der Übertritt des nordsyrischen Königs Izates von Adiabene, der zunächst durch einen Diasporajuden für das Judentum gewonnen, aber erst durch einen nach ihm kommenden palästinischen Juden pharisäischer Richtung zum vollen Übertritt durch Übernahme der Beschneidung bewogen wurde.

Auf diesem Hintergrund lernt man die Bedeutung der Tatsache ermessen, daß sich der Diasporajude Paulus, vielleicht schon einer Tradition seiner Familie folgend (Act 23,6), den Pharisäern, d. h. der in Lebenspraxis und Mission strengsten, gesetzlichen Richtung anschloß (Phil 3,5). Gegenüber dem veräußerlichten Traditionalismus der Jerusalemer Priesteraristokratie, aber auch gegenüber dem laxen Konformismus im Volk war der Pharisäismus eine um seiner strengen Frömmigkeit willen hoch geachtete Laienbewegung, die das alttestamentliche Heiligkeitsgesetz zur verbindlichen Richtschnur machte. Er überdauerte auch die Katastrophe des jüdischen Krieges und der Zerstörung Jerusalems und wurde bei der Konsolidierung des Judentums danach die allein maßgebliche Autorität, die Keimzelle des späteren Talmud-Judentums.

Man darf sich das Urteil über diese Bewegung des palästinischen Mutterlandes nicht durch die abschätzigen Zeugnisse der Evangelien bestimmen lassen. Auch war der Pharisäismus, als Paulus ihm beitrat, noch keineswegs so eng und exklusiv wie in der Zeit nach 70. Die pharisäische Theologie hatte damals noch durchaus Raum für die erst gegen Ende des Jahrhunderts ausgestoßenen Ideen und Vorstellungen der spätjüdischen Apokalyptik, die in großen kosmischen Bildern und Entwürfen den Untergang dieses alten, bösen Weltäons und den Anbruch einer neuen, messianischen Weltzeit erwartete, ausmalte und zu berechnen suchte. Erst zu diesem späteren Zeitpunkt erfolgte auch die definitive, generelle Verketzerung des jungen Christentums und die Verurteilung der alexandrinisch-jüdischen Theologie. Das palästinische strenge Judentum ging in ein selbstgewähltes Getto. Paulus brauchte bei seiner Entscheidung für die pharisäische Richtung also keineswegs seine Herkunft aus der Diaspora zu verleugnen und die von dort mitgebrachten theologischen Bildungselemente über Bord zu werfen. So erklärt es sich, daß sich noch in seinen Briefen als Apostel die Nachwirkung pharisäischen und hellenistischen Denkens gleicherweise erkennen läßt.

Jedenfalls ist Paulus, wie seine Entscheidung für die Richtung der Pharisäer zeigt, zu einem leidenschaftlichen Eiferer für das Gesetz geworden. Die Apostelgeschichte wird recht haben, daß er seine Ausbildung in Jerusalem, dem geistigen Zentrum der Bewegung, empfing. Auf diese Zeit wird sich seine Bemerkung beziehen, er sei damals vielen Altersgenossen in seinem Volke voraus gewesen, ein besonderer Eiferer für seine von den Vätern ererbten Überlieferungen (Gal 1, 14), »tadellos gerecht im Sinn des Gesetzes« (Phil 3, 6). Ob er wirklich Schüler des älteren Gamaliel, eines besonders berühmten Gesetzeslehrers gewesen ist (Act 22, 3), mag dahingestellt bleiben. Die Nachricht paßt allzugut in die lukanische Hochschätzung des Pharisäismus und die notorisch falsche Vorstellung, Paulus sei auch als Christ bis zu seinem Ende getreuer Pharisäer geblieben (s. o. S. 16).

Die theologische Schulung im Judentum verband sich auch bei Paulus mit dem Erlernen und Ausüben eines praktischen Berufes. Aus Act 18, 3 erfahren wir, daß er Zeltmacher war, was etwa unserem Sattler entspricht. In seinen Briefen hören wir oft, daß er sich mit seinem Handwerk den Lebensunterhalt auch auf seinen späteren Missionsreisen verdiente (1Thess 2, 9; 1Kor 4, 12; 2Kor 11, 27).

Wichtig aber ist vor allem, daß wir gute Gründe für die Annahme haben, daß sich der Diasporajude Paulus mit seiner Entscheidung für den Pharisäismus zugleich für die jüdische Heidenmission nach den strengsten Grundsätzen entschied und vor seiner Christwerdung sie auch tatsächlich betrieben hat. Darauf deutet, daß seine späteren judaistischen Gegner in Galatien bei ihrem Eintreten für die Beschneidung die frühere Praxis des Apostels gegen ihn ausgespielt haben. Er entgegnet: »Ich aber, Brüder, wenn ich noch (!) die Beschneidung verkündige, warum werde ich dann noch verfolgt? Dann ist ja das Ärgernis des Kreuzes beseitigt« (Gal 5, 11). Das soll doch wohl heißen: Wäre er bei solcher Art Missionspredigt geblieben, wie sie die Judaisten jetzt von neuem propagieren, mit der Paulus aber längst gebrochen hatte, dann hätte er sich Verfolgungen von seiten der Juden ersparen können; dies aber um den Preis der Botschaft vom Kreuz.

Solange er gesetzesstrenger Jude war und in diesem Sinn unter den Heiden »Proselyten« machte, war es nur folgerichtig, daß Paulus die Christengemeinde – und zwar gerade die hellenistische (Damaskus!), die sich von den Heilsgrundlagen seines Volkes gelöst hatte – mit Eifer verfolgte. So erst wird der mächtige Spannungsbogen deutlich, unter dem die jüdische Vergangenheit des Paulus und seine Wendung zu Christus, sein früherer Gesetzeseifer und seine Botschaft von der allen geltenden Rechtfertigung – nicht aus den Werken des Gesetzes, sondern allein aus Glauben – stehen. Sein späterer Kampf gegen Gesetz und Beschneidung geschah nicht im Sinne einer Rückkehr zu liberaleren Grundsätzen, wie sie die Diasporasynagoge bereits entwickelt hatte; er geschah vielmehr in der Ausrichtung der Heilsbotschaft von dem Gekreuzigten.

2. Der Verfolger der Gemeinde. Bekehrung und Berufung

Die Stadt Damaskus, mit der das Wirken des Pharisäers Paulus als Christenverfolger wie auch seine Bekehrung und Berufung zum Heidenapostel eng verknüpft sind, weist auf ein bedeutungsvolles Stück frühester Kirchengeschichte zurück. Wie ist das Evangelium bereits vor Paulus hierher in das heidnisch-syrische Gebiet weit jenseits der Grenzen Jerusalems und Judäas gedrungen? Die Quellen geben darauf keine direkte Antwort. Doch spricht alles dafür, daß die Anfänge dieser Entwicklung in die Zeit der ersten großen Krisen und Konflikte auf dem Boden der Jerusalemer Urkirche zurückreichen. Die Apostelgeschichte gibt darüber leider nur einen lückenhaften und sichtlich gefärbten Bericht. Der Erzähler ist deutlich bemüht, seinen Lesern ein eindrucksvolles Bild von der idealen Einmütigkeit und Geschlossenheit der frühen Kirche zu bieten. Doch sperrt sich sein eigenes Nachrichtenmaterial an wichtigen Stellen gegen diese Konzeption und zwingt zu Korrekturen. Schon Act 6, 1-6 hören wir von einem zwischen »Hellenisten« und »Hebräern« in der Gemeinde aufgebrochenen Gegensatz. Mit beiden Gruppen sind Christen jüdischer Herkunft gemeint, die ersteren stammen jedoch aus der Diaspora und haben Griechisch zur Muttersprache, die letzteren dagegen sind aramäisch sprechende Eingesessene. Soweit ist der Bericht durchaus glaubwürdig. Im weiteren handelt er zunächst nur von Mißständen, die in der rasch angewachsenen Gemeinde bei den gemeinsamen Mahlzeiten und in der Gemeindefürsorge aufgetreten seien, und von der Überlastung der Zwölf, die ihrer eigentlichen Aufgabe – Wortverkündigung und Gebet – nicht mehr voll gerecht werden konnten. Deshalb habe man sieben namentlich Genannte, bezeichnenderweise alle mit griechischen Namen, darunter Stephanus und Philippus, ausgewählt und durch die Apostel feierlich unter Gebet und Handauflegung in ein eigenes karitatives Gemeindeamt einweisen lassen. Der aufgetretene Notstand bildet danach also nur den Anlaß für die notwendig gewordene Unterscheidung der Gemeindeämter der (apostolischen) Evangelisten und der Gemeindepfleger.

Doch zeigen die verschwommenen Konturen dieses Berichtes selbst und erst recht der Fortgang der Geschichte, daß hinter diesen angeblich nur die Organisation der Gemeinde betreffenden Differenzen sich eine viel tiefer greifende Krise verbirgt, von deren Ausmaß sich der spätere Erzähler offenbar selbst keine zureichende Vorstellung mehr zu machen wußte. Stephanus – ebenso wie der mit ihm genannte Philippus – erscheint bald danach ganz und gar nicht nur als eine Art Gemeindepfleger, sondern als Evangelist und Wortführer der »Hellenisten«, hält eine große Anklagepredigt wider das jüdische Volk und stirbt als erster Blutzeuge unter den Steinwürfen der Menge. Auch sind es die »Hellenisten«, über die nach seinem Tod eine schwere Verfolgung hereinbricht und sie zur Flucht aus Jerusalem nötigt. Sie zerstreuen sich über das nichtjüdische Ausland und bringen das Evangelium zum ersten Mal auch zu den Griechen (11,20). Daß die ganze Jerusalemer Urgemeinde mit Ausnahme der in der Stadt verbleibenden Zwölf von der Verfolgung und Zerstreuung betroffen gewesen sei, wie der Erzähler vermerkt (8,1), wird durch ihn selbst widerlegt; er setzt sie in späteren Berichten wieder selbstverständlich in Jerusalem voraus. Man ließ den nicht-hellenistischen Teil der Urgemeinde also offenkundig unbehelligt.

Der Grund für das Schicksal der Hellenisten ist mit Sicherheit darin zu suchen, daß sie ein auch für die übrige Urgemeinde durchaus revolutionäres Verständnis der Christusbotschaft vertraten, das mit der streng jüdischen Gesetzesauffassung in Konflikt geriet und die geheiligten Traditionen, den Tempeldienst und den exklusiven Heilsanspruch des auserwählten Volkes in Frage stellte.

Genau dies sind, wie wir sahen, die Gründe, die den Pharisäer Paulus nach seinen eigenen Worten zur Verfolgung der Christen antrieben. Sie machen verständlich, daß sich sein Eifer gegen eine Gemeinde der hellenistischen Diaspora richtete. Wiederholt zählt er – keineswegs mit schlechtem Gewissen – unter den Beweisen seiner einstigen Gesetzesgerechtigkeit die Verfolgung der christlichen Gemeinde auf (Gal 1,13; Phil 3,6), wohlgemerkt: als radikale Konsequenz seiner früheren untadeligen Gesetzlichkeit, nicht als ein ihn quälendes Unrecht seiner Vergangenheit. Das zeigt, daß hier und nirgends sonst der Grund seiner Christusfeindschaft und seines Verfolgungseifers lag. Man muß sich von der verbreiteten, aber irrigen Annahme freimachen, schon der Glaube an die Messianität Jesu sei für einen strengen Juden wie ihn ein zureichender Verfolgungsgrund gewesen. Mit diesem Glauben wären die Christen zwar auch in seinen Augen eine wunderliche, einem Irrtum erlegene jüdische Sekte, aber keineswegs schon eine blasphemische Häresie gewesen. Anhänger von Gruppen, die bald diesen, bald jenen »Propheten« für den Messias hielten, hat es im Judentum auch sonst in nicht geringer Zahl gegeben, ohne daß sie deswegen von jüdischer Seite Verfolgung und Ausschluß zu erwarten hatten. Noch in den dreißiger Jahren des 2. Jahrhunderts n. Chr. hat der von seinem Volk gefeierte berühmteste Gesetzeslehrer seiner Zeit, Rabbi Akiba, den Führer der letzten jüdischen Aufstandsbewegung gegen die Römer unter Kaiser Hadrian, Bar Kochba, als Messias proklamiert.

Gewichtige Gründe sprechen darum gegen die Darstellung der Apostelgeschichte, Paulus habe bereits in Jerusalem die Urgemeinde verfolgt, die ja noch am Gesetz festhielt und also gar nicht unter die entscheidende Anklage der Gesetzesfeindschaft fiel. Gegen die lukanische Schilderung spricht eindeutig auch die Notiz des Apostels Gal 1,22, er sei den Gemeinden Judäas – vorab also doch der in Jerusalem – persönlich unbekannt gewesen; erst später, als aus dem Widersacher von einst der erfolgreiche Missionar in Syrien und Kilikien geworden war, habe man von ihm gehört. Das ist bei einem Manne, der schon in Jerusalem die ihm von Lukas zugeschriebene maßgebliche Rolle bei der Verfolgung der Christen gespielt haben soll (Act 22,4 ff.), schlechterdings unvorstellbar. Schwerlich ist Paulus darum, wie Lukas offensichtlich erst kombiniert hat, schon bei der Steinigung des Stephanus dabei gewesen (Act 7,58; 8,1). Paulus selbst redet nirgends von einer Verfolgertätigkeit in Jerusalem.

Anfechtbar sind auch die Vorstellungen der Apostelgeschichte über das Auftreten des Paulus in Damaskus. Daß er mit Vollmachten des Hohenpriesters ausgestattet dorthin zog, um die Christen gefesselt vor das Jerusalemer Tribunal zu schleppen, ist darum unhaltbar, weil der Hohe Rat eine solche Jurisdiktionsgewalt – weit über die Grenzen Judäas hinaus! – unter römischer Verwaltung nie besessen hat. Wir haben darum anzunehmen, daß sich der Pharisäer Paulus im Rahmen der den Synagogengemeinden zugestandenen internen Strafgewalt (Geißelung, Bann, Exkommunikation) betätigte. Auf ihrem Boden und in ihrem Umkreis spielte sich, wie auch sonst reichlich bezeugt, in erster Linie der Kampf für und wider Christus ab. Paulus selbst hat später, wie er 2Kor 11, 24 schreibt, als Christuszeuge die grausame synagogale Strafe der Geißelhiebe wiederholt erlitten. In der Synagoge von Damaskus wird er vermutlich zuerst als Richter, später als Leidenszeuge gestanden haben.

Von seiner Wendung zu Christus und seiner Berufung zum Apostel redet Paulus selbst überraschend selten. Wenn er es tut, dann allerdings in gewichtigen Aussagen, und zwar immer so, daß sie ganz in die Entfaltung seines Evangeliums verwoben sind. Aus diesem Grunde sollte man seine individuellen Erlebnisse und speziell die ihm widerfahrene Christuserscheinung nicht beherrschend in den Mittelpunkt rücken, wie es üblicherweise in Erinnerung an seine in der Apostelgeschichte breit und wiederholt geschilderte Damaskus-Vision, aber auch unter dem Einfluß pietistischer Tradition und moderner Psychologie zu geschehen pflegt. Wir tun gut daran, den Lichtkegel seiner eigenen Aussagen nicht phantasierend zu überschreiten und uns von dem ablenken zu lassen, was ihm selbst wesentlich ist.

Von Inhalt und Tragweite dieser – nicht eigentlich seiner eigenen, sondern der über ihn selbst gefallenen – Entscheidung für Christus spricht mit besonderer Deutlichkeit die schon zitierte Stelle Phil 3 (s. o. S. 27). Bezeichnenderweise redet der Text in passivischen Wendungen: »ich ließ mich um alles bringen . . .«; ». . . weil ich von Christus Jesus ergriffen worden bin« (3, 8. 14). In scharfer Auseinandersetzung mit den Gegnern zählt Paulus zunächst die Vorzüge auf, deren er sich einst rühmen konnte. Dann aber fährt er fort: »Aber was mir Gewinn war, das habe ich um Christi willen für Schaden gehalten. Ja, noch mehr: alles gilt mir für Schaden gegen das überwältigende Gewicht der Erkenntnis Christi Jesu meines Herrn, um dessentwillen ich mich um alles bringen ließ, und halte es für Dreck, um Christus zu gewinnen und in ihm erfunden zu werden – fern davon, eigene Gerechtigkeit aus dem Gesetz zu haben, wohl aber die Gerechtigkeit durch den Glauben an Christus, die Gerechtigkeit aus Gott auf Grund des Glaubens . . .« (Phil 3, 7-9).

Hier steht nichts davon, daß sein früherer Besitz ihm als viel, aber doch nicht alles erschien und eine tiefe Sehnsucht in ihm unerfüllt geblieben sei. Sein Reichtum von einst hat sich in Unrat verkehrt, wovor ihn der Ekel packt: sein bisheriger Eifer um die Anerkennung vor Gott, seine Gerechtigkeit – ein einziger Versuch der Selbstbehauptung vor ihm. »Tiefe ist die Höhe, auf der ich stand, Verlorenheit die Sicherheit, in der ich lebte, Finsternis die Klarheit, die ich hatte« (K. Barth). Was Paulus hier an seiner eigenen Lebenswende verdeutlicht, ist viel mehr als nur eine persönliche Confessio. Es übergreift die Stunde seiner Christuserscheinung – von ihr ist an dieser Stelle mit keiner Silbe die Rede – und wird zur entscheidenden Aussage über sein ganzes Leben, ja mehr noch: zu einer erschöpfenden Zusammenfassung seiner Botschaft von der Offenbarung der Gerechtigkeit Gottes, die alle in der Verlorenheit, erst recht aber jetzt im Evangelium unter der göttlichen Gnade zusammenfaßt. Sendung und Hingabe Christi bedeuten Äonenwende im Sinne des mächtigen Satzes im Römerbrief: »Christus ist das Ende des Gesetzes, zur Gerechtigkeit jedem, der glaubt« (Röm 10,4).

Biographisch ergiebiger noch, inhaltlich aber der Aussage Phil 3 engstens verwandt ist die Stelle Gal 1,15 f. Obwohl sie sehr knapp gehalten ist (nur in einem Nebensatz!) und nicht sein Bekehrungserlebnis ausmalt, spricht Paulus hier noch deutlicher – in Anlehnung an alttestamentliche Prophetenberufungen (Jer 1,5; Jes 49,1) – von seiner Berufung zum Heidenapostel. Unmittelbar voran geht auch hier, wie in Phil 3, der Rückblick auf den früheren Gesetzeseifer und die Verfolgung der christlichen Gemeinde (Gal 1,13 f.). Dann aber folgt die Wendung: »Als aber (Gott), der mich von Mutterleib ausgesondert hat, beschloß, seinen Sohn (in) mir zu offenbaren, damit ich die Botschaft von ihm unter den Heiden verkündigte, beriet ich mich nicht mit Fleisch und Blut (d. h. irgend einem Menschen), zog auch nicht nach Jerusalem hinauf zu denen, die vor mir Apostel waren, sondern zog fort in die Arabia und wandte mich (dann) wieder nach Damaskus« (1,15-17).

Die Stelle ist nicht nur als Selbstaussage des Apostels über seine Berufung von höchster Bedeutung, sondern auch darum, weil sie zusammen mit ihrem Kontext (Gal 1; 2), einzig in ihrer Art, über einen großen Zeitraum der Geschichte seines Lebens und Wirkens, und zwar den unmittelbar auf seine Berufung folgenden, einen authentischen und exakten Bericht gibt, und dies über lange Jahre, aus denen sich in der Apostelgeschichte kaum noch Erinnerungen erhalten haben.

Zum rechten Verständnis der Stelle ist die Klärung der Vorfrage unerläßlich, was Paulus zu einem solchen eingehenden Rechenschaftsbericht veranlaßt hat und was er mit ihm bezweckt. Das später während seiner Wirksamkeit in Ephesus (s. u. S. 98 f.) verfaßte Schreiben des Apostels an die Galater ist durch die Agitation judaistischer Irrlehrer veranlaßt, die in die Gemeinden der kleinasiatischen Landschaft Galatia eingedrungen waren und sie an den Rand des Abfalls getrieben hatten. Ihr Angriff richtete sich gegen das gesetzesfreie Evangelium, das Paulus unter den Heiden verkündete – in ihren Augen eine grobe, opportunistische Verkürzung der Christusbotschaft, weil damit die angeblich heilsnotwendige Beschneidungsforderung und die Verbindlichkeit des Gesetzes auch für die Heiden unterschlagen sei. Dieser Vorwurf entspricht den Grundgedanken der Judaisten, in welcher Spielart sie auch immer die Heidenmission des Apostels zu unterminieren versuchten; auch sie verstanden sich ja als Christen, nicht einfach als Juden: Christwerden gibt es, wie sie meinten, nur durch die Eingliederung in das auserwählte jüdische Volk! In Frage gestellt war mit diesem Angriff auf die Botschaft des Paulus zugleich sein apostolischer Auftrag, zu dem ihn niemand autorisiert habe. Dies beides, die Verfälschung der Botschaft und die eigenmächtige Anmaßung, Apostel sein zu wollen, müssen Inhalt der gegnerischen Anwürfe gewesen sein. Darum verteidigt er, selbst zugleich angreifend, in seinem Brief mit äußerster Schärfe beides, die Wahrheit seines Evangeliums für die Heiden und den göttlichen Ursprung seiner Sendung. Beides gehört unlöslich zusammen: zwei Seiten derselben Sache, hinter der die Autorität des einen göttlichen Willens steht.
Nach einer weit verbreiteten Auslegung sollen die Agitatoren in Galatien seine Abhängigkeit von den Jerusalemer Uraposteln ihm zum Vorwurf gemacht und also ihn bezichtigt haben, seine Lehre nur aus zweiter oder dritter Hand empfangen zu haben; darum sei er kein originaler, von Gott selbst beauftragter Apostel. Dagegen sei der eingehende Beweis seiner Unabhängigkeit von Jerusalem in Galater 1 und 2 gerichtet. In der Tat geht es in dem ganzen, fast protokollarisch fixierten Aufriß der Geschichte seiner Berufung und seines darauf folgenden Verhaltens und Wirkens um diese beharrlich durchgehaltene Behauptung seiner Unabhängigkeit von allen menschlichen Autoritäten und damit der Göttlichkeit seines Evangeliums wie seines Amtes. Doch können unmöglich ausgerechnet seine judaistischen Gegner die Abhängigkeit des Apostels von den Jerusalemern, welche mit dem Gesetz keineswegs gebrochen hatten und den bedin-

gungslosen Zugang auch der Heiden zum Heil durchaus nicht für selbstverständlich hielten, gegen ihn ins Feld geführt haben. Von den Voraussetzungen der Gegner aus ist allein vorstellbar, daß sie sich selbst, mit welchem Recht auch immer, auf Jerusalem beriefen und in ihren Augen nur der ein legitimer Apostel sein konnte, der an den im Gesetz verbrieften Heilsüberlieferungen des privilegierten Gottesvolkes festhielt. Ist diese Annahme richtig, so kann ihr Vorwurf nur etwa so gelautet haben: Von seiten der Urapostel ist er eines besseren belehrt worden. Aber schändlicherweise hat er diese Belehrung – nämlich über die unaufgebbare Verbindung von Gesetz, Beschneidungsforderung und Heilsbotschaft – preisgegeben und eigenmächtig verfälscht, um leichter bei den Heiden anzukommen (1, 10). Darum bedeutet seine Verkündigung Verrat des empfangenen Erbes; wir dagegen stehen in der wahren Kontinuität und bringen die legitime Botschaft.

Dieser Argumentation schneidet Paulus Gal 1 die Wurzel ab, indem er sagt: Schon eure Voraussetzung stimmt nicht; ich habe tatsächlich keinerlei Beziehungen zu Jerusalem gehabt – weder bei meiner Berufung zum Apostel noch danach über etwa 17 Jahre hinweg, von einem kurzen Zwischenbesuch bei Kephas (Petrus) drei Jahre nach jenem Tag vor Damaskus abgesehen. *Gott* hat mir ohne Vermittlung durch die Urapostel Evangelium und Sendung für die Heiden zuteil werden lassen. Darum predige ich die Beschneidungsforderung nicht mehr, die ich einst als pharisäischer Diasporamissionar gepredigt habe (Gal 5, 11; vgl. s. S. 35 f.) und angeblich auf Grund der von den Uraposteln empfangenen Lehre predigen sollte. In diesem Sinn sagt schon der Briefeingang: »Paulus, Apostel nicht von Menschen und nicht durch einen Menschen, sondern durch Jesus Christus und Gott den Vater, der ihn von den Toten auferweckt hat . . .« (Gal 1, 1; vgl. 1, 11 f.). Ja, um die Gegner völlig matt zu setzen, kann er in seinem Bericht über den Apostelkonvent in Jerusalem hinzufügen: Sogar die Urapostel selbst haben mir damals die Freiheit meines Evangeliums für die Heiden bestätigt (Gal 2, 1-9). So spricht alles dafür, daß nicht die Gegner Paulus seine Abhängigkeit von den Jerusalemern angekreidet haben, sondern daß Paulus den gerade von ihnen für unaufgebbar erklärten Zusammenhang zwischen Tradition und Heilsbotschaft bestritten und zerschlagen hat.

Die Energie, mit der der Apostel dies vertritt und an seinem eigenen Verhalten erläutert, bleibt freilich zunächst noch immer merkwürdig und befremdlich. Denn sie erweckt den Eindruck und scheint die tatsächlich weit verbreitete Annahme zu bestätigen, der Apostel habe unter Mißachtung der von den ersten Jüngern bewahrten Christusüberlieferung einzig und allein die ihm persönlich widerfahrene Erscheinung des auferstandenen und erhöhten Herrn als Ursprung und Legitimation seiner Berufung und Verkündigung erklärt, m. a. W. an die Stelle der urgemeindlichen Jesusüberlieferung seine Christusvision gesetzt. Wäre diese Auffassung richtig, dann ergäbe sich aus unserem Abschnitt, daß die Selbstverteidigung des Paulus, ja seine Botschaft und Theologie überhaupt seltsam schwärmerische Züge tragen. Man denke: Er, der bisherige Pharisäer und Christenverfolger, der den irdischen Jesus nicht selbst gekannt hat (2Kor 5,16), verweigert brüsk jede Beziehung zu Jesu ersten Jüngern, und dies nicht nur unmittelbar nach seiner Bekehrung, sondern er bringt es fertig, in geflissentlicher Distanz zur Jerusalemer Gemeinde und ihren Führern über lange Jahre auf eigene Faust im heidnischen Gebiet Mission zu treiben. Nach landläufiger Auslegung wäre Gal 1,15 f. geradezu zu entnehmen, er habe aus jenem einmaligen Erlebnis vor Damaskus den Inhalt seiner ganzen weiteren Verkündigung bestritten und seine Sendung zu legitimieren gesucht. Er wäre dann – ein Vorwurf, der ihm zu seiner Zeit wohl mehr als einmal gemacht worden ist – ein störrischer, enthusiastischer Querkopf, der für sein Erlebnis die Einheit der Kirche aufs Spiel setzte.

Indessen haben wir mit diesen sich leicht aufdrängenden, in ihren Konsequenzen freilich selten klar ausgesprochenen Reflexionen den Sinn der paulinischen Aussagen in Gal 1 und 2 mißverstanden und verzerrt. Schief und irreführend ist schon für Gal 1 die Formulierung einer allgemeinen und prinzipiellen Alternative: Überlieferung oder spezielle, dem Apostel gleichsam privatissime zuteil gewordene Offenbarung als Grundlage seiner Sendung und Botschaft. Von geheimnisvoll ekstatischen »Einraunungen«, die dem Apostel wichtiger und maßgeblicher gewesen sein sollen als alle Überlieferungen der Urapostel, ist hier mit keiner Silbe die Rede, sondern allein von Recht und Freiheit seines freien Evangeliums für die Heiden. Sein Inhalt ist – nicht anders als im Philipper- und Römerbrief –, daß Gott in der Sendung Christi dem jüdischen Heilsweg der Gesetzesgerechtigkeit ein Ende gesetzt und allen in der Gerechtigkeit allein aus Glauben das Heil aufgetan hat. Daß diese Erkenntnis ihm höchst persönlich, seine ganze Existenz wendend, in seiner Berufung zum Heidenapostel aufgegangen ist, bleibt unbestritten und ist wichtig genug. Aber alles, was er über sich selbst sagt, illustriert und reflektiert nur das die Welt im ganzen angehende und wendende Handeln Gottes in Christus, das die Heilsbotschaft ausruft.

Zu dem gekennzeichneten, für das Paulusbild im ganzen folgenreichen subjektivistischen Mißverständnis hat vor allem die verbreitete Deutung des von Paulus Gal 1, 15 f. gebrauchten Wortes »Offenbaren« im Sinne von Vision und Erlebnis, bezogen auf die Paulus ja tatsächlich zuteilgewordene Erscheinung des Auferstandenen vor Damaskus (1Kor 15, 8; 9, 1) beigetragen. Daß Bekehrung und Berufung des Apostels bei dieser Gelegenheit sich ereigneten, wird man nicht bezweifeln können. Gleichwohl ist für das Verständnis der Selbstaussage Gal 1 von Wichtigkeit, daß er seinen besonderen apostolischen Auftrag für die Heiden nicht schon mit diesem Faktum als solchem, seiner Zugehörigkeit zu den Auferstehungszeugen, rechtfertigt. Wo immer er seine Osterzeugenschaft erwähnt, reiht er sich selbst gerade in den Kreis *aller* Apostel ein und bestätigt damit die allen gemeinsame Botschaft: »Es seien nun ich oder jene, so predigen wir, und so seid ihr zum Glauben gekommen« (1Kor 15, 11). Gal 1 und 2 jedoch geht es ihm um die Rechtfertigung seiner gegenüber den Uraposteln strikt gewahrten Distanz und seine gesetzesfreie Verkündigung unter den Heiden. Die Gal 1, 15 f. gemeinte »Offenbarung« muß also einen anderen Sinn haben. Das aus der apokalyptischen Sprache stammende Wort bezeichnet hier wie auch sonst wiederholt bei Paulus, und zwar gerade im weiteren Galaterbrief, ein objektives, weltenwendendes Geschehen, das durch Gottes souveränes Handeln eine neue Weltzeit heraufgeführt hat und im Evangelium verkündet wird. Entsprechend sagt der Apostel: »Bevor aber der Glaube kam, waren wir unter dem Gesetz im Gewahrsam gehalten, miteinander eingeschlossen, bis der Glaube *offenbart* werden (in Erscheinung treten) sollte. So ist das Gesetz unser Zuchtmeister geworden, damit wir aus Glauben gerecht würden« (Gal 3, 23 f.). »Als die Zeit erfüllt war, sandte Gott seinen Sohn, von einem Weibe geboren und dem Gesetz unterstellt, damit er die unter dem Gesetz loskaufte und wir die Sohnschaft empfingen« (Gal 4, 4). Hier wie Gal 1, 15 verwendet Paulus denselben christologischen Hoheitsnamen »Sohn Gottes«. Dieser durchbricht gerade bei Paulus alle Schranken eines jüdisch-partikularistischen Messiasglaubens und gehört wesentlich in den Gedankenbereich des allen, Juden und Heiden, eröffneten Heils, also der paulinischen Rechtfertigungsbotschaft (vgl. außer Gal 3; 4 auch Röm 8, 2-4; s. u. S. 145 ff.).

So zeigt das Selbstzeugnis des Paulus über seine Berufung in Gal 1 nicht anders als Phil 3, wie sehr das Verständnis seiner

Lebenswende und Sendung ganz von dem Inhalt seiner Verkündigung und Theologie bestimmt ist und nicht von dem eigensinnigen Anspruch, eine revelatio specialissima (Spezialoffenbarung) empfangen zu haben. Die übliche Eintragung der formalen Alternative – hier unmittelbare pneumatisch-visionäre Eingebung und dort geordnete Weitergabe vermittelter Tradition – unterwirft den Apostel einem gerade seinen Widersachern gemäßen allgemeinen Prinzipiendenken und verkennt den seine eigene Person weit übergreifenden, weltumspannenden sachlichen Gegensatz von Gesetz und Evangelium.

An der Klarstellung dieses Sachverhaltes ist um so mehr gelegen, als das abgewehrte Mißverständnis bis heute weithin das Bild des Paulus schwer belastet und ihn in fragwürdiger Weise zum Enthusiasten und Individualisten gestempelt hat. Mag Paulus in seiner konsequenten Distanz gegenüber Jerusalem dieses Odium in der Tat auf sich genommen haben, so liegen die theologischen und historischen Gründe für sein Verhalten doch einigermaßen deutlich auf der Hand. In der noch aufs stärkste an jüdische Denkvoraussetzungen gebundenen und in der apokalyptischen Erwartung des kommenden Messias lebenden Urgemeinde konnte er in der ersten Zeit für das Evangelium von der freien, allen eröffneten Gnade und von Christus als dem Ende des Gesetzes ein zureichendes Verständnis nicht wohl erwarten. Ihr mußten die im hellenistischen Raum aufgebrochenen revolutionären Fragen und Erkenntnisse zunächst fremd und unbegreiflich sein, auch wenn wir keinerlei Anzeichen dafür haben, daß in den ersten eineinhalb Jahrzehnten nach der Berufung des Paulus auf seiten der Jerusalemer Urgemeinde Tendenzen bestanden, den hellenistischen Gemeinden die Kirchengemeinschaft aufzukündigen und ihre Sendboten zu verketzern. Im Gegenteil, wir hören, daß die Kunde von den Missionserfolgen des einstigen Christenverfolgers auch zu den Gemeinden des palästinischen Mutterlandes drang und dort Freude und Lobpreis weckte (Gal 1,23 f.). Aber die grundsätzlichen Fragen nach dem Sinn der Christusbotschaft, die damit über kurz oder lang aufbrechen mußten, schlummerten dabei noch ungelöst unter der Decke. Der Augenblick, in dem auch die Jerusalemer Urgemeinde sich diesen Fragen stellen mußte, kam erst später, als die nicht von Jerusalem aus gegründeten heidenchristlichen Gemeinden gebieterisch an die Tür der Gesamtkirche schlugen. Das geschah, wie noch zu zeigen sein wird, auf dem Apostelkonvent (s. u. S. 52 ff.).

Blicken wir zurück, so drängt sich die nur allzu verständliche Frage auf, was die Lebenswende des Paulus vorbereitet und ausgelöst hat. Sie läßt sich positiv nur sehr schlicht damit beantworten, daß dem Apostel sicherlich auf Grund der Auseinandersetzungen mit den von ihm anfangs gehaßten und verfolgten hellenistischen Christen in Damaskus und anderswo plötzlich aufging, wer der von ihm zuvor für einen Zerstörer der heiligsten Grundlagen jüdischen Glaubens gehaltene und mit Recht am Kreuz geendete Jesus in Wahrheit war und was seine Sendung und sein Tod für ihn und die Welt bedeuteten. Daß diese Frage, geweckt durch Glauben und Zeugnis seiner Jünger, an ihm und in ihm gearbeitet hat, ist mit Sicherheit anzunehmen. Freilich, er selbst schweigt darüber und bestätigt eindeutig, daß nicht ein langsamer Reifeprozeß, sondern allein die souveräne und freie Tat Gottes die Wende heraufgeführt hat. In jedem Fall ist die oft phantasievoll ausgesponnene Annahme abzulehnen, schon von langer Hand her habe sich bei ihm ein innerer Zusammenbruch vorbereitet, weil er angeblich schon als frommer Pharisäer mehr und mehr die morsche Grundlage seiner Frömmigkeit erkannt und unter dem wachsenden Ungenügen gegenüber den hohen Idealen und strengen Forderungen des Gesetzes gelitten habe (über den fälschlich so gedeuteten Abschnitt Röm 7,7-25 s.u. S. 136f.). Die eigenen Worte des Paulus weisen in die entgegengesetzte Richtung. Die Begegnung mit dem gekreuzigten und auferstandenen Christus und der Ruf Gottes trafen gerade nicht einen von Gewissensängsten gejagten, an seiner eigenen Unzulänglichkeit zerbrochenen Mann – so wie wir es von Luther wissen –, sondern einen stolzen Pharisäer, dessen ungebrochener Ruhm seine Zugehörigkeit zum erwählten Volk, das Gesetz Gottes und seine eigene Gerechtigkeit waren. In der Lebenswende, die Paulus erfuhr, hat also nicht ein Ungläubiger den Weg zu Gott gefunden, sondern ein Eiferer für Gott, der es wie kein anderer mit seinen Forderungen und Verheißungen ernst nahm. Diesem Frommen hat Gott durch den in Schande am Kreuz gestorbenen Christus den Weg verstellt und das Licht aufgehen lassen, von dem Paulus an anderer Stelle sagt: »Denn Gott, der gesagt hat: aus der Finsternis strahle das Licht! hat es in unseren Herzen aufstrahlen lassen, so daß hell wurde die Erkenntnis der Herrlichkeit Gottes auf dem Antlitz Christi« (2Kor 4,6).

Es bedarf an dieser Stelle keiner Rechtfertigung mehr, daß wir uns bei der Darstellung der Bekehrung und Berufung des Paulus an seine eigenen Aussagen gehalten und die Schilderungen des Damaskusgeschehens in der Apostelgeschichte zurückgestellt haben. Nicht weniger als dreimal – einmal in direkter Erzählung

(9, 1 ff.) und zweimal in eigene Reden des Paulus eingewoben (22, 3 ff.; 26, 9 ff.) –, im einzelnen nicht ohne Variationen und offensichtlich in Anlehnung an alttestamentlich-jüdische Epiphanieschilderungen und legendär ausgeschmückte Berufungsgeschichten gibt der Erzähler darüber einen großartigen, dramatischen Bericht. Er hat damit das traditionelle Bild des Paulus aufs stärkste geprägt, viel stärker als die Zeugnisse seiner Briefe. Ohne die Actaberichte hier noch im einzelnen zu erörtern, sei zum Vergleich mit den Aussagen der paulinischen Briefe doch wenigstens auf einiges Wichtige hingewiesen. Gemeinsam ist beiden die Überwindung des aus der Leidenschaft jüdischen Glaubens eifernden Verfolgers Christi und seiner Gemeinde durch Gott, also nicht die Bekehrung eines reuigen Sünders. Hier wie da geht es darum, daß der erhöhte Herr in souveräner Vollmacht seinen Verfolger zu seinem Zeugen macht. Gleichwohl sind die Differenzen zwischen Acta und Paulusbriefen erheblich. Die Berichte des Lukas sagen bezeichnenderweise nichts von der Berufung des Paulus zum Apostel, der den Zwölf gleichberechtigt an die Seite gestellt wird, vielmehr wird er hier, durch die Erscheinung geblendet, von dem gesetzesfrommen Jünger Ananias in Damaskus wunderbar geheilt und getauft (9, 18; 22, 12 ff.), kehrt nach Jerusalem zurück, und dort erst im Tempel erfüllt sich in einem erneuten Gesicht seine Bestimmung: Christus sendet ihn von den verstockten Juden fort zu den Heiden (22, 17-21). Sein Missionswerk in der heidnischen Welt nimmt hier also von Jerusalem seinen Ausgang, wie denn Saulus nach Act 9, 23 ff. auch – im Widerspruch zu Gal 1 – alsbald nach seiner Bekehrung von Barnabas in die Urgemeinde und den Kreis der Zwölf eingeführt wird und so – zwar nicht selbst als Apostel, aber als legitimierter Vertreter der einen apostolischen Kirche – fortan sein großes Werk vollbringt. Sicher hat Lukas bei dem allen nicht einfach frei phantasiert, sondern mündlich ihm zugekommene Traditionen verarbeitet, auch wenn deren Richtigkeit im einzelnen von den eigenen Aussagen des Paulus her angefochten werden muß. Das Gesamtbild zeigt freilich die typischen Züge des lukanischen Geschichts- und Kirchenverständnisses. Vor allem aber weiß Lukas nichts mehr von dem, was nach den Aussagen des Paulus selbst das Entscheidende an der Wende seines Lebens war, und hier liegt die tiefste theologische Differenz. Der lukanische Paulus bleibt bis zu seinem Ende gesetzesfrommer, gläubiger Pharisäer; der wirkliche Paulus gab um Christi willen das Gesetz als Heilsweg preis.

Die Sprödigkeit und Kargheit der Selbstaussagen des Paulus über seine Bekehrung und Berufung werden wir jetzt nicht mehr als einen Mangel ansehen. Die geschichtliche Mächtigkeit der dem Apostel aufgegangenen und aufgetragenen Sache des Evangeliums wird gerade auch in der Weise, wie er von seiner Lebenswende spricht, offenbar. Das bestätigt erneut, wie sehr die empfangene Botschaft ihm allein wichtig war und nicht seine Person.

3. Erstes missionarisches Wirken

Mehr als eineinhalb Jahrzehnte wirkt Paulus nach seiner Berufung bei Damaskus als Missionar fernab von Jerusalem, ehe er zum Apostelkonvent hinaufzieht und zwischen ihm und den Führern der Urgemeinde die vitalen Probleme zum Austrag kamen, die nicht zuletzt durch sein eigenes Wirken für die junge Christenheit aufgebrochen waren. Man muß sich nur einen Augenblick die Bedeutung dieses Zeitraumes vergegenwärtigen – die erste Zeit unmittelbar nach Damaskus! – und ebenso die erhebliche, von Paulus selbst genau bezeichnete Zeitspanne: drei Jahre zwischen seiner Bekehrung und einem ersten kurzen persönlichen Besuch bei Kephas (Petrus) in Jerusalem (Gal 1, 18) und dann 14 Jahre abermaligen selbständigen Wirkens bis zum Konvent (Gal 2, 1). Zwar verkürzt sich diese Zeit um ein geringes, wenn man die antike Zeitrechnung berücksichtigt, die jeweils angefangene Jahre mitzählt. So ergeben sich nicht 17, aber doch immerhin 15–16 Jahre. Das ist fast das Dreifache der wenigen späteren Jahre, aus denen alle seine Briefe stammen und über die auch die Apostelgeschichte reichliche Kunde gibt. Bedenkt man dies, so kann man nur bedauern, daß die Nachrichten über diese bedeutsame Anfangszeit so überaus spärlich sind. Was wir wissen, ist einzig den allzu knappen Aussagen Gal 1, 16-24 zu entnehmen. Die Apostelgeschichte schweigt über die dort erwähnte missionarische Wirksamkeit des Paulus völlig und berichtet nur weniges, was sich jedoch vor den eigenen Aussagen des Apostels als historisch unhaltbar erweist.
Immerhin lassen die kurzen, aber bis in die Angaben der Jahresabstände und Orte genauen Aussagen, deren Richtigkeit der Apostel sogar durch einen Schwur bekräftigt (Gal 1, 20), erkennen, wie viel sich während dieser Zeit ereignet hat. Der zum Apostel unter den Heiden Berufene verzichtet auf jede Beratung mit den Jerusalemer Uraposteln und zieht sofort in die Arabia, das heißt in die ostjordanische heidnische Landschaft südöstlich von Damaskus (Gal 1, 17). Es ist falsch, sich den 2½–3jährigen

Aufenthalt des Apostels dort als eine Zeit mönchischer Einsamkeit vorzustellen, während deren er meditierend sich auf sein späteres Werk gerüstet haben soll. Dieses nach dem Vorbild altkirchlichen Anachoretentums erbaulich ausgemalte Phantasiebild wird durch die Selbstaussage des Paulus nicht gerechtfertigt und widerspricht seinem klar und nachdrücklich ausgesprochenen Verkündigungsauftrag. Wie hätte der Weltende und Ankunft Christi in Bälde erwartende Paulus die Erfüllung seines Auftrags so lange vertagen können! Auch ist die Arabia kein einsames Wüstengebiet, sondern besiedeltes und wie heute noch von Beduinen durchzogenes Land mit bekannten hellenistischen Städten wie Petra, der Residenz des von Paulus selbst 2Kor 11,32 genannten Nabatäerkönigs Aretas IV. (9 v. Chr. bis 40 n. Chr.), auch Gerasa und Philadelphia (dem heutigen Amman). Wir haben darum anzunehmen, auch wenn es nicht ausdrücklich gesagt ist, daß Paulus in diesem Gebiet des heutigen Staates Jordanien bereits das Evangelium verkündigt hat. Nennenswerte Erfolge sind ihm freilich dort offenbar versagt geblieben. Er selbst kann von keiner Gemeindegründung berichten, und sicher nicht zufällig weiß die Apostelgeschichte von dieser ersten Missionszeit nichts mehr. Sehr möglich ist auch, daß die Fruchtlosigkeit seines Bemühens und die Verfolgungen, die er erlebte, Paulus zum jähen Abbruch seines Wirkens und zur Rückkehr nach Damaskus zwangen (Gal 1,17). Denn auch dort noch stellte ein beauftragter Beamter des Nabatäerkönigs ihm nach, und Paulus mußte Hals über Kopf, in einem Korb durchs Fenster an der Stadtmauer herabgelassen, vor ihm fliehen (2Kor 11,32; vgl. auch Act 9,23 ff). Unbeachtet ist Paulus also auch in der Arabia nicht geblieben, wenngleich seine Predigt in dem Judäa benachbarten palästinischen Randvolk wohl überwiegend Feindschaft und Verfolgung erregte.

Erst jetzt, zwei bis drei Jahre nach seiner Bekehrung, kommt Paulus zum ersten Mal nach Jerusalem und nimmt Verbindung wenigstens mit Petrus auf (Gal 1,18), jedoch, wie er selbst ausdrücklich betont, nur mit ihm, nicht mit Urgemeinde und Erstaposteln im ganzen. Kephas »kennenzulernen« war der einzige Zweck dieses zweiwöchentlichen Besuchs, keinen anderen der Apostel habe er dort gesehen, mit Ausnahme nur noch des Herrenbruders Jakobus.

Was gäbe man darum, Zuverlässiges über diese erste denkwürdige Begegnung zwischen Paulus und Petrus, dem erstberufenen Jünger Jesu, zu erfahren. Kein Wunder, daß die Forschung sich alle erdenkliche Mühe gegeben hat, das Dunkel zu lichten und jeder Nuance der kargen paulinischen Notiz etwas Erhellendes abzugewinnen. Doch schweigt der Text und nötigt zu genauer Prüfung, welche Vermutungen dennoch berechtigt sind und welche nicht. Sicher wird man sagen dürfen, daß schon die Absicht des Paulus, Kephas, den damaligen Führer der Urgemeinde, zu treffen, von Gewicht ist, und sicher ist zwischen beiden das Verständnis der Christusbotschaft, von der die Urgemeinde lebte und die Paulus in seiner Weise bereits verkündigt hatte, zur Sprache gekommen. Weiterhin darf man wohl annehmen, daß die Gespräche zwischen beiden nicht mit einem Konflikt geendet haben können, denn über derlei hat Paulus, wenn es die Sache gebot, freimütig gesprochen (vgl. Gal 2, 11 ff.). Petrus kann sich also schwerlich Paulus und seiner Botschaft in den Weg gestellt haben. Ebensowenig kann die Zusammenkunft allerdings zu einer völligen Einigung geführt haben, denn es bliebe dann unverständlich, warum Paulus eine so betonte Distanz gegenüber dem Kreis der Urapostel gehalten hat. Offensichtlich hat Petrus den neuen Evangelisten also gewähren lassen, ohne daß die weiteren Fragen, die erst allmählich gewichtig in den Vordergrund rücken sollten, schon abzusehen waren. Doch ist mit alledem die Grenze des Vermutbaren schon erreicht, wenn nicht überschritten. Auf alle Fälle sind die häufig ausgesponnenen Phantasien abzuwehren, als habe Paulus nun doch endlich, wenn auch spät das Ungenügen seiner eigenen Christus-Verkündigung eingesehen, jetzt erst – nach drei Jahren! – die ihm bis dahin fehlenden Informationen eingeholt und sein eigenes Apostelamt dem Primat der Jerusalemer unterstellt. Derlei Vorstellungen übersehen, daß alle Ausführungen in Gal 1 und 2 einschließlich der Erwähnung seines kurzen Besuches bei Kephas unter dem Leitgedanken stehen: »Ich habe mein Evangelium nicht von einem Menschen empfangen, bin auch nicht darüber belehrt worden« (Gal 1, 12). Von einem spät nachgeholten Katechumenat und missionarischen Schnellkursus bei Petrus kann also nicht die Rede sein.

Was wir für die zwei bis drei Jahre vor dem Besuch des Apostels in Jerusalem feststellten, gilt unverändert auch für die nachfolgenden langen Jahre, in denen Paulus dasselbe Evangelium verkündigte, nun in Syrien und seinem Heimatlande Kilikien, sicher also im Umkreis von Tarsos. Wieder haben wir darüber nur eine einzige Notiz (Gal 1, 21; vgl. aber auch Act 9, 30). Doch läßt sich dem Kontext entnehmen, daß die Arbeit hier zu Erfolgen und zur Gründung erster Gemeinden führte. Denn die Kunde vom Wirken des einstigen Christenverfolgers hatte nun auch die

Christen in Judäa erreicht, denen er bis dahin persönlich unbekannt geblieben war, so daß sie über diese Wendung Gott priesen (1,22-24; vgl. auch Act 15,23. 36. 41).

Wie lange die Wirksamkeit des Paulus in Syrien und Kilikien gedauert hat, wissen wir nicht. Sicher ist nur, daß der in Apostelgeschichte und Briefen wiederholt genannte Barnabas ihn aus Tarsos zur Mitarbeit nach Antiochia holte (Act 11,25 ff.). Damit sind erstmals zwei für die Geschichte des Urchristentums bedeutungsvolle Namen gefallen. Antiochia am Orontes, die Hauptstadt Syriens, mit einer halben Million Einwohnern damals nach Rom und Alexandria die drittgrößte Stadt des Römischen Imperiums, hat schon im Urchristentum eine große Rolle gespielt. Die Anfänge der dortigen Christengemeinde gehen auf die früher erwähnten, aus Jerusalem vertriebenen hellenistischen Judenchristen zurück, deren Christusglaube sich durch die Freiheit gegenüber dem jüdischen Gesetz von dem der palästinensischen Urgemeinde unterschied. Alte unverdächtige Überlieferung, die Act 11,19-26 erhalten ist, hat dieses bedeutsame Ereignis festgehalten. Hier also hat schon in sehr früher Zeit und nicht erst unter der Wirkung paulinischer Verkündigung das Christentum den jüdischen Rahmen gesprengt und Griechen erreicht. Bezeichnenderweise taucht dabei zum ersten Mal der neue Name »Christianer« (d. h. Christusleute) für die Glaubenden auf (11,26), eine Bezeichnung, die sie sich schwerlich selbst beigelegt haben, sondern die ihnen von ihrer heidnischen Umwelt gegeben sein muß und sie als ein Drittes neben Juden und Heiden kennzeichnet.

Zu den Begründern der Antiochenischen Gemeinde ist der genannte Barnabas zu rechnen, ein aus Cypern stammender, in Jerusalem begüterter hellenistischer Judenchrist, der auf längere Zeit mit Paulus zusammen, aber auch unabhängig von ihm als Missionar wirkte. Man wird annehmen dürfen, daß er zusammen mit den Anhängern des Stephanus aus Jerusalem fliehen mußte und so zum Missionar wurde. Die Apostelgeschichte gibt ihm zwar zunächst eine andere Rolle, nämlich die eines von der Jerusalemer Urgemeinde abgesandten Legaten, der die neu entstandene heidenchristliche Gemeinde in Antiochia inspiziert und billigt und schon unmittelbar nach der Bekehrung des Paulus dessen Anschluß an die Urgemeinde und die Urapostel in Jerusalem vermittelt (Act 9,27). Daß dies eine typisch lukanische Kombination ist, die mit Gal 1 sich nicht in Einklang bringen läßt, braucht nicht noch einmal gesagt zu werden. Auch die Rolle, die Barnabas sogar nach den Acta selbst und dem Galater-

brief als Missionsgefährte des Apostels und als sein Mitgesandter aus Antiochia in den Verhandlungen mit den Uraposteln auf dem Konvent in Jerusalem spielt, sprechen gegen die Konstruktion des Lukas.
Wohl aber wird Barnabas das Verdienst zukommen, den Apostel der vom Gesetz freien Christusbotschaft nach Antiochia geholt zu haben (Act 11,26), ein Vorgang, vergleichbar vielleicht dem späteren Augenblick in der Kirchengeschichte, da der Schweizer Farel ebenfalls einen Größeren, den Reformator Calvin, dazu überwand, in seine Heimatstadt Genf zu kommen. Was das Erscheinen des Paulus für die Antiochenische Gemeinde bedeutete, läßt sich wohl erahnen. Aber auch das Umgekehrte will bedacht sein: Der bisher ohne die tragende Basis einer Gemeinde frei missionierende Paulus fand nun zum ersten Mal einen Rückhalt an einer Gemeinde, die sich zu dem von ihm verkündeten Evangelium bekannte. Für eine bestimmte, wenn auch begrenzte Zeit jedenfalls wurde Antiochia zur Basis der weiteren paulinischen Mission.

4. Der Apostelkonvent in Jerusalem

War die Kirche Christi auseinandergebrochen? Die Entstehung der hellenistischen Gemeinden und der Weg des Paulus haben gezeigt, wie sehr ihre Einheit schon in den ersten Jahrzehnten bedroht war. Was ging die neuen lebenskräftigen Gemeinden noch die Urgemeinde an, die rückwärts gewandt die Schranken des Judentums noch nicht wirklich durchbrochen hatte, von der Verfolgung der Hellenisten kaum mitbetroffen war und wie bisher in apokalyptischer Erwartung des Weltendes und des vom Himmel kommenden Menschensohnes lebte? Aber mußten nicht ebenso in den Augen der judenchristlichen Jerusalemer die Hellenisten als Häretiker und gefährliche Schwärmer erscheinen? Was lag näher als die Aufkündigung der Kirchengemeinschaft herüber und hinüber?
Daß die bedrohte Einheit der Kirche erstaunlicherweise nicht zerbrach und man sich nicht gegenseitig preisgab, beweist der Apostelkonvent in Jerusalem (etwa 48 n. Chr.). Er darf füglich als das wichtigste Ereignis in der Geschichte der Urkirche bezeichnet werden. Paulus selbst (Gal 2,1-10) wie auch die Apostelgeschichte (Kap. 15) berichten eingehend über ihn und lassen beide, wenn auch auf verschiedene Weise, seine Bedeutung erkennen: der paulinische Bericht schon durch den breiten Raum, den er im Brief einnimmt, aber auch durch die spürbare innere Beteiligung, mit der der Apostel formuliert; der lukanische durch

seine kunstvolle Gestaltung und durch seine Stellung im Ganzen der Apostelgeschichte. Der Bericht steht hier beherrschend in der Mitte des ganzen Buches und bildet, wie man treffend gesagt hat, gleichsam eine Wasserscheide: bis zum Konvent kreist alles um die Jerusalemer Gemeinde und ihre führenden Gestalten, vor allem Petrus; von da ab verschwinden sie aus dem Blickfeld, und die Geschichte des paulinischen Wirkens wird das eigentliche Thema.

Einen eigenen Quellenwert besitzt der Actabericht jedoch nicht. Abgesehen von einigen nicht unwichtigen Notizen über die Veranlassung des Konventes, die der Galaterbrief bestätigt, erweist er sich inhaltlich als ein schriftstellerisches Produkt des Lukas, verfaßt in einer Zeit, in der die Kämpfe von einst längst beigelegt waren und nur noch als unbedeutende Störungsaktionen von außen wider die im Grunde unangreifbare Einigkeit der Urkirche erscheinen. Die Zusammenkunft als eine machtvolle Demonstration der einen von Jerusalem aus gelenkten Gesamtkirche zu schildern, hat der Erzähler sich freilich nicht entgehen lassen und seinen Bericht entsprechend seiner späteren idealen Konzeption von Kirche und Kirchengeschichte ausgestaltet.

Ein vollständiges, exaktes Protokoll ist allerdings auch von dem paulinischen Bericht von vornherein nicht zu erwarten. Der Apostel erörtert die Vorgänge des Konventes ein reichliches halbes Jahrzehnt später in der besonderen Kampfsituation des Galaterbriefes. Sein Bericht steht darum ganz im Dienste der apologetischen und polemischen Grundgedanken, mit denen er seine judaistischen Gegner abwehrt. Auch wenn die Hauptsache sicher richtig getroffen ist und die angeführten Einzelheiten Glauben verdienen, ist der Bericht doch sichtlich für den späteren Anlaß zusammengedrängt, wird überdies von Paulus ständig aktualisiert. Nicht zufällig wechseln wiederholt berichtende Vergangenheits- mit Gegenwartsaussagen, die die Galater und die Agitatoren in den Gemeinden angehen; die Fronten von einst und jetzt gehen ineinander über. Dennoch kann kein Zweifel sein, daß wir in Gal 2 einen authentischen Bericht über den Konvent, ja sogar die einzige historisch brauchbare Quelle vor uns haben.

Der Anlaß des Apostelkonventes läßt sich aus der von Paulus gegebenen Darstellung erkennen und wird durch die Apostelgeschichte bestätigt. Judenchristen strengster Observanz sind aus Jerusalem in die Antiochenische Gemeinde eingebrochen und haben die Beschneidung der Heidenchristen gefordert. Darüber ist ein Streit ausgebrochen, und man beschließt, Paulus und Barnabas zur Klärung der Frage zu den Uraposteln nach Jerusalem zu entsenden. Schon dieser Entschluß und vollends der Gang der Verhandlungen dort deuten darauf, daß die Unruhestifter nicht als offizielle Abgesandte der Urapostel und der Jerusalemer Gemeinde vorzustellen sind, auch wenn sie sich selbst als solche aufgespielt haben werden. Paulus hätte sie gewiß als solche gekennzeichnet, wie er bei der Erörterung seines späteren Konfliktes mit Kephas offen von den »Leuten des Jakobus« redet (Gal 2, 12), und sie nicht nur »eingeschlichene Falschbrüder« genannt (Gal 2, 4). Auch hätte dann das Motiv der Entsendung von Paulus und Barnabas unter der Voraussetzung, die Unruhe sei direkt von höchster Stelle der Urgemeinde in Antiochia geschürt worden, nur der Protest gegen unbillige Zumutungen seitens der Urapostel sein können, wovon die Quellen nichts andeuten. Vollends aber würde die Tatsache unverständlich, daß die von Paulus als »Säulen« der Urgemeinde Bezeichneten, Jakobus, Kephas und Johannes, im Verlauf des Konvents seine gesetzesfreie Verkündigung unter den Heiden anerkannten. Unmöglich können sie kurz zuvor jene Judenchristen mit offiziellem Auftrag nach Antiochia delegiert haben, um sie dann beim Konvent fallen zu lassen. Zumindest hätte der paulinische, wenn nicht gar der lukanische Bericht die erfolgte Umstimmung der Jerusalemer erwähnt. Die Antiochenischen Agitatoren können also nur extrem gesetzliche Judenchristen aus Jerusalem gewesen sein, die eine besonders aktive Richtung gegen das inzwischen mächtig gewordene Heidenchristentum vertraten. Die Absicht ihres Auftretens bezeichnet der Bericht Gal 2 unmißverständlich: Sie sind in die Gemeinde eingedrungen, um »die Freiheit auszuspionieren, die wir in Christus Jesus haben, um uns zu versklaven« (Gal 2, 4); in diesem Sinne sind sie also Gesinnungsgenossen der späteren Judaisten in Galatien. Für die damals in Antiochia tätigen Agitatoren heißt das: Sie wollten auf Grund ihrer Beobachtungen die Unterwerfung der Heidenchristen unter die gesetzlich noch streng gebundene Urgemeinde, anderenfalls die Aufkündigung der Kirchengemeinschaft betreiben. Für Paulus stand damit die »Wahrheit des Evangeliums« und die »Freiheit« des Glaubens auf dem Spiel (Gal 2, 5).

Die alttestamentlich-jüdische Beschneidungsforderung war damit als entscheidende Frage des Bekenntnisses in den Mittelpunkt gerückt. Sie wird aller Wahrscheinlichkeit nach schon in den zurückliegenden Jahren unterirdisch zwischen juden- und heidenchristlichen Gemeinden geschwelt haben, ohne jedoch offen auszubrechen und ausgetragen worden zu sein. Jetzt auf dem Konvent wurde sie zum wichtigsten Verhandlungsgegenstand, und

Paulus selbst nahm sie von vornherein als solche auf, indem er von sich aus – provozierend genug – einen unbeschnittenen Griechen, nämlich seinen späteren Mitarbeiter Titus, mit nach Jerusalem nahm. Das Ansinnen, ihn zu beschneiden, wurde auf dem Konvent auch alsbald energisch an Paulus gerichtet, sei es im Sinne eines Ultimatums oder eines Kompromisses. Paulus gab ihm jedoch für keinen Augenblick nach (Gal 2, 5).

Für uns heute mag es kaum noch verständlich sein, daß ausgerechnet über einer solchen archaischen, rituellen Bestimmung des Alten Testaments in der frühen Kirche ein so heftiger Streit entstehen konnte. Schon in der nachapostolischen Generation spielte sie alsbald keine Rolle mehr, wie denn auch die Apostelgeschichte sie nur noch unter den auslösenden Ursachen des Konvents, aufgebracht durch ein paar engstirnige Pharisäer, nennt, ohne daß sie bei den Verhandlungen selbst auch nur noch mit einer Silbe erwähnt wird; auch von Titus verlautet dementsprechend in dem Actabericht nichts mehr. Wie konnte also, wird man fragen, über Beibehaltung oder Preisgabe dieser gleichgültigen, altertümlichen Zeremonie, an der nicht einmal das liberale hellenistische Diasporajudentum festhielt, auf dem Boden der christlichen Gemeinde der Kampf um Evangelium und Glauben sich entzünden? Auf diese Frage kann die Antwort nur lauten: Für das strenge Juden- und Judenchristentum war die Beschneidung das unveräußerliche, vor Zeiten von Gott dem Abraham für seine Nachkommen gegebene Bundeszeichen und versicherte die Juden ihrer Zugehörigkeit zum wahren Gottesvolk. Sie galt als das »Siegel der Erwählung« (Rabbi Akiba), als Bekenntnis und Gehorsamsakt gegenüber dem göttlichen Heiligkeitsgesetz und der Forderung zur Absonderung von der heidnischen Umwelt. Für die noch streng an das Gesetz gebundene Urgemeinde stand mit der Beschneidungsforderung nichts geringeres als die leibhaftige Kontinuität der Heilsgeschichte auf dem Spiel und damit die Frage nach der Legitimation ihres Anspruches, das wahre Israel zu sein im Gegensatz zu den Juden, die ihren eigenen verheißenen Messias-König verworfen hatten.

In der Religions- und Kirchengeschichte sind häufig Fragen von erheblicher grundsätzlicher Bedeutung und Tragweite an altertümlichen Riten und Symbolen aktuell geworden, deren Sinn späteren Generationen kaum noch verständlich ist. In der Frühzeit der Kirche und ihrer Mission verdichtete sich in der Beschneidungsfrage das für Judentum und Christentum gleicherweise vitale Problem der Geschichtlichkeit des Glaubens. Zum Wesen beider gehört das tragende Element der Geschichte. Dar-

um haben sie sich niemals als eine Religionsgemeinschaft verstehen können, die man beliebig wählen und wechseln konnte. Im Bereich der hellenistisch-orientalischen Umwelt war das durchaus möglich, wenn man nicht gar, um sicherzugehen, es gleichzeitig mit mehreren versuchte.
Die moderne Vorstellung eines »Aus- und Übertrittes« ist darum im Grunde auf das Verhältnis von Judentum und Christentum nicht anwendbar, so wenig wie die Kategorie des »Religionsstifters« auf Jesus. Mit den berühmten Worten Pascals zu sprechen, meldet sich darin die Erkenntnis, daß auch der Gott des christlichen Glaubens der »Gott Abrahams, Isaaks und Jakobs«, nicht »der Gott der Philosophen« ist. Man versteht von hier aus, daß mit jener historisch längst vergangenen Streitfrage des Apostelkonvents die Einheit des Gottesvolkes und seiner Geschichte und damit die Frage des Heils überhaupt auf dem Spiel stand. Unter diesen Aspekten wird man weder die Gegner des Paulus als bloße sture Ritualisten noch ihn selbst als starrköpfigen, zu keinem Kompromiß in gleichgültigen Dingen bereiten Neuerer ansehen. Er hatte sich denselben Fragen wie seine Gegner zu stellen, aber er gab ihnen eine von Grund auf andere Antwort.
Ehe wir vom Verlauf und Ergebnis der Jerusalemer Verhandlungen weiter sprechen, ist zuvor die Frage nach dem Charakter der Zusammenkunft und der Rolle ihrer Partner zu stellen. Sie berührt, wie sich sogleich zeigen wird, wichtige Probleme der kirchenrechtlichen Struktur der frühen Kirche, des Apostelamtes, der Tradition und der Lehrautorität, die seitdem entscheidende Fragen der Kirche und ihres Selbstverständnisses geblieben sind. Der Galaterbrief erlaubt es durchaus, auf diese umstrittenen Fragen eine Antwort zu geben, die freilich auch in diesem Punkt wieder bezeichnende Differenzen zur lukanischen Darstellung sichtbar machen muß. Absichtlich haben wir von vornherein vom *Apostelkonvent* gesprochen und den traditionellen Ausdruck »Apostelkonzil« vermieden, weil dieser, was Einberufung und Leitung der Versammlung sowie die Verkündung ihrer Beschlüsse betrifft, unwillkürlich falsche kirchenrechtlich-hierarchische Vorstellungen einer späteren Zeit einträgt.
Bis zu einem gewissen Grade hat dieser noch in der neuesten Forschung verbreiteten Auffassung der Bericht der Acta Vorschub geleistet. Denn hier sind in der Tat die Jerusalemer Urapostel und Ältesten die maßgeblichen Autoritäten und Wortführer, wie denn auch in ihrem Namen am Ende das allein in der Apostelgeschichte erwähnte »Aposteldekret« an die Gemein-

den von Antiochia, Syrien und Kilikien ausgeht (Act 15, 22 ff.). Paulus und Barnabas dagegen figurieren, ohne mit eigenen Reden eingeführt zu werden, lediglich als die, die von den unter den Heiden geschehenen göttlichen Wundern berichten. Dabei bestätigt ihr Bericht nur – für das lukanische Geschichtsbild sehr bezeichnend –, daß nicht erst durch sie, sondern durch den Jerusalemer Urapostel Petrus der entscheidende Schritt zur Heidenmission getan worden ist. Durch seinen Mund sei nach Gottes Willen längst schon und zuerst das Evangelium den Heiden verkündigt worden, sagt Petrus ausdrücklich in seiner vorangehenden Rede (Act 15, 7 f.) und erinnert damit an die zuvor breit und programmatisch geschilderte wunderbare Bekehrung des heidnischen Hauptmanns Cornelius (Act 10, 1–11, 18). Schließlich werden Barnabas und Paulus zusammen mit anderen Sendboten genannt, die das besagte »Dekret« den heidenchristlichen Gemeinden zu überbringen haben, im Auftrag der Apostel, aber nicht selbst als Apostel.

Man sieht auch hier wieder sofort, wie sehr die führende Stellung der Jerusalemer Urkirche und ihrer Apostel auf Kosten der Antiochener hervorgehoben wird, was mit dem authentischen Bericht von Gal 2 schlechterdings nicht zur Deckung zu bringen ist. Allerdings läßt auch die Apostelgeschichte daran keinen Zweifel, daß der Anstoß zum Konvent von Antiochia ausging und Paulus und Barnabas keineswegs etwa, wie man behauptet hat, von der ihnen vorgesetzten Instanz der Urapostel gleichsam kirchenbehördlich »zitiert« wurden (gegen Stauffer).

Dem Galaterbrief kann man dergleichen schon gar nicht entnehmen. Auch der Eingangswendung des paulinischen Berichtes: »Ich zog aber auf Grund einer Offenbarung (nach Jerusalem) hinauf« (Gal 2, 2) darf man keinesfalls das Motiv unterstellen, als sei ihm kraft göttlicher Offenbarung nunmehr (nach ungefähr 17 Jahren missionarischen Wirkens!) die höhere Autorität der früher berufenen Urapostel gegenüber seinem eigenen spät verliehenen Apostolat aufgegangen, und er habe sich jetzt endlich bereitgefunden, sich selbst und sein Evangelium der allein maßgeblichen Entscheidung der Jerusalemer Kirchenführer zu unterwerfen, also unter Einschluß der Möglichkeit, auch ihrem etwaigen Nein sich zu beugen. Von allem anderen abgesehen ist dabei der durchgehende Zusammenhang von Gal 1 und 2 vergessen. Dieser besagt, wie wir sahen, im Sinne von Gal 1, 12: Die 17 Jahre strikt durchgehaltene Unabhängigkeit des Paulus von Jerusalem und sein freies Evangelium für die Heiden haben die Urapostel auf dem Konvent selbst anerkannt. Allerdings berichtet er: »Ich legte ihnen das Evangelium vor, das ich unter den Heiden verkündige, besonders (in Sonderversammlung?) aber den Angesehenen, in der Besorgnis, daß ich vergeblich liefe oder gelaufen sei« (Gal 2, 2). Doch enthält dieser Satz sicher nicht die etwa zugestandene Bereitschaft, gegebenenfalls auf den Einspruch der Autoritäten hin seine von Gott und nicht von Menschen empfangene Botschaft überhaupt aufzugeben oder auch nur ihrem Wunsche gemäß abzuändern. Wohl aber spricht seine Besorgnis aus, wie sehr auch und gerade ihm an der Einheit der Kirche aus Juden und Heiden gelegen war und er darum bangte, man könne den Heidenchristen die Gemeinschaft verweigern. Für die Einheit der Kirche den Preis der Wahrheit des Evangeliums zu zahlen, war er jedoch nicht bereit (Gal 2, 5).

Ganz abwegig ist die noch jüngst vertretene Behauptung, Paulus habe mit seiner Reise zum »Konzil« einen »Canossagang« angetreten (Stauffer), wie er schon zuvor mit dem 14tägigen Besuch bei Kephas seinen Prinzipien von einst untreu geworden sei, nachträglich mangelhaft genug durch eine verschleiernde Ausdrucksweise und die Berufung auf eine »Offenbarung« kaschiert. Vollends verrate seine Unterwerfung auch die von ihm selbst erwähnte Übernahme einer regulären »Steuer« der Heidenchristen für Jerusalem, deren wahren, rechtlichen Charakter die angebliche »Kollekte« (Gal 2, 10) nur verdecken solle (vgl. dazu unten S. 61 f.).

Die Intention des ganzen paulinischen Berichtes ist damit gröblich entstellt, Paulus selbst mehr oder weniger als Lügner gebrandmarkt und dies noch dazu gegenüber den Gegnern in Galatien, die ohne Frage ihm die Verfälschung des wahren Sachverhaltes leicht hätten vorhalten können. Schon die Eingangswendung seines Berichtes ist bei solcher Deutung sicher mißverstanden. Sie meint mit »Offenbarung«, einem auch sonst geläufigen Sprachgebrauch entsprechend, in Gal 2, 2 eine göttliche »Weisung«, wie sie in den urchristlichen Gemeindeversammlungen durch Prophetenmund erging (vgl. Act 13, 2). Durch sie sah er sich zu dem gewiß nicht leichten Weg nach Jerusalem gerufen. Er bezieht sie hier ausdrücklich nur auf sich, nicht auf Barnabas. Doch heißt das nicht, daß er als Einzelgänger und nur um seiner eigensten theologischen Konzeptionen willen in Begleitung einiger Gesinnungsgenossen in Jerusalem aufgetreten sei. Seine Ausdrucksweise erklärt sich sehr einfach daraus, daß er offensichtlich auf dem Konvent der Wortführer und die eigentlich umstrittene Gestalt war und er überdies in der späteren Situation des Galaterbriefes sich selbst und nicht seine Begleiter zu verteidigen hatte. Doch hatte er zugleich mit seiner eigenen Sache die Anliegen der heidenchristlichen Gemeinden als ihr Abgesandter zu vertreten (vgl. hierfür auch Act 15, 2 f.), ebenso wie Barnabas, den auch Gal 2, 9 als Partner beim Vertragsabschluß nennt. Von einer bloßen Berichterstattung beider vor den ihnen vorgeordneten und allein entscheidenden apostolischen Amtsträgern kann also keine Rede sein. Vielmehr standen sich auf dem Konvent juden- und heidenchristliche Gemeinde gleichberechtigt gegenüber, auch wenn die Antiochener und Paulus selbst die besondere Stellung Jerusalems und der Urapostel in der Gesamtkirche nicht gering einschätzten. Aber es gilt hier sehr genau die Grenze zu halten zwischen der ihnen nicht bestrittenen, geschichtlich begründeten Bedeutung und einer uneingeschränkten Autorität, die Paulus ihnen nicht zu konzedieren bereit war. So redet er in wiederholten Wendungen ohne ironischen Beiklang von den »in Geltung Stehenden«, »den als ›Säulen‹ Angesehenen« (Gal 2, 2. 6. 9), aber weist doch zugleich eine formal begründete Autorität, etwa wegen ihrer Jüngerschaft in der Nachfolge des irdischen Jesus, eindeutig ab (»wer immer sie waren, geht mich nichts an« Gal 2, 6).

Über den Gang der Verhandlungen des Konventes erfahren wir von Paulus nur wenig. Immerhin läßt sein Bericht erkennen, daß die Verständigung nicht sofort im ersten Waffengang gelang, aber daß er mit der Darlegung seines Evangeliums von der souveränen, die Schranken des Gesetzes und die zwischen Juden und Heiden fest gezogenen Grenzen durchbrechenden, alle umfassenden Gnade Gottes die Urapostel überwand; sie gaben das Evangelium für die Heiden ohne Einschränkung frei (Gal 2, 6). Es besteht kein Anlaß zu der Annahme, ihre Zustimmung sei nur ein Gewährenlassen wider Willen, eine kirchenpolitische Konzession gewesen. Sie geschah, wie Paulus ausdrücklich hinzufügt, in der Erkenntnis, daß Gottes Gnade ihn ebenso zur Botschaft unter den Heiden bevollmächtigt hatte wie Petrus zum Apostelдienst unter den Juden (Gal 2, 7). In diesem Sinne wurde die Einheit der Kirche von beiden Seiten durch Handschlag besiegelt (Gal 2, 9).

Sicher haben die Jerusalemer sich das paulinische Evangelium nicht völlig und in allen seinen Konsequenzen zu eigen gemacht. Es scheint, als ob die unmittelbare Einsicht in das von Gott wunderbar Gewirkte beim Zustandekommen der Einigung den stärkeren Anteil hatte als rein theologische Argumente. So darf man die für Paulus seit seiner Bekehrung und Berufung kaum noch zweifelhaften und später in seinen Briefen entfalteten Erkenntnisse über die Kirche als neue Schöpfung Gottes, in der nicht mehr Jude und Heide gilt und alle eins sind in Christus (Gal 3, 28), nicht ohne weiteres für die Jerusalemer voraussetzen. Für die judenchristlichen Gemeinden und die Predigt unter den Juden blieb vielmehr das bisher Gültige in Kraft, und auch die Antiochener waren sichtlich weder gewillt noch fähig, mehr zu erzwingen. Doch hatten sie faktisch das Evangelium freigekämpft von jüdischen Beschränkungen, zunächst für ihr eigenes Missionsfeld, aber in gewissem Sinn auch für das jüdisch-christliche Feld, da das keinen anderen Heilsweg neben sich duldende jüdische Verständnis von Gesetz, Heilsgeschichte und Gottesvolk fortan durchbrochen war.

Die knappen Worte »Wir zu den Heiden, sie zu den Juden« (Gal 2, 9) sind sicher im engen Anschluß an die ausdrücklich getroffene Vereinbarung formuliert. Ihr Sinn ist nicht sofort deutlich. Sollte damit eine geographische Abgrenzung der Missionsgebiete gemeint sein? Schwerlich, denn die Jerusalemer hätten dann ihr eigenes Wirken auf Jerusalem und Judäa beschränken müssen und die ganze übrige Welt einschließlich der großen jüdischen Diaspora der heidenchristlichen Mission überlassen. Auch hätte Petrus dann die verabredeten Grenzen nie überschreiten und Rom erreichen können. Aber auch ein rein ethnographisches Verständnis der Wendung ist undurchführbar, als ob Paulus und seine Gefährten fortan in der Welt nur vor Heiden hätten predigen dürfen und für die Juden eine anders geartete Mission nach Jerusalemer Art vorgesehen worden sei. Von der technischen Unmöglichkeit einer solchen Lösung abgesehen, hätte Paulus dann fortgesetzt auf seinem späteren Missionsweg durch seine häufigen Predigten in den Diaspora-Synagogen gröblich gegen die Vereinbarung verstoßen. So wird man den Ausdruck nicht pressen dürfen und ihn am besten auf die sachliche Eigenart der Missionspredigt beider beziehen. Das konnte in diesem Fall vor allem nur heißen, daß die heidenchristliche Mission ungehindert ihren Weg gehen sollte und beide Seiten auf Rivalität und Konkurrenz im Missionsbereich der anderen verzichteten.

Die Übereinkunft ließ immer noch gewichtige Fragen offen, wie sich einige Zeit nach dem Konvent bei dem Konflikt zwischen Paulus und Petrus in Antiochia zeigen sollte (vgl. S. 66 ff.). Sie betrafen den Verkehr, speziell die Mahlgemeinschaft, zwischen Juden- und Heidenchristen in gemischten Gemeinden, eine Frage, die tief in ihr gottesdienstliches Leben eingriff. Dem Juden war die Tischgemeinschaft mit den Heiden durch rituelle Vorschriften, an die auch die Judenchristen sich nach wie vor gebunden sahen, streng verboten. Dies Problem war in die Verhandlungen des Konventes noch nicht einbezogen. Dennoch war die getroffene Vereinbarung, unbeschadet aller Unterschiede, kirchengeschichtlich ein hoch bedeutsamer Schritt nach vorn. Sie war vor allem für die Jerusalemer Urapostel ein tapferer Entschluß, der ihnen alle Ehre macht. Gerade in der Bescheidung, die das zunächst Gebotene bedenkt und darum notwendig vorläufig und begrenzt bleibt, darf sie als eine echte kirchliche Entscheidung bezeichnet werden.

Noch ist hier von einem Beschluß des Konventes nicht die Rede gewesen, von dem die Apostelgeschichte schweigt, den aber Paulus am Ende seines Berichtes nennt: »Nur sollten wir der Armen gedenken, was ich auch eifrig zu tun mich bemüht habe« (Gal 2,10). Man sieht dieser unscheinbar anmutenden Vereinbarung ihre Bedeutung nicht sofort an, aber schon der Wortlaut und vollends die sehr eingehenden und merkwürdig theologisch befrachteten Abschnitte aus den späteren Briefen des Paulus an die Korinther (1Kor 16; 2Kor 8; 9) und Römer (15,25 ff.) lassen sie erkennen. Keineswegs bedeutete diese »Kollekte« nur eine allgemeine karitative Maßnahme, die alle Gemeinden gleichmäßig übernehmen sollten (im Sinne einer Fürsorge für die Notleidenden in allen Gemeinden oder gar als »Brot für die Welt«), sondern eine Hilfeleistung der heidenchristlichen Gemeinden speziell für die Jerusalemer Urgemeinde. Welche Rolle dabei besondere soziale Notstände spielten, ist umstritten. Doch spricht schon der enorme Aufwand, mit dem Paulus und seine späteren Gemeinden in Galatien, Macedonien und Griechenland diese Pflicht auf sich nahmen, gegen ein rein karitatives Verständnis. Auch der Ausdruck »die Armen« besagt das nicht notwendig. Er bezeichnete in der Sprache des Spätjudentums und des frühen Christentums nicht nur sozial Notleidende, sondern war ein aus dem Judentum übernommener religiöser Ehrenname des wahren, auf Gottes endliche Hilfe wartenden Israel. Auf die Frage nach der Kollekte angewandt heißt das: Die Opfer der heidenchristlichen Gemeinden, auch wenn sie zugleich materielle Not lindern sollten, waren für die Jerusalemer Urgemeinde im ganzen bestimmt um der geschichtlich-heilsgeschichtlichen Stellung willen, die ihr unbestritten blieb; ein Ausdruck des Dankes für die Segnungen, die von ihr in die Welt ausgegangen waren (Röm 15,27). Man hat fälschlich die Kollekte als eine reguläre Steuer verstehen wollen nach Art der Tempelsteuer für Jerusalem, die jährlich von allen Juden in der Diaspora erhoben wurde. Die Vorstellung einer Steuer würde notwendig wieder den Gedanken eines rechtlichen Primats der Urgemeinde einschließen. Doch spricht gegen diese Auffassung, daß die Kollekte keine regelmäßige Abgabe war und Paulus zwar vielerlei Ausdrücke für sie verwendet – Sammlung, Gnadenerweis, Teilnahme am Dienst, Segensgabe, Bekenntnis zum Evangelium von Christus –, aber juridische Termini vermeidet. Wohl aber sollte die Kollekte die Einheit der geschichtlich begründeten Kirche aus Juden und Heiden, die Gleichberechtigung ihrer Glieder und damit zugleich die Rechtmäßigkeit des gesetzesfreien Evangeliums besiegeln. Nur so werden der Eifer und Aufwand, mit dem die Gemeinden des paulinischen Missionsfeldes sich später der Kollekte widmeten, und ebenso das Ausmaß an organisatorischer Mühe und theologischen Reflexionen des Apostels über sie in seinen Briefen verständlich. Nicht zuletzt aber auch die Tatsache, daß Geschichte und Ende des Paulus, wovon noch zu reden sein wird, gerade mit der Kollekte merkwürdig schicksalhaft verbunden sind (vgl. S. 114).

Der Bericht der Apostelgeschichte läßt von alledem, was wir dem Galaterbrief entnommen haben, nichts mehr erkennen: weder von der Bedeutung der Beschneidungsfrage noch von dem Kampf des Paulus für die Wahrheit und Freiheit seines Evangeliums. Nach der lukanischen Darstellung nehmen vielmehr sofort Petrus und Jakobus zu langen, wohlgesetzten Reden im Sinne eines späteren, vulgären »Paulinismus« das Wort und treten dafür ein, daß man den Heiden nicht ungebührlich ein Gesetzesjoch auferlegen dürfe, das nicht einmal angestammte Juden zu tragen vermögen. Es genüge vollauf, auch den Heidenchristen einige wenige sittliche und rituelle Mindestforderungen des mosaischen Gesetzes zur Pflicht zu machen: Verbot von Götzendienst, Unzucht, nicht rituell geschlachtetem Fleisch und Blutgenuß. Dies ist der Inhalt des hier von Jakobus vorgeschlagenen, alsbald von den Aposteln und Ältesten beschlossenen und danach an die Gemeinden in Antiochia, Syrien und Kilikien ausgehenden »Aposteldekretes« (Act 15,23-29). Es enthält Bestimmungen, die Juden- und Heidenchristen das Zusammenleben in einer Gemeinde möglich machen sollten. Eine Kollekte für Jerusalem erwähnt zwar auch Lukas noch gelegentlich (Act 11,27 ff.; 24,17), aber nicht im Zusammenhang des Konventes und der paulinischen Heidenmission; von ihrer Bedeutung gar verlautet nichts. Die Fragen und Entscheidungen von einst sind hier versunken.

Mit Sicherheit ist aus dem paulinischen Bericht zu erkennen, daß das besagte »Aposteldekret« nicht zu den Beschlüssen des Konventes gehört haben kann. Ausdrücklich heißt es Gal 2, 6: »Mir haben die Angesehenen nichts auferlegt« (vgl. auch das »nur« Gal 2, 10). Auch hätte es nach einem solchen Beschluß nicht mehr zu einem Konflikt über die Tischgemeinschaft kommen können, wie er bald danach zwischen Paulus und Petrus (bzw. Jakobus) in Antiochia ausbrach (Gal 2, 11 ff.). Und schließlich wäre zu erwarten, daß Paulus selbst, als er später – im ersten Korintherbrief – die Frage des Götzenopferfleisch-Essens und der Unzucht behandelt, auf das von ihm selbst angeblich mitbeschlossene und bekanntgemachte Dekret Bezug genommen hätte, was jedoch nirgends geschieht. So kann das Dokument entweder nur ohne Beteiligung des Paulus zu einem Zeitpunkt beschlossen worden sein, als die Frage der Tischgemeinschaft in gemischten Gemeinden aufgebrochen war, oder es wird, wofür die stärkeren Gründe sprechen, die Praxis widerspiegeln, die Lukas in den Gemeinden seiner Zeit, also am Ende des 1. Jahrhunderts, vorfand. Im Zuge seiner Darstellung sollte das spröde und ritualistisch gehaltene Dekret, das von der Schwere und Größe der wirklich auf dem Konvent gefallenen Entscheidungen keinen Hauch mehr verspüren läßt, die von Lukas noch beharrlich angestrebte Einigung zwischen Judentum und Kirche zum Ausdruck bringen. Auch hier also hat der Vorzug des paulinischen Berichtes sich erneut bestätigt.

Das theologisch, kirchen- und weltgeschichtlich gleichermaßen bedeutsame Ergebnis des Apostelkonventes besagt: die Einheit der Kirche war nicht zerbrochen. Die Gefahr, daß die Urgemeinde sich zur jüdischen Sekte verkrustete und das hellenistische Christentum sich in einen Haufen geschichtsloser Mysterienvereine auflöste, war in Jerusalem abgewehrt.

5. Der erste Zug nach Cypern und Kleinasien. Der Antiochenische Konflikt

Schon vor der Zusammenkunft in Jerusalem soll der Apostelgeschichte zufolge Paulus zusammen mit Barnabas einen ersten Missionszug nach Cypern und in das südliche Kleinasien unternommen haben (Act 13; 14), nach dem lückenhaften Schema des Lukas, der von der Mission des Paulus in Arabien, Syrien und Kilikien nichts wußte, die erste paulinische Missionsreise überhaupt. Sie hat in den Briefen des Apostels keine Spur hinterlassen; so sind wir hier ganz auf die Acta angewiesen. Es besteht kein zureichender Grund, mit einigen Forschern die Reise für

eine bloße lukanische Konstruktion, gleichsam ein Modell für einen paulinischen Missionszug zu halten. Ebensowenig aber geht es an, die biographischen Lücken der Paulusbriefe hier unbesehen durch Lukas ausfüllen zu lassen. Das gilt schon für den Zeitpunkt der Reise. Der knappe, aber in seinen Zeit- und Ortsangaben genaue Bericht Gal 1 erwähnt sie nicht und läßt vor dem Apostelkonvent für sie keinen Raum. Daraus ergibt sich, daß der Verfasser der Acta sie zeitlich falsch eingeordnet hat. Im Zusammenhang seines Geschichtswerkes bildet der Bericht über sie den wirksamen Hintergrund für die Schilderung des Konvents selbst (Act 15,4!), und die dort gehaltene Petrus- und Jakobusrede sowie das »Dekret« geben nunmehr dem missionarischen Wirken der Antiochener unter den Heiden die volle urapostolische Legitimation. In Wahrheit muß die Reise jedoch auf den Jerusalemer Konvent gefolgt sein. Dieser war dann nicht der Abschluß einer großen gemeinsamen Missionsunternehmung des Paulus und Barnabas, sondern eröffnete ihnen ihr Wirken und gab ihnen gleichsam den freien Rücken gegenüber Jerusalem. Begreiflich ist auch, daß der Zug nach Cypern, der Heimat des Barnabas, und in die benachbarten Landschaften im Süden Kleinasiens führte, die schon durch ihre stark jüdische Besiedlung für die Predigt günstige Voraussetzungen boten.
Im einzelnen sind die Angaben der Apostelgeschichte ungleichwertig, so daß sich aus ihnen kein historisch gesichertes Bild gewinnen läßt. Zum Teil sind es unverdächtige, aber nicht sehr ergiebige dürre Notizen über die einzelnen Stationen. Sie zeichnen die Reiseroute ab: vom syrischen Antiochia über die unweit gelegene Hafenstadt Seleukia nach Cypern (Salamis, Paphos); sodann zum kleinasiatischen Festland (Perge) und nordwärts nach Antiochien in Pisidien, Ikonium, Lystra und Derbe; von da über dieselben Stationen zurück zum Meer und direkt per Schiff nach Syrien. Von diesem Aufriß heben sich jedoch breit ausgeführte, sichtlich legendäre Einzelszenen und umfangreiche Reden ab. Zu den ersteren gehört die drastische Erzählung von der Verfluchung eines jüdischen Zauberers Bar-Jesus (Elymas), eines Hofmagiers des römischen Statthalters Sergius Paulus auf Cypern, dessen Bekehrung durch Paulus der Zauberer vereiteln will, aber mit dem Erfolg, daß der Prokonsul nun gerade durch das erfolgte Strafgericht erschüttert und gläubig wird (Act 13,8-12). Ähnlich legendär erzählt Act 14,8-18 von der Heilung eines Lahmen in Lystra, die das höchste Bewundern der heidnischen Bevölkerung erregt, so daß sie meinen, die Götter selbst, Zeus und Hermes, seien verkleidet zu ihnen zu

Besuch gekommen. Man erkennt in der Erzählung das alte Motiv aus der bekannten Sage von Philemon und Baucis wieder. Nur mit äußerster Energie können die beiden christlichen Missionare den Enthusiasmus der Menge abwehren; ein Zeus-Priester rückt schon mit Kränzen und Stieren an und bereitet das Opfer. Auch die Verkündigung des wahren Gottes im Gegensatz zu dem götzendienerischen Treiben steigert nur die Begeisterung des Volkes, bis sie plötzlich, infolge der Hetze auftretender Juden, in Verfolgungswut umschlägt, Paulus gesteinigt und wie tot aus der Stadt geschleppt wird. In diese Erzählung beider Kapitel sind Reden des Paulus eingelegt: eine erste große, typische Missionspredigt in der Synagoge im Pisidischen Antiochia (Act 13, 16-41), eine zweite ebenso typische der Situation entsprechend an die Heiden in Lystra (Act 14, 15-17) und auf dem Rückzug Trostworte an die bekehrten Christen in den durchzogenen Städten (Act 14, 22), deren Gemeinden jetzt auch von den beiden Missionaren durch Einsetzen von Ältesten ihre Ordnung empfangen.

In alledem sind die Berichte zwar wichtige Dokumente, nur nicht ohne weiteres für die Geschichte des Paulus selbst, sondern für das, was man sich später über ihn und sein Wirken erzählte, und erst recht für die stark stilisierende Erzählungskunst des Lukas und die Anschauungen seiner Zeit. Der uns aus seinen Briefen bekannte Paulus ist in diesen Abschnitten der Acta nur noch gebrochen wiederzuerkennen. Auch die Gemeindeverfassung, die hier vorausgesetzt ist, deckt sich nicht mit der Ordnung, die wir aus den genuinen Paulusgemeinden der frühen Zeit kennen. So ist das, was sich historisch sicher über diese Missionsreise des Paulus und Barnabas ermitteln läßt, äußerst spärlich.

Eine besondere Bemerkung verdient aus den Acta-Berichten noch die an mehreren Stellen auftauchende, beiläufige und nicht ganz durchsichtige Erwähnung eines gewissen aus Jerusalem stammenden Johannes Markus (Act 12, 12). Er habe die beiden Missionare ein Stück weit auf ihrer Reise als Gehilfe begleitet (Act 13, 5), sei dann aber vorzeitig aus nicht näher genannten Gründen von Perge aus nach Jerusalem zurückgekehrt (Act 13, 13). Über diesen Begleiter sei es zwischen Paulus und Barnabas zum Konflikt und zur Trennung gekommen, Paulus habe ihn beim Aufbruch zu seiner nächsten großen Missionsreise nach Kleinasien als Begleiter abgelehnt, während Barnabas ihn auf seinem neuen Zug nach Cypern wieder mitgenommen habe (Act 15, 39). Schwerlich ist diese Nachricht völlig aus der Luft gegriffen; nur scheinen die Hintergründe dieses Konflikts verschleiert zu sein.

Man hat wohl mit Recht vermutet, daß sich hinter diesem doch recht einschneidenden Streit eine undeutliche Erinnerung an einen anderen, schweren Konflikt erhalten hat, den Lukas übergeht, Paulus jedoch genauer erwähnt, nämlich in der Darstellung seines schon genannten Streites mit Petrus in Antiochia, bei dem er auch seinen bisherigen Gesinnungsgenossen Barnabas nicht mehr auf seiner Seite hatte. Gal 2, 11-21 erzählt, daß er, Paulus, Kephas entgegengetreten sei, weil dieser bei einem Aufenthalt in der aus Juden und Heiden gemischten Gemeinde anfänglich ohne Bedenken an den gemeinsamen Mahlzeiten (bei der Feier des Herrenmahles) teilgenommen, dann, als »Leute des Jakobus« aus Jerusalem dazukamen, sich aus Furcht vor den Juden abgesondert habe. Und nicht nur Petrus, auch die übrigen Juden-Christen, ja selbst Barnabas, unterwarfen sich wieder der jüdischen rituellen Ordnung. Paulus bezeichnet dieses Verhalten scharf als »Heuchelei« (Gal 2, 13), nennt es ein »Abweichen von der Wahrheit des Evangeliums« (Gal 2, 14) und gibt – sogar in direkter Rede – wieder, was er Kephas vor allen Gemeindegliedern entgegengehalten habe (Gal 2, 14 ff.). Seine Sätze sind zwar sicher nicht eine stenographisch getreue Wiedergabe; unmerklich gehen sie, den Vorgang für die Galater aktualisierend, in Aussagen über, die keine direkte Beziehung zu der Antiochenischen Situation mehr haben. Um so mehr aber lassen sie erkennen, daß damals für ihn nichts Geringeres auf dem Spiel stand als die Christusbotschaft und der Glaube überhaupt. Für ihn bestand der Konflikt nicht nur in einer geringfügigen Meinungsverschiedenheit, bei der er zu einem Kompromiß bereit sein durfte. Vielmehr gibt er der Frage eine grundsätzliche, umfassende Bedeutung. Petrus hat nach den Worten des Paulus durch sein widersprüchliches Verhalten die Erkenntnis verleugnet, daß der Mensch nicht durch Gesetzeswerke, sondern allein durch den Glauben an Christus vor Gott gerecht wird, weil er nachträglich die Verbindlichkeit jüdischer Gesetzesbestimmungen für sich selbst und die Judenchristen anerkannte und damit auch die Heidenchristen nötigte, sich jüdischen Sitten zu unterwerfen. Jeder Rückfall in Gesetzlichkeit konnte für Paulus nur heißen, daß damit der allein auf Christus sich gründende Glaube als Sünde und Christus als ein Diener der Sünde deklariert sei. In Wahrheit aber ist Sünde der Rückweg in das Gesetz, das durch Christi Kreuzestod annulliert ist, und die Preisgabe des neuen von Christus eröffneten Lebens.

Obwohl Paulus sichtlich der Meinung war, Petrus und die anderen Judenchristen hätten zugleich mit dem Evangelium die einst in Jerusalem getroffenen Vereinbarungen verleugnet, wird man gerechtermaßen sagen müssen, daß zu dieser Annahme, vom Standpunkt der anderen aus, kein Grund besteht. Denn hier war das Problem aufgebrochen, das sich damals noch nicht gezeigt hatte, nämlich die Frage der Einheit zwischen Juden- und Heidenchristen in einer gemischten Gemeinde. Weder Kephas noch Jakobus braucht also eine subjektive Unehrlichkeit unterstellt zu werden, und ebensowenig werden die hellenistischen Judenchristen Antiochias vom Schlage des Barnabas ihr Verständnis des gesetzesfreien Evangeliums in Bausch und Bogen über Bord geworfen haben. Paulus aber sah tiefer. Seiner Überzeugung nach mußte die Einheit der Kirche, die Überwindung des Gesetzes als Heilsweg und damit die Wahrheit des Evangeliums auch und gerade in der Mahlgemeinschaft zwischen Juden und Heiden sich bekunden. Der Vorgang ist für Paulus überaus kennzeichnend. Wie einst bei der Frage der Beschneidung des Titus auf dem Konvent stellte er auch jetzt das spezielle Gemeindeproblem in Antiochia in das Licht letzter, im Evangelium gefallener Entscheidungen und war darum dort wie hier zu kasuistischen Erörterungen, zu Konzessionen und Kompromissen nicht bereit. Was anderen als geringfügig und gerade um der Einheit der Kirche willen erträglich scheinen mochte – der Friede mit Jerusalem stand ja immerhin auf dem Spiel –, das wurde ihm zum Schlachtfeld, auf dem für die Wahrheit und Freiheit gekämpft werden mußte, auch gegen die vermeintlich autoritativen Entscheidungen einer kirchlichen Instanz.

Man versteht von diesen Zusammenhängen aus, daß Lukas, wenn er überhaupt noch etwas von dem Antiochenischen Konflikt wußte, ihn in seiner Darstellung der Geschichte der Kirche und des Paulus überging. Auch sonst hat man sich im Verlauf der weiteren Kirchengeschichte wiederholt alle erdenkliche Mühe gegeben, den peinlichen Streit der Apostel zu verharmlosen oder als eine bald überstandene Episode darzustellen. Bis in die neueste Forschung hinein wirkt diese Meinung nach, und mit einer nicht selten sentimentalen Phantasie wird der Friedensschluß zwischen Paulus, Petrus, Barnabas und den übrigen Judenchristen ausgemalt. Doch steht davon im Galaterbrief nichts, und man ist hier nun wirklich einmal berechtigt, von dem sonst verfänglichen argumentum e silentio Gebrauch zu machen. Denn was hätte es für Paulus bedeutet, wenn er gerade den judaistisch bedrohten Galatern gegenüber die Umstimmung von

Petrus und den übrigen und damit den Sieg des Evangeliums über die Gesetzlichkeit, so wie zuvor in dem Bericht über den Konvent, hätte geltend machen können. Da Paulus nichts davon sagt, kann das nur heißen: Nicht er hat sich durchgesetzt, sondern die anderen, die zum Nachgeben gegenüber den strengen Judenchristen bereit waren.

Der nicht zufällig recht ausführliche Bericht des Paulus über die Vorgänge in Antiochia und die grundsätzliche Bedeutung, die der Apostel selbst ihnen gibt, nötigen uns, den Konflikt sehr ernst zu nehmen. Die Probleme von Gesetz und Evangelium, um die es einst auf dem Konvent ging, waren von neuem aufgebrochen, jetzt freilich auf anderer Ebene. Für Paulus waren die Erfahrungen, die er hatte machen müssen, ohne Frage eine bittere Enttäuschung. Kein Wunder, daß auf seinen weiteren Missionszügen nicht mehr Barnabas, sondern andere zu seinen Mitarbeitern gehörten (vgl. seine Briefeingänge und Act 15, 39 f.) und auch Antiochia fortan in seinen späteren Briefen niemals als eine Art Muttergemeinde für ihn und die heidenchristlichen Gemeinden erscheint.

Der Bruch mit Petrus und Barnabas war, wie spätere Andeutungen zeigen (1Kor 9, 6), jedoch nicht vollständig und endgültig, und Paulus hat die abermals bedrohte Einheit seiner Gemeinden mit der Jerusalemer Urgemeinde erneut und bis zuletzt mit aller Kraft gesucht und betrieben. Auch wäre die Annahme irrig, die hellenistischen Gemeinden wären nach dem Konflikt einem allmählichen oder rapiden Rejudaisierungsprozeß verfallen. Tatsache ist, daß gerade das syrische Gebiet hernach zum Mutterboden sehr verschiedener, bedeutsamer Ausprägungen christlichen Glaubens und Lebens wurde. Das Matthäus- und Lukas-, vielleicht auch das Johannesevangelium und auf alle Fälle Theologie und Gemeinde des Ignatius von Antiochia (gest. um 110 n. Chr. als Märtyrer) geben von der erstaunlichen Spannweite geschichtlicher Entfaltungsmöglichkeiten des frühen Christentums gerade in diesem Raum Zeugnis. Doch mußte dafür zunächst der teure Preis einer Lösung von Paulus und seinem radikalen Verständnis des Evangeliums gezahlt werden.

6. Der Welthorizont der paulinischen Mission

Mit Recht gilt Paulus als Apostel der Völker. Von keinem anderen Missionar des Urchristentums wissen wir, daß er seine Ziele so weit steckte und das Evangelium bis an die Enden der bewohnten Welt bringen wollte. Mission gab es, wie wir sahen, schon in frühester Zeit in der Urgemeinde, aber noch keine gesetzesfreie Verkündigung unter den Heiden. Die »Hellenisten« hatten bereits die Heilsbotschaft zu den Griechen gebracht, und Paulus selbst hatte von seiner Berufung an als Missionar unter den Heiden gewirkt. Doch auch seine eigene Tätigkeit in der Arabia, in Syrien, Kilikien, Antiochia, Cypern und im südlichen Kleinasien verrät zunächst noch nichts von einer weltweiten Ausrichtung seiner Pläne.

Fragt man, wann diese große Konzeption entstand, so läßt sich die Antwort mit einiger Sicherheit geben: auf der folgenden, nach der unvollständigen Zählung der Apostelgeschichte sogenannten zweiten Missionsreise, die Paulus und seine Begleiter nach den geschilderten Vorgängen in Antiochia quer durch Kleinasien nach Troas, Macedonien und Griechenland führte. In ihrem Verlauf entstanden die Gemeinden in Galatien (um das heutige Ankara), Philippi, Thessalonich und Korinth, die wir aus den paulinischen Briefen und der Apostelgeschichte kennen. Die Acta lassen, wenn auch nur aus ein paar spärlichen Notizen, noch erkennen, daß spätestens damals in Kleinasien, wenn nicht schon beim Aufbruch zu der Reise, bedeutungsvolle und weittragende Entscheidungen gefallen sind. Auf dem Weg zunächst durch die früher gegründeten Gemeinden, wo Paulus in Lystra den in seinen Briefen noch oft genannten Timotheus als Mitarbeiter gewann, seien die Reisenden danach auf dem Zug durch Phrygien und Galatien, wie Lukas berichtet, dreimal durch unmittelbare göttliche Weisungen in der Wahl ihrer nächsten Ziele bestimmt worden. Der Heilige Geist verwehrte ihnen zunächst den Weg nach Südwesten in die römische Küstenprovinz Asia, also das Gebiet der alten, berühmten Griechenstädte, deren Namen wir später in den Sendschreiben der Johannesapokalypse finden (Ephesus, Smyrna, Sardes, Pergamon usw.), und nordwärts nach Bithynien, auch dies ein Gebiet bekannter Griechenstädte am Bosporus und weiter östlich am Schwarzen Meer. Auch wenn der lukanische Bericht stilisiert sein mag – der Heilige Geist ist in seinen Schilderungen oft als die treibende Kraft des Geschehens genannt –, haben wir keinen Anlaß, die Nachrichten anzuzweifeln. Sicher hätte sich hier wie dort den Missionaren ein großes Wirkungsfeld aufgetan, und feste Straßen hätten ihnen den Weg nach Westen oder Norden ermöglicht. Doch sie ziehen diagonal durch das Innere Kleinasiens nach Troas und empfangen hier zum drittenmal eine göttliche Weisung: ein Paulus im Traum erscheinender Macedonier ruft die Boten des Evangeliums herüber, und sie folgen alsbald. Alles das wird in wenigen Versen (Act 16,6-10), wahrscheinlich auf Grund von Angaben aus dem Reisetagebuch (Itinerar) eines Paulusbegleiters, erzählt. Dann folgt sofort ein großer Bericht über die Anfänge der Gemeinde in Philippi.

Ganz so schnell und direkt ist der Weg freilich doch nicht verlaufen. Denn wir wissen aus dem Galaterbrief, daß Paulus bei seinem Durchzug in Galatien erkrankte und daß während seines wohl unfreiwilligen Aufenthaltes durch seine Verkündigung hier die galatischen Gemeinden entstanden (Gal 4,13 ff.). Dennoch kann kein Zweifel sein, daß er nach seinem Wirken in Galatien alsbald in nordwestlicher Richtung weiterzog. Philippi, mit seinem vollen lateinischen Namen Colonia Augusta Julia Philippensis, ist in besonderer Weise römischer Boden, zur Erinnerung an die siegreiche Schlacht zwischen Octavian (dem späteren Kaiser Augustus) und Antonius gegen die Mörder Cäsars (42 v. Chr.) von dem Sieger zu einer Veteranenstadt gemacht und mit dem Jus Italicum, den Privilegien einer römischen Stadt, ausgezeichnet. Hier in Philippi erwächst die erste Gemeinde auf dem europäischen Festland, die dem Apostel auch später noch wie keine andere verbunden blieb (Phil 4,15). Hier erlitt er die erste Verfolgung durch römische Prätoren, so daß er sich wegen des ihm widerfahrenen Unrechts auf sein römisches Bürgerrecht berufen mußte (Act 16,19 ff.). Aber noch aus einem anderen Grund ist diese Stadt in unserem Zusammenhang wichtig. Von Philippi aus führt die berühmte Via Egnatia, die strategisch und wirtschaftlich wichtige Verbindungsstraße, die den Westen des Imperiums mit dem Osten verbindet, nach Westen. Paulus folgt ihr bis Thessalonich, wo in kurzer Zeit eine neue lebensfähige Gemeinde entsteht. Dann freilich biegt er von der Via Egnatia ab und folgt ihr nicht bis Illyrien (Dalmatien) ans Adriatische Meer und etwa gar weiter nach Italien und Rom, sondern zieht nach Griechenland weiter, über Beröa und Athen nach Korinth.

Mit Sicherheit dürfen wir annehmen, daß ihm spätestens seit Kleinasien und auf dem Weg durch Macedonien bis Thessalonich Rom als fernes Ziel vorschwebte. Darauf deuten seine eigenen Aussagen im späteren Römerbrief, er habe längst schon geplant, nach Rom zu kommen und dort das Evangelium zu verkünden, aber sei daran gehindert worden (Röm 1,13; 15,22). Wahrscheinlich wußte Paulus damals auf seinem ersten Zug durch Macedonien und Griechenland noch nichts von einer Christengemeinde in Rom. Bei Abfassung seines Briefes an die Römer hat er inzwischen einiges über diese durch unbekannte Christen gegründete Gemeinde erfahren, nicht zuletzt von Aquila und Prisca, einem judenchristlichen Ehepaar in Korinth, die selbst zur römischen Gemeinde gehört haben müssen, ehe sie unter Kaiser Claudius ausgewiesen wurden (s. u. S. 86). Trotzdem gab Paulus auch dann den Plan, nach Rom zu kommen, nicht auf, obwohl er eigentlich überholt schien; denn sein Grundsatz war, dort nicht zu predigen, wo der Name Christi bereits verkündet war (Röm 15,20; 2Kor 10,15 f.). Rom blieb ihm dennoch wichtig im Zuge seiner weiteren Mission im Westen (Röm 15,24. 28).

Das Hindernis, das den Apostel in Thessalonich zunächst von dem direkten Weg nach Rom abdrängte, war seine Verfolgung durch die von den Juden aufgewiegelte heidnische Stadtbehörde (Act 17,5 ff.; 1Thess 2,14 ff.; 3,1 ff.). Sie veranlaßte die Christen in der Stadt, Paulus und seine Begleiter bei Nacht und Nebel nach Beröa weiterzuschicken (Act 17,10), also in südwestlicher Richtung nach Mittelgriechenland. Auch dort setzt nach anfänglichem Erfolg in der Synagoge eine von nachstoßenden Juden aus Thessalonich angezettelte Verfolgung ein, und Paulus wird nach Athen weitergesandt. Das große, repräsentative Bild, das die Apostelgeschichte von seiner Predigt hier auf dem Areopag bietet (Act 17), darf also nicht darüber hinwegtäuschen, daß Athen ursprünglich nicht in seinen Missionsplan einbezogen war. Er selbst erwähnt seinen Aufenthalt dort nur einmal beiläufig, bewegt von der Sorge um die so schnell verlassene Gemeinde in Thessalonich (1Thess 3,1).

Wir brauchen den weiteren Weg des Apostels hier zunächst nicht im einzelnen zu verfolgen: Athen, Korinth, seine Rückkehr nach Antiochia und seine Wirksamkeit danach abermals in Kleinasien, besonders in Ephesus (Act 17-19). Von besonderem Interesse ist hier für uns die Tatsache, daß Paulus offenbar früh schon Rom erreichen wollte, aber von diesem Ziel durch die Umstände abgedrängt wurde. Nicht nur durch äußere Umstände wie die Verfolgung in Thessalonich, sondern auch dadurch, daß sich ihm neue Missionsfelder eröffneten und er die eben entstandenen Gemeinden nicht so schnell wieder in ihren äußeren und inneren Nöten im Stich lassen konnte. Aber auch diese Notwendigkeiten und Pflichten, die ihn über Jahre festhielten, haben das ferne Ziel Roms und des weiteren Westens nicht ausgewischt. Aus der Apostelgeschichte und dem ersten Clemensbrief (geschrieben 96 n. Chr.) wissen wir, daß er Rom auch wirklich erreicht hat, wenn auch nicht in Freiheit, sondern als Gefangener.

Wege und Pläne des Paulus lassen deutlich werden, mit welcher Energie ihn die Absicht leitete, die Oekumene bis nach Spanien (Röm 15,24.28) – in der Sprache der Alten bis zu den »Säulen des Herkules«, der äußersten Grenze der Welt im Westen – in seine Mission einzubeziehen. Dieser Grundzug seines Planens ist offenkundig und läßt sich nicht durch den Einwand, daß der Apostel doch auch von anderen Ländern und Völkern jenseits dieser Grenzen gewußt haben müsse, und schon gar nicht durch ein späteres Weltbild anfechten. Wiederholt redet Paulus von der »ganzen Erde« (Röm 10,18), den »Grenzen der Oekumene« (ebd.), von »allen Völkern« (Röm 15,11; das griechische Wort ethnē hat in urchristlicher Sprache den Doppelsinn von »Völkern« und »Heiden«). Obwohl diese Wendungen in der Regel in Psalmenzitaten begegnen, haben sie bei ihm nicht nur einen plerophoren, hymnisch-liturgischen Klang, sondern zugleich einen sehr konkreten, realen Sinn. Eben darum nennt er sich einen »Schuldner« der Griechen und Barbaren (Röm 1,14), der ihnen das zu bringen hat, worauf sie durch Gottes Gnade ein Anrecht haben.
Sehr charakteristisch ist eine zu wenig beachtete Wendung, in der Paulus bei Ankündigung seines Besuches in Rom seine ganze bisherige Wirksamkeit zusammenfaßt: »So habe ich die Verkündigung von Christus vollendet von Jerusalem und rings im Umkreis bis Illyrikum« (Röm 15,19). Die Formulierung ist in mehrfacher Hinsicht lehrreich: erstens, weil hier die ganze östliche Hemisphäre des Imperiums zusammengefaßt ist – hier spricht, so könnte man sagen, der hellenistische Römer. Zweitens bestimmt er den Umkreis seiner Mission von Jerusalem aus. Das ist merkwürdig, denn in Jerusalem und Judäa hat Paulus sicher nicht missioniert. Warum nennt er es dann? Die Antwort kann nur lauten: weil Jerusalem für ihn heilsgeschichtlicher Mittelpunkt der Welt und Ausgangsort des Evangeliums für die Völker ist. Hier redet nicht mehr der Römer, sondern der einstige Jude und der Christ. Drittens nennt er Illyrikum, obwohl nach allem, was wir aus der Apostelgeschichte und seinen Briefen wissen, er auch dort nicht selbst als Missionar gewirkt hat. Das Motiv für die Nennung der im äußersten Nordwesten Griechenlands gelegenen Landschaft wird darin zu suchen sein, daß dort an der Küste des heutigen Dalmatien die große Verbindungsstraße endet, die sich jenseits des Adriatischen Meeres von Brindisi aus in der Via Appia fortsetzt und nach Rom führt. Auch der Name dieser Landschaft also weist noch einmal auf Rom und den Westen. Mit Recht hat die Aussage Röm 15,19

vielfach Verwunderung erregt, denn sie klingt nach einer maßlosen Übertreibung. Man bedenke: In einigen Landschaften und Städten der östlichen Reichshälfte sind inmitten einer großen heidnischen Umgebung einige zahlenmäßig sicher verschwindend kleine Christengemeinden entstanden, und Paulus redet in solcher Weise von der Vollendung seines missionarischen Auftrags in der ganzen östlichen Hemisphäre des Imperiums. Doch spricht daraus eine für Paulus überaus charakteristische Denkweise. Er denkt über die einzelne Gemeinde hinaus immer sofort in Ländern und Landschaften. Jede Gemeinde, kaum zum Leben erwacht, steht für ihn jeweils für eine ganze Landschaft: Philippi für Macedonien (Phil 4,15), Thessalonich für Macedonien und Achaia (1Thess 1,7f.), Korinth für Achaia (1Kor 16,15; 2Kor 1,1) und Ephesus für Asia (Röm 16,5; 1Kor 16,19; 2Kor 1,8). Die Formulierung von Röm 15,19 ist also keineswegs nur eine zufällige, übertreibende Wendung. Sie spricht vielmehr die erstaunliche Gewißheit des Apostels aus, daß das Evangelium, wenn es nur irgendwo verkündigt ist, selbst seinen Weg weiterfinden und von einzelnen Städten aus das ganze umliegende Land erreichen und durchdringen werde. »Vorausgesetzt ist dabei, daß sich nach rechts und links von der flammenden Linie das Feuer selbst verbreiten wird« (v. Harnack). Verständlich wird von hier aus auch das ferne Ziel, das Paulus im Römerbrief anvisiert: Spanien. Also auch Rom soll für ihn nicht das Ende, sondern Durchgangsstation sein. So werden die Römer schon in diesem Brief auf den missionarischen Dienst des Apostels vorbereitet, zu dem sie ihm Geleit geben sollen (Röm 15,24). Der 1. Clemensbrief, der – sicher fälschlich – voraussetzt, daß Paulus auch diese Reise noch hat durchführen können, nennt ihn darum einen »Herold« (Keryx) im Osten und Westen, der die ganze Welt Gerechtigkeit gelehrt habe und bis an die Grenzen des Westens gekommen sei (1Clem 5,6f.) – in richtiger Betonung des Welthorizontes, in dem der Apostel in der Tat sein Missionswerk durchführte.

Nur von dieser großen Konzeption aus läßt sich auch die Methode der paulinischen Mission verstehen. Es überrascht ja aufs höchste, in wie kurzer Zeit Paulus die großen Räume seines Wirkens durchmessen hat, wie schnell er die kaum gegründeten Gemeinden wieder verließ und weiterzog, ohne sie langsam zu pflegen und aufzuziehen. Zwischen dem Apostelkonvent (48 n. Chr.?) und dem Ende des ersten Aufenthaltes in Korinth (Herbst 49 bis Frühjahr 51) liegen wahrscheinlich nur zwei bis drei Jahre, und die Gesamtdauer seit dem Konvent bis zum Abschluß seines Wirkens in der östlichen Reichshälfte mit den vielen Ereignissen und Reisen, von denen die Apostelgeschichte nur einen unvollständigen Eindruck gibt, beträgt kaum mehr als sieben Jahre. Gewiß waren ihm die Gemeinden, die er jeweils zurückließ, nicht gleichgültig. Wie sehr er sich für sie verantwortlich wußte, beweisen seine Briefe. Und doch mußte er die weitere Betreuung der Gemeinden seinen Mitarbeitern überlassen und konnte sie selbst nur eben durch seine Briefe und gelegentliche Zwischenbesuche wahrnehmen. Denn das große Ziel, das Evangelium bis an die Enden der Erde zu bringen, hielt ihn in Bewegung und Unruhe.

Der Grund dieser gewaltigen Konzeption des Paulus war der Glaube an Jesus Christus, den Gekreuzigten, den Gott zum Herrn über alle erhöht hat und dessen Herrschaft währt bis zum nahen Ende, wenn er sie bei seiner Ankunft Gott übergeben wird (1Kor 15,24; vgl. Röm 15,16; 2Kor 2,14). Wo immer Paulus von diesem Herrn (Kyrios) redet, meint er nicht nur den Herrn der zum Gottesdienst versammelten einzelnen Gemeinde, sondern den Herrn über die Gewalten des ganzen Kosmos (Phil 2,6-11), auferweckt und erhöht, damit er über Tote und Lebende Herr sei (Röm 14,9). Dieser Kyrios hat ihn zum Apostel der Völker gemacht (Röm 1,5).

Was aber bedeutet diese Herrschaft Christi für Paulus? Nach allem, was wir bisher über das sehr reale, sogar geographisch-politische Verständnis des orbis terrarum gesagt haben, könnte es so scheinen, als ob Paulus das Regnum Christi nach Analogie des Römischen Imperiums verstanden hätte, vielleicht gar in einem heimlich oder offen revolutionären Sinn in Antithese zum Kyrios Caesar und seinem Imperium. Er wäre dann sozusagen der Verkünder eines Christus-Mythos gewesen im Gegensatz zum römischen Kaiser-Mythos. Träfe das zu, dann lägen schon in der Theologie des Paulus die Anfänge und Voraussetzungen einer christlichen, in konstantinischer und nachkonstantinischer Zeit ausgebildeten Reichsidee. Doch hätten wir Paulus damit gründlich mißverstanden. Nicht zufällig fällt in seinen Briefen kein Imperatorenname, und über das, was damals zur politischen Wirklichkeit gehörte – den römischen Senat, die Provinzen des Reiches, ihre Verfassung und ihre Beamten, über das Heer, über wirtschaftliche und soziale Verhältnisse, über vergangene oder aktuelle politische Vorgänge usw. –, erfahren wir im einzelnen so gut wie nichts. Wo ganz am Rande derlei Dinge und Fragen auftauchen wie in dem berühmten, aber vereinzelten 13. Kapitel des Römerbriefes, ist es nur eben schlecht und recht die konkrete Welt, in der der Apostel seine Botschaft ausrichtete und seine Gemeinden lebten; sie prägt selbstverständlich hier und da auch seine Sprache. In dieser Distanz gegenüber der Welt bekundet sich freilich nirgends die Überlegenheit des Stoikers über das Weltgetriebe, nicht der Abscheu und Überdruß des gebildeten Griechen gegenüber dem kulturlosen, machtbesessenen Treiben der Römer noch auch die Weltverachtung und -feindschaft spätjüdischer Apokalyptiker. Christus ist für Paulus der Kyrios, weil er zur Erlösung aller gestorben ist, und seine Herrschaft erweist sich darin, daß er »reich ist für alle, die ihn anrufen« (Röm 10, 12). Die Botschaft von Christi Herrschaft ist darum keine andere als die Botschaft von der Versöhnung (2Kor 5, 19 ff.) und von der Gerechtigkeit Gottes aus Glauben allein (Röm 1–4). Von einem imperial-politischen Verständnis der Oekumene im Sinne einer vom späten Griechentum ideal konzipierten und von den Römern ins Politische übertragenen Weltidee kann darum bei Paulus nicht die Rede sein.

Er versteht die Welt vielmehr primär vom Menschen her, der schuldig und verloren ist vor Gott, aber von Gott durch Christus aus Gnade zum Heil gerufen ist. In dem verlorenen und zum Heil gerufenen Menschen sind alle, Juden und Heiden, zusammengefaßt. Alle ohne Unterschied – das heißt nicht, daß Paulus sich die spätantike Idee der Menschheit, den Gedanken der wesensmäßigen natürlichen Gleichheit aller angeeignet hätte. Eins sind sie nicht von Natur, sondern darum, weil Gott einer ist und alle Menschen jetzt durch die Erlösungstat Christi und seine Herrschaft zusammengeschlossen hat. Das will von der Geschichte und ihrem Ende in Christus her verstanden sein und also nicht auf dem Grunde einer allgemeinen Idee von Welt und Menschheit. Bezeichnenderweise hat Paulus darum auch den heilsgeschichtlichen Vorrang Israels nicht einfach preisgegeben. Das spricht sich schon in der wiederholten Wendung »den Juden zuerst und auch den Griechen« aus. Es bedeutet jedoch nicht ein Vorrecht der Juden im Sinne eines ihnen verliehenen Anspruchs, der die Heiden hinter ihnen zurücksetzt. So gewiß Israel ausgezeichnet ist durch Gottes Verheißungen, so fassen sich diese doch zusammen in der Zusage an Abraham, der allein um seines Glaubens willen gerechtfertigt und zum Vater *aller* Völker gemacht ist (Röm 4; Gal 3). Das hebt nicht auf, sondern bestätigt nur, daß das Heil in einer bestimmten Geschichte verwirklicht ist und darum auch zu einem geschichtlichen Ziel führen soll. Diesem Ziel weiß Paulus sich verpflichtet. Ihm strebt er nach auf seinem Missionsweg, dazu bestimmt, alle Völker Gott als

Opfer darzubringen (Röm 15,16). Der Apostel hat dieses Regnum Christi nicht erst aufzurichten. Es *ist* in der Erhöhung Christi aufgerichtet. Da *ist* das Wort allen so nahegekommen, daß es jeder mit dem Herzen glauben und mit dem Munde bekennen kann (Röm 10,8 ff.). Als Apostel hat er das, was Gott getan hat, nur nachzuvollziehen und zu proklamieren bis an die Enden der Erde. Denn alle Völker sollen eins werden im Lobpreis Gottes (Röm 15,9 ff.). Deshalb drängt es ihn sogar über Rom hinaus bis nach Spanien, denn »die, denen nichts von ihm verkündet war, werden sehen, und die nichts gehört haben, werden verstehen« (Röm 15,21). Das ist Röm 9/10 und 14/15, wie bereits erwähnt, in Psalmen- und Prophetenworten ausgesagt. Eben diese religiös-eschatologischen Worte aber haben für ihn einen höchst realen Sinn, so daß von daher geradezu sein Missionsplan erwuchs und die konkreten, täglichen Entscheidungen über Wege und Orte, Landschaften und Völker bestimmt wurden. Es gehört zum Besonderen seiner Theologie und Mission, daß er jene religiösen Gedanken und eschatologischen Motive in konkret-geschichtliche Wirklichkeit umsetzte und so das Wort von Christus und die Verheißungen der Schrift gleichsam beim Wort genommen hat.

Wie vielfältig und konsequent Paulus das im einzelnen getan hat, lehrt die ganze Geschichte seines Wirkens. Hier soll es nur durch drei Beispiele und Hinweise noch verdeutlicht werden.

1. Die Weite seines Missionsplanes und die Fürsorge für seine Gemeinden stehen in einer unverkennbaren Spannung zueinander (S. 73 f.). Um des großen fernen Zieles willen konnte er niemals nur in einer Gemeinde bleiben, sondern mußte weiter eilen. Die Verantwortung für seine Gemeinden aber nötigte ihn mehr als einmal, den großen Plan zu ändern und aufzuschieben. So ist sein ganzes Wirken von zwei entgegengesetzten Tendenzen bestimmt, einem vorwärtsdrängenden und einem retardierenden Zug. Darin spricht sich aus, daß für ihn das Einzelne immer im Zusammenhang des Ganzen steht, aber daß er zugleich über dem Ganzen das Einzelne nicht aus dem Blick lassen durfte. Beides setzt er in Beziehung zueinander. Das zeigen besonders klar die Kapitel 14 und 15 des Römerbriefes. Hier muß der Apostel dem Streit zweier rivalisierender Gruppen, die sich gegenseitig wegen ihrer Haltung zu bestimmten Speisevorschriften richteten oder verachteten, ein Ende machen und beide zur Einigkeit rufen. Es ist bezeichnend, wie er das tut. Nicht so, daß er den Streitgegenstand kasuistisch diskutiert, für den einen gegen den andern Partei nimmt oder gar das Ganze für eine Bagatelle erklärt. Im

Gegenteil: Er gibt dem Verhalten der Streitenden gegeneinander sogar eine tiefe, letzte Bedeutung, aber freilich in einem anderen Sinn. Wer über den Bruder so oder so urteilt, der maßt sich ein Recht an, das Gott allein zusteht, und richtet den anderen zugrunde, für den doch Christus gestorben ist. Aber mehr noch: Durch solches Verhalten werden die Streitenden daran schuldig, daß »das Gute«, das Heil Gottes, in der Welt verlästert wird (Röm 14, 15 f.). So werden die Christen in Rom auch in dieser scheinbar so geringen Sache für die Welt und für das Werk der Mission verantwortlich gemacht. Der Horizont, in dem ihr kleinlicher Streit steht, wird damit weltweit gespannt. Die Römer müssen sich daran erinnern lassen, daß Christus alle angenommen hat und darum nun alle Völker, Juden und Heiden, einig werden sollen im Lobpreis Gottes (Röm 15, 6-13). Nicht zufällig spricht Paulus in *diesem* Zusammenhang von den letzten Zielen seiner Mission.

2. In denselben Kapiteln redet der Apostel aber nicht nur davon, daß er die Heiden als »wohlgefälliges Opfer« Gott darbringen will (Röm 15, 16), sondern auch von der Überbringung der Kollekte nach Jerusalem (vgl. S. 105 ff.). Wohl mit Recht hat man sie mit dem alttestamentlichen Gedanken in Verbindung gebracht, daß am Ende alle Völker nach Jerusalem, der Gottesstadt, kommen und ihre Gaben bringen werden. Auf die Kollekte angewandt heißt das: In den Gaben für Jerusalem geben die Heiden sich selbst, und zwar im Sinn des Paulus nicht mehr als Zeichen der Unterwerfung unter Jerusalem, sondern des Gehorsams gegenüber dem Bekenntnis des Glaubens (2Kor 9, 13) und der Hingabe an den Herrn (2Kor 8, 5). Der alttestamentliche Gedanke, der von einer Völkermission noch nichts weiß, ist also neu verstanden und in eine gewandelte geschichtliche Situation übersetzt.

3. Wie wir aus vielen Stellen des Neuen Testaments und sonstigen frühen Zeugnissen wissen, gehört zu dem urchristlichen Gedanken der Erhöhung Christi die Unterwerfung und Huldigung der kosmischen Mächte (vgl. bes. Kol, Eph, 1Tim 3, 16, Hebr 1). Er entstammt und entspricht den antik-orientalischen Vorstellungen der Inthronisation eines Weltherrschers. Daß der Gedanke auch für Paulus wichtig ist, steht außer Frage. Doch findet sich dieses große Motiv in den unbestritten echten Paulusbriefen nicht sehr häufig. Phil 2, 6-11 begegnet es, aber dort in einem nicht von Paulus selbst formulierten, sondern aus dem Liedgut der frühen Kirche übernommenen Hymnus. Sonst klingt es nur gelegentlich an (1Kor 15, 24-26). Aufs ganze gesehen gilt, daß

das mythologische Motiv des Christussieges über die kosmischen Gewalten bei Paulus in konkrete Geschichte übersetzt ist. Die Herrschaft Christi verwirklicht sich im Glaubensgehorsam der Völker. Zu diesem Ziel weiß sich der Apostel gesandt (Röm 1,5).

7. Die ersten Gemeinden in Griechenland (Philippi, Thessalonich, Athen)

Die Gründung der Gemeinde zu *Philippi* leitet einen neuen bedeutungsvollen Abschnitt in der Geschichte des Paulus und des frühen Christentums ein (s. o. S. 70). Das läßt die Apostelgeschichte noch deutlich erkennen. Mit großen Schritten eilt sie den Ereignissen in dieser ersten macedonischen Stadt und römischen Kolonie zu und verweilt erst hier wieder zu einer breit angelegten Schilderung (Act 16,11-40). Aber auch Paulus selbst bestätigt die Bedeutung dieses Anfangs (Phil 4,15). Wir sind hier fast ganz auf den lukanischen Bericht angewiesen, in dem aber zweifellos verläßliche Notizen eines der Reisebegleiter des Apostels verarbeitet sind. Das gilt jedenfalls für den Eingang der Erzählung (Act 16,11-15), der genaue Kenntnisse über die Reiseroute, die Stadt und die Anfänge der Gemeinde verrät: Paulus und Silas sind am Sabbat zu einer Gebetsstätte der kleinen jüdischen Gemeinde vor der Stadt hinausgezogen und haben dort mit ein paar Frauen ein Gespräch geführt, darunter einer »Gottesfürchtigen« (fester Ausdruck für Heiden, die sich zur jüdischen Gemeinde hielten). Diese, Lydia mit Namen, eine Purpurhändlerin aus dem kleinasiatischen Thyatira, nimmt die Botschaft der Fremden auf und läßt sich taufen und öffnet nicht nur ihr Herz – der Text sagt angemessener: »der Herr öffnete ihr das Herz« –, sondern auch ihr Haus; auch ihre Angehörigen werden gläubig. Unscheinbare Vorgänge, bar aller Sensationen, und doch der Anfang einer dem Apostel fernerhin besonders verbundenen Gemeinde und der Anfang des Christentums auf europäischem Boden. Unwillkürlich erinnert man sich der dramatischen Ereignisse, die knapp 100 Jahre zuvor in derselben Landschaft die Gründung des augusteischen Imperiums einleiten (s. S. 70).

Bestätigt wird auch von Paulus selbst, daß sein Wirken bald zu einem Konflikt geführt habe (1Thess 2,2), nach der Apostelgeschichte hier erstmals auch mit der römischen Behörde. Von Anlaß und Verlauf dieses Konfliktes gibt Lukas eine breite, kunstvoll gestaltete legendäre Darstellung. Sie beginnt mit einer stilgerecht, drastisch erzählten Dämonenaustreibung: eine besessene Sklavin erkennt in den Missionaren Heilsboten des höchsten Gottes und läuft schreiend hinter ihnen her, ihr böser Geist aber wird von Paulus im Namen Christi gebannt. Damit wird den empörten Herren des Mädchens, denen ihre Wahrsagerei bis dahin guten Verdienst eingebracht hat, das Geschäft verdorben. So packen sie die Fremden und bezichtigen sie vor den Prätoren, sie wiegelten die römische Bevölkerung auf und trieben unerlaubte jüdische Propaganda. Die Folge ist, daß Paulus und Silas ausgepeitscht und ins Gefängnis geworfen werden. Aber ihre Haft wandelt sich alsbald wunderbar in Segen. In der großen, bekannten, mit typischen Motiven ausgemalten Wundergeschichte Act 16, 25-40 erweisen sich die Gefangenen als die wirklichen, von Gott legitimierten Heilsboten und Träger eines neuen Geistes. Der mitternächtliche Lobgesang der Gefesselten wird von den übrigen Gefangenen vernommen. Ein plötzliches Erdbeben sprengt Ketten und Gefängnistüren. Der aus dem Schlaf aufgestörte, um seine Häftlinge besorgte und schon zum Selbstmord entschlossene Wächter wird von Paulus durch seinen Zuruf aus der Zelle daran gehindert, bekehrt sich mit seinem ganzen Haus und versucht, durch seine Pflege an den Fremden das ihnen angetane Unrecht wieder gutzumachen. Aber auch die Prätoren wollen es aus der Welt schaffen und befehlen, die Gefangenen ohne Aufsehen freizulassen. Paulus aber besteht darauf, daß ihnen als römischen Bürgern Genugtuung widerfährt, und nötigt die Vertreter der Behörde, sie in aller Form hinauszugeleiten.

Wie die Bekehrung der Lydia mag auch die des Gefängniswärters auf guten Nachrichten beruhen. Ob jedoch der Konflikt mit der römischen Behörde wirklich so versöhnlich ausgegangen ist, wird man mit Grund fragen dürfen. Nach 1Thess 2, 2 erscheint es jedenfalls nicht so. Dort ist nur von »Leiden und Beleidigungen« die Rede, nach denen der Apostel erst in Thessalonich neuen Mut gefaßt habe. Dann aber ist um so erstaunlicher, daß die wenigen Christen in der Stadt nach dem kurzen, jäh abgebrochenen Aufenthalt des Apostels sich trotzdem bald zu einer selbständigen Gemeinde entwickelt haben. Als solche begegnet Philippi in den später geschriebenen Briefen.

Auch für die Anfänge der nächsten Gemeinde *Thessalonich* (das heutige Saloniki), etwa 170 km weiter westlich, Hauptstadt der römischen Provinz Macedonien und Sitz eines Prokonsuls, sind wir zunächst wieder auf die Apostelgeschichte angewiesen (Act 17, 1-10). Die Spur eines Augenzeugenberichts ist zwar nicht erkennbar und historische Treue in allen Einzelheiten vom Verfasser der Acta auch hier nicht zu erwarten. Dennoch bietet der Bericht in den wichtigsten Grundzügen ein durchaus glaubwürdiges Bild. Wieder ist die Synagoge der Juden und ihrer zahlreichen »gottesfürchtigen« Anhänger aus dem Heidentum der gewiesene Ausgangsort für die Verkündung des Evangeliums. Die Predigt des Paulus gewinnt Anhänger zumal unter den Griechen, erregt aber damit zugleich die Eifersucht der Juden selbst, die den Pöbel mobil machen und die Missionare des »Königs« Jesus vor den Stadtpräfekten als politische Rebellen gegen den Kaiser verklagen. Da man der Beschuldigten nicht sofort habhaft werden kann, wird ein gewisser Jason, weil er Paulus und seine Gefährten beherbergt hat, belangt und zusammen mit anderen Christen erst nach Stellung einer Kaution wieder freigelassen. Paulus und Silas aber ziehen eilends nach Beröa weiter (s. S. 71).

Auch hier hat Lukas seine Darstellung mit wenigen Fakten bestreiten müssen, schematisiert und die Dauer der Wirksamkeit des Paulus übermäßig zusammengedrängt. Aus brieflichen Angaben des Apostels läßt sich erschließen, daß sich sein Wirken über mehrere Monate erstreckt haben muß, während deren er sich selbst seinen Unterhalt in schwerer Arbeit verdiente, um niemand zu belasten (1Thess 2,9). Ohne einen etwas längeren Aufenthalt des Paulus in Thessalonich wäre auch die starke Ausstrahlungskraft der Gemeinde in das umliegende Land kaum vorstellbar, die in 1Thess 1,7 rühmend erwähnt wird. Dieser bald nach dem überstürzten Aufbruch und den kurzen Zwischenstationen in Beröa und Athen von Korinth geschriebene Brief (50 n. Chr.) ist der älteste uns erhaltene Paulusbrief und die älteste Schrift im Neuen Testament überhaupt. Wir erfahren aus ihm, was ihm unmittelbar vorangegangen ist und ihn veranlaßt hat: Paulus hat Timotheus von Athen nach Thessalonich zurückgeschickt, um die in Bedrängnis geratene Gemeinde zu stärken und danach dem Apostel über sie zu berichten. Inzwischen hat Timotheus ihn in Korinth mit guter Botschaft wieder erreicht. Die Treue der Gemeinde ist unerschüttert geblieben, sie hat am Glauben festgehalten – ein erneuter Grund für ihn, sehnlich seine Rückkehr nach Thessalonich zu erhoffen (3,1-13). Vorerst aber soll der Brief die Gemeinde stärken.

Aus dem Brief geht hervor, daß die Gemeinde aus Heidenchristen bestand (1Thess 1,9 f.) und von heidnischer Seite verfolgt worden war. Dies hat sie in die Schicksalsgemeinschaft der von den Juden verfolgten Gemeinden in Judäa gestellt (1Thess

2,14-16). Auch hat Paulus von Glaubensnöten der Gemeindeglieder gehört: Sie sind beunruhigt über die Verzögerung der Wiederkunft Christi und sorgen sich um das Schicksal einiger inzwischen Verstorbener, die etwa von dem erwarteten Anbruch des Heils ausgeschlossen sein könnten. Paulus bemüht sich darum, ihnen diese Sorge abzunehmen (s. u. S. 228), und mahnt sie, getrost auf das Kommen des Herrn zu warten, dessen Zeit und Stunde verborgen ist, und nüchtern-rechtschaffen als »Kinder des Lichtes«, die dem Herrn gehören, ihr Leben zu führen (1Thess 4,13 ff.; 5,1 ff.).

Wie kaum ein anderer Brief steht das kleine Schreiben an die Thessalonicher den Anfängen der Gemeinde noch unmittelbar nahe. Das gilt nicht nur in einem zeitlichen, sondern auch in einem sachlichen Sinn: Sein Anliegen ist, die noch junge, bedrohte Gemeinde bei dem ersten Anfang zu erhalten. Dieser Anfang ist der Durchbruch zum Glauben, dessen Inhalt in den fast katechismusartigen Satz zusammengefaßt ist: »Ihr habt euch zu Gott bekehrt, weg von den Götzen, zu dienen dem lebendigen und wahrhaften Gott und zu erwarten seinen Sohn vom Himmel her, den er auferweckt hat von den Toten, Jesus, der uns rettet vor dem kommenden Zorngericht« (1Thess 1,9 f.). Die dankbare Erinnerung an die erstaunliche Aufnahme, die die Botschaft des Apostels in der Gemeinde gefunden hat, und die nun schon gewachsene und unter Verfolgungen bewährte Kraft ihres Glaubens beherrscht den Brief. Darauf wird ihr Blick zurückgelenkt, um sie gerade so in ihrer Hoffnung für die letzte Zukunft zu stärken.

Besondere Beachtung verdient in diesem Brief des Paulus noch die Tatsache, daß in die ungewöhnlich breite, fast die Hälfte des Briefes einnehmende Danksagung und Fürbitte eine sehr nachdrückliche Apologie seines eigenen apostolischen Wirkens eingewoben ist, eine Selbstverteidigung gegen den etwaigen Verdacht, er habe in unlauterer Gesinnung Propaganda für seine Botschaft getrieben, seinen Hörern nach dem Munde geredet und eigenen Ruhm gesucht, ja sich persönlich bei ihnen bereichern wollen (1Thess 2,3-6). Die Ausführlichkeit, mit der das alles hervorgehoben wird, was sich unserer Meinung nach für einen Boten Christi doch von selbst verstehen sollte, mag den modernen Leser zunächst befremden, wenn nicht gar peinlich berühren. Doch lernt man alle diese Züge anders beurteilen, wenn man sie auf dem zeitgenössischen Hintergrund religiöser Propaganda in der Spätantike versteht. Die landläufigen heidnischen »Missionare« damals, zumal in den großen hellenistischen Städten, traten tatsächlich sehr anders auf und wirkten mit anderen Mitteln als Paulus: Wanderapostel und Wundermänner verschiedenster Observanz, Herolde und Heilbringer heidnischer Götter, in ihrem Gebaren gewandt und beredt, begeistert und begeisternd, aber auch geschäftstüchtig und eitel die Krafttaten ihrer Götter preisend und die Menge betörend. Aus Lukian, Philostratus und anderen hellenistischen Schriftstellern sind uns diese Gestalten, einige sogar namentlich, bekannt. Es kann nicht zweifelhaft sein, daß sie gefährliche Konkurrenten des Evangeliums waren und nach verbreiteter volkstümlicher Meinung die christlichen Missionare in der Lage sein mußten, es mit jenen anderen aufzunehmen. Ja, vor allem die paulinischen Briefe selbst, aber auch andere frühchristliche Schriften zeigen, wie suggestiv diese gängige Art der Propaganda auf viele vulgäre Vertreter der christlichen Mission wirkte und wie bedenklich sie sich oft jenem zeitgenössischen Modell anglichen. Von daher werden die Angriffe und Zweifel am Apostolat des Paulus, von denen wir aus den Korintherbriefen, dem Galater- und Philipperbrief hören – Angriffe wohlgemerkt nun von christlicher Seite –, erst voll verständlich. Die Lage im Brief an die Thessalonicher ist freilich insofern von den anderen Briefen unterschieden, als dort nicht schon von christlichen Agitatoren gegen Paulus die Rede ist. Wohl aber hat er allen Anlaß, sein eigenes Wirken gegenüber dem zwielichtigen Treiben der besagten Konkurrenten abzuheben. Um so erstaunlicher ist für ihn der Eingang, den er in Thessalonich gefunden hat: Als ein mit Schimpf und Schande aus Philippi vertriebener Fremdling ist er zu ihnen gekommen, hat in mühseliger Tag- und Nachtarbeit sich seinen notwendigsten Lebensunterhalt verdient, aber imponierende Machterweise seiner Gottheit nicht zu bieten gehabt. Ein solcher Prediger sollte Bringer einer göttlichen Botschaft sein, die zur Umkehr ruft vom Götzendienst zum wahren, lebendigen Gott und in einem letzten Sinn über Leben und Tod entscheidet? Was konnte das schon für ein Gott und Herr sein, der seine Boten so armselig durch die Welt laufen läßt, ohne sie mit allen sinnenfälligen Zeichen göttlicher Macht auszustatten?

Selbstverständlich war der Erfolg seiner Predigt also in keiner Weise. Um so mehr aber ist er für Paulus Grund zum Danken, »daß ihr das von uns gepredigte Wort Gottes, als ihr's empfingt, aufgenommen habt nicht als Menschenwort, sondern als das, was es in Wahrheit ist, als Wort Gottes, das sich in euch, den Glaubenden, nun auch wirksam erweist« (1Thess 2, 13). Die Menschlichkeit von Prediger und Predigt also, gerade sie ist das Siegel der Göttlichkeit der anvertrauten Botschaft!

Athen war für Paulus nach seiner eigenen brieflichen Äußerung (1Thess 3,1) nur eine flüchtige Durchgangsstation auf dem Weg nach Korinth. Erst der Verfasser der Acta hat die Erinnerung an seinen Aufenthalt hier zu der bekannten großen, in der Areopagrede (Act 17,22-31) gipfelnden Szene ausgestaltet (Act 17,16-34), die, dem glanzvollen Namen dieser Stadt als Zentrum griechischen Geistes würdig, die Begegnung der christlichen Botschaft mit den Vertretern antiker Bildung und Kultur schildern sollte. Lukas hat es dabei verstanden, auch den genius loci der Stadt zum Sprechen zu bringen und von ihrer geistigen und religiösen Atmosphäre dem Leser einen lebendigen Eindruck zu vermitteln: von ihren Tempeln und Götterbildern, ihren Philosophenschulen und ihrem sprichwörtlich neugierigen, bildungslüsternen, disputiereifrigen, aber auch spottlustigen und dünkelhaften Publikum. Paulus beginnt seine Gespräche auf der Agora wie Sokrates und wird wie dieser damit abgetan, daß er »fremde Götter« einführen wolle und nichts als ein »Körnerpicker«, ein Schwätzer sei. Dann folgt seine große Rede auf dem berühmten Areopag über dem Markt vor der darüber sich erhebenden Akropolis. Schon der Ort der Handlung veranschaulicht beispielhaft die Bedeutung dieser Szene.

Die Rede selbst ist wieder ein mit Meisterschaft gehandhabtes Darstellungsmittel des Verfassers und ihrem Inhalt nach zwar ein hervorragendes Dokument nachapostolischer Predigt und Theologie, nicht aber des historischen Paulus. Kennzeichnend ist für sie, daß der lukanische »Paulus« anknüpfend an eine Altarinschrift »dem unbekannten Gott« eine Fülle von Gedanken und Motiven aufnimmt, die bereits die spätantike Religionsphilosophie und Religionskritik vorgebildet und die hellenistisch-jüdische Theologie sich schon vor der christlichen bereitwillig angeeignet und mit alttestamentlichen Gedanken verwoben hatte. Gott bedarf nicht der Tempel und Opfer und läßt sich nicht in Bildern von Menschenhand fassen, hat er doch den ganzen Kosmos in seinen Zeiten und Grenzen geordnet, durchwaltet das Ganze mit Leben und Geist und hat den Menschen, die ihm verwandt in ihm leben, die Bestimmung gegeben, ihn zu suchen und zu finden. Die Anknüpfung an diese Gedanken geschieht in der Areopagrede zunächst in durchaus positiver, nicht polemischer Weise wie auch in verwandten hellenistisch-jüdischen Zeugnissen und reichlich in den Schriften der christlichen Apologeten des zweiten nachchristlichen Jahrhunderts. Dabei tritt der spezifisch christ-

liche Inhalt der Botschaft in der Rede Act 17 zunächst ganz zurück. Die Idee des göttlichen Ursprungs aller Menschen wird sogar durch ein stoisch-griechisches Dichterzitat erhärtet. Erst ganz am Ende fällt der Name Jesu als des von Gott bestimmten Weltenrichters und werden Gericht und Totenauferstehung angekündigt, was alsbald den Spott der Hörer provoziert.
Mag auch in diesem Schluß noch etwas davon sichtbar werden, daß die christliche Botschaft gerade im Verständnis des wirklichen Paulus im Widerspruch steht zum Denken des natürlichen Menschen, so sind doch die Grundgedanken und leitenden Motive der Areopagrede in Act 17 die natürliche, vernunftgemäße Gotteserkenntnis und die Gottverwandtschaft des Menschen überhaupt. Wohl macht auch Paulus in seinen Briefen kräftig von dem Gedanken Gebrauch, daß Gott sich allen in den Werken seiner Schöpfung offenbart hat und »mit den Augen der Vernunft erschaut wird«, aber er folgert daraus die Schuldverhaftung aller Menschen vor ihm (Röm 1, 20 f.). Die Areopagrede dagegen spricht nur von den Zeiten der Unwissenheit, über die Gott hinweggesehen habe (Act 17, 30). Folgerichtig unterscheidet sich der Areopagredner von dem wirklichen Paulus auch darin, daß der gekreuzigte Christus, den Juden ein Ärgernis und den Griechen eine Torheit (1Kor 1, 23), in Act 17 keine Rolle spielt. Darum wird hier auch völlig anders von dem natürlichen Gottverwandtsein des Menschen gesprochen und nicht wie bei Paulus von dem Wunder seiner Annahme durch Gott und der Gotteskindschaft um Christi willen.
Beide Anschauungen lassen sich nicht harmonisieren. Auch ist die beliebte Auskunft nicht stichhaltig, Paulus habe in Athen einmal einen anderen Versuch der Verkündigung unternommen und in stärkerer Anpassung an seine dortigen Hörer gesprochen, sei aber damit gescheitert und habe von Stund an um so entschlossener »das Wort vom Kreuz« ausgerichtet unter Verzicht auf jede Art hellenisierender Weisheitsrede (1Kor 1, 18 ff.). Das würde voraussetzen, daß er als Prediger so und auch anders konnte, und zwar in der Sache, die nach seinen eigenen Worten ihm als die entscheidende Mitte galt und unbeschadet aller Variationen in seinen Briefen sich unverändert mächtig durchhält. Der Historiker und Theologe heute ist darum genötigt, ein in seiner Weise sicher großartiges traditionelles Bild in Frage zu stellen. Hat Paulus wirklich in Athen gepredigt – was in seinen Briefen zwar nicht erwähnt wird, aber doch höchst wahrscheinlich ist und als historischer Kern der lukanischen Darstellung zugrunde liegen wird –, so darf man in der Tat vermuten, daß er gescheitert ist,

wie denn auch Lukas nichts von einer Gemeindegründung zu erzählen weiß. Gescheitert aber schwerlich mit dem Versuch einer Anpassung an griechische Bildung und Philosophie, sondern mit demselben Evangelium, das er hier wie überall verkündigt hat: mit der Botschaft von Schuld und Gnade, dem Zorn Gottes und dem in Christi Kreuz eröffneten Heil. Vielleicht klingt in den später im Rückblick geschriebenen Sätzen des ersten Korintherbriefes noch etwas von der Schwere und Not der Erfahrungen von Athen nach: »Ich bin, als ich zu euch kam, nicht so gekommen, daß ich euch kraft überschwänglicher Rede oder Weisheit das Zeugnis Gottes verkündigt hätte. Denn ich beschloß, nichts unter euch zu wissen als Jesus Christus, und zwar als den Gekreuzigten. Und ich trat in Schwachheit und Furcht und mit großem Zagen unter euch auf, und meine Rede und meine Predigt ergingen nicht in überredenden Weisheitsworten, sondern in Erweisung von Geist und Kraft« (1Kor 2,1-4).

8. Korinth

Erst mit Korinth betreten wir wieder festen geschichtlichen Boden. Die Apostelgeschichte bietet dafür in ihrem Bericht unbestritten zuverlässige Einzelangaben (Act 18,1-17). Von ungleich höherem Wert freilich sind auch hier die eigenen Briefe des Paulus, doch setzen sie erst mit einem um mehrere Jahre späteren Zeitpunkt ein, spiegeln dann aber eine höchst bewegte Geschichte wider, die der Apostel gerade mit dieser Gemeinde bis zum Ende seines missionarischen Wirkens erlebte und durchzukämpfen hatte. Von alledem weiß der lukanische Bericht nichts. Aber wichtig sind seine Angaben über die Anfangszeit der Gemeinde.
Korinth ist eine Stadt völlig anderen Charakters als die politisch längst bedeutungslose, wenn auch nach wie vor weltberühmte Bildungsstätte Athen. Unter Caesar im ersten vorchristlichen Jahrhundert nach ihrer völligen Zerstörung im dritten Punischen Krieg wieder aufgebaut, seit 27 v. Chr. Hauptstadt der römischen Provinz Achaia (d. h. des mittleren und südlichen Griechenlands) und Sitz des Prokonsuls, war Korinth zur Zeit des Paulus eine wohlhabende, moderne Verkehrs- und Handelsstadt, begünstigt durch seine Lage an der schmalen Landbrücke des Isthmus, über den die Schiffsgüter verladen wurden, mit zwei Häfen nach Westen und Osten zur Adria und zur Ägäis hin geöffnet. Unter der buntgemischten heidnischen Bevölkerung befand sich auch eine ansehnliche Judenschaft. Zahlreiche Noti-

zen aus älteren und jüngeren antiken Schriftstellern – Aristoteles, Strabon, Pausanias, Horaz, Apuleius u. a. – und neuere Ausgrabungen geben ein anschauliches Bild vom Leben und Treiben auf dem riesigen Marktplatz, in Tempeln, Theatern und Bädern, aber auch von der sprichwörtlichen Sittenlosigkeit der Stadt. Auch die vor ihren Toren stattfindenden Isthmischen Spiele machten sie attraktiv (vgl. Schillers »Kraniche des Ibicus«). Auf diesem Hintergrund werden viele religiöse, soziale und sittliche Fragen, die gerade die Korintherbriefe eingehend erörtern, aber auch ihre Aussagen über den stark proletarischen Charakter der Gemeinde (1Kor 1, 26 ff.) verständlich.
Paulus arbeitet in Korinth in der Zeltsattlerei seines jüdischen Berufsgenossen Aquila und findet Unterkunft in seinem Haus. Dieser und seine Frau Prisca müssen schon vor ihrer bereits erwähnten Emigration aus Rom auf Grund des Claudius-Ediktes (Act 18, 2; vgl. o. S. 71) Christen gewesen sein. Möglicherweise war ihre Vertreibung aus Rom durch Unruhen veranlaßt, die durch die christliche Botschaft unter der römischen Judenschaft entstanden waren, wenn eine nicht ganz klare Notiz bei dem Kaiserbiographen Sueton (Vita Claudii 25, 4) in diesem Sinne gedeutet werden darf. Was dieses Emigrantenehepaar für Paulus und die korinthische Gemeinde, aber auch in Ephesus, wohin sie bald danach übersiedelten, durch ihren Glauben, ihre Fürsorge und Opferbereitschaft bedeutet haben, läßt sich auch aus Röm 16, 4 und 1Kor 16, 19 erkennen. Dank einer von Silas und Timotheus überbrachten geldlichen Hilfe aus den macedonischen Gemeinden kann Paulus sich bald ganz der Verkündigung und missionarischen Arbeit widmen (Act 18, 5). Sie führt auch hier zum Konflikt mit den Juden, so daß der Apostel sein Wirken aus der Synagoge in das Privathaus eines »Gottesfürchtigen«, Titius Justus, verlegen muß. So wächst die aus Juden, vor allem aber aus Heiden sich bildende Gemeinde schnell heran. Eineinhalb Jahre kann Paulus hier in Korinth wirken. Dann inszenieren die Juden einen Tumult und verklagen ihn als Staatsfeind vor dem neuen Statthalter Gallio. Der aber weist ihre Anklagen ab und erklärt den Streit für eine innerjüdische Angelegenheit, die ihn nichts anginge. Die Folge ist, daß nun die Erregung der auf der Agora vor dem noch heute erhaltenen »Bema« (Richtersitz) des Prokonsuls versammelten Volksmenge sich gegen die Juden selbst kehrt und einer ihrer Vorsteher verprügelt wird, während Paulus und die christliche Gemeinde unbehelligt bleiben. Nach dem Tumult weilt der Apostel noch einige Tage in der Stadt, um dann mit Aquila und Prisca nach Ephesus und von

dort allein nach Palästina und Antiochia und wieder zurück nach Ephesus zu reisen. Hier ist der Bericht der Apostelgeschichte äußerst knapp. Nur eben die Stationen sind genannt und die Gebiete, die Paulus auf dem Weg abermals passiert: die schon früher missionierten Gemeinden in Galatien und Phrygien. Erst dem längeren Aufenthalt des Paulus in Ephesus widmet der Verfasser der Apostelgeschichte wieder eine breitere Schilderung.

Wir verfolgen hier zunächst die Entwicklung der korinthischen Gemeinde seit dem ersten Abschied des Paulus von ihr (51 n. Chr.) bis zum Anfang seiner umfangreichen Korrespondenz mit den Korinthern. Was ist aus ihr geworden? Der wohl im Frühjahr 54 von Ephesus aus (1Kor 16, 8) geschriebene erste Korintherbrief und schon ein kurz vorher abgegangener, auf den sich Paulus ausdrücklich bezieht (1Kor 5, 9), geben von dem seitherigen und gegenwärtigen Leben der Gemeinde ein fast verwirrend reichhaltiges Bild. Der Apostel antwortet hier auf eine Fülle von Nachrichten und Fragen, die ihm teils mündlich, teils brieflich in einem Gemeindeschreiben zugegangen sind. Man versteht gerade die Korintherbriefe darum nur, wenn man sich ständig die Situationen und Probleme vergegenwärtigt, in die sie hineinsprechen. Freilich erfährt man dabei auch die Schwierigkeiten, vor die sie den Ausleger heute stellen, da er oft aus den Antworten die Fragen und aus Andeutungen und Anspielungen Gestalten und Vorgänge erschließen muß.

Aus der Apostelgeschichte hören wir, daß inzwischen ein anderer gläubig gewordener, aus Alexandria stammender Jude, Apollos, ein geisterfüllter und redebegabter Mann, von Ephesus aus zur Betreuung der Gemeinde nach Korinth entsandt worden ist (Act 18, 24 ff.; 19, 1). Auch der Apostel nennt ihn im 1Kor wiederholt (1, 12; 3, 4 ff. 22; 4, 6; 16, 12), und zwar durchaus anerkennend, obwohl man annehmen darf, daß er auf Grund seiner Herkunft und nicht von Paulus selbst zum Glauben gebracht, in mancher Hinsicht sich von ihm unterschied und Anhänger eigenen Gepräges, die auf ihn schworen, gewann (1Kor 1, 12). Ihn und seine Lehre für die bald darauf einsetzende Zerklüftung der Gemeinde verantwortlich zu machen, besteht nicht der mindeste Anlaß. Bei Abfassung des Briefes befindet er sich bei Paulus in Ephesus, und dieser selbst hat ihn, wenn auch zunächst ohne Erfolg, gebeten, mit anderen in das gefährdete Korinth zurückzukehren (16, 12).

Jedenfalls ist die Gemeinde dort seit der Abreise des Paulus erstaunlich gewachsen, in Bewegung geblieben und keineswegs in eine geistliche Armut und Dürre zurückgesunken (1,4-9). Dennoch bietet sie ein verworrenes Bild. Ihr Reichtum ist ihr im höchsten Maße zu einer Bedrohung geworden und zwingt den Apostel, ihr weisend, aber auch in scharfer Kritik zu begegnen. Gleich die erste Frage, auf die er ausführlich eingeht (1Kor 1–4), zeigt, daß die Gemeinde in bedenklicher Weise sich von dem Fundament entfernt hat, das Paulus selbst in ihr gelegt hat. Sie hat sich in rivalisierende Gruppen aufgespalten, und die Einheit des Leibes Christi, der Gemeinde, ist bedroht. Worin sich die Parteien unterscheiden, ist aus ihren Kampfparolen: »Ich gehöre zu Paulus, ich zu Apollos, ich zu Kephas, ich zu Christus« (1Kor 1,12) nicht mehr in Einzelheiten zu erkennen. Bezeichnend ist aber, daß Paulus nicht daran denkt, ihre Ansichten und Tendenzen zu diskutieren und einer gegenüber der anderen Recht zu geben. Was in allen Gruppen, seine eigenen Anhänger eingeschlossen, zutage tritt, ist die Tatsache, daß die Botschaft von dem gekreuzigten Christus bei ihnen preisgegeben und durch eine aufgeblähte, vermeintlich pneumatische, in Wahrheit jedoch sehr menschliche Weisheit ersetzt ist. Im Überschwang geistlicher Erfahrungen und Erkenntnisse haben die Korinther Christus als Grund und Grenze ihrer Freiheit aus den Augen verloren und sich selbst damit an menschliche »Autoritäten« verkauft (1Kor 3,21 ff.).

Wie immer sich die Parteien formiert und bekämpft haben, deutlich ist der Einbruch des Enthusiasmus die eigentlich gefährliche Erscheinung im Leben der Gemeinde, mit der Paulus im 1Kor fertig zu werden hat. Die Schwärmer rühmen sich gegenüber den anderen, den Stand der »Vollkommenen« schon erreicht zu haben und im Besitz von »Geist« und »Erkenntnis« zu sein (1Kor 2,6; 3,1 ff.; 8,1). Gemeint ist dabei nicht intellektuelle Erkenntnis, sondern Offenbarungserkenntnis, die wie in den Mysterienreligionen und in der Gnosis an den Kräften der göttlichen Welt teilgibt und vom Bann der niederen Welt, von Schicksals- und Todesmächten befreit.

In der korinthischen Gemeinde war das Aufkommen dieser Bewegung keineswegs nur ein belangloses Randphänomen. Sicher nicht nur durch sie, aber sehr wesentlich gerade durch Anspruch und Gebaren der »Geisterfüllten« sind eine Fülle von Fragen, die die Gemeinde im ganzen angehen, hochgetrieben, virulent und akut geworden und haben eine gefährliche Krise heraufbeschworen. Sie zeigen, wie sehr die junge hellenistische Gemeinde noch bis in die Alltagsbereiche hinein mit ihrer eigenen heidnischen Vergangenheit und Umwelt verflochten und noch nicht in der Lage war, ihr Leben nach sicheren, gültigen Maßstäben aus der Kraft des Glaubens auszurichten.

Die Fragen, zu denen Paulus sich in seinem Brief äußern muß, reichen für unsere Begriffe vom Profansten – sozusagen vom Küchenzettel und den Markteinkäufen – über die Pflege der Geselligkeit, die Zulässigkeit, vor heidnischen Gerichten Rechtshändel auszutragen, die Regelung der bestehenden sozialen Unterschiede in der Gemeinde, die Lebenspraxis nach der aus dem Heidentum überkommenen Moral und Konvention bis zu den eigentlichen Problemen der christlichen Gemeinschaft, ihres Gottesdienstes, Glaubens und Hoffens.

Der moderne Leser mag überrascht sein, daß die weithin dominierende Frage nach dem rechten Verhalten des Christen inmitten seiner Umwelt, der ihm gegebenen Freiheit und ihrer Grenze, dem was er unbekümmert tun darf und was ihm als Christen verwehrt ist, in Korinth vielfach dort aufbrach, wo man es nicht erwartet. Dieser Sachverhalt erklärt sich nicht zuletzt daraus, daß in der antiken Umwelt der frühen Christenheit sich die Sphären des Heidnisch-Kultischen und des Profanen in ganz anderem Maße durchdringen. Von daher wird beispielsweise verständlich, warum Paulus 1Kor 8 – 10 so eingehend die für die Korinther keineswegs unverfängliche Frage erörtern muß, ob man als Christ das auf dem Markt feilgebotene Fleisch kaufen dürfe, das möglicherweise von den Opferhandlungen in einem der benachbarten Tempel abgefallen und auf die Fleischbänke gewandert war. Oder die Frage, ob der Christ unbesorgt an einer Mahlzeit im Anschluß an eine Opferhandlung unter heidnischen Freunden und Verwandten teilnehmen dürfe.

Die »Geisterfüllten« hatten auf diese und andere alltägliche Fragen die generelle, überlegene Antwort: »Alles ist erlaubt« (1Kor 6, 12; 10, 23) und demonstrierten ihre Freiheit schrankenlos im Gegensatz zu anderen, die in skrupelhafter Angst vor jeglicher »Befleckung« und in strenger Askese ihren Glauben bewahren wollten. Ja, die Pneumatiker rechtfertigten mit ihrer Freiheitsparole sogar den nach vulgärer heidnischer Anschauung durchaus unbedenklichen und tolerablen Geschlechtsverkehr mit der Prostituierten. Warum sollte der Christ hier Hemmungen haben, da derlei höchst natürliche, inferiore Dinge das wahre »Selbst« des Geisterfüllten ja gar nicht tangieren könnten (1Kor 6, 12 ff.).

Paulus geht auf die ihm gestellten Fragen nicht kasuistisch-gesetzlich ein, gibt Freiheit, wo es im Glauben geschehen kann, aber sagt ebenso unerbittlich Nein, wo mit der christlichen Frei-

heit notorisch Schindluder getrieben wird, wo die Grenzen der allenthalben – sogar unter Heiden – geltenden sittlichen Grundsätze verletzt sind (1Kor 5, 1 ff.) und das neue Leben, das den Glaubenden durch Christus eröffnet ist, verraten wird (1Kor 6, 1 ff. u. a.).
Bezeichnend ist zumal 1Kor 8 – 10, wo er entschlossen alle pseudo-theologischen Argumente, mit denen die Enthusiasten sich rechtfertigten, beiseite schiebt und die gestellten Fragen unter das Leitmotiv der Verantwortung für den andern vor Gott und der Umwelt in das Blickfeld rückt. Das wird auch und gerade an der ausführlichen Erörterung der akuten gottesdienstlichen Mißstände in Korinth sichtbar. Man feierte dort das Herrenmahl gewiß in der Überzeugung, durch das Sakrament Anteil an der durch Christus geschehenen Erlösung zu empfangen, aber ohne daß die Reichen bei dem begleitenden Gemeinschaftsmahl sich um die Ärmeren, später Kommenden und nichts Habenden kümmerten. Nach Paulus eine Schändung des »Leibes« Christi, der Gemeinde (1Kor 10 und 11; s. u. S. 198 ff.). In entsprechender Weise wehrt er dem tumultuarischen Wettstreit der in ekstatischen Reden sich gefallenden Pneumatiker im Gottesdienst und dringt auf das vernünftige klare Wort der Verkündigung, das auch den noch Fernen und den Ungläubigen überzeugen und überwinden soll.
Kennzeichen der Enthusiasten ist, daß sie die verantwortliche Bindung an den anderen nicht wahrhaben und damit die zeitlich-geschichtliche Grenze überspringen wollen, die dem Leben des Christen gesetzt ist. Hier liegt der Grund, warum das große 15. Kapitel des Briefes gegenüber denen, die sich im Geist schon der jenseitigen Welt Gottes teilhaftig glauben (1Kor 4, 8!), die Zukünftigkeit der Totenauferstehung verteidigt. So verwirrend vielfältig und befremdlich die Erscheinungen eines ausgewucherten Enthusiasmus in der korinthischen Gemeinde, so verschieden auch die Entgegnungen und Weisungen des Apostels sind, deutlich ist doch der Nerv, der seinen Brief im ganzen durchzieht. Er führt auch das vermeintlich Belanglose und Einzelne auf den Grund und mißt es an dem Ganzen der Heilsbotschaft. Was ihn leitet, ist das rettende Wort von dem Gekreuzigten als »göttliche Torheit«, die Menschenweisheit zuschanden macht; die wirkliche Freiheit, die den Blick für den anderen in der Liebe erst eigentlich öffnet (vgl. 1Kor 13); der Ruf zur Vernunft gegenüber aller Schwärmerei; die nachdrückliche Erinnerung an die Grenzen der Zeitlichkeit und die Botschaft von der Zukunft, die erst die Erneuerung des ganzen Menschen bringen wird.

Paulus hat nicht nur mit diesem sogenannten ersten Korintherbrief – in Wahrheit ist es, wie 1Kor 5,9 zeigt, mindestens der zweite an die Gemeinde gerichtete – kräftig und Ordnung schaffend in das chaotische Treiben eingegriffen, sondern auch seinen treuen Gehilfen Timotheus nach Korinth entsandt (4,17; 16,5 ff.). Beides scheint zunächst seine Wirkung nicht verfehlt zu haben. Doch zeigt unser sogenannter zweiter Korintherbrief, daß das nicht von Dauer war und er bald darauf eine neue, noch viel schärfere Phase des Kampfes mit Gegnern, die die Gemeinde verführten und zum Aufruhr gegen den Apostel selbst trieben, zu bestehen hatte.

Anlaß und Verlauf dieser dramatischen Ereignisse lassen sich wenigstens in Umrissen nachzeichnen, wenn man, wie es im folgenden geschieht, das in unserem neutestamentlichen Kanon als zweiter Brief an die Korinther bezeichnete Schreiben nicht als ein einheitliches, zusammenhängendes Dokument versteht, sondern als eine Sammlung mehrerer, zu verschiedenen Zeiten und in wechselnden Situationen abgefaßter Paulusbriefe nach Korinth, die von späterer Hand zum Zwecke der Weitergabe an andere Gemeinden zusammengestellt worden ist. (Über die Gründe dieser Annahme und die literarische Analyse des »zweiten« Korintherbriefes vgl. Exkurs II.)

Veranlaßt ist dieser erneute Kampf durch das Auftreten von »christlichen« Wanderpredigern in Korinth nach Abfassung des ersten Korintherbriefs. Daß ihr Erscheinen erst jüngst zurückliegt und sie von auswärts eingedrungen sind, ausgestattet mit Empfehlungsbriefen anderer Gemeinden und sich selbst kräftig empfehlend, läßt sich aus mehreren Wendungen des Paulus noch erschließen (2Kor 3,1; 10,12 ff.; 11,4.22 ff.). Auch sie nennen sich »Apostel« und »Diener Christi« (2Kor 11,5.23; 12,11) und können für sich sogar wie Paulus dieselbe Herkunft aus dem erwählten Volk Israel in Anspruch nehmen (2Kor 11,22), was auch er ihnen nicht bestreiten kann. Man erkennt daraus, daß der Begriff des Apostels im Urchristentum zunächst noch nicht auf den Kreis der zwölf Jünger eingeengt war; in diesem beschränkten Sinn verwenden ihn auch die paulinischen Briefe niemals. So eingeengt erscheint er erst vereinzelt im Matthäusevangelium (Mt 10,2) und vor allem häufig in den lukanischen Schriften und hat seitdem bis in unsere kirchliche Tradition Geschichte gemacht. Apostel ist nach Paulus, aber auch nach sonstiger urchristlicher Anschauung, auch der seiner Gegner, der von dem auferstandenen und erhöhten Christus entsandte Missionar. Nur auf diesem gemeinsamen Grund konnte und mußte es zu

der, wie die Korinther- und andere Briefe des Paulus zeigen, leidenschaftlich umstrittenen Frage nach der Legitimation des wahren und nach den Kennzeichen des falschen Apostels kommen.
Wir haben bereits aus dem ersten Thessalonicherbrief gesehen, wie dringlich sich diese Frage im Zeitalter der Spätantike und ihrer religiösen Propaganda stellte. Dort mußte Paulus freilich die Rechtmäßigkeit seines Apostolates gegenüber göttlichen Wundermännern des Heidentums verteidigen. In Korinth dagegen sind es christliche Missionare, die sich ähnlich wie ihre heidnischen Konkurrenten gebärdeten und darum Paulus und sein Evangelium verachteten und offen gegen ihn zu Felde zogen. Nach ihren Maßstäben gingen ihm alle Zeichen des wahren, von Christus autorisierten Apostels ab, die sie für sich in Anspruch nahmen und mit denen sie ihren Eindruck auf die Gemeinden nicht verfehlten. Was hatte er schon an wunderbaren himmlischen Offenbarungen, Wundertaten und überzeugenden Manifestationen des »Geistes« aufzuweisen (2Kor 12, 1 ff.), er, schwach und armselig in seinem Auftreten, ein Stümper in der vom Pneuma gewirkten Rede, mutig nur in seinen Briefen aus der Ferne (2Kor 10, 1; 11, 6)?
Obwohl die Anwürfe der Gegner, wie die zahlreichen, zum Teil wörtlichen Anspielungen bei Paulus zeigen, auch vor den niedrigsten Verleumdungen nicht Halt machten, darf man ihr Bild nicht zu billig karikieren. Sie haben bei der Gemeinde der Korinther als »Engel des Lichtes« und »Diener der Gerechtigkeit« (2Kor 11, 14 f.) immerhin beträchtlichen Eindruck gemacht und sind ihr, mit Paulus selbst zu sprechen – auch wenn er es diametral anders verstand – »den Beweis des Geistes und der Kraft« (1Kor 2, 4) nicht schuldig geblieben. Wenn auch gezwungenermaßen und wider Willen muß Paulus sich darum mit ihnen vergleichen und wie ein »Narr« sich dessen rühmen, daß auch er mit den Vorzügen der Gegner aufwarten könnte. Aber er will es nicht, denn gerade die von ihnen verspottete Schwachheit ist sein Ruhm; in ihr vollendet sich die Kraft Christi (2Kor 12, 9).
Als seinen »Ruhm« bezeichnet er nicht minder die durch seine Verkündigung zum Glauben erweckte Gemeinde, die Mühsal seiner täglichen Arbeit und die Kette der Leiden und Verfolgungen, die er in seinem Dienst erfahren hat. *Das* sind für ihn die wahren »Zeichen des Apostels«. Gegenüber der Verfälschung und eigennützigen Ausbeutung des Evangeliums durch die Gegner nimmt er für sich in Anspruch: »Wir verhökern nicht wie die vielen das Wort Gottes, sondern in Lauterkeit aus Gott, vor

Gott, in Christus reden wir« (2Kor 2,17). Er reißt damit den angeblichen Christus-Aposteln die Maske ab und entlarvt sie als Pseudoapostel und Satansdiener (2Kor 11,13 ff.). In alledem wird deutlich, daß der ihm aufgezwungene Kampf um die Anerkennung seines Apostolates nicht nur seine persönliche Ehre betrifft. Er selbst kann anderenorts in überlegener Freiheit versichern, daß ihm persönliche Freundschaft und Feindschaft gleichgültig sind: »Was tut's? Wenn nur auf jede Weise, unter Vorwand oder in Wahrheit, Christus verkündigt wird« (Phil 1,18), und jede Überschätzung seiner Person abwehren: »Was ist Apollos, was ist Paulus? Diener sind sie, durch die ihr zum Glauben gekommen seid« (1Kor 3,5). Jetzt aber, angesichts der Agitation der neuen Gegner in Korinth, für die die früheren enthusiastischen Strömungen freilich schon bedenklich den Boden bereitet hatten, mußte Paulus zugleich mit der Verteidigung seines Apostelamtes um sein Evangelium und das Verständnis des Christseins überhaupt kämpfen.

Die nach einander geschriebenen, im »zweiten« Korintherbrief aufbewahrten Brieffragmente lassen die Phasen und Stadien des dem Apostel aufgezwungenen Kampfes noch einigermaßen deutlich erkennen. Er hat offensichtlich von den Gegnern und ihrer Agitation in einem Augenblick gehört, da ihr Treiben erst anfing und die Gemeinde ihnen noch nicht völlig zu verfallen drohte. In dieser Zeit hat er aller Wahrscheinlichkeit nach das große Briefstück 2Kor 2,14 – 7,4 geschrieben, in dem er zwar schon sein Apostelamt verteidigt und kräftig gegen die Falschapostel polemisiert, aber doch noch als ein Überlegener, in der Zuversicht, die Gemeinde zur Einsicht zu bringen und nicht zu verlieren (2Kor 6,11 f.; 7,4). Doch hat sein Brief nicht den erhofften Erfolg gehabt und die Lage unter der Agitation der Gegner sich so verschärft, daß er sich entgegen früheren Plänen zu einem raschen Zwischenbesuch in Korinth entschließen mußte. Aber dieser ist erschütternd verlaufen. Er hat die Gemeinde in hellem Aufstand gegen sich angetroffen, und ein Verhetzter aus ihrer Mitte hat ihm ein solches Unrecht angetan (2Kor 2,5; 7,12) – sicher nicht nur im Sinne einer persönlichen Beleidigung, sondern einer Schmähung seines apostolischen Auftrages überhaupt –, daß er nicht länger bleiben konnte. Unverrichteter Dinge nach Ephesus zurückgekehrt, in höchster Erregung, hat er von dort »aus großer Drangsal und Angst des Herzens unter vielen Tränen« (2Kor 2,4) noch einen weiteren Brief nach Korinth gerichtet, dessen wichtigste Fragmente, wie seit langem mit Recht von zahlreichen Forschern angenommen wird, wir in

2Kor 10 – 13 vor uns haben. In ihnen kämpft Paulus einen schier verzweifelten Kampf, und zwar nicht nur gegen jene Irrgeister, sondern gegen die ihrer Agitation nahezu hoffnungslos erlegene Gemeinde (2Kor 11,20 f.). Im Zusammenhang dieses bewegten und bewegenden Briefes hat Paulus Titus mit dem schweren Auftrag, sie wieder zurechtzubringen, in die aufständische Gemeinde geschickt, hat selbst seinen Aufenthalt in Kleinasien vorzeitig abgebrochen und ist Titus mit banger Erwartung bis Macedonien entgegengereist, um von ihm über den Erfolg seiner Mission sich berichten zu lassen. Beides, der unheimlich scharfe und doch zugleich das letzte hergebende Brief des Apostels wie auch die Entsendung seines Mitarbeiters, hat tatsächlich seine Wirkung nicht verfehlt. Die Gemeinde ist zu Einsicht und Umkehr gekommen und will nun ihrem Apostel alle erdenklichen Beweise dafür geben. Paulus jedoch kann jetzt einen überschwänglich gehaltenen Versöhnungsbrief an die Korinther schreiben und sie dringend darum bitten, auch jenem Gemeindeglied, von dem er die unerträgliche Kränkung erlitt, so wie er es selbst längst getan hatte, zu verzeihen. Dieser Versöhnungsbrief liegt uns in großen Teilen in 2Kor 1,1 – 2,14 und 7,5-16 vor und gibt uns im Rückblick ein Bild von den hier geschilderten Ereignissen. Von Macedonien aus ist Paulus, wie er es bereits 2Kor 13,1 und 9,3 f. in Aussicht stellte, zum dritten und letzten Mal nach Korinth gereist und hat hier eine befriedete Gemeinde angetroffen. Der bei diesem letzten Aufenthalt geschriebene Römerbrief verrät jedenfalls nichts mehr von Kämpfen und Stürmen.

9. Ephesus

Die erregende Geschichte, die Paulus mit Korinth erlebte, ist bereits ein Ausschnitt aus seinem mehrjährigen Wirken in Ephesus. Die Apostelgeschichte gibt für seinen Aufenthalt hier, sicher glaubwürdig, einen Zeitraum von 2–3 Jahren an (Act 19,8-10; 20,31). Eine zusammenhängende, historisch zuverlässige Darstellung ist aus ihr jedoch nicht zu gewinnen. Abgesehen von einigen brauchbaren Lokalnachrichten hat dem Verfasser der Acta für Ephesus offensichtlich nur wenig Material von sehr ungleichem Wert zur Verfügung gestanden: ein paar legendär gefärbte Episoden und Anekdoten, hier und da wohl auch einige verschwommene Erinnerungen. Aus alledem hat Lukas mit der ihm eigenen Erzählkunst und auch hier wieder nicht ohne Sinn für den genius loci der berühmten kleinasiatischen Metropole ein einigermaßen geschlossenes imposantes Bild zu geben verstanden (Act 19). Alles zielt auf die Verherrlichung des großen Missionars, der alle (!) Bewohner der Asia, Juden und Griechen, mit seiner Botschaft erreicht. Seine Fähigkeit, Wunder zu tun, ist so immens, daß man Schweiß- und Taschentücher mit ihm in Berührung bringt und Kranken auflegt, die alsbald genesen und von bösen Geistern befreit werden. Jüdische Exorzisten wollen im Namen Jesu dieselben Taten wie er verrichten, aber müssen kläglich scheitern. Sein Erfolg ist so ungeheuer, daß die Menge der Zauberei abschwört, ein Autodafé veranstaltet und ihre – im Altertum wohl bekannten – Zauberbücher von enormem Wert (50 000 Silberdenare) öffentlich verbrennt. Auch das Sektenunwesen überwindet er und gewinnt Jünger Johannes des Täufers zum wahren Glauben. Ja, mit seiner Verkündigung erschüttert er den Kult der Artemis, der in Ephesus ein Heiligtum errichtet war, das zu den sieben Weltwundern zählte. Damit wird einem heidnischen Devotionalien- und Reiseandenkenfabrikanten namens Demetrius das Geschäft verdorben. Der wiegelt seine Belegschaft auf, und diese bringt mit dem Ruf »Groß ist die Artemis der Epheser!« das Volk in Aufruhr. Man sammelt sich im Theater, ein Jude versucht vergeblich mit der tobenden Menge fertig zu werden, bis sie endlich vom Vertreter der städtischen Behörde beschwichtigt wird: Paulus und seine Begleiter seien weder Tempelräuber noch Lästerer der Götter. Sollte Demetrius mit seinen Zunftgenossen Anlaß zur Klage haben, so möge ein ordentliches Gericht darüber entscheiden, das Volk aber sich vor dem Statthalter nicht des Aufruhrs schuldig machen. Paulus selbst ist an dem ganzen Tumult nicht beteiligt und kann als Sieger über das erschütterte Heidentum und das ohnmächtige Judentum die Stadt verlassen.

Mit dieser Darstellung der Wirksamkeit des Paulus in Ephesus, wie sie die Apostelgeschichte gibt, ist historisch nicht allzuviel anzufangen. Auch wenn einige verwertbare Nachrichten darin stecken mögen und der Verfasser der Acta sicher nicht ohne Grund Ephesus als einen Höhepunkt des missionarischen Wirkens des Paulus behandelt, zuverlässige Quellenstücke sind in Act 19 kaum zu entdecken, und die Schilderung der einzelnen Szenen bis hin zu dem triumphalen Gemälde des Demetriusaufstandes trägt so sehr die typischen Züge lukanischer Erzählkunst und des lukanischen Geschichtsbildes, daß bei ihrer Auswertung größte Vorsicht geboten ist.

Das gilt um so mehr, als sich aus den eigenen Briefen des Apostels, die während seines Ephesinischen Aufenthaltes verfaßt sind

und sich direkt oder indirekt hier und da auf Ephesus beziehen, ein sehr anderes Bild ergibt, von dem die Apostelgeschichte kaum noch etwas aufbewahrt hat. Es handelt sich dabei zumeist um verstreute und nicht in jedem Fall sicher verifizierbare Notizen, die sorgfältig aufgespürt werden müssen. Es sind in der Regel kaum zusammenhängende Berichte, sondern mehr blitzlichtartige Erwähnungen einzelner Vorgänge, Gestalten und Situationen, die aber doch in vielen Fällen durch ihre Eindeutigkeit wettmachen, was sie an genau erkennbaren Zusammenhängen schuldig bleiben. Zu diesen Briefen gehören außer der schon besprochenen mit Korinth geführten Korrespondenz des Apostels mit größter Wahrscheinlichkeit der Galater-, Philipper- und Philemonbrief und ein unvermutetes Zeugnis, nämlich die lange, sehr detaillierte Grußliste, die nach begründeter Annahme fälschlich an das Ende des Römerbriefes geraten ist (Röm 16), ursprünglich aber zu einem etwa zur selben Zeit wie der Brief an die Römer, bald nach dem Abschied des Paulus von Ephesus verfaßten, verlorenen Brief an die Gemeinde dort gehört haben muß (Exkurs I und II).
Aus diesem zuletzt genannten Dokument läßt sich im Rückblick erkennen, mit welch intensivem persönlichen Einsatz Paulus in Ephesus gewirkt haben muß, wie sehr aber auch die Gemeinde gewachsen ist und er von vielen ihrer Glieder tatkräftige Hilfe erfuhr. Die Liste enthält nicht weniger als 26 Namen. Das ist, wie oft zu Recht festgestellt, in dem an die Paulus unbekannte Gemeinde zu Rom gerichteten Brief einigermaßen befremdlich. Um so besser aber paßt sie auf Ephesus, zumal gleich an der Spitze der Liste die Namen von Aquila und Prisca, die wir dort zu suchen haben (s. o. S. 86), und ein als »Erstling der Asia«, also als zuerst bekehrter Christusgläubiger der Provinz Bezeichneter mit Namen Epainetos erscheinen. Die in vielen Fällen sehr individuell gehaltenen kurzen Wendungen, die Paulus einzelnen Namen hinzufügt, bekunden eine genaue Erinnerung an die Genannten, ihre Verwandten, ihre Hausgemeinden und ihr Gesinde, sprechen enge persönliche Beziehungen zu ihnen aus oder rühmen ausdrücklich, was er selbst ebenso wie die ganze Gemeinde ihrem Wirken als bewährte Zeugen, ihrem Mut, ihrer Opfer- und Leidensbereitschaft verdankt: Männer und Frauen, Juden- und Heidenchristen, Freie und Unfreie.
Auch der aus einer Gefangenschaft des Apostels von Ephesus nach Philippi gerichtete Brief bestätigt dieses Wachstum und diese Aktivität der Ephesinischen Gemeinde, die durch seine Verhaftung nicht in Resignation und ängstliches Schweigen zu-

rückgesunken ist, vielmehr desto mutiger und unbeirrbar den Zeugendienst ausrichtet. Nicht überall geschieht das, wie Phil 1,14-17 ausdrücklich sagt, in Lauterkeit. Wohl kann er das von der Mehrzahl der ihrem Apostel zugetanen Gemeindeglieder versichern; sie wissen, was seine Gefangenschaft und das Evangelium, für das er leidet, gerade in diesem Augenblick von ihnen fordert. So sind sie in die Bresche gesprungen, und das Evangelium hat eben jetzt, wo er zum Schweigen verurteilt ist, unerwartete Fortschritte gemacht (Phil 1,12ff.). Paulus verschweigt freilich auch nicht, daß unter dieser Mehrzahl einige sind, die in häßlicher, neidischer und arglistiger Gesinnung gegenüber dem Apostel nun ihre Stunde gekommen sehen und sich mit zweifelhaftem Eifer betätigen, um den Gefangenen zu betrüben, also ihm doch wohl beweisen wollen, daß es auch ohne ihn gehe. Auf welche unerfreulichen Vorgänge der Philipperbrief hier anspielt, erfahren wir nicht. An Irrlehrer zu denken, besteht kein Grund, eher an persönliche Gegner und Rivalen. Sonst könnte Paulus nicht so unbekümmert die Frage der guten oder fragwürdigen Motive souverän beiseite schieben und versichern: »Was tut's! Wird doch so oder so, arglistig oder ehrlich, Christus gepredigt, und darüber freue ich mich« (Phil 1,18).

Sicher hat Paulus, wie die Apostelgeschichte berichtet, auch in Ephesus mit seiner Predigt in der Synagoge begonnen. Doch zwang ihn der Widerspruch der Juden schon nach wenigen Monaten, wie ein Wanderlehrer seiner Zeit in den Hörsaal eines gewissen Tyrannos umzuziehen (Act 19,8-10). Vermutlich hat er im Laufe der vorangegangenen Konflikte als Ketzer mehr als einmal die 2Kor 11,24 erwähnte synagogale Strafe der 39 Geißelhiebe erlitten. Paulus zählt sie in dem von Ephesus geschriebenen »Schmerzensbrief« unter vielen anderen Leiden und Widrigkeiten, die er in seinem apostolischen Wirken erfahren hat – wohlgemerkt in bitter-ironischer Antwort auf die vielgerühmten Krafttaten der »Geisterfüllten« in Korinth – als die »Leistungen« auf, die er sich zum Ruhm anrechnet. Die Acta erwähnen von allen diesen Schicksalen nur die Gefangenschaft in Philippi und aus der Zeit in Ephesus gar nichts. Wie viele von den 2Kor 11 aufgezählten Leiden und Gefahren, bis an die Grenze der Todesnot, in den mehrjährigen Aufenthalt des Apostels in dieser Stadt fallen, ist zwar ungewiß, aber ein beträchtlicher Teil hat sich sicher hier abgespielt. Auf Konflikte auch mit der römischen Obrigkeit in Ephesus weist immerhin ausdrücklich der kurze Hinweis auf den »Tierkampf«, den er dort zu bestehen hatte (1Kor 15, 32), auch wenn man den Ausdruck sicher nicht wörtlich, sondern übertragen verstehen muß. Auch sonst ist in dem unheimlichen Leidenskatalog 2Kor 11, 23-33 von einer Unzahl schwerster Bedrängnisse und Mühsale die Rede, die er von Juden und Heiden durchzustehen hatte: Prügel, Steinigung, Gefängnis. Ebenso aber auch von Beschwerden und Bedrohungen auf Reisen über Land und See, deren viele sicherlich wieder in seine Ephesinische Wirksamkeit gehören werden: in Ortschaften und in der Wüste, beim Überqueren reißender Flüsse, bei räuberischen Bedrohungen und Überfällen, bei einem Schiffbruch, bei dem er 24 Stunden auf Wracktrümmern über dem Abgrund des Meeres trieb; dazu Hunger und Durst, Kälte und Blöße. Und zu allem, wo er verweilte, täglicher Zudrang zu ihm und Sorgen um alle seine Gemeinden. »Wo ist einer schwach, und ich bin es nicht (auch)? Wo leidet einer Ärgernis, und ich brenne nicht (auch)? Wenn es sich zu rühmen gilt, so will ich mich meiner Schwachheit rühmen. Der Gott und Vater des Herrn Jesu weiß es, der gelobt sei in Ewigkeit, daß ich nicht lüge«(2Kor 11, 29-31).

Aus alledem läßt sich die ungeheure Arbeitsleistung, die Paulus in der wachsenden Ephesinischen Gemeinde zu bewältigen hatte, erschließen, aber auch das Maß von missionarischem und seelsorgerlichem Einsatz in der weiteren Umgebung und in seinen auswärtigen Gemeinden. Das bestätigen seine von Ephesus aus geschriebenen Briefe, in denen er stärkend, ermutigend, lehrend, aber auch warnend und kämpfend in ihre Fragen und Wirren eingreift.

Außer den Korintherbriefen ist hier vor allem der Galaterbrief zu nennen, über dessen Veranlassung und Inhalt wir bereits in früherem Zusammenhang gesprochen haben (s. o. S. 41 f.). Die verführerische Lehre der in Galatien eingebrochenen »Judaisten« hat, wie sich deutlich erkennen läßt, die heidnischen Gemeinden wohl gerade auch darum bis an den Rand des Abfalls gebracht, weil die Agitatoren nicht nur mit genuin jüdischen Anschauungen operierten (Beschneidung, Gesetz, Tradition u. dergl.), sondern diese mit bestimmten aus dem Gestirnkult stammenden Vorstellungen von kosmischen Mächten verflochten, denen auch der wahre Christ Tribut schuldig sei. Ihr Interesse haftete darum weniger an dem alttestamentlich-jüdischen Sittengesetz als an magisch-rituellen Verhaltensweisen und dem Begehen heiliger Zeiten und Tage (Gal 4, 10), wodurch der Fromme Anteil an der »Erlösung« empfängt. Darum hält der Galaterbrief den Gegnern und den ihnen so rasch Verfallenen, die sich so sicher dem privilegierten Gottesvolk Israel zugehörig wähnen, mit Nachdruck vor, daß, wer sich beschneiden läßt, verpflichtet sei, das ganze Gesetz zu halten (Gal 5, 3). Darum gerade hier gegenüber denen, die sich für »geisterfüllt« halten (Gal 6, 1.3 f.7), die beschämende Kontrastierung ihres gegenseitigen »Beißens« und »Fressens« und des allein im Gebot der Liebe zum Nächsten erfüllten Gesetzes (Gal 5, 13 ff.), die Gegenüberstellung der »Werke des Fleisches« und der »Früchte des Geistes« (Gal 5, 19 ff.) und die Mahnung: »Leben wir im Geist, so laßt uns auch im Geist wandeln« (Gal 5, 25). Darum aber auch die dringliche Frage, wie denn sie, die »einst ohne Erkenntnis Gottes Göttern dienten, die keine sind, aber nun Gott erkannt haben, vielmehr von Gott erkannt (erwählt) sind, sich wieder zu den schwachen und armseligen Weltelementen ›bekehren‹« können? (Man beachte die Ironie des Ausdrucks; Gal 4, 8 f.)

Gerade der Galaterbrief, der in Front gegen »judaistische« Gesetzlichkeit die wahre, in Christus begründete Freiheit verkündet, enthält darum zugleich mit besonderer Intensität – ein Drittel des ganzen Briefes – Mahnung, Weisung, Aufruf zum Gehorsam gegen das »Gesetz Christi« (Gal 6, 2).

Durch die galatische Irrlehre sah Paulus seine eigenste Botschaft von der Rechtfertigung nicht aus Gesetzeswerken, sondern aus Glauben allein tödlich gefährdet. Sie ist darum, so eingehend wie sonst nur noch im Römerbrief entfaltet, hier das zentrale Thema – verkündet mit einem den ganzen Brief durchherrschenden, lodernden, wenngleich noch immer werbenden Zorn über den Abfall seiner Gemeinden.

Einige Zeit danach muß der Philipperbrief verfaßt sein, genauer gesagt auch dieser wie der »zweite« Korintherbrief wohl eine kleine Sammlung mehrerer nacheinander, in verschiedenen Situationen abgefaßter Schreiben an die dortige Gemeinde. Was zur Verhaftung des Apostels geführt hat, wissen wir nicht; die Acta erwähnen sie überhaupt mit keiner Silbe. Mag sein, daß öffentliche Konflikte mit den staatlichen Behörden vorangegangen sind, an die Act 19 eine, wenn auch in sehr anderem Sinn in der Demetriusszene ausgewertete Erinnerung bewahrt hat. Jedenfalls ist Paulus hier im Gewahrsam der im römischen Statthalterpalast kasernierten Prätorianergarde (Phil 1, 13), um sich zu verantworten und sein Urteil zu empfangen. Offensichtlich befindet er sich in relativ leichter Haft. Er ist nicht völlig von der Außenwelt abgeschnitten, kann mit seinen Wachsoldaten einigen Austausch pflegen – sie sind sogar der Besonderheit dieses um Christi willen Gefangenen inne geworden –;

er bekommt laufend Nachrichten über die Vorgänge in der Gemeinde am Ort, kann Besucher und Gaben empfangen, Mitarbeiter entsenden und Briefe schreiben (Phil 1,12 ff.; 2,19 ff.). Das bestätigt auch der kleine, aus derselben Gefangenschaft geschriebene Philemonbrief, der einzige Privatbrief, den wir von Paulus besitzen. Er ist an einen wohlhabenden Christen in Kolossae, einer Stadt im oberen Lykostal, gerichtet, wohin das Evangelium durch Christen aus Ephesus gedrungen ist. Der Apostel kennt den Adressaten und seine Hausgemeinde persönlich und zählt ihn zu seinen Mitarbeitern. Veranlaßt ist der Brief dadurch, daß Philemon ein Sklave mit Namen Onesimus entlaufen ist und zu dem gefangenen Apostel sich geflüchtet hat. Dort ist er Christ geworden. So schreibt der Gefangene an Philemon und bittet ihn, den Flüchtigen, der seinem Herrn vor der Flucht offenbar in die Kasse gegriffen hat, wieder aufzunehmen, aber jetzt nicht mehr als einen »Nichtsnutz« (ein Wortspiel mit dem Namen Onesimus), sondern als einen, der ihm »nützlich« sein wird, und nicht mehr nur als Sklaven, sondern als geliebten Bruder, als Sohn und Ersatz für Paulus selbst. Der kleine Brief zeigt, daß der Apostel zwar die soziale Frage der Sklaverei nicht programmatisch und prinzipiell erörtert, wohl aber »in Christus«, vor dem die Unterschiede zwischen Herrn und Knecht, Freien und Unfreien nichts mehr gelten (Gal 3,28; 1Kor 7,22 f.), für die Gemeinde völlig relativiert. Überdies ist sein Schreiben ein in seiner Schlichtheit einzigartiges Beispiel für die Wärme des Herzens, die Fähigkeit, sich ganz für den anderen einzusetzen, die Kunst persönlicher Seelsorge, ja sogar für den Humor des Apostels, bewährt wohlgemerkt von einem Gefangenen.

Die noch immer ihm gewährten reichlichen Möglichkeiten des Austausches nach den verschiedensten Seiten lassen die zur Zeit der Abfassung seiner Briefe noch leidlich erträgliche Lage des Paulus erkennen. Doch darf das über die wohl über einige Wochen und Monate sich erstreckende Dauer seiner Haft (vgl. Phil 2,25-30) nicht hinwegtäuschen und vor allem nicht über die Gefahr, in der er sich befand. Denn wie seine Haft und der ihm bevorstehende Prozeß ausgehen würden, ist nach dem, was er selbst schreibt (Phil 1,20 ff.), noch völlig offen – Freispruch oder Todesurteil. Aus seinen Bemerkungen in 2Kor 1,8 ff. ist zwar zu ersehen, daß er tatsächlich noch einmal mit dem Leben davongekommen und seinen Gemeinden erhalten geblieben ist, aber nur mit knappester Not, die ihn schon am Leben verzweifeln ließ, erst recht aber Gott für seine Rettung danken läßt. Es scheint, daß er bald nach seiner Gefangenschaft Ephesus verlassen hat, sehr anders freilich, als es nach der Apostelgeschichte erscheinen will.

Nimmt man alle in den Paulusbriefen verstreuten Nachrichten zusammen, so ergibt sich trotz ihres fragmentarischen Charakters doch ein recht plastisches Bild für die Wirksamkeit des Apostels in Ephesus. Es bestätigt sich, daß Stadt und Gemeinde zu einem Zentrum der kleinasiatischen Mission wurden und er von hier aus zugleich in angestrengter Bemühung auch seine früher schon gegründeten Gemeinden versorgte.

Aber noch in einer besonderen Hinsicht kommt Ephesus für die Geschichte des Paulus eine hohe Bedeutung zu. In die Zeit seines Aufenthaltes hier oder in die unmittelbar darauffolgenden Monate fallen, wie wir sahen, alle jene Briefe, die als die eigentlich großen Dokumente seiner Botschaft und Theologie zu bezeichnen sind. Das gilt wie gesagt für seine Korrespondenz mit Korinth, für den Galater- und Philipperbrief und nicht zuletzt auch für den Römerbrief, der kurz nach seinem Abschied von der Ephesinischen Gemeinde geschrieben ist (vgl. Abschnitt 10). Damit soll gewiß nicht gesagt sein, daß die paulinische Theologie erst in diesen Jahren im eigentlichen Sinn konzipiert worden sei. Das große Thema seiner Verkündigung, das Heil in Christus für alle, Juden und Heiden, und damit das Ende des Gesetzes als Heilsweg, stand ihm vom Augenblick seiner Bekehrung und Berufung an fest und blieb dasselbe bis zu seinem Ende. Wohl aber zeigen seine großen Briefe die erstaunliche Ausformung, Differenzierung und Profilierung der Thematik seiner Botschaft. Eine nicht geringe Rolle haben dabei seine Kämpfe mit dem Judentum und erst recht mit den »christlichen« Irrlehrern und Ungeistern in seinen Gemeinden gespielt – in Korinth, Galatien und Philippi (vgl. Phil. 3). Die Bedeutung dieser Auseinandersetzungen für die endgültige Ausprägung der zentralen Gedanken seiner Theologie wird man nicht unterschätzen dürfen, ohne damit der gewiß irrigen Vorstellung erliegen zu wollen, seine Theologie sei in ihren wesentlichen Zügen nur ein Gegenentwurf gegen diese oder jene Irrlehre. Damit wäre der Häresie zu viel Ehre erwiesen. Nichts wäre darum auch verkehrter, als ständig und überall Anlässe und Parolen seiner Gegner aufspüren zu wollen und darüber die positiven Kräfte des Evangeliums und die mannigfachen Erfahrungen und Bewährungssituationen des Glaubens selbst zu unterschätzen, aus denen zuerst und zuletzt die Theologie des Paulus gewachsen ist. Gleichwohl sind die Kämpfe und Wehen, die sie zu bestehen hatte und in denen sie von außen bedrängt und von innen sich formend wuchs, ein aus ihr nicht wegzudenkendes Element.

Paulus hat dabei nicht allein gestanden. Gerade die aus Ephesus geschriebenen oder dorthin verweisenden Briefe zeigen, daß ihm eine stattliche Schar von namentlich aufgezählten und unbekannten Mitarbeitern zur Seite stand, die sich in der Gemeinde selbst bewährten oder denen er in bestimmten Fällen sogar schwierige Missionen in auswärtigen Gemeinden anvertrauen konnte. Er selbst wird nicht müde, vielen von ihnen ihren Eifer im missionarischen Dienst, ihre Hilfsbereitschaft und ihre Tüchtigkeit zu bescheinigen: außer Timotheus und Titus Aquila und Prisca, Apollos, Epaphras, Epaphroditus und vielen anderen. Das alles wäre nicht vorstellbar, wenn Paulus nicht mindestens mit einigen von ihnen auch in einer intensiven theologischen Kommunikation gestanden hätte, in der er sicher nicht nur der Gebende, sondern auch der Empfangende war. Näheres darüber zu sagen, verbieten die Quellen. Aber die Sache selbst drängt diese Vermutung mit Notwendigkeit auf. Sie gewinnt auch aus der Analogie des Lehr- und Schulbetriebes der zeitgenössischen heidnischen Wanderlehrer einen hohen Grad von Wahrscheinlichkeit, sicher aber auch aus der Praxis der hellenistischen Synagoge.

Überdies besitzen wir aus nachpaulinischer Zeit Dokumente für die Ausbildung einer Art »Paulus-Schule« und einer von seinen Schülern bewahrten, wenngleich in mancherlei Hinsicht weiter entwickelten paulinischen Schultradition. Dazu gehören vor allem die nachpaulinischen, mit den Gedanken des Apostels wohl vertrauten Briefe an die Kolosser und Epheser, die sogar unter seinem Namen verfaßt sind und deutlich auf Ephesus als Abfassungsort weisen. Als »Paulus«-Briefe geben sich ebenso die drei Briefe an Timotheus und Titus, auch sie eifrig um die Bewahrung seiner Lehre bemühte Dokumente. Wo sie geschrieben sind, ist nicht mit Sicherheit auszumachen. Auf jeden Fall aber setzen sie zugleich mit der Autorität des Apostels selbst auch Wirken und Ansehen seiner engsten Schüler in Kleinasien voraus.

Dennoch darf man nicht der Illusion erliegen, Paulus, seine Mitarbeiter und Schüler hätten für eine längere Zeit unbestritten das kleinasiatische Gebiet und andere Bereiche beherrscht. Die vielerorts von Paulus selbst schon bekämpfte Häresie ist fraglos auch in Ephesus sehr bald zu einer bedrohlichen Gefahr geworden. Nicht zufällig stehen schon in der aller Wahrscheinlichkeit nach für Ephesus bestimmten Grußliste Röm 16 ähnlich wie in Phil 3 und anderen Briefen dringliche Mahnungen, vor den Verführungskünsten der Irrlehrer auf der Hut zu sein (Röm 16,17-20). Auch sonst zeigen die Quellen, daß der bestimmende Einfluß der paulinischen Botschaft in Kleinasien von kurzer Dauer war. Die aus sehr anderem Geist geborene, im letzten Jahrzehnt des 1. Jahrhunderts verfaßte Offenbarung des Johannes nennt Paulus mit keiner Silbe mehr.

10. Der Römerbrief als Testament des Paulus

Es mag überraschen, daß wir an dieser Stelle der Geschichte des Paulus einen Abschnitt über den größten seiner Hauptbriefe einfügen. Sein ausgesprochen theologisch-lehrhafter Charakter scheint ihm als angemessenen Ort der Behandlung die zusammenhängende Darstellung der paulinischen Theologie zuzuweisen, die der zweite Teil dieses Buches bieten soll. Dort werden seine Grundgedanken in der Tat noch eingehend zur Sprache kommen. Hier soll er uns vornehmlich als geschichtlich-biographisches Dokument beschäftigen, wobei freilich der unlösbare Zusammenhang von Geschichte und Theologie des Apostels erneut sichtbar werden möge.
Auf den ersten Blick will es scheinen, als ob dieser Brief für eine biographische Auswertung so ziemlich der unergiebigste von allen sei. Alle sonst die Korrespondenz des Paulus kennzeichnenden konkreten Bezüge zu einer aktuellen geschichtlichen Situation, sei es der angeschriebenen Gemeinde oder auch des Apostels selbst, die den übrigen Briefen den Reiz historischer Anschaulichkeit verleihen, gehen ihm in überraschendem Maße ab. Einiges wenige, wenn auch sehr aufschlußreich, findet sich an relativ versteckter, später Stelle. Aufs Ganze gesehen fällt der Brief aus dem Rahmen der übrigen heraus.
Seine Eigenart erklärt sich, wie mit Recht oft betont worden ist, nicht zuletzt daraus, daß der Brief an eine nicht von Paulus selbst, sondern vor ihm von Unbekannten gegründete Gemeinde gerichtet ist, die er und die auch ihn nicht kennt. Als ältestem Zeugnis für die Existenz der in der weiteren Kirchengeschichte so wichtigen römischen Gemeinde kommt dem Römerbrief schon damit eine besondere Bedeutung zu. Für die nähere Kenntnis ihrer Anfänge und ältesten Geschichte gibt er jedoch so gut wie nichts her. Das einzige, was wir mit Sicherheit ausmachen können, ist, daß sie zur Zeit der Abfassung des Briefes überwiegend, wenn auch nicht ausschließlich, aus Heidenchristen bestand

(Röm 1,5f.13; 11,13; 15,15ff.). Wie viel oder wenig Paulus über die römische Gemeinde bei Abfassung des Briefes wußte, ist schwer zu sagen. Sicher hat er einiges über sie von den ihm nahestehenden Eheleuten Aquila und Prisca erfahren, die ihr vor ihrer Emigration aus Italien angehört haben müssen (s. o. S. 86). Über die gegenwärtigen Gemeindeverhältnisse scheint Paulus, als er den Brief schreibt, nur dürftig orientiert zu sein. Von empfangenen Nachrichten und deren Überbringern, die er sonst zu nennen pflegt, verlautet nichts. Ebensowenig über eigene Mitarbeiter (zu Röm 16 vgl. o. S. 96) oder Gegner in Rom und fast nichts über Vorgänge, Gemeindefragen und -nöte. Die einzige Ausnahme bilden die Kapitel 14 und 15, in denen der Apostel bemüht ist, den Streit zwischen »schwachen« Gemeindemitgliedern, die sich noch an bestimmte rituelle Speisevorschriften hielten, und den »Starken«, die sie deshalb verachteten, selbst aber von ihnen verurteilt wurden, zu schlichten. Sonst aber enthält der Brief breite, lehrhafte Ausführungen über zentrale Themen der paulinischen Botschaft, ohne jeden aktuellkonkreten Bezug. So hat er lange Zeit als eine Art Summa der paulinischen Theologie gegolten.

Unter der richtigen Erkenntnis, daß keiner der Paulusbriefe sonst ein theologischer Traktat, etwa gar eine Art »Dogmatik« ist, haben neuere Ausleger alle erdenkliche Mühe aufgewandt, auch dem Römerbrief bestimmte, aktuelle Konturen zu geben. Das Lehrhafte des Briefes, sagt man, habe seinen Grund in der Absicht des Apostels, sich und seine Botschaft der ihm unbekannten Gemeinde vorzustellen und sie an seinem geplanten weiteren Missionswerk im Westen zu beteiligen. Diese Absicht braucht nicht völlig bestritten zu werden, auch wenn sie nicht expressis verbis ausgesprochen ist. Veranlassung, Charakter und Zweck des Briefes sind jedoch damit noch nicht zureichend erklärt. Darüber hinaus aber hat man glaubhaft machen wollen, daß der Römerbrief doch eine genauere Kenntnis der römischen Gemeindeverhältnisse verriete. Auch in Rom sei die Gemeinde wie anderenorts durch judaistische und enthusiastische Irrlehrer bedroht. Das sei der Anlaß dafür, daß gegenüber den ersteren im Römerbrief die paulinische Rechtfertigungslehre so eingehend zur Sprache kommen; auf libertinistische Schwärmer dagegen sollen vor allem die nachdrücklichen sittlichen Ermahnungen des Briefes gemünzt sein. Auch sei die Lage in Rom durch das rivalisierende Mit- und Gegeneinander von Juden- und Heidenchristen in einer Gemeinde gekennzeichnet, was durch die erwähnten Kapitel 14 und 15 erhärtet würde. Für diese Erklärung des Briefes aus einer konkreten Situation stützt man sich vor allem auf die nicht wenigen dialogischen und polemischen Partien im Römerbrief. Doch darf man aus ihnen keine voreiligen Schlüsse ziehen. Gerade dieser Brief bietet eine Fülle von Beispielen für den schon im hellenistischen Judentum gepflegten und auch von Paulus reichlich verwendeten lebhaften Lehrstil der »Diatribe« (s. o. S. 33), in dem an Stelle von zusammenhängenden Gedankenentwicklungen Fragen und Gegenfragen, kritische Einwände oder gar entrüstete Zurückweisungen des eben Gesagten vom Standpunkt des Angeredeten aus formuliert werden und durch entsprechende Antworten in Form von Anreden, erneuten Fragen und pointierten Sätzen an sein eigenes Verstehen appelliert wird. So meldet sich etwa der vernünftelnde, gewissenlose Verstand zu Wort, der aus jeweils vorangegangenen Behauptungen des Apostels, anstatt sich geschlagen zu geben, für sich Kapital schlagen möchte: der Jude, der die paulinische Lehre von Gesetz und Rechtfertigung durch spitzfindige Konsequenzmacherei ad absurdum führen und als blasphemisch erweisen will (z. B. Röm 3, 1-9) oder aus dem deterministisch mißverstandenen Gedanken der Prädestination die eigene Schuldlosigkeit vor Gott folgert (Röm 9, 19 ff.). In entsprechender Weise verfährt Paulus aber auch mit dem Heidenchristen, der sich stolz über das ungläubige, verworfene Judenvolk erhebt (Röm 11, 19 ff.). In jedem Fall kommen die Einwürfe jedoch aus der Sache selbst, besser gesagt: aus der mißverstandenen Sache, keineswegs notwendig aus einer aktuellen Situation. Auf Grund solcher Passagen auf bestimmte Gruppen oder Einzelpersonen in Rom rekurrieren zu wollen, ist daher abwegig. Von Judaisten oder Vertretern schwärmerischer Anschauungen, also christlichen Irrlehrern, ist im Unterschied zu anderen Briefen hier nirgends die Rede.

Mit Sicherheit können wir dagegen aus Röm 15, 14-33 entnehmen, daß Paulus seinen Brief nach Rom schreibt, um sein längst schon geplantes, aber immer wieder verhindertes Kommen anzukündigen und sein weiteres Wirken im Westen vorzubereiten. Bei Abfassung des Briefes hat er Ephesus bereits hinter sich und sieht sein Missionswerk in der östlichen Reichshälfte als abgeschlossen an (Röm 15, 19). Er würde in diesem Augenblick gern unmittelbar die Reise nach Rom und darüber hinaus nach Spanien (Röm 15, 24. 28) antreten, muß aber zuvor noch die in seinen Gemeinden in Kleinasien, Macedonien und Griechenland gesammelte Kollekte nach Jerusalem bringen. Erst wenn das glücklich vollbracht ist, ist er für sein weiteres Werk frei (Röm

15,25 ff.). Auf Grund dieser Nachrichten sind wir in der Lage, die Abfassung des Römerbriefes genau, nämlich auf den Act 20,2 f. erwähnten letzten, dreimonatigen Aufenthalt des Paulus in Griechenland, wahrscheinlich in Korinth, datieren zu können (Winter 55/56?; vgl. Zeittafel).

Aus dem Schluß der Mitteilungen in Röm 15 erfahren wir, daß Paulus der Jerusalemreise mit Sorge entgegensieht. Er fürchtet Verfolgung von seiten der Juden, und – nicht nur dies – er ist auch in Sorge, ob die Urgemeinde ihn und die Sammlung seiner Gemeinden überhaupt annehmen wird. Darum bittet er die Christen in Rom, sie möchten mit ihm im Gebet darum ringen, daß er aus der drohenden Gefahr errettet und von den »Heiligen« in Jerusalem nicht abgelehnt werde (15,30-32).

Worin seine die Juden betreffenden Befürchtungen begründet waren, läßt sich unschwer sagen. Er war auch für sie längst kein Unbekannter mehr. Man kannte ihn als früheren Pharisäer und fanatischen Verfolger der jungen Christengemeinde und hatte inzwischen genug von seiner gesetzesfreien Christusverkündigung unter den Heiden erfahren. Mindestens die Juden, aber auch die strengen Judenchristen sahen ihn darum als Abtrünnigen, als Zerstörer des Gesetzes und Gottesfeind an. Die drohenden Gefahren zeigten sich, wie wir aus Act 20,3 wissen, schon bei seinem Aufbruch aus Korinth. Juden, die wohl zur Wallfahrt anläßlich des Passa ebenfalls nach Jerusalem reisen und dasselbe Schiff benutzen wollten, planten einen Anschlag gegen ihn, so daß Paulus mit einigen Begleitern statt des Seeweges zunächst den Landweg über Macedonien wählte. Nach kurzen Zwischenaufenthalten in Philippi und Troas bestieg er erst in Kleinasien das Schiff (Act 20,14).

Diese Nachrichten wecken die Frage, warum Paulus sich eigentlich an der Kollektenreise beteiligte, die ihn doch noch einmal von dem dringend ersehnten Aufbruch nach Rom und zum Westen abhielt. Selbstverständlich war dieser Entschluß keineswegs. Noch im ersten Korintherbrief hatte er die Möglichkeit offengehalten, die Delegierten der Gemeinde allein reisen zu lassen, und wollte die Führung der Delegation nur im Notfall übernehmen (1Kor 16,3 f.). Warum nun dieser Entschluß zu der gerade durch seine Teilnahme für alle und nicht zuletzt für die Sammlung selbst gefahrvollen Reise? Man kann sich ohne weiteres vorstellen, daß die Abgesandten der Gemeinden sicher zuverlässige Männer – die Apostelgeschichte nennt sogar ihre Namen, wenn auch ohne die Kollekte zu erwähnen (Act 20,4) – und als Heidenchristen den Juden unbekannt waren, also nicht

in Gefahr standen, ihren Haß in gleichem Maße wie Paulus zu erregen.
Die Frage seiner Beteiligung an der Reise stellt sich aber nicht minder im Blick auf die Jerusalemer Urgemeinde. Was konnte an der Kollekte zwischen ihm und den Jerusalemern strittig sein, die einst auf dem Apostelkonvent beschlossen war (Gal 2, 10) und die er vor Antritt der Reise mit erstaunlichem Einsatz (vgl. besonders 2Kor 8 und 9) und einem schon durch die Größe der Delegation bewiesenen Aufwand und Erfolg gesammelt hatte? Die Antwort kann nur lauten: Sie war, wie bei der Behandlung des Apostelkonventes gezeigt (S. 61 f.), von Paulus und seinen Gemeinden keineswegs nur als eine Hilfe zur Linderung wirtschaftlicher Notstände gedacht und sollte nicht die Unterwerfung der Heidenchristen unter den »kirchenregimentlichen« Führungsanspruch der Jerusalemer Muttergemeinde dokumentieren, sondern die Einheit der Kirche aus Juden und Heiden demonstrieren. Ob die Jerusalemer Gemeinde unter der Führung des streng judenchristlichen Herrenbruders Jakobus bereit sein würde, eine solche Demonstration anzunehmen und selbst auf sie einzugehen, war jedoch in höchstem Maße fraglich.
Hier sind die Gründe des Apostels für seine Mitreise zu suchen. Sinn und Schicksal der Kollekte hingen engstens mit der schon auf dem Apostelkonvent umkämpften Frage nach der Wahrheit des von Paulus unter den Heiden verkündeten gesetzesfreien Evangeliums zusammen; das aber heißt zugleich: mit der Frage nach der bedingungslosen vollen Gliedschaft auch der Heiden am Leibe Christi. Um dieser Frage willen sah sich Paulus genötigt, sich jetzt von neuem in einer bis zum äußersten gespannten Situation den Jerusalemern zu stellen. Sein Entschluß zeigt, wie sehr die Einheit der Kirche, die er wie kaum ein anderer im Urchristentum gefährdet hatte, beständiges Ziel seiner Bemühungen geblieben war, und zwar nicht nur als theologisches Theorem und Postulat, sondern als konkret-geschichtliche Wirklichkeit und Aufgabe. Sie war ihm den äußersten Einsatz wert, wenn auch nie um den Preis des Evangeliums. Offensichtlich suchte er die Begegnung mit den Jerusalemern und beteiligte auch die ihm unbekannten Römer an dem Ringen, um so nicht als ein Freibeuter, sondern im Einverständnis mit der Urgemeinde die neue Etappe seiner Mission im Westen beginnen zu können. Die Wahrheit und Freiheit des Evangeliums und die Einheit der Kirche führten Paulus so wie einst zur Zeit des Apostelkonventes auch jetzt und zum letzten Mal nach Jerusalem.

Unter diesem Aspekt werden Thematik und Eigenart des Römerbriefes erst voll verständlich. Sein Inhalt kreist genau um die Fragen und Intentionen der Theologie des Apostels, für die er bald danach sich in Jerusalem verantworten und einsetzen mußte und die zugleich das Fundament seiner künftigen Mission unter den Heiden bleiben und werden sollte: die allen geltende Rechtfertigung allein aus Glauben (Kap. 1 – 4); die Befreiung von den Verderbensmächten Sünde, Tod und Gesetz durch Christus und seinen Geist (Kap. 5 – 8); das Schicksal des von Gott erwählten Volkes Israel, seine Verstockung und endliche Rettung (Kap. 9 – 11) und zuletzt die weitere Mission des Apostels bis an die Enden der Erde und das Lob Gottes aus dem Munde aller Völker (Kap. 15).

Für die Thematik des Römerbriefes und die Art und Weise, wie Paulus sie hier reflektiert, ist, wie wir sahen, der Rückschluß auf römische Gemeindeverhältnisse unergiebig. Um so aufschlußreicher ist eine andere Beobachtung. Eine auffallend große Zahl dieser Themen erscheint bereits in den 3–4 Jahre vor dem Römerbrief geschriebenen Briefen an die Galater, Philipper und Korinther. Viele der dort schon begegnenden Gedanken und Motive werden, oft bis in spezielle Wendungen hinein, im Römerbrief wieder aufgenommen. Um hier nur besonders augenfällige, leicht zu vermehrende Beispiele zu nennen:

Rechtfertigung nicht aus den Werken des Gesetzes, allein aus Glauben (Gal 3; 4; Phil 3; vgl. bes. Röm 1 – 4; 9, 30 – 10, 4);
Abraham auf Grund seines Glaubens gerechtfertigt und der Vater vieler Völker (Gal 3; Röm 4);
Adam, Haupt und Inbegriff der verlorenen und Christus, Haupt einer neuen Menschheit (1Kor 15, 22 ff. 45 ff.; Röm 5, 12 ff.);
das Elend des fleischlichen Menschen unter Gesetz, Sünde und Tod (Röm 7, 7-25 – sentenzenartig vorformuliert schon 1Kor 15, 56 f.);
die Sendung des Gottessohnes ins Fleisch zu unserer Erlösung und das Zeugnis des Geistes in den Herzen der Glaubenden für ihre Gotteskindschaft (Gal 4, 4 ff.; Röm 8);
die Kirche als der eine Leib Christi in der Vielfalt seiner Glieder (Gnadengaben; vgl. 1Kor 12 und Röm 12, 4 ff.);
auch die Röm 14 und 15 erörterte römische Streitfrage wird sichtlich nach den gleichen Leitgedanken wie 1Kor 8 – 10 (Frage des Götzenopferfleisch-Essens) erörtert, nämlich nicht derart, daß Paulus für die eine oder andere Seite

Partei nimmt, sondern die Rücksicht auf Gewissen und Glauben des anderen und die Verantwortung für ihn zur entscheidenden Frage macht.

Im ganzen Corpus der paulinischen Briefe hat diese Wiederaufnahme früherer Gedanken nicht ihresgleichen. Es handelt sich dabei keineswegs um bloße Wiederholungen oder gar Selbstzitate. Charakteristisch verschieden ist die Behandlung derselben Themen hier und dort darin, daß sie in den früheren Briefen fast durchgängig im Zusammenhang der Erörterung gegnerischer und für die Gemeinden gefährlicher Positionen und Tendenzen vor allem judaistischer oder gnostisch-schwärmerischer Observanz begegnen. Im Römerbrief dagegen ist von jenen früheren Fronten nichts mehr zu erkennen. Das Kleid des Augenblicks ist abgefallen. Selbst Röm 14 und 15 bleiben an konkreten Angaben weit hinter 1Kor 8 – 10 zurück. Mit keiner Silbe werden z. B. wie dort die Konsequenzen des römischen Gruppenstreites erwähnt, der doch gerade bei den gemeinsamen Mahlzeiten aufbrechen und die Tischgemeinschaft beim Herrenmahl in Frage stellen mußte.

Auch im Römerbrief geht gleichwohl beständig eine Auseinandersetzung vor sich, aber nicht mit diesen oder jenen Gruppen und Gegnern einer bestimmten Gemeinde. Vielmehr entfaltet Paulus sein Heilsverständnis und begründet seine Botschaft für die Heiden in Auseinandersetzung mit jüdischem Heilsverständnis und Heilsanspruch. Jetzt, im Römerbrief, tauchen die aufgezählten Gedanken und Motive nicht mehr nur fragmentarisch, so oder so aktuell bezogen auf, sie begegnen neu durchdacht, tiefer und differenzierter begründet und universal ausgeweitet. Nicht zufällig finden sich die Worte »alle«, »jeder« oder auch negativ »keiner« nirgends so häufig wie im Römerbrief. Das früher Gesagte ist nicht nur geordnet, sondern zugleich ausgerichtet auf den umfassenden Horizont der paulinischen Botschaft und Mission und ausgereift bis zu der in diesem Brief erst erreichten gültigen Gestalt.

Bei unserer Aufzählung der Stellen, die in früheren Briefen ihre Parallele haben, ist bisher von dem großen Abschnitt, der die tiefe Problematik Israels, seiner Erwählung, Verstockung und Rettung zum Inhalt hat (Röm 9 – 11), nicht die Rede gewesen. Er hat in den Paulinen tatsächlich nirgends eine Parallele und ist thematisch ein Proprium dieses Briefes. Doch werden auch und gerade diese Ausführungen im Blick auf die Paulus unmittelbar bevorstehende Auseinandersetzung mit den Jerusalemern verständlich. Sehr bezeichnend ist, wie er diese abgründige Frage angeht, so nämlich, daß er die in Kap. 1 – 8 entfaltete Rechtfertigungslehre hier auf die Geschichte anwendet und damit zugleich den paradoxen Umweg des von ihm verkündeten Evangeliums erst zu den Heiden und dann zurück zu dem ursprünglichen Volk der Erwählung verständlich zu machen sucht (vgl. unten S. 158 ff.). So weisen auch diese Kapitel auf die zentralen Fragen, die in Jerusalem ausgetragen werden mußten.

Von hier aus wird verständlich, daß auch der Römerbrief in seiner Weise ein durch und durch polemischer Brief ist. Der Gegner aber ist nicht mehr diese oder jene Gruppe in irgendeiner Gemeinde, sondern das Judentum und sein Heilsverständnis, das in der judenchristlichen frühen Kirche, zumal in Jerusalem noch aufs stärkste nachwirkte. Paulus polemisiert in seinem Brief also nicht zum Fenster heraus. Der Jude figuriert hier in gewisser Weise als der Mensch in seinen höchsten Möglichkeiten, er repräsentiert den »Frommen«, der Gottes Forderung im Gesetz kennt, sich auf die ihm zuteilgewordene heilsgeschichtliche Sonderstellung beruft und nicht wahrhaben will, daß er an Gottes Anspruch gescheitert und an Sünde und Tod verloren ist. In der Antithese zu diesem Menschen, der vor Gott sich seiner Frömmigkeit rühmt, entwickelt Paulus seine universale Botschaft vom Gesetz und der allen Glaubenden in Christus angebotenen Gnade. Dieser Mensch aber ist nicht nur irgendwo draußen unter den Ungläubigen, er steckt verkappt auch im Judenchristentum Jerusalemer und anderer Observanz; nicht minder aber auch, wie Röm 11 zeigt, im Heidenchristentum, das sich jetzt wider die Juden seiner unbestrittenen Heilsstellung rühmt. Der Apostel kann darum niemals von der Heilsbotschaft reden, ohne zugleich von diesem verlorenen und durch Christus zu einem neuen Leben befreiten Menschen zu sprechen.

Aus dem Gesagten ergibt sich, daß auch der Römerbrief nicht ein zeitloser theologischer Traktat ist. Wie alle anderen Briefe ist auch er gebunden an eine bestimmte Geschichte, aber er erhält sein Profil und seine Besonderheit nicht aus der speziellen Situation der römischen Gemeinde, die Paulus *vor* sich hat und anspricht, sondern aus der Geschichte, die er und seine Gemeinden *hinter* sich haben – in Ausrichtung jedoch auf die vor dem Apostel liegende bedeutsame Begegnung mit der Jerusalemer Urgemeinde und die Vollendung seines apostolischen Auftrags.

Die eigene Geschichte des Paulus seit seiner Bekehrung und Berufung, die Geschichte seines Lebens, Wirkens, Verkündigens und Kämpfens hat damit in diesem größten seiner Briefe einen einzigartigen Niederschlag gefunden: seine äußere, aber ebenso seine innere Geschichte und gerade auch die seines theologischen Denkens. Sosehr es in dem Brief um die ursprünglichen Fragen und Erkenntnisse geht, die Paulus zum Christen, zum Sklaven Christi und Völkerapostel gemacht haben, zeigt sein Brief, wie er an den Gedanken von einst weitergearbeitet hat und sie an ihm weitergearbeitet haben.

Historisch darf man den Römerbrief das Testament des Paulus nennen. Das soll nicht heißen, daß er selbst ihn bewußt als letzte Willenserklärung vor seinem Tod abgefaßt hätte. Tatsächlich hofft er ja noch sein großes Missionswerk im Westen beginnen zu können, auch wenn er die Sorge nicht verschweigt, die erwarteten Konflikte in Jerusalem könnten seinen Plan vereiteln. Tatsächlich, wenn auch nicht im literarischen Sinn, ist der Brief zu seinem Vermächtnis geworden. Die Besorgnisse des Paulus waren allzu begründet.

11. Letzte Jerusalemreise. Gefangenschaft und Tod

Wir wissen aus dem Römerbrief, unter welchen Gewitterzeichen Paulus die Fahrt nach Jerusalem antrat (s. o. S. 106 f.). Tatsächlich sollte sie das Ende seiner Lebensgeschichte einleiten. Von jetzt ab sind wir auf die Apostelgeschichte angewiesen. Doch helfen auch hier noch die brieflichen Aussagen des Paulus, die lukanische Darstellung kritisch zu lesen und zu ergänzen. Der Verfasser der Acta hat jedenfalls für den Bericht über die Reise bis Jerusalem zuverlässige Nachrichten in Gestalt eines knappen Stationsverzeichnisses als Quelle zur Verfügung gehabt. Davon heben sich jedoch, wie so häufig in den Acta, andere Texte ab, ausgeführte Szenen und Reden, die sichtlich Lukas nach seinem Paulusbild gestaltet und in das Itinerar eingefügt hat. Zu den unverdächtigen Nachrichten gehören, wie bereits erwähnt, die Angaben über die bedrohlichen Umstände beim Aufbruch, die Paulus veranlaßten, mit einigen seiner Begleiter zunächst den Landweg über Macedonien bis Kleinasien einzuschlagen, ebenso die namentliche Aufzählung seiner Gefährten und ihrer Heimatgemeinden (Act 20, 3 ff.). Es überrascht dabei freilich, daß der uns aus den Paulusbriefen bekannte Reisezweck, die Überbringung der Kollekte, und die Tatsache, daß die Begleiter dafür von den Gemeinden der paulinischen Missionsgebiete im Osten des Reiches – Kleinasien, Macedonien und Griechenland – abgeordnet waren, von Lukas nicht erwähnt werden. Dieses auffallende Schweigen der Acta ist auch für die weitere Geschichte im

Auge zu behalten – eine Lücke in ihrer Darstellung, die wir aus den Briefen mit Sicherheit füllen können.

Als typisch lukanische Ergänzungen des für den Landweg und die weitere Seereise verarbeiteten Itinerars, das im wesentlichen nur die Fahrtroute, die passierten Inseln entlang der Küste und die Anlegeplätze aufzählt, zeichnen sich, schon durch den Stil der Erzählung deutlich von dem spröden Kontext unterschieden, einige breit ausgemalte Szenen ab. Dazu gehört die sichtlich an die alttestamentlichen Geschichten von Elia und Elisa (1Kön 17; 2Kön 4) erinnernde drastische Pauluslegende von der Totenerweckung eines während seiner Predigt in Troas eingeschlafenen und aus dem Fenster gefallenen Jünglings (Act 20,7-12). Vor allem aber gestaltet der Verfasser den Aufenthalt in Milet – ca. 50 km südlich von Ephesus, das der Apostel offenbar wegen der ihm dort drohenden Gefahren meiden mußte (vgl. 2Kor 1, 8 f.) – zu einer bedeutungsvollen Szene aus. Hierher läßt Paulus die »Ältesten« von Ephesus herüberkommen und nimmt von ihnen in prophetischer Voraussicht seines bevorstehenden Martyriums in einer großen Rede bewegten Abschied (Act 20,17-38). In sich zwar ein Meisterwerk, ist auch diese Rede für die Geschichte des Paulus nicht unmittelbar auszuwerten. Historisch anfechtbar ist schon die hier als selbstverständlich vorausgesetzte Presbyterverfassung der Gemeinden, die die Paulusbriefe noch nicht kennen. Vor allem aber ist Stil und Inhalt der Abschieds-Rede selbst für eine spätere Zeit charakteristisch. Sie blickt auf das gesamte Wirken des Apostels zurück und auf sein Ende voraus und kündigt das Aufkommen der Irrlehrer an, die nach seinem Hingang wie reißende Wölfe die Gemeinde verwüsten werden. Zu ihrem Schutz übergibt Paulus den Ältesten das Vermächtnis seiner unverfälschten Lehre und bestellt sie als die durch den Heiligen Geist zu »Aufsehern« (Episkopoi) der Herde Christi eingesetzten Träger des Amtes. Noch ist von Sukzession im späteren katholischen Sinn hier nicht die Rede. Doch ist der hier begegnende Gedanke einer autoritativen Tradition in Verbindung mit dem kirchlichen Amt, deren Träger als solche auch Träger des Geistes sind, typisch für die Anschauungen, die die spätere Kirche zumal im Abwehrkampf gegen die Häresie entwickelt hat. Sie begegnen ganz ähnlich in Form eines Ältesten- und Bischofsspiegels in den deuteropaulinischen Pastoralbriefen.

Der weitere Reisebericht zeigt zunächst wieder die Merkmale eines verarbeiteten Itinerars. Über Kos und Rhodos geht die Fahrt südwärts bis nach Patara entlang der kleinasiatischen Küste. Dort wechseln die Reisenden das Schiff und fahren über die offene See an Cypern vorbei nach Syrien, wo sie eine Woche bei Christen in Tyrus bleiben, während das Schiff seine Ladung löscht. Dann geht es weiter über Ptolemais (das heutige Haifa) nach Caesarea. Hier sind sie im Hause des aus Act 6 und 8 bekannten Missionars Philippus zu Gast und ziehen von dort landeinwärts nach Jerusalem. Diese Nachrichten sind auch darum wertvoll, weil sie uns Kunde von sonst unbekannten frühen christlichen Gemeinden der palästinischen Mittelmeerküste vermitteln. Sie beruhen sicher auf guter Tradition, auch wenn sie nicht ohne Kunst von Lukas auf das Ziel hin gestaltet sind, das bevorstehende Ende des Paulus immer deutlicher hervortreten zu lassen und ihn gegenüber allen Warnungen ganz als den leidens- und todbereiten Gottesmann zu schildern. Daß sein Geschick sich in Jerusalem doch noch einmal zum Guten wenden könnte, wie es Paulus selbst erwartet hatte (Röm 15, 30 ff.), ist hier nicht mehr vorausgesetzt.

Auch die folgenden Berichte über die Geschehnisse in Jerusalem bis zu seiner Verhaftung verraten alte, glaubwürdige Überlieferung. Freilich werden sie erst durchsichtig, wenn man sie in Zusammenhang bringt mit dem aus den Paulusbriefen bekannten, von den Acta jedoch, wie erwähnt, völlig mit Schweigen bedeckten Zweck der ganzen Jerusalemreise, der Überbringung der Kollekte. Lukas erwähnt sie beiläufig nur ein einziges Mal später in einer Rede, die der schon Gefangene vor dem Statthalter Felix hält (Act 24, 17), versteht sie jedoch als ein zum Beweis seiner Loyalität für das jüdische Volk bestimmtes Almosen, also ohne Kenntnis ihres wirklichen Sinnes.

Nach dem durchaus glaubhaften Bericht der Acta hat Jakobus dem Paulus alsbald den Rat gegeben, dem Mißtrauen der judenchristlichen Gemeinde gegen ihn als Zerstörer des Gesetzes dadurch zu begegnen, daß er eine rituelle Handlung im Tempel auf sich nahm. Er sollte an der Auslösungszeremonie von vier unbemittelten »Nasiräern« teilnehmen und für die dabei darzubringenden Opfer die Kosten übernehmen. Gemeint ist damit ein aus dem Alten Testament stammender altjüdischer Brauch, durch welchen einzelne Fromme ursprünglich wohl für das ganze Leben, dann aber auch für eine befristete Zeit sich dem Dienst Jahwes weihten unter der strengen Verpflichtung, keinen Wein zu trinken, sich nicht scheren zu lassen und jegliche rituelle Verunreinigung (z. B. durch Berührung von Leichen) zu meiden. Am Ende der Zeit fand im Tempel vor dem Priester eine Opferhandlung statt, deren Kosten für andere zu tragen im späteren Judentum als besonders frommes Werk galt.

Wie mit Recht vermutet worden ist, wird der Grund für die Zumutung des Jakobus an Paulus in den Schwierigkeiten zu suchen sein, die für die Jerusalemer Gemeinde in der Annahme der Kollekte bestanden. Ihr eigenes Mißtrauen gegen Paulus sollte auf diese Weise entkräftet und zugleich gegenüber der nichtchristlichen Judenschaft demonstriert werden, daß die Urgemeinde nicht einen Gesetzes- und Gottesfeind womöglich gar um des schnöden Geldes willen mit offenen Armen aufnahm. So läßt sich das Motiv des Jakobus verstehen. Verständlich wird aber auch, daß Paulus auf diesen Kompromißvorschlag einging. Er vergab sich mit der Teilnahme an dieser privaten und nur für seine eigene Person übernommenen Zeremonie nichts und stellte seine Lehre, daß das Gesetz kein Heilsweg mehr sei, damit gewiß nicht in Frage. War für ihn der Gehorsam gegen das jüdische Ritualgesetz keine verbindliche Forderung mehr, so bedeutete das ja keineswegs, daß er unter Juden jegliche Gesetzesobservanz verbot. Tatsächlich praktizierte er mit seiner Bereitschaft also nur die Freiheit, die nach seinen eigenen Worten auch sonst sein missionarisches Verhalten bestimmte: »Ich bin den Juden wie ein Jude geworden, damit ich Juden gewinne; denen, die unter dem Gesetze stehen, als unterstünde ich dem Gesetz, obgleich ich selbst nicht unter dem Gesetz stehe, damit ich die unter dem Gesetz gewinne; denen, die ohne Gesetz sind, als ob ich ohne Gesetz wäre, obgleich ich nicht ohne das Gesetz Gottes, sondern im Gesetz Christi (gebunden) bin, damit ich die ohne Gesetz gewinne ... Allen bin ich alles geworden, damit ich auf allerlei Weise einige rette« (1Kor 9,20 ff.). – Es besteht darum kein Anlaß, das von der Apostelgeschichte geschilderte Verhalten des Paulus im Sinne der lukanischen Tendenz zu verdächtigen, ihn als Musterjuden zu kennzeichnen.

Die Demonstration der Einheit der Kirche aus Juden und Heiden, die Paulus offenbar damit für die Übergabe der Kollekte in der Gemeinde ermöglichen wollte, ist freilich nicht mehr zustande gekommen. Was aus der mit so großer praktischer und theologischer Energie veranstalteten Sammlung der heidenchristlichen Gemeinden für die Urgemeinde geworden ist, wissen wir nicht. Schon Lukas übergeht sie, wie wir sahen, mit Stillschweigen. Wohl aber berichtet er glaubwürdig, daß ihm die Teilnahme an der kultischen Zeremonie, die den aus dem heidnischen Ausland kommenden Paulus über eine Woche zu vorgeschriebenen Reinigungsriten im Tempel verpflichtete, zum Verhängnis wurde. Diasporajuden, die ihn kannten, begegneten ihm dort, bezichtigten ihn fälschlich, er habe einen Nichtjuden aus seiner Begleitung,

Trophimus aus Ephesus, mit in den Tempel gebracht, und erregten wegen dieses angeblichen, sogar von den Römern respektierten Sakrilegs, auf dem die Todesstrafe stand, einen solchen Tumult gegen ihn, daß die römische Wache eingriff und ihn in Schutzhaft nahm, um ihn der Lynchjustiz des jüdischen Pöbels zu entziehen (Act 21,27-36). Seitdem ist Paulus Gefangener der Römer, und zwar sehr bald nicht mehr nur Schutzhäftling, sondern Untersuchungsgefangener.

Bis zur Verhaftung des Paulus läßt sich der historische Ablauf der Geschehnisse so mit einiger Wahrscheinlichkeit rekonstruieren, und zwar gerade, wenn man ihre Hintergründe, welche die Briefe des Apostels erkennen lassen, mit in Rechnung zieht. Über alles weitere, die Zeit seiner Gefangenschaft in Jerusalem und Caesarea, seine Überführung nach Rom und sein Ende kann man nur noch fragmentarische und unsichere Angaben machen. Darüber darf nicht hinwegtäuschen, daß die Apostelgeschichte auch für diesen letzten Zeitraum noch eine lange Abfolge ausführlicher, dramatisch gestalteter Schilderungen in Einzelszenen und vor allem in zahlreichen großen Reden bietet. Sie gehören zum schriftstellerischen Werk des Erzählers. Sicher standen Lukas keine amtlichen Prozeßakten oder anderweitige zuverlässige Traditionen zur Verfügung. Um so mehr aber will der Erzähler in eindrucksvollen Bildern den Lesern seiner eigenen Zeit am Verhalten des großen Gefangenen das Verhältnis von Christentum und Judentum vor Augen stellen und damit zugleich das Christentum gegen den Vorwurf der Staatsgefährlichkeit vor dem Forum heidnisch-römischer Instanzen verteidigen. Lukas bietet dabei eine nicht geringe Menge zeitgeschichtlicher Kenntnisse auf bezüglich des Judentums, der Unruhen im Land, der römischen Besatzungsmacht und der amtierenden Prokuratoren. Doch beweist das alles nicht schon die Historizität der Vorgänge im einzelnen. Der Autor füllt damit vielmehr nur das Vakuum, währenddessen Paulus auf seine Aburteilung warten mußte, nach bestem Vermögen aus und zwar so, daß er die am Geschehen beteiligten Akteure und Gruppen nach Kräften profiliert und dem Leser einprägt. Erkennt man diese leitenden Motive seiner Darstellung, so wird man die Mühe aufgeben, die Berichte im einzelnen darauf abzusuchen, was von ihnen etwa als möglich und vorstellbar und was als unwahrscheinlich und unmöglich zu bezeichnen ist.

Unter diese von Lukas gestalteten Szenen fällt bereits die Rede, die der soeben der tobenden Menge entrissene Paulus mit Erlaubnis des römischen Offiziers auf der Tempeltreppe an das

Volk richten darf – eine erneute große Schilderung seiner Bekehrung vor Damaskus (Act 22,1-21), die sich zum dritten Mal dann später vor dem König Agrippa wiederholt (Act 26,1-32), zugleich eine Verteidigung der von Gott gewollten Heidenmission. Auch das Verhör vor dem Hohen Rat (Act 22,30 bis 23,11), das ihn vor demselben Tribunal wie einst Christus, seinen Herrn, zeigt, hat den einzigen Zweck, den gefangenen Paulus als gläubigen Pharisäer zu erweisen, dem wider Willen sogar die rechtgläubigen Juden gegen die Sadduzäer, die von einer Totenauferstehung nichts wissen wollen, seine Unschuld bestätigen müssen. Das Bild der Juden als Todfeinde wird von einer Szene zur andern krasser und wütender. Die Vertreter der römischen Obrigkeit dagegen erscheinen als die Beschützer des Gefangenen: der Offizier der Wache, der Kommandant der Jerusalemer Garnison, der Paulus unter gewaltiger Bedeckung von Reitern und Fußvolk an den Sitz des Prokurators nach Caesarea bringen läßt, um ihn den Juden zu entziehen, endlich auch der Prokurator Felix selbst und sein Nachfolger Portius Festus. Beide werden nicht einfach in grober Schwarz-Weiß-Malerei den Juden gegenübergestellt. Der erste bekundet Interesse an der Christusbotschaft des Paulus, bekommt es dann freilich mit der Angst zu tun, als ihm die Worte des Gefangenen über Gerechtigkeit, Enthaltsamkeit und Jüngstes Gericht auf den Leib rücken, und schiebt ihn bis auf gelegenere Zeit ab, in der Hoffnung sogar auf Bestechungsgeld (Act 24,24 ff.). Der andere, Festus, muß vor König Agrippa die Unschuld des Paulus bezeugen (Act 25,25 ff.), tut aber im entscheidenden Augenblick seine Worte als Wahnsinn ab (Act 26,24 ff.), wagt keine Entscheidung und will es mit den Juden nicht verderben. Auch Agrippa bekennt, daß er nahe daran sei, auf die Bekehrungsgeschichte des Paulus hin gläubig zu werden (Act 26,28). Inzwischen aber ist der Weg zu Freispruch und Freilassung des Paulus durch ihn selbst verbaut, denn er hat in dem Augenblick, als Festus ihm Jerusalem als Gerichtsort vorschlug, an das Gericht des Kaisers in Rom appelliert (Act 25,9-11).

Auch wenn alle diese Berichte im ganzen und in vielen Einzelheiten der historischen Kritik nicht standhalten, liegen ihnen doch ohne Frage mindestens einige bedeutsame geschichtliche Fakten zugrunde. Dazu gehören wohl sicher nach seiner Verhaftung durch die Römer die Überführung des Paulus nach Caesarea, der Aufschub seines Prozesses über 2 Jahre (Act 24,27; eine sicher nicht aus der Luft gegriffene Zeitangabe), von der Statthalterschaft des Felix bis in die Zeit seines Nachfolgers

Festus, und schließlich, auch wenn die Rechtsverhältnisse mangels zureichender Quellen nicht mehr recht aufzuhellen sind, die Appellation des Gefangenen an das kaiserliche Gericht in Rom. Ihr zufolge wurde er nicht im palästinensischen Amtsbereich der römischen Statthalter abgeurteilt, sondern als Untersuchungsgefangener, d. h. aber jedenfalls nicht als ein des crimen laesae maiestatis überführter politischer Rebell, mit einem Gefangenentransport in die Reichshauptstadt überwiesen.
Dieser abenteuerreichen Seereise unter dem Kommando eines römischen Centurio Julius aus Caesarea ist in der Apostelgeschichte eine eingehende, hochdramatische Schilderung gewidmet (Act 27,1-44). Sie erfolgt zunächst auf einem nach Kleinasien fahrenden Handelsschiff der Küste entlang bis Myra in Lycien. Dort wird ein anderes Schiff aus Alexandria, das nach Italien unterwegs ist, genommen. Bei widrigem Wind geht die Fahrt langsam bis Kreta, wird von da ab immer gefährlicher, weil inzwischen die Zeit der Herbst- und Winterstürme angebrochen ist. So gerät das Schiff zwischen Kreta und Malta in der Adria in einen gewaltigen Sturm. Unter schwierigsten Manövern sucht man unter Preisgabe der Schiffsladung sich zu retten, treibt 14 Tage hilflos im Meer und erleidet vor Malta endlich Schiffbruch, so daß alle nur mit knapper Not schwimmend oder auf Wrackstücken treibend den Strand erreichen können. Alles das wird in der Apostelgeschichte höchst anschaulich geschildert, sogar mit einem erstaunlichen Aufgebot nautischer Fachkenntnisse. Die dem Erzähler wichtigsten Vorgänge sind dabei noch nicht erwähnt: Paulus nämlich erweist sich hier in dem turbulenten Treiben unter Matrosen und Soldaten, Schiffsreeder, Kapitän und Centurio als der einzigartig an Weisheit und Zuversicht, ja sogar an seemännischer Erfahrung, vor allem aber an Glaubens- und Wunderkraft überlegene Gottesmann, dem schließlich alle ihre Rettung zu danken haben.
Lange Zeit galt diese imposante Schilderung als ein besonders zuverlässiger historischer Bericht, der nur von einem Augenzeugen, also, wie man meinte, dem an der Fahrt selbst beteiligten Lukas stammen könne, zumal das ganze Kapitel wieder wie einige frühere Abschnitte des Buches im Wir-Stil gehalten ist. Doch haben neuere Forschungen dieses Zutrauen mit überzeugenden Gründen erschüttert. Schon das »Wir« der Erzählung kann keineswegs als sicheres Indiz für einen Augenzeugenbericht gelten. Tatsächlich begegnet es häufig, und zwar gerade auch in Seenotberichten in der antiken Literatur, als wirkungsvolles schriftstellerisches Mittel. Überdies zeigt sich, daß in dem langen

Kapitel 27 der Apostelgeschichte Paulus nur in einigen wenigen, dem typischen Paulusbild des Lukas entsprechenden erbaulichen Szenen, Wundergeschichten und Reden als der stets unverzagte, von Gott beratene Retter auftritt. Alle diese Abschnitte lassen sich aus der übrigen Erzählung mühelos herauslösen, zumal sie sich ihrem Charakter nach deutlich von ihr abheben und wiederholt in offensichtlicher Spannung zu ihr stehen.

Mit großer Wahrscheinlichkeit folgt daraus, daß der Autor der Acta für seine dramatische Darstellung der Schiffsreise von Palästina nach Italien eine – ursprünglich gar nicht auf Paulus zugeschnittene – literarische Vorlage benutzt und entsprechend aufgefüllt hat, wie wir sie auch sonst aus der profanen hellenistischen Reise- und Romanliteratur kennen. Seefahrt und Seenot gehören in ihr zu beliebten Themen.

Merkwürdig ist, daß Paulus auf der letzten Etappe der Reise von Malta an zunächst überhaupt nicht mehr als Gefangener erscheint, in Puteoli (am Golf von Neapel) eine Woche bei christlichen Brüdern zu Gast weilen kann, dicht vor Rom auf der Via Appia in Forum Appii und Tres Tavernae von römischen Christen feierlich eingeholt wird und dann, wenn auch mit einem Wachsoldaten, ein privates Quartier in der Reichshauptstadt beziehen darf. Ungehindert kann er hier, kaum daß seiner Gefangenschaft noch Erwähnung geschieht, die vornehmsten Juden zu sich kommen lassen, ihnen die Botschaft vom Reiche Gottes und dem durch Gesetz und Propheten bestätigten Jesus ausrichten, was die einen zum Glauben führt, während die anderen im Unglauben verharren. »Er blieb volle zwei Jahre in seiner Mietwohnung und empfing alle, die zu ihm kamen; er verkündigte das Reich Gottes und lehrte vom Herrn Jesus in allem Freimut ungehindert« (Act 28, 30 f.). Damit endet der Bericht und das ganze Buch der Apostelgeschichte.

Historisch vorstellbar ist dieses friedliche Ende sicher nicht, und befremdlich bleibt in jedem Fall, daß Lukas von der Weiterführung des Prozesses des Paulus und seinem gewaltsamen Tod, obwohl er von ihm wußte (Act 20, 22 ff.; 21, 10 ff.), mit keiner Silbe auch nur andeutend redet. Doch wird das Ende des Buches verständlich, wenn man sich des in seinem Anfang ausgesprochenen Programms des lukanischen Geschichtswerkes erinnert, den Weg des Evangeliums von Jerusalem und Judäa über Samaria bis an die Enden der Erde zu schildern (Act 1, 8). In diesem Sinn läßt der Verfasser der Acta den großen Völkermissionar nun auch in Rom sein gewaltiges Werk vollenden. Überdies wird das Schweigen über das Martyrium des Paulus vollends aus der ak-

tuellen Zielsetzung der Apostelgeschichte verständlich. Sie war ja nicht nur zur Erbauung der Gläubigen geschrieben, sondern ebenso mit apologetischer Absicht für den heidnischen Staat. Dieser sollte am Bilde des Paulus einen Eindruck von der Größe und dem Friedenswillen des Christentums erhalten und dadurch zu demselben weisen und gerechten Verhalten gegenüber der Kirche bestimmt werden, das viele Vertreter der römischen Obrigkeit im Laufe der Paulusgeschichte bereits bewiesen hatten.
Das wirkliche Ende des Apostels wird anders verlaufen sein. In der Tat wird er auch in Rom noch längere Zeit in relativ leichter Haft gehalten worden sein – die Act 28, 30 genannten zwei Jahre sind durchaus glaubhaft –, doch schwerlich unter den vom lukanischen Bericht geschilderten unbeschränkten Möglichkeiten der Verkündigung. Dann wird sein verschleppter Prozeß endlich wieder aufgenommen worden sein, und er ist unter Nero wohl zu Beginn der sechziger Jahre den Märtyrertod gestorben. Das ist, wie wir sahen, in der Apostelgeschichte selbst vorausgesetzt (vgl. oben S. 112 f.) und, von späteren legendären Schilderungen seines Endes in den Acta Pauli (Ende des 2. Jahrhunderts) abgesehen, am frühesten und sicher in dem in den neunziger Jahren des 1. Jahrhunderts in Rom geschriebenen ersten Clemensbrief bezeugt: »Halten wir uns die tapferen Apostel vor Augen: Petrus, der als Opfer ungerechten Eifers nicht ein oder zwei, sondern eine ganze Anzahl von Beschwerden ertragen hat und danach als Bekenner zu dem ihm gebührenden Ruhmesplatz hingegangen ist. Um bösen Eifers und Streites willen wurde Paulus mit dem Siegespreis der Ausdauer gekrönt, er, der sieben Mal Fesseln getragen, Flüchtling gewesen, mit Steinigung bestraft, als Herold gewirkt hat in Ost und West – er hat herrlichen Ruhm für seinen Glauben erlangt. Als er die ganze Welt Gerechtigkeit gelehrt hatte, bis zur Grenze des Westens gelangt war und vor den Machthabern sein Bekenntnis abgelegt hatte, ward er von der Welt befreit und an die heilige Stätte aufgenommen – das größte Vorbild der Ausdauer ist er geworden« (5, 4-7). Auch hier ist das Bild und Ende der beiden Märtyrerapostel nur noch unbestimmt erkennbar. Es verschwimmt in einer rhetorisch stilisierten Lobrede, der das antike Motiv von dem wahren Weisen als Kämpfer in der Arena des Geistes als Modell gedient hat. Von Paulus selbst ist nur noch wenig darin enthalten und näheres über die Umstände seines Todes im Text nicht gesagt. Doch stellt das die Tatsache seines gewaltsamen Todes nicht in Zweifel. Zu fragen bleibt nur, ob Paulus wirklich, wie 1Clem voraussetzt, vor seinem Ende noch seinen Plan, im äußersten

Westen, d. h. in Spanien zu missionieren, hat wahrmachen können. Das könnte nur heißen, wenn man es mit der Apostelgeschichte kombiniert, daß er aus einer ersten Gefangenschaft in Rom noch einmal freikam und danach eine zweite, letzte Haft erlitten haben müßte. Doch ist das ganz unwahrscheinlich und auch nicht, wie häufig versucht worden ist, aus den Pastoralbriefen zu erweisen. In Wahrheit wird die Nachricht des 1Clem aus Röm 15,24f.28 erschlossen sein in der Meinung, daß die Hoffnung des Paulus tatsächlich noch in Erfüllung ging.

So verlieren sich die Schicksale seiner letzten Lebensjahre bis zu seinem Ende im Dunkel. Um so mehr haben wir Anlaß, uns nach der Darstellung seiner Lebensgeschichte noch einmal auf das feste geschichtliche Fundament seiner eigenen Briefe zu begeben und nach dem zu fragen, was Paulus selbst mehr galt als sein eigenes Leben und Sterben.

ZWEITER TEIL

Botschaft und Theologie

I. Paulus und die Christusbotschaft der Urgemeinde

Wer sich um ein Verständnis des Paulus bemüht, ohne Unterschied, ob er mit dem christlichen Glauben vertraut zu sein meint oder ihm entfremdet ist, muß sich der Tatsache stellen, daß ihm keine goldenen Brücken gebaut und allmähliche Anwege gezeigt werden. Nirgends finden sich in den Briefen des Apostels apologetische und propädeutische Passagen, die die Angeredeten gleichsam von fern her heranholen; überall geht er sofort medias in res. Der verbreitete, häufig zu vernehmende oder mindestens in der Stille gehegte Vorwurf, seine Theologie sei eine Zumutung, ist nicht ohne Grund. Alle Möglichkeiten, sich selbst in seiner fremden Gedankenwelt unterzubringen und angesprochen zu wissen, scheinen hier abgeschnitten, den einen ein Anlaß, sich in Abkehr oder Resignation bestärkt zu sehen, den anderen eine Anfechtung und tiefe Beunruhigung.

Die Theologie des Paulus ist nicht eine Wiederholung der Predigt Jesu vom Kommen der Gottesherrschaft. Jesus Christus selbst und das durch seinen Tod am Kreuz, seine Auferweckung und Erhöhung zum Kyrios begründete und eröffnete Heil sind Inhalt der paulinischen Verkündigung. Damit hat sich ein tiefgreifender Wandel vollzogen, der dem neuzeitlichen Denken nur schwer eingeht und oft beklagt worden ist. Er hat den Apostel in den Verruf gebracht, das Christentum verfälscht zu haben und damit in einem fragwürdigen Sinn sein eigentlicher »Stifter« geworden zu sein. Aus Jesu Frohbotschaft sei erst durch Paulus, so sagt man, alsbald eine mit jüdischen Vorstellungen und hellenistischen Mythologien überlastete Erlösungslehre geworden.

Zwischen der Verkündigung des irdischen Jesus und der Christusbotschaft nicht nur des Paulus, sondern der nachösterlichen Gemeinde überhaupt besteht allerdings ein grundlegender Unterschied, den nur der Gedankenlose übersehen kann. Er zeigt sich auch in der befremdlichen Verschiedenheit der neutestamentlichen Schriften. Berichten die Evangelien, vereinfachend und schematisch gesprochen, von Jesu Predigt und Wirken im Rahmen seiner irdischen Geschichte bis zu seinem Tod und seiner Auferstehung, so gilt von der apostolischen Botschaft (Briefe, Apostelgeschichte, Offenbarung des Johannes), daß jener Zielpunkt hier der Grund und Anfang ist, von dem die nachösterlichen Zeugen herkommen. Der Verkündiger ist zum Verkündigten geworden, die Grenzen seiner irdischen Geschichte sind gesprengt, an die Stelle des Wortes Jesu ist das Wort von Jesus Christus, seinem Sterben, Auferstehen und seinem Kommen am Ende der Tage getreten. Auch wenn es nicht angeht, Paulus als ersten für diesen Prozeß verantwortlich zu machen, so stellen uns seine Briefe doch mit besonderer Schärfe vor diesen erstaunlichen Sachverhalt. In keiner Weise zeigt er sich bemüht, die Predigt des irdischen Jesus weiterzutragen. Nirgends redet er von dem Rabbi von Nazareth, dem Propheten und Wundertäter, dem Tischgenossen der Zöllner und Sünder, von seiner Bergpredigt, seinen Reich-Gottes-Gleichnissen und seinem Kampf gegen Pharisäer und Schriftgelehrte. Nicht einmal das Vaterunser begegnet in seinen Briefen. Nur vier sehr verschiedenartige und nicht einmal repräsentative Herrenworte zitiert er (1Kor 7, 10f.; 9, 14; 11, 23; 1Thess 4, 15). Auch einige Gemeindemahnungen sind offensichtlich in Erinnerung an Jesusworte formuliert und zeigen, daß er auf Grund seiner Begegnungen mit Christen vor oder nach seiner Bekehrung eine begrenzte Kenntnis der Jesusüberlieferung besessen haben muß. Aber dieses Wenige und Zufällige ändert doch nichts am Gesamtbild. Der irdische Jesus scheint abgetan. Paulus selbst hat ihn nicht gekannt. Aber auch wenn er ihn irdisch-menschlich gekannt hätte, so versichert er selbst in der Auseinandersetzung mit Gegnern, die sich offenbar anders als er auf Jesus beriefen, kennt er ihn jetzt doch nicht mehr als diesen (2Kor 5, 16). Dieser Eindruck darf nicht abgeschwächt werden. Es ist darum abwegig, mit apologetisch besorgter Phantasie Verbindungen schaffen zu wollen, wo zunächst nur ein Bruch zu erkennen ist, und vermittelnde Übergänge zu suchen, wo kein unmittelbarer Weg ist. Noch immer haben die Augen der Kritiker dieses Grundproblem der paulinischen Theologie wie des urchristlichen Glaubens und Denkens überhaupt schärfer gesehen als zahlreiche um einen vorschnellen Brückenschlag bemühte Theologen, auch wenn jene Kritiker diesen Wandel zumeist nur als Verfremdung und Entstellung zu beurteilen wußten.

Wohl haben religionsgeschichtlich in diesem Wandlungsprozeß spätjüdisch-apokalyptische Gedanken und mythologische Vorstellungen der spätantiken Umwelt einen nicht geringen Einfluß geübt. Gleichwohl ist die verbreitete Meinung, damit sei der irdische Jesus gegen ein mythisches Gottwesen ausgetauscht und die Geschichte hoffnungslos preisgegeben, vordergründig und irrig. Denn sie sieht nicht, daß auch und gerade in diesem Wandel sich ein sehr bestimmtes, von unserem landläufig modernen freilich tiefgreifend unterschiedenes Verständnis der Geschichte Jesu bekundet. In den uns geläufigen Kategorien ist dieser Sachverhalt nur unter vielfachen Negationen zu umschreiben. Für den Historiker ist die Grenze, die das Einst vom Heute und Morgen scheidet, grundsätzlich geschlossen. Er redet, wie unsere Sprache bezeichnenderweise sagt, von »Passiertem« und lokalisiert und verrechnet es in einem vorgegebenen Koordinatengefüge von Zeit und Raum, auch wenn er die Nachwirkung einer Vergangenheit auf Gegenwart und Zukunft in seine Betrachtung einbezieht. Nicht zufällig aber wandelt sich ihm das Unvergangene und Bleibende vergangener Geschichte und Gestalten in zeit- und geschichtslose Wahrheiten idealer, moralischer und religiöser Art.

Das urchristliche Verständnis der Geschichte Christi ist in den Grenzen solcher Denkweise nicht zu fassen. Es ist in der Auferstehung Jesu begründet. Sosehr auch diese in den Zeugnissen der nachösterlichen Gemeinde in mannigfaltiger und sehr verschiedener Weise als ein Geschehen in Raum und Zeit umschrieben und verstanden ist, bedeutet sie doch in Wahrheit mehr, nämlich den von Gott in souveräner Macht vollzogenen Durchbruch durch das welthaft-menschliche Gefüge irdischer Geschichte, Einbruch des Eschaton, Epiphanie Gottes und damit Eröffnung der eigentlichen Geschichte Christi als Heilsgeschehen. Darum ist Jesus für den urchristlichen Glauben nicht mehr nur eine Figur im Ablauf vergangener Geschichte, ein Mensch wie andere auch, seiner Zeit zugehörend und ein Opfer der Zeitläufte, eindrucksvoll oder gar vorbildlich in der Art, wie er sein Schicksal auch im Scheitern bestanden hat. Seine Person, seine Bedeutung und Wirkung für Gegenwart und Zukunft werden vielmehr hineingestellt in den Horizont der für Zeit und Ewigkeit entscheidenden Geschichte Gottes mit der Welt und den Menschen. Diese Heilsbedeutung Jesu sprechen die zahlreichen Hoheitsnamen aus, mit denen die urchristlichen Zeugnisse und Bekenntnisse ihn in alttestamentlich-jüdischer oder hellenistisch-griechischer Sprache nennen: Messias, Christus, Kyrios, Menschensohn, Gottessohn und wie immer sie lauten. Selbstverständlich wollen sie alle nicht den irdischen Jesus ersetzen. Er ist nicht aufgegeben. Sein Name ist auch nicht zu einer zufälligen, leeren oder gar auswechselbaren Vokabel geworden. Vielmehr sagen alle diese Hoheitstitel, daß er und kein anderer Inhalt und Träger des von Gott an der Welt vollbrachten Heiles ist. Was anfänglich sich als Preisgabe der Geschichte zu erweisen schien, spricht also in Wahrheit in einem umfassenden Sinn das Verständnis eben dieser seiner Geschichte als Heilsgeschehen aus, in das die im Wort der Verkündigung Angeredeten und im Glauben Antwortenden mit hineingehören und einbezogen werden.

Der Unterschied zwischen der Predigt des irdischen Jesus und der Botschaft der nachösterlichen Gemeinde ist damit nicht aufgehoben, vielmehr gerade aus der Sache heraus gefordert und begründet. Er besteht darin, daß Jesus den in seinem Wort und seinen Taten schon geschehenden Anbruch der Gottesherrschaft verkündigt, während für die nachösterliche Botschaft – unbeschadet aller wechselnden, ja sogar gegensätzlichen Vorstellungen – in Jesu Tod, Auferstehung und Erhöhung die Wende der Äonen, die Eröffnung des Heils, die Ankunft und Herrschaft Gottes schon Ereignis geworden ist. Eben darum konnten die Jünger Jesu nicht nur das Erbe und Vermächtnis seiner Lehre wie Rabbinen- und Philosophenschüler pflegen und seine Worte wiederholen. Die Botschaft der Urkirche (das »Kerygma«) mußte sich wandeln und ihn selbst zu ihrem Inhalt machen, weil es galt, dem Wort, der Tat, der Geschichte Gottes in ihm treu zu bleiben.

Dieses Kerygma hat bereits in der ältesten und zumal im Bereich der frühen hellenistischen Gemeinde, wenn auch oft nicht ausdrücklich markiert, aber durch Inhalt und Form zumeist noch hinreichend kenntlich, in Glaubensformeln, Bekenntnissen, Hymnen, liturgischen Wendungen und Gebeten des Gottesdienstes, aber auch in schriftgelehrten, d. h. an der Exegese des Alten Testaments erwachsenen Reflexionen einen vielfältigen Ausdruck gefunden und sich von früh an zu festen, formulierten Traditionen verdichtet.

Dieser zunächst ganz unliterarische Prozeß in der Geschichte urchristlichen Glaubens und Denkens hat sich in den neutestamentlichen und außerkanonischen literarischen Quellen sehr mannigfaltig niedergeschlagen. Wir haben früher davon gesprochen, wie sehr schon in den Anfängen um das rechte Verständnis des Christusgeschehens gerungen wurde. Bekehrung und Berufung des Apostels setzen bereits den Einbruch der »Hellenisten« in die Jerusalemer Urgemeinde, die ersten Verfolgungen und die Anfänge der Mission und Ausbreitung des Christentums im griechisch-heidnischen Bereich voraus (vgl. oben S. 36 ff.). Mit den tiefgehenden Differenzen im Verständnis von Judentum und Gesetz, von Christus und Heil war damit die Frage nach dem rechten Verständnis des Alten Testaments und der in ihm dokumentierten, in Christus erfüllten Geschichte Gottes mit seinem Volk und mit der Welt gestellt. Bei allem Fortschreiten der Entwicklung und allem Wandel der Umwelt, in die hinein das Evangelium jeweils in neuer Sprache verkündet werden mußte, wurden jedoch die geprägten Überlieferungen der ältesten Gemeinde, sosehr sie sich mit neuen Glaubensaussagen verbanden, nicht einfach über Bord geworfen.

Die Briefe des Paulus sind dafür ein sprechender Beweis. Nicht nur, daß auch er ständig mit den alttestamentlichen Schriften argumentiert. Er bedient sich ebenso häufig überkommener kerygmatischer Überlieferungen der Gemeinden vor ihm und um ihn. Ausdrücklich erinnert er die Korinther an das, was er selbst empfangen und weitergegeben hat und was zum Fundament ihres Glaubens geworden ist (1Kor 15,3 ff.; vgl. auch 11,23 ff.). Andere Stellen seiner Briefe lassen solche überkommenen Formeln schon durch Form und Wortlaut erkennen oder mindestens vermuten. Sie finden sich vor allem in knapp zusammenfassenden, bekenntnisartigen Aussagen über Christi Tod und Erwekkung, im Zusammenhang lehrhafter Ausführungen über Taufe und Herrenmahl, in Anweisungen für das rechte Leben und den Gottesdienst, in Interpretationen des Alten Testaments oder auch in Gebets- und Segenswendungen. Darin ist Paulus seinem eigenen Verständnis nach einer unter anderen und darf darum nicht – vor allem etwa im Blick auf seine Christologie, auch wenn sie ihre Eigenart hat – auf eine besondere »Originalität« hin befragt werden. Daraus wird deutlich, daß Art und Rang der Theologie des Apostels von Grund auf mißverstanden sind, wenn man sie unter dem Leitbild des »religiösen Genies« nur als unmittelbaren Niederschlag seiner eigensten individuellen Erfahrungen ansieht. Ohne den einzigartigen Anteil seines Glaubens und Denkens zu schmälern, ist darum ständig auch zu fragen, was er der Tradition schon des Judentums, in dem er aufwuchs, der urchristlichen Gemeinde vor ihm, auch seinen Schülern und Mitarbeitern, ja sogar seinen Gegnern verdankt.

Botschaft und Theologie des Paulus sind in diesem Sinne Auslegung und Entfaltung des urchristlichen Kerygmas. Indessen, so hoch Paulus die kerygmatische Überlieferung einschätzt und so nachdrücklich er sie gelegentlich sogar in ihrem Wortlaut der Gemeinde einprägt (1Kor 15,2), so wenig behandelt er sie doch wie einen autoritativ vorgegebenen heiligen Text. Ihre Autorität ist nicht formaler Art, d. h. in der bloßen Tatsache ihres Überliefertseins, sondern in ihrem Inhalt begründet, den das *Evangelium* ausruft.

Zu seiner Verkündigung weiß Paulus sich ausgesondert, berufen und ausgesandt (Röm 1, 1; Gal 1, 15). Diesen Dienst des Apostels ausrichten, besagt für ihn ebensowenig, die Historie Jesu zu erzählen, wie über Gott und göttliche Dinge zu belehren oder religiöse Wahrheiten und Erfahrungen mitzuteilen. Es heißt vielmehr: Ansagen und Vergegenwärtigen, was Gott in Christus zu Rettung und Heil an der Welt getan hat und der Glaube zu ergreifen gerufen ist. Das leider abgegriffene und weithin entleerte Wort »Predigen« läßt kaum noch erkennen, daß damit ursprünglich der Dienst des Herolds (Keryx, Kerygma, keryssein) gemeint ist. Gott selbst redet und handelt durch den Mund seiner Boten (2Kor 5, 20). Mit einem der Antike vertrauten, für die Epiphanie einer Gottheit verwendeten Bild kann Paulus darum von seinem Dienst am Evangelium sagen: »den einen ein Duft aus dem Tode zum Tod, den andern ein Duft aus dem Leben zum Leben« (2Kor 2, 16).

Von dem, was im Evangelium sich ereignet, redet Paulus mit apokalyptischem Klang: »Gottes Gerechtigkeit wird in ihm offenbar (apokalyptetai)« (Röm 1, 17) – Geschehnisse von umfassendem Ausmaß und letzter Gültigkeit, Ende und Wende der Welt. Der Feuerschein des Jüngsten Tages leuchtet gleichsam in dieser Botschaft auf. Doch heißt das nicht, wie man erwarten könnte, daß er nun Zukunftsereignisse ankündigte und wie in den jüdischen Apokalypsen phantastisch den Weltuntergang und die Herrlichkeit des neuen Äon ausmalte. Er spricht von einem gegenwärtigen Geschehen, Ereignis schon jetzt im Evangelium selbst. Dieses informiert also nicht nur über die Möglichkeiten kommenden Heils und Verderbens, in ihm vollzieht sich bereits Gottes heilbringende Ankunft. Das Evangelium selbst *ist* »Gottes Kraft zur Rettung für jeden, der glaubt« (Röm 1, 16). Das paßt in kein apokalyptisches Konzept mehr hinein. Was jüdische und urchristliche Apokalyptik in ferner oder naher Zukunft erwarten, ist Gegenwart im Evangelium!

Diese Sätze aus dem Eingang des Römerbriefes geben programmatisch das unverwechselbar Eigene und Besondere in dem paulinischen Verständnis des urchristlichen Kerygma an. Es ist vor allem anderen darin beschlossen, daß Paulus die *Christusbotschaft als Botschaft von der Rechtfertigung allein aus Glauben* auslegt und entfaltet. Weit davon entfernt, urchristliches Allgemeingut zu sein, ist diese Lehre eine spezifisch paulinische Schöpfung. Nirgends sonst ist der Glaube an Christus, der Paulus mit der ganzen Urchristenheit verbindet, in der Richtung dieser Lehre vorgetrieben, reflektiert und verarbeitet worden und hat in ihr seine Ausprägung gefunden. Sie hat dem Apostel nicht nur von seiten des Judentums Todfeindschaft eingetragen, sondern ihn ebenso in der Christenheit seiner Zeit in Verruf gebracht und zum Fremdling gemacht. Und doch ist er durch sie zum Apostel der Völker geworden und hat nicht nur die Lösung des Christentums vom Judentum heraufgeführt, sondern auch die Einheit der Kirche aus Juden und Heiden erst eigentlich theologisch begründet.

Der weite Horizont der Botschaft des Paulus scheint für das moderne Verständnis zunächst freilich durch seine Rechtfertigungslehre eher verstellt. Denn offensichtlich spiegelt sich in ihrer beherrschenden Stellung im Ganzen seiner Theologie die Tatsache wider, daß er als ein gesetzestreuer Jude der Christusbotschaft begegnete und das Gesetz als Erfahrungs- und Denkbereich des einstigen Pharisäers begreiflicherweise auch für das Heilsverständnis des Christen und Apostels bestimmend blieb. Sein Denken in den Kategorien Gesetz, Gerechtigkeit, Rechtfertigung kennzeichnet Paulus in der Tat als einstigen Juden und vom jüdischen Standpunkt aus als einen Abtrünnigen. So liegt es nahe, gerade in dieser Lehre nur noch die höchst individuellen zeit- und situationsbedingten Umstände und Grenzen seiner Theologie zu erblicken.

Überdies ist die Behauptung, die Rechtfertigungslehre sei die Mitte der paulinischen Theologie, in der neueren Paulusforschung nicht unbestritten geblieben und die Meinung vertreten worden, sie sei nicht mehr als eine spezielle und untergeordnete »antijüdische Kampflehre«, die keinesfalls – wie bei den Reformatoren des 16. Jahrhunderts geschehen – überschätzt und in den Mittelpunkt gerückt werden dürfe (W. Wrede). Ähnlich nannte A. Schweitzer sie einen »Nebenkrater im Hauptkrater« der paulinischen Erlösungsmystik.

Diese These kann für sich in Anspruch nehmen, daß die Rechtfertigungslehre ausdrücklich und ausführlich nur im Galater-, Römer- und Philipperbrief dargestellt wird und daß es bedeutsame andere Themen- und Gedankenbereiche in der Theologie des Paulus gibt, die sich vorstellungsmäßig nicht unmittelbar aus seiner Rechtfertigungslehre herleiten lassen. Etwa in den Korintherbriefen scheint sie völlig zurückzutreten. Doch fehlt sie auch hier nicht, und gerade diese Briefe zeigen, daß Paulus sein Evangelium auch dort nicht anders ausrichtete, wo seine Sprache im

Blick auf heidenchristliche Hörer und Leser eine andere sein mußte als gegenüber Gemeinden, die stärker mit jüdischer Tradition vertraut waren. Vor allem aber zeigt sein letzter großer Brief an die Römer, wie sehr das Anfangs- und Grundthema seiner Theologie bis zu seinem Ende dasselbe blieb (s. o. S. 103 ff.).
Es geht darum nicht an, der paulinischen Rechtfertigungslehre nur eine begrenzte Bedeutung im Rahmen einer situationsbedingten Polemik zuzuerkennen. In Wahrheit hat der Apostel gerade in und mit dieser Lehre die Traditionen des Judentums und Judenchristentums radikal durchbrochen und sowohl dem »Gesetz«, wie auch dem, was »Gerechtigkeit Gottes« heißt, eine alle umfassende Weite und Gültigkeit gegeben. Gegenüber der genannten irreführenden These gilt darum umgekehrt: seine ganze Verkündigung, auch dort, wo seine Rechtfertigungslehre nicht ausdrücklich zur Sprache kommt, ist nur dann richtig verstanden, wenn sie im engsten Zusammenhang mit dieser verstanden und auf sie bezogen wird.
Daß die Rechtfertigungsbotschaft des Paulus nicht als eine theologische Theorie zur urgemeindlichen Christusbotschaft, sondern als deren eigenste Entfaltung und Auslegung verstanden werden will, wird daran deutlich, daß in Röm 1 zweimal auf engstem Raum, aber jeweils sehr verschieden, der Inhalt des Evangeliums erschöpfend zusammengefaßt wird. Zuerst in einem übernommenen Credo; es bekennt Christus, »geboren aus dem Samen Davids nach dem Fleisch, eingesetzt als Sohn Gottes in Macht nach dem Geist der Heiligkeit seit der Auferstehung von den Toten« (Röm 1, 3 f.). Die zweite Inhaltsangabe redet eindeutig die Sprache des Paulus: »Ich schäme mich des Evangeliums nicht, denn es ist Gottes Kraft zur Rettung für jeden, der glaubt. Denn Gottes Gerechtigkeit wird in ihm offenbar aus Glauben zum Glauben, wie geschrieben steht: ›der aus Glauben Gerechte wird leben‹« (Röm 1, 16 f.). Zunächst will es scheinen, als ob beide Aussagen kaum etwas mit einander zu tun hätten. In der Tat war jenes alte Credo in keiner Weise auf die Rechtfertigung allein aus Glauben hin angelegt, und vor und nach Paulus ist eine solche Interpretation niemand in den Sinn gekommen. Und doch kann kein Zweifel sein, daß für ihn das eine wie das andere eine volle Inhaltsangabe des Evangeliums sein soll. Keineswegs darf darum die erste traditionelle Aussage (Röm 1, 3 f.) nur im Sinn einer Reverenz an die Überlieferung und eine Bekundung der eigenen Rechtgläubigkeit verstanden werden, um danach erst seine eigene und eigentliche Botschaft, die der ganze Römerbrief entfaltet, anzukündigen. Die Zusammengehörigkeit

der christologischen und soteriologischen Aussagen, genauer gesagt: die Entfaltung der Christusbotschaft *als* Rechtfertigungsbotschaft und umgekehrt, ist vielmehr ein entscheidendes Anliegen seiner ganzen Theologie. Welche Wegstrecke seines Glaubens und Denkens, welche Reflexionen und revolutionären Erkenntnisse zwischen der von Paulus aufgenommenen und bewahrten Tradition und seiner eigenen, in völlig neue Gedankenbereiche vorstoßenden Theologie liegen, zeichnet sich zwar im Eingang des Römerbriefes kaum ab (vgl. Exkurs III), kündigt aber die Fragen an, die im folgenden weiter zu bedenken sind.

Zuvor aber sei noch auf ein in der Regel zu wenig beachtetes, bedeutsames Kennzeichen der paulinischen Theologie hingewiesen. Sie widersetzt sich jedem Versuch, sie als ein geschlossenes und säuberlich nach Themen geordnetes System, sozusagen als eine Summa theologiae wiederzugeben. Viele gelehrte Darstellungen verfahren so, als gäbe es diese Schwierigkeit nicht, und tragen die paulinischen Aussagen über Gott, Christus, Mensch, Erlösung, Sakramente, Kirche, letzte Dinge und dergleichen fleißig zusammen. Ja, sie genießen um so höheres Ansehen, je mehr sie aus dem Verstreuten ein wohl assortiertes Ganzes darzubieten vermögen. Und doch wird alles falsch, selbst wenn für jeden Satz der erforderliche Beleg erbracht wird, solange man nicht der schlichten Beobachtung ihr Recht gibt, daß die paulinischen Aussagen in solcher Anordnung dogmatischer Loci gerade nicht begegnen, sondern fast immer fragmentarisch und ständig mit anderen verwoben. Keine, auch unsere Darstellung nicht, kann freilich umhin, die paulinischen Gedankengänge nach bestimmten leitenden Themen und Problemen zu ordnen. Doch bleibt dies ein Notbehelf; in Wahrheit greift eines ins andere.

Selbstverständlich ist dieser Sachverhalt keineswegs. Schon die hellenistisch-jüdische Theologie und die frühchristliche nicht minder – zumal die der sogenannten christlichen Apologeten seit dem 2. Jahrhundert – haben sehr wohl eine Art Systematik und eine feste Topik religiöser Themen ausgebildet, so z. B. die Lehre von dem einen wahren Gott im Gegensatz zu den vielen Göttern der Heiden; Gottes Schöpfermacht und Güte; Gottes Geschichte mit Israel; Irrtum und Verblendung der Menschen; die Erfüllung der alttestamentlichen Heilsweissagungen in Christus; der Ruf zur Bekehrung und schließlich das göttliche Gericht über Fromme und Unfromme.

Obwohl für viele dieser Themata sich auch bei Paulus Belege finden und hinter ihnen jene Traditionen sichtbar werden, ist doch höchst bezeichnend, daß sie von ihm kaum je in dieser Ordnung abgehandelt werden und alle Versuche scheitern, sie in ein System zu bringen. Der zureichende Grund dafür ist nicht in der Zufälligkeit der wechselnden Briefsituation zu suchen, so gewiß auch sie dabei oft mitgewirkt haben mag, und schon gar nicht in dem sprunghaften, gewiß leidenschaftlichen Temperament des Apostels. Vollends verfehlt ist die törichte Entgegensetzung, Paulus sei »Praktiker« und nicht »Theoretiker« gewesen, oder gar das pauschale Urteil, ihm sei die Gabe eines geordneten Denkens versagt geblieben. Seine Briefe beweisen das Gegenteil: Gerade diese Fähigkeit war ihm wie keinem andern Apostel und Autor des Urchristentums eigen; er hat sie auch in den aufregendsten Kämpfen noch erstaunlich bewiesen. In Wahrheit liegt der Grund für die ganz andere Struktur seines Denkens gerade in Eigenart und Inhalt seiner Theologie. Sie ist in solchem Maße von der *Begegnung zwischen Gott, Mensch und Welt* beherrscht, daß es streng genommen jene gesonderten »Themen« nicht mehr geben kann. Alles ist in das Generalthema, das Gericht und Gnade bedeutet, verwoben. Das Feld dieser Begegnung ist der nie aufgegebene Bereich seines Denkens. Das aber heißt: Jede Aussage über Gott, Christus, Geist, Gesetz, Gericht und Heil ist immer zugleich eine solche über den Menschen inmitten seiner Welt, den alten, verlorenen, wie den neuen, von Gott befreiten Menschen.

Den Menschen vor Gott zum Verstehen seiner selbst und damit zum Weiterdenken seiner Lage und seines Lebens inmitten der Welt zu führen, darauf zielen Predigt und Theologie des Apostels beständig, auch wenn sie dem Unerlösten den rätselhaften Widerspruch seines Wesens (Röm 7,7 ff.) und dem Glaubenden das Stückwerk aller Erkenntnis aufdecken (1Kor 13,12 ff.). Vernunft und Glaube stehen bei Paulus darum durchaus nicht, wie oft behauptet, in dem Verhältnis eines radikalen und hoffnungslosen Widerspruches. Vielmehr macht Paulus sowohl dort, wo er vom unerlösten Menschen spricht, wie auch dort, wo er vom erlösten redet, kräftigen Gebrauch von Vernunft, Verstehen und Gewissen und argumentiert mit dem Ziel, die Angeredeten zu überzeugen und zu überführen. Er verzichtet darum konsequent auf den in seiner religiösen Umwelt und auch von zahlreichen christlichen Predigern seiner Zeit geübten Stil apodiktischer Offenbarungsrede. Allerdings steht für Paulus das »Wort vom Kreuz« in schroffem Gegensatz zur »Weisheit dieser Welt« (1Kor 1,18 ff.; 2,6 ff.). Doch ist damit eine sehr bestimmte, inhaltlich qualifizierte Weise menschlichen Denkens und Verstehens gemeint, die an Gottes Weisheit gescheitert ist und den Menschen in die Verlorenheit gestürzt hat. Das ändert jedoch nicht, sondern bestätigt nur, daß eben dieser Mensch, dem jetzt die Botschaft von der befreienden Gnade gilt, auch die Paradoxie des göttlichen Handelns im Kreuze Christi verstehen soll. In diesem Sinne nennt Paulus sein Evangelium eine Waffe »zur Zerstörung von Bollwerken, indem wir Vernunftkünste zerstören wider alles Hochfahren, das sich gegen die Erkenntnis Gottes erheben will« (2Kor 10, 3 ff.).

II. Mensch und Welt in ihrer Verlorenheit

1. Das Gesetz

Was Offenbarung der »Gerechtigkeit Gottes aus Glauben zum Glauben« im Evangelium besagt (Röm 1, 17), kann Paulus nicht anders beantworten als so, daß er zuvor und zugleich die Verlorenheit aller Menschen vor Gott zur Sprache bringt und entfaltet. Sie wird, sagt der Römerbrief, darin offenbar, daß alle unter dem Anruf Gottes zum Leben, d. h. unter Gottes Gesetz, »unentschuldbar« sind und sein Zorn über ihnen waltet (Röm 1, 18-21). Diese äußerste Erkenntnis ist für Paulus nicht eine allgemeine, zeitlose Wahrheit, die er in verzweifelt grübelnder Reflexion dem Gesetz selbst abgewonnen hätte. Vielmehr wird sie erst von der Heilsbotschaft ermöglicht und eröffnet. Im aufleuchtenden Lichte des Evangeliums erweist sich das Sein des Menschen unter dem Gesetz als Verlorenheit vor Gott. In Christus wird, wie Paulus mit einem alttestamentlichen Bilde sagen kann, die Decke vom Gesetz abgetan (2Kor 3, 14).
Schon hier wird eine bedeutsame Eigenart des paulinischen Gesetzesverständnisses sichtbar, die ihn von anderen Vertretern des Urchristentums unterscheidet. Die unbestreitbar richtige historische Feststellung, daß sich ihm von der Position des Gesetzes aus der Sinn der Sendung Christi erschloß, reicht für ihn nicht zu. Sie trifft, so allgemein formuliert, für alle im Urchristentum zu, die aus dem Judentum herkamen. Für Paulus jedoch – und nur für ihn – gilt der Satz auch in seiner Umkehrung: Erst von Christus her erschloß sich ihm das Gesetz, und zwar als Lebensfundament und Horizont der unerlösten Wirklichkeit aller Menschen, der Juden und Heiden.
Wo immer Paulus das Problem des Gesetzes erörtert, geschieht es in dieser Perspektive des Evangeliums. Es ist wichtig, auf diese innere Ordnung seiner Gedanken zu achten. Sie zeigt sich im

Römerbrief gleich im Eingang darin, daß das programmatische Wort über das Evangelium (Röm 1, 17) dem nachfolgenden großen Abschnitt über die Offenbarung des göttlichen Zornes vorangeht. Die Heilsbotschaft ruft das eschatologische, weltenwendende »Jetzt« (Röm 3, 21 u. ö.), die von Gott über der Welt heraufgeführte Stunde aus und bezeichnet den Standort, von dem aus alle Aussagen des Apostels über das Gesetz allein ihren Sinn bekommen. Von sich aus geben das Gesetz und die Erfahrungen, die der Mensch und gerade der fromme unter ihm macht, die Erkenntnis seiner Verlorenheit, aus der das Gesetz ihn nicht herauszuführen vermag, niemals her.

Denken und Verkündigen des Paulus folgen also nicht der Logik der zumal aus dem Pietismus bekannten Bußpredigt und Bußpraxis, die zuvor unter Absehung vom Evangelium den Menschen die Abgründe seiner Sünde erkennen lassen und in sich selbst zur Verzweiflung zu bringen bemüht sind. Oder modern gesprochen: Er beginnt seine Theologie nicht mit einem Kapitel Existenzphilosophie, um dann erst von Evangelium und Glauben zu reden. Wohl aber gibt es für ihn keine Verkündigung des Evangeliums, ohne daß der Mensch zugleich seiner eigenen Ausweglosigkeit und der Ohnmacht des Gesetzes, ihn in die Freiheit zu führen, inne wird. Wo immer Paulus die Heilsbotschaft entfaltet, begegnen in der Regel ebenso Aussagen, die zusammenfassend die verlorene Situation des Menschen kennzeichnen, und zwar nicht als eine überholte Entwicklungsstufe, auf die sich aufatmend zurückblicken ließe (vgl. Röm 3, 23; 6, 15 ff.; 7, 7 ff.; 8, 5 ff.; 2Kor 3, 7 ff. u. a.).

Auch für Paulus ist das Gesetz seinem ursprünglichen Sinne nach wie schon für jeden alttestamentlichen Frommen Gottes Anruf und Weisung zu Heil und Leben (Röm 2, 6 ff.; 7, 10); es will im Gehorsam getan werden. Gültig für alle, nicht nur die Juden, ist es im Dekalog und zumal im Liebesgebot zusammengefaßt (Röm 7, 7; 13, 9; Gal 5, 14). Auf diesem nirgends preisgegebenen Fundament aber erhebt sich erst die für Paulus entscheidende, von keinem anderen Juden oder Griechen vor ihm in gleicher Tiefe und Radikalität ausgesprochene und auch von keinem anderen Theologen des Urchristentums wiederholte Erkenntnis, daß eben dieses heilige, gerechte und gute Gesetz (Röm 7, 12. 16) tatsächlich nicht mehr zu Heil und Leben zu führen vermag. In diesem Sinn versteht er die *Universalität des Gesetzes* völlig neu. Gemeint ist damit nicht mehr nur – wie etwa im hellenistischen Judentum längst vor ihm – die Geltung des Gesetzes für alle, sondern seine alle umgreifende Wirkung: Es spricht alle,

Juden und Heiden, vor Gott schuldig. Erst diese unausweichliche Solidarität der Verlorenheit aller unter dem Gesetz ist das eigentlich Revolutionäre seiner Botschaft.

Worin besteht das Unheil des Menschen? Röm 1,18 – 3,20 beantwortet diese Frage unter dem Leitwort der »Offenbarung des Zornes Gottes«: Nicht darin besteht es, daß der Mensch von Gott nichts weiß, sondern daß er Gottes Wahrheit nicht aufkommen läßt, sie »in Ungerechtigkeit unterdrückt« (Röm 1,18). »Denn Gott, sofern er erkennbar ist, ist ihnen (den Menschen) offenbar. Denn Gott hat es ihnen offenbart. Sein unsichtbares Wesen wird seit der Erschaffung der Welt an den Schöpfungswerken mit den Augen der Vernunft erschaut, nämlich seine ewige Kraft und Gottheit« (Röm 1,19 f.). Das ist in der Sprache griechisch-jüdischer Weisheit gesprochen. Doch redet Paulus nicht wie diese apologetisch-pädagogisch von einer Möglichkeit, zu der er in Reflexionen erst den Zugang eröffnen müßte, vielmehr von einer Wirklichkeit, die sich sofort anklagend gegen den Menschen wendet: »Daher haben sie keine Entschuldigung; denn obwohl sie Gott erkannten, haben sie ihn nicht gepriesen und ihm nicht gedankt, sondern sind eitel geworden in ihren Gedanken, und ihr unverständiges Herz ist verfinstert« (Röm 1,21). Inmitten der von Gott gelichteten Schöpfung also ist der Mensch, von Gott geschaffen und zum Leben gerufen, sich selbst ihm schuldig geblieben und nun an die unheimliche Perversion seiner Existenz »dahingegeben« (Röm 1,24.26.28): Schöpfer und Geschöpf haben ihre Rolle getauscht – gerade auch in dem, was der Mensch »Religion« nennt. Sein verwüstetes, widernatürliches Leben ist nun, Schuld und Verhängnis in einem, zur Manifestation des göttlichen Zornes geworden.

Das alles ist in den breiten Ausführungen in Röm 1 im Blick auf die Heiden gesagt und konnte, soweit es diese betrifft, bei den frommen Juden auf volle Zustimmung rechnen. Doch wendet sich das Geschoß alsbald auf den Juden zurück und trifft ihn selbst, gegen den die Anklage jetzt nun erst recht und eindeutiger noch mit dem ihm vertrauten Wort der Schrift und des mosaischen Gesetzes erhoben wird (Röm 2 und 3). So erstickt Paulus jede Möglichkeit einer pharisäerhaften Absonderung des Juden gegenüber den Heiden. Denn das Gesetz Gottes ist, wenngleich in verschiedener Gestalt – den einen auf den steinernen Tafeln vom Sinai, den anderen in die Herzen geschrieben – allen gegeben, nicht nur den Juden, und alle werden gerichtet, nicht nur die Heiden. Es umgreift alle in einer großen Schuldverhaftung: »Alle sind unter der Gewalt der Sünde« (Röm 3,9 vgl.

3, 10-20). Paulus meint damit mehr und anderes als nur die triviale summarische Feststellung, daß alle Menschen im moralischen Sinne Sünder sind und vor der ethischen Forderung versagen. Er leugnet weder für Heiden noch für Juden schlechthin, daß sie in welchem Umfang auch immer das im Gesetz Gebotene tun (Röm 2, 14; Phil 3, 6). Doch hebt auch solch eifriges Tun die Gefangenschaft des Menschen unter der bannenden Macht der Sünde nicht auf; es macht ihn nicht »gerecht«. Immer bleibt der Mensch gottverschlossen und auf sich selbst bezogen. Ja, gerade der dem Gesetz nacheifernde Jude ist für Paulus beispielhaft der in der Sünde gefangene. In der Illusion seiner Frömmigkeit, auf der Jagd nach der Gerechtigkeit wähnt er den hoffnungslos verschlossenen Zugang zu Gott offen oder vermeint ihn durch seine Werke öffnen zu können. Seine Verlorenheit und nichts anderes macht das Gesetz offenbar. Die Erkenntnis, die es vermittelt, ist allein die Erkenntnis der Sünde (Röm 3, 20). Strikt und exklusiv wird so dem Gesetz die Funktion bestritten, noch zum Heil zu führen. Diese äußerste Zuspitzung der paulinischen Gedanken über das Gesetz ist – bis heute – für jüdische Ohren ärgerlich und war auch im Urchristentum unerhört.

Paulus begründet sein maßlos anmutendes Urteil im weiteren Römerbrief in einer großen, die Geschichte der Menschheit im ganzen in den Blick fassenden Reflexion (Röm 5, 12-21). Adam und Christus, beide Anfänger und Haupt, der erste für die der Sünde und dem Tod verfallene, der zweite für die zu Gerechtigkeit und Leben befreite Menschheit, werden hier in ihrer umfassenden Wirkung einander gegenübergestellt und zugleich antitypisch auf einander bezogen.

Paulus hat Gedanken dieser Art nicht zum ersten Mal gedacht. Schon die jüdische Apokalyptik vor ihm hat in Visionen und Reflexionen den gegenwärtigen unheilvollen, vergehenden und den kommenden, heilbringenden Äon kontrastiert. Vor allem aber kennen wir aus dem hellenistischen, gnostisierenden Judentum metaphysische Spekulationen über den göttlichen Ursprung und die Bestimmung des Menschen, zugleich aber auch über seinen Fall und seine tragische Verstrickung in die von widergöttlich-kosmischen Mächten beherrschte minderwertige Welt. Ohne Zweifel hat Paulus in Röm 5 ein solches Gedanken- und Vorstellungsschema verwendet, aber nicht unbesehen übernommen, sondern umgestaltet und neu verstanden. Die Spannung zwischen aufgenommener Tradition und paulinischer Interpretation ist bereits an dem unstimmigen Gefüge der Sätze erkennbar, die wie gleich der erste nicht zu Ende geführt und wiederholt durch

Erläuterungen und Korrekturen unterbrochen werden. Das Schema als solches impliziert den Gedanken eines natur- und schicksalhaften Verhängnisses, das über der gesamten Menschheit liegt. In diesem Sinn hat Röm 5 auch tatsächlich auf die kirchliche Lehre von der »Erbsünde«, zumindest auf ihr vulgäres Verständnis, nachhaltig eingewirkt und weithin zu einer bedenklichen Abwertung der Geschlechtlichkeit im christlichen Allgemeinbewußtsein beigetragen. Doch entspricht solches Denken mehr der vorpaulinischen Tradition als Paulus selbst. Es will darum sorgfältig beachtet werden, wo und wie er das überkommene Schema zerbricht und zurechtrückt. Schon der Horizont seines Denkens ist ein anderer. Paulus übersteigt nicht den Bereich der Geschichte und reflektiert nicht über das Woher des Menschen und die mythisch-kosmischen Ursachen seines Verfallenseins, etwa den Teufel oder das Schicksal; er verharrt vielmehr schon im Eingang seiner Erörterungen bei der für alle Menschen kennzeichnenden adamitischen Sünde, d. h. der Gier nach der Durchsetzung des eigenen Willens wider Gott, die Adam den Fluch des Todes eintrug. Die Sünde ist damit unableitbar ihre eigene Ursache. Schon an der Formulierung des ersten Satzes zerbricht deshalb der Verhängnisgedanke: ». . . *weil* sie alle sündigten«. Sünde ist für Paulus gewiß nicht nur individuelle moralische Verfehlung, wohl aber Tat und versklavende Macht in einem; und so auch der Tod nicht ein schicksalhaftes Naturgeschehen, sondern die Gewalt, die diesen Menschen zum Gefangenen macht und seine Verlorenheit besiegelt (s. u. S. 143 f.).

So wenig Paulus dem Gedanken eines tragischen Schicksals im Blick auf die adamitische Menschheit Raum geben kann, so wenig erst recht einer »Naturgesetzlichkeit« im Blick auf die Zuordnung der »neuen« Menschheit zu Christus; denn Geschenk und Macht der Gnade wollen im Glauben ergriffen sein (Röm 5, 15 ff.).

Nur so von Grund auf gewandelt, ihres metaphysischen Charakters entkleidet und auf die Geschichte bezogen kann er die Tradition und den in ihr enthaltenen Entsprechungsgedanken aufnehmen und sagen: wie der eine, so die vielen; wie Adam, so auch Christus! Das heißt aber nun: Im selben Bereich der von Adam bestimmten Unheilsgeschichte ist in Christus das Heil Wirklichkeit geworden. An die Stelle der bloßen Entsprechung (wie/so) tritt darum am Ende der Satz: »Wo die Sünde mächtig wurde, ist die Gnade überreich geworden« (Röm 5, 20). Im Zuge dieses Geschehens gibt Paulus auch dem durch Moses gegebenen Gesetz, für das die spekulative Tradition keinen Raum hat, seinen geschichtlichen Ort zwischen Adam und Christus und damit eine entscheidende Bedeutung: Es belastet den Menschen in seiner Schuld und drängt seine »Verfehlung« bis zum Äußersten (Röm 5, 13; vgl. 4, 15). Was Sünde und Verlorenheit heißt, bringt das Gesetz erst an den Tag.

Diese Gedanken über das Gesetz werden in dem berühmten Abschnitt Röm 7, 7-25 wieder aufgenommen und in einer Tiefe und Abgründigkeit reflektiert, die im Juden- und Griechentum nicht ihresgleichen haben. Auch hier ist von einer Geschichte die Rede, die das Wesen des Menschen prägt. Aber die Weite des Horizontes, in dem sich die Adam-Christus-Gedanken in Röm 5 bewegten, scheint in Röm 7 aufgegeben und auf die individuellen Erfahrungen eines »Ich« eingeengt zu sein, wie denn bis heute der Text oft als eine biographisch-persönliche Confessio des am Gesetz gescheiterten einstigen Pharisäers Paulus gelesen zu werden pflegt. Doch ist der Text damit mißverstanden. Paulus ist keineswegs am Gesetz verzweifelt und redet anderwärts im Rückblick auf seine jüdische Vergangenheit ausdrücklich von seiner Untadeligkeit in der Gesetzesgerechtigkeit (Phil 3, 4 ff.; Gal 1, 13 f.; s. oben S. 37 f.). In Wahrheit ist das in Röm 7 zu Wort kommende »Ich« der Mensch ohne Christus unter Gesetz, Sünde und Tod in einer Tiefe seines Elends, die freilich erst im Lichte der Heilsbotschaft ermessen werden kann. Daß nun auf einmal so individuell und nicht abstrakt-allgemein in der dritten Person von dem Menschen oder auch Adam gesprochen wird, ist freilich bedeutsam. Es ist darin begründet, daß der Mensch in dem, was er in Wahrheit ist, erst offenbar wird, wenn er sich nicht mehr nur als Glied eines Kollektivs (der Menschheit), sondern in seiner eigensten, selbst betroffenen Existenz versteht. Das ist, sagt Paulus, in der Begegnung mit dem Gesetz, dem Ruf Gottes zum Leben, zusammengefaßt in dem Gebot des Dekalogs (»Du sollst nicht begehren!«), Ereignis geworden. Davon kann Paulus, auch wenn die Aussagen in Röm 7 seine eigene Existenz weit übergreifen und einen für alle gültigen Sinn haben, nur in der ersten Person Singularis sprechen.

Was aber geschieht in der Begegnung mit dem Gesetz? Die traditionelle Antwort lautet: Das Gesetz dämmt die Sünde ein, bewahrt vor ihr, zeigt den Weg zum Guten. Paulus jedoch antwortet überraschend anders: Nein, das Gesetz hat mein Begehren aufgedeckt und aufgeweckt. Unter dem Gebot habe ich erst Bekanntschaft mit der Sünde gemacht; die bis dahin »tote«, schlummernde ist nun erst eigentlich »aufgelebt«; denn immer bringt der Mensch in die Begegnung mit dem Gesetz schon sein eigenes Begehren mit ein. Das Gesetz hat mich von meinem Ursprung und Wesen her längst schon als einen angetroffen, der nichts anderes als sich selbst will. Ja, die Sünde hat es fertiggebracht, aus dem gegen sie gerichteten Gebot Gottes ein Instrument der eigenen Selbstbehauptung zu machen. So ist das Widersinnige geschehen: Kraft der Mächtigkeit meines Begehrens treibt das mir zum Leben gegebene Gebot mich in den Tod (Röm 7, 10). Das geschah, »als das Gebot kam«. Da starb ich, von der Sünde betrogen und mit Hilfe dieser Waffe in ihrer Hand getötet (Röm 7, 9 ff.). Fast mythologisch-personhaft redet Paulus hier wie von einem Duell, bei dem nur einer lebend den Kampfplatz verlassen kann. Aber die Vorstellung von der Sünde als einem Dämon führt in die Irre; denn so gewiß die Sünde nicht nur ein moralisches Verfehlen meint, hört sie als den Menschen entmächtigende, vernichtende Macht doch nicht auf, seine schuldhafte Tat zu sein. So bin ich von jeher in die Begegnung mit dem Gesetz und Gebot als ein Gefangener der Sünde und als ein Kind des Todes eingetreten.

Von dieser Geschichte her versteht Paulus die Wirklichkeit des Menschen, die heillose Verkehrung seines Wesens. Sie äußert sich, ihm selbst unbegreiflich, in einem ihn zerreißenden Widerspruch: in dem hoffnungslosen Gegensatz zwischen dem »fleischlichen« (d. h. an sich selbst verfallenen) Menschen und dem »geistlichen«, von Gott gegebenen Gesetz (Röm 7, 19). Und noch mehr – mit diesem ersten könnte der Mensch sich ja noch resignierend abfinden –, sie äußert sich in einem Widerspruch im Menschen selbst: Wollen und Vollbringen brechen auseinander (»Ich will das Gute und tue das Böse«; Röm 7, 15). Das Wollen ist ohne Tat, und das Tun ist willenlos. Und schließlich das Äußerste: Ich bin nicht mehr Herr meiner selbst (»Nicht ich vollbringe es, sondern die Sünde, die in mir haust«; Röm 7, 17 f. 20), obwohl ich doch mit meiner »Vernunft«, meinem »inneren Menschen«, meinem auf das »Gute«, das Leben, ausgerichteten Willen zu dem Gesetz sogar mit Freuden Ja sage. Paulus will das nicht im Sinne der Gnosis verstanden wissen, die von dem göttlichen »Lichtfunken« im Menschen redet (so wie wir von dem »guten Kern« im Menschen sprechen). Vielmehr bestätigt und besiegelt das alles nur seine im wahrsten Sinne des Wortes unheimliche Verlorenheit. In seinem Zwiespalt ist und bleibt der Mensch einer. Er selbst *ist* der Widerspruch. Diesem »Ich« gilt der Klageruf: »Ich elender Mensch, wer wird mich erretten aus dem Leibe dieses Todes?« (Röm 7, 24).

So wenig wie in Röm 5 reflektiert Paulus in Röm 7,7-25 über den göttlichen Ursprung und die ideale Bestimmung des Menschen, verharrt vielmehr bei dem wirklichen Menschen und seiner »Geschichte«, und zwar ohne Unterschied, ob er nun wie der fromme Jude dem Gesetz die eigene Gerechtigkeit abzwingen will oder als Frevler gegen den Willen Gottes rebelliert. Bei allen Besonderheiten beider angeführten Abschnitte sind sie doch engstens aufeinander bezogen: Bewahrt Röm 7 die Adam-Christus-Aussagen davor, als bloße mythologische oder geschichtstheologische Spekulationen mißverstanden zu werden, so schützt Röm 5 die Aussagen in Röm 7 vor dem Mißverständnis einer bloßen Seelen- und Existenzanalyse.
Der in Röm 7 geschilderte Prozeß könnte die Folgerung nahelegen, das Gesetz sei in der Begegnung mit der Sünde selbst zu einer Teufels- und Todesmacht geworden. Aber Paulus widerspricht dieser auch für ihn blasphemischen Konsequenz mit aller Leidenschaft. Obwohl in die Hand der Sünde geraten und scheinbar seiner göttlichen Bestimmung entglitten, hat Gott es doch in seinen Händen behalten. Seine Funktion aber ist eine andere geworden: nicht die Sünde zu vermindern, sondern sie »groß werden zu lassen« (Röm 5,20) und in ihrer ganzen zerstörenden Gewalt an den Tag zu bringen (Röm 7,13). Wenn auch indirekt und höchst paradox steht der Nomos – gerade indem er das Leben verweigert und nicht eröffnet – im Dienste des göttlichen Heilswillens. Das meint das paulinische Wort von dem Gesetz als »Zuchtmeister bis auf Christus« (Gal 3,24 f.). Der Apostel vergleicht es mit dem antiken Sklaven, dem die unmündigen Kinder bis zum Tag ihrer Mündigkeit unterstehen, ehe sie frei werden und ihr Erbe antreten. Oder mit einem anderen Bild gesagt, das ebenso wie das erste nicht nur individuell, sondern äonenhaft, die Weltzeit vor Christus umfassend, verstanden sein will: Das Gesetz ist das Gefängnis, in dem alle bewahrt und aufbewahrt sind bis zum Tag ihrer Befreiung (Gal 3,22 ff.; 4,1 ff.; Röm 11,32).
Bis heute sind die bis zum äußersten gespannten Paradoxien der paulinischen Lehre vom Gesetz vor allem den Vertretern jüdischen Glaubens ärgerlich und unerträglich geblieben, aber auch in der christlichen Theologie weithin kaum zureichend realisiert worden. In neuerer Zeit hat besonders H. J. Schoeps Paulus vorgeworfen, in Abhängigkeit von einem depravierten Gesetzesverständnis seiner Zeit den wahren, genuin alttestamentlich-jüdischen Sinn des Gesetzes verkürzt und verzerrt zu haben, weil er seinen Charakter als Bundesgesetz und Gnadengabe nicht

zur Geltung kommen lasse; darum in seiner Theologie die angeblich schiefen, schroffen Antithesen seiner Lehre: Alter und Neuer Bund, Gesetz und Christus, Werke und Glaube. Auch M. Buber hat Paulus einen Gnostiker genannt, der ebenso wie Johannes im Unterschied zu Jesus selbst die Welt dämonisiert habe. Doch verfehlen diese Vorwürfe die eigentliche Position des Paulus, auch wenn die Zeitgebundenheit vieler seiner Gedanken und Vorstellungen unbestreitbar bleibt. Denn man beurteilt ihn falsch, wenn man ihn als Exegeten versteht, der vom Standpunkt des Alten Testamentes aus die Schrift auszulegen habe. In Wahrheit beschreibt Paulus das Wesen des Gesetzes, wie gezeigt, nicht mehr von seinem Ursprungsort aus, sondern bedenkt die Lage des Menschen, dem um seiner Sünde willen die einst gegebenen Offenbarungen den Weg zu Gott nicht mehr eröffnen und so auch die Heiligkeit, Gerechtigkeit und Güte des ihn fordernden Gesetzes nichts mehr hilft.

Angesichts dieser unterschiedslos für Gesetzesfromme und Frevler, für Juden und Heiden geltenden Erkenntnis der Unfähigkeit aller, den Weg zu Gott zu finden, hat Paulus an dem Fundament alttestamentlich-jüdischen Glaubens festgehalten, für den von jeher die Frage nach dem Verhältnis des Menschen zu Gott und Gottes zum Menschen schlechthin *die* über Heil und Verderben entscheidende Existenzfrage war. Gleichwohl zerbrach er das Fundament jüdischen Denkens, indem er die Gültigkeit des Gesetzes auf alle ausweitete, und zwar im Sinne der Solidarität aller in ihrer Verlorenheit, aus der nur die Gnade zu befreien vermag. Indem Paulus dem Gesetz allein diese auf die Behaftung des Menschen in seiner wirklichen Existenz abzielende Bedeutung zuerkannte, hat er – modern gesprochen – die heillose Möglichkeit abgewehrt, die Gottesfrage zu einer allgemeinen Frage der Weltanschauung zu entstellen. Diese fragt vergeblich nach einem in Welt oder Überwelt »vorkommenden« Gott und verstellt sich damit die Erkenntnis, daß von Gott in Wahrheit nur geredet werden kann als dem, der in seinem Wort und Handeln auf uns »zukommt«. Hierin liegt die Bedeutung schon des paulinischen Gesetzesverständnisses, erst recht aber dessen, was in seiner Verkündigung und Theologie Heilsgeschehen besagt.

2. Mensch und Welt

Deutlich verläuft das Gefälle der Gedanken von Röm 5 zu 7 von der gesamten adamitischen Menschheit zum »Ich« des Menschen. Das heißt: vom Menschen und seiner Geschichte läßt sich im Grunde nicht in abstrakten Kollektiv- und Allgemeinbegriffen, sondern nur individualisierend reden, womit der alle umgreifende Sinn der Aussagen über ihn nicht in Frage gestellt, sondern gerade in Geltung gesetzt ist. Mensch und Welt bleiben unlöslich einander zugeordnet, beide, Schöpfung und Geschöpf, aber zugleich unter der Gewalt der Sünde in wechselseitiger Verhaftung vor Gott verloren und der Erlösung bedürftig. Ist die Welt der Horizont menschlicher Existenz, so prägt und bestimmt doch zugleich der Mensch das Wesen der Welt von ihrem Grunde her. Über ihr liegt gleichsam der riesige Schatten des schuldigen Menschen. Alle Kreatur ist um seinetwillen der »Eitelkeit«, dem Leerlauf des Werdens und Vergehens, der »Knechtschaft des Verderbens« mit unterworfen und harrt darum sehnlich auf das Offenbarwerden der herrlichen Freiheit der Kinder Gottes (Röm 8,19-21).

Dem entspricht der Sprachgebrauch des Wortes *»Welt«* bei Paulus. Häufig verwendet er es im Sinne von Menschenwelt (Röm 3,19; 11,12; 2Kor 5,19 u. a.), dann aber auch für die Welt, in der der Mensch lebt, als Inbegriff dessen, worauf er sein Sorgen richtet (1Kor 7,31 ff.), sein Vertrauen und seinen Ruhm gründet und woher er seine Maßstäbe und seine Weisheit zu gewinnen sucht (1Kor 1,18 ff.; 2,6 ff.). Zeitlich-vergänglich (2Kor 4,18), den Menschen beherrschend, ihn verblendend ist sie der Machtbereich des Satans, des Gottes dieses Äons (2Kor 4,4).

Die ständige Relation von Mensch und Welt bekundet sich auch in den *anthropologischen Begriffen* des Paulus. Viele von ihnen sind uns bereits in seiner Lehre vom Gesetz begegnet. Doch sollen die wichtigsten hier noch einmal zusammengestellt, ergänzt und erläutert werden. Keiner von ihnen ist bei Paulus – sehr im Unterschied etwa zu Philo – als solcher Gegenstand der Reflexion. So wenig der Apostel jemals Wesen und Begriff Gottes abstrakt diskutiert oder die Schöpfung zu einem eigenen »Lehrstück« macht, so wenig finden sich bei ihm auch theoretische Auslassungen über den Menschen. Dennoch ergibt sich aus Begriffen und Wendungen deutlich sein Menschenbild. Alle bezeichnen nicht eigentlich einen Teil, sondern den ganzen Menschen, wenn auch jeweils unter wechselnden Aspekten. Wir übergehen hier geprägte Wendungen, die einfach als Umschreibung für Mensch/Menschheit gebraucht werden (wie schon im Alten Testament z. B. »alles Fleisch«, »Fleisch und Blut« u. ä.) und wenden uns einigen besonders charakteristischen Begriffen zu. Der umfassendste, auch theologisch wichtigste ist der paulinische Begriff *Leib* (sōma). Das tritt freilich nicht überall zutage. Oft wird er im geläufigen Sinn gebraucht: bezogen auf leibliche Anwesenheit (1Kor 5, 3; 2Kor 10, 10), körperliche Leiden und Schmerzen (Gal 6, 17; 1Kor 9, 27; 2Kor 4, 10), Geschlechtsverkehr (1Kor 6, 15 f.; 7, 4), Erlahmen und Vergehen der physischen Kräfte (Röm 4, 19); auch das schon in der Antike beliebte Bild von der Einheit des Leibes und der Mannigfaltigkeit seiner Sinne und Glieder ist Paulus vertraut (Röm 12, 4 ff.; 1Kor 12, 12 ff.). Von entscheidender Bedeutung aber ist, daß Paulus Leib und Leiblichkeit nicht als etwas am Menschen versteht, etwa wie in der altgriechischen (orphischen) Formel vom Leib als Grab (sōma / sēma) und Gefängnis der Seele oder wie die Enthusiasten in Korinth den Leib als das Minderwertig-Irdische von ihrem höheren, pneumatischen »Selbst« unterschieden (1Kor 6, 12 ff.). Leib ist für Paulus der Mensch in seiner konkreten Wirklichkeit. Er *hat* nicht einen Leib, sondern *ist* Leib (Bultmann). »Eure Leiber (oder auch ›eure Glieder‹) gehören Christus« (1Kor 6, 15) meint darum dasselbe wie »Ihr aber seid Christi Leib« (1Kor 12, 27). »Bringt eure Leiber Gott zum Opfer« (Röm 12, 1) bedeutet so viel wie »euch selbst«. In »meinem Leib« heißt: in mir (u. ä.). Mit »Leib« ist in besonderer Weise die Menschlichkeit des Menschen ausgesagt, der niemals wie ein Ding vorhanden ist, sondern sich erfährt, sich so oder so verhält, sich beherrscht oder auch wegwirft und verliert – der Mensch in seinen Möglichkeiten. Dieses aber gerade nicht im Sinne eines Auf-sich-selbst-Gestelltseins. Vielmehr bezeichnet der Leib den Menschen als den, der niemals sich selbst gehört, sondern immer einer Herrschaftsgewalt untersteht, der Sünde und dem Tod oder dem Herrn. In seiner Leiblichkeit ist der Mensch darum ständig gefragt, wessen Eigentum er ist (1Kor 6, 13. 15 ff.). Angesichts der Wirklichkeit des Menschen in seiner Welt heißt das, daß seine Möglichkeiten verwirkt und verloren sind und die Freiheit ihm nur widerfahren kann. Unter diesem Aspekt kann Paulus auch im Blick auf die Existenz des Glaubenden »dualistisch« vom leiblichen Dasein sprechen, freilich nicht im Sinn eines metaphysischen Dualismus, der die Leiblichkeit als solche abwertet, wohl aber zur Kennzeichnung der Geschichtlichkeit und Zeitlichkeit des Menschen, die er, solange er lebt, nie überspringen kann (2Kor 5, 1-10). Als Geschöpf und Eigentum des Herrn ist der Christ mit Leib und Gliedern aus der Knechtschaft der Ungerechtigkeit zum Dienst der Gerechtigkeit befreit und zum Leben bestimmt (Röm 6, 12-23). Diese Möglichkeit ist ihm eröffnet, sie ist in der Kraft des göttlichen Geistes schon wirksam (Röm 8, 10-13), aber vollendet sich erst in der Neuschöpfung durch

Gott. Sie gilt dem ganzen Menschen. Darum verficht Paulus mit höchstem Nachdruck gegenüber den korinthischen Schwärmern die Lehre von der leiblichen (nicht fleischlichen!) Auferstehung der Toten (1Kor 15).

Im Unterschied zum griechischen Denken spielt der Begriff *Seele* (psychē) bei Paulus keine dominierende Rolle. Mit ihm ist nicht die höhere, göttliche, unsterbliche Individualität des Menschen bezeichnet, sondern – wie schon im Alten Testament – der Mensch in seinen Lebensäußerungen, seinem Gestimmtsein und seiner Gesinnung (Phil 1,27; 2,2.19; 1Thess 2,8). In gleicher Weise ist auch gelegentlich vom (menschlichen) *Geist* (pneuma) die Rede – wohl zu unterscheiden vom göttlichen Geist! –; er meint den Menschen in seinem Bewußtsein, Vernehmen und Verstehen. Er kennt das »Innere des Menschen« (1Kor 2,11) und vernimmt das Zeugnis des göttlichen Geistes (Röm 8,16). Alttestamentlich-jüdischen, nicht griechischen Ursprungs ist ferner der von Paulus häufig verwendete Begriff des *Herzens:* das heißt, der Mensch in seinem Wünschen und Wollen (Röm 10,1; 1,24; 1Kor 4,5), seinem Trauern und Lieben (z. B. Röm 9,2; 2Kor 2,4; 7,3 u. ö.). Griechischer Herkunft sind dagegen Begriffe wie *Gewissen* und *Vernunft;* die Sprache des Alten Testaments und des Judentums kennt sie noch nicht. Die wichtigste Stelle für den ersteren ist Röm 2,15. *Gewissen* (syneidesis) ist das Wissen des Menschen um sich selbst, das sein Tun begleitet, seien es schon geschehene Taten oder die zu erfüllende Pflicht (1Kor 4,4; Röm 9,1; 13,5). Nach Paulus ist das Gewissen zwar nicht eine letzte Instanz für Gut und Böse, wohl aber ein untrüglicher Wahrheitszeuge, der nicht überhört und vergewaltigt werden darf, denn er sagt dem Menschen, wer er wirklich ist, im Gegensatz zu dem, was er zu tun scheint oder sein möchte (1Kor 8,7 ff.). Paulus übernimmt den Begriff, vermittelt wohl durch das hellenistische Judentum, der stoischen Popularphilosophie, wo er ebenso wie Röm 2 unter dem Bild eines Gerichtshofes verwendet wird (Ankläger, Zeuge, Richter). Bei ihm jedoch ist der Spruch des Gewissens nicht schon mit dem göttlichen Richterspruch identisch, vielmehr bestätigt es nur, daß der Wille Gottes keinem verborgen ist, und weist mit dem Hin und Her von Selbstanklage und Selbstverteidigung auf den künftigen, in letzter Klarheit ergehenden Spruch Gottes über den Menschen. Mit dem Auge der *Vernunft* (noūs) erschaut der Mensch, wie Paulus in der Sprache griechischer Religionsphilosophie und jüdischer Weisheit sagen kann, an den Werken der Schöpfung Gottes unsichtbares Wesen, seine ewige Kraft und Gottheit; er vernimmt damit seinen Anruf (Röm 1,20). Auch der Unerlöste muß mit der Vernunft Ja sagen zu Gottes Gesetz (Röm 7,22). Ihre Funktionen sind Verstehen, Prüfen, Entscheiden, Urteilen (2Kor 4,4; 10,5; Röm 12,2; 1Thess 5,21; Röm 3,28; 1Kor 4,1). So bezeichnet sie den Menschen in seinem Erhelltsein inmitten seiner Welt. Auch hier aber gilt: Sie ist nicht ein besseres Ich im Menschen. Weder bezeichnet und versteht Paulus sie wie die Stoa als den Logos, kraft dessen der Mensch an der göttlichen Weltvernunft partizipiert, noch wie die Gnosis als den übernatürlichen Geist, der ihn zum Glied einer Lichtwelt macht. Auch als der mit seiner Vernunft das für ihn Gute, d. h. das Leben Wollende und dem Gesetz Gottes Zustimmende ist der Mensch verloren (Röm 7,14 ff.). Doch wird sie als solche von Paulus nicht disqualifiziert. Selbst da, wo der Apostel die »Torheit der Botschaft« der »Weisheit dieser Welt« schroff gegenüberstellt, appelliert er an das Verstehen (1Kor 1,18 ff.), wie er alle Verkündigung an ihrer Verständlichkeit und Überführungskraft mißt (1Kor 14). Ohne das würde sie niemals das Denken des sich wider Gott behauptenden Menschen überwinden und unter den Gehorsam Christi gefangenführen (2Kor 10,3 ff.). Die Vernunft wird auch dem Glaubenden nicht genommen, wohl aber durch die Gnade »erneuert« (Röm 12,2).

Der Mensch ist in seiner Wirklichkeit »unter die *Sünde* (hamartia) verkauft« (Röm 7,14). Bezeichnenderweise ist von ihr fast immer in der Einzahl als von einer personhaften Macht die Rede. Mit Adams Ungehorsam in die Welt gekommen (Röm 5,12), ist sie über alle zur Herrschaft gelangt (Röm 5,21). Wie ein Söldnerführer bewaffnet und entlohnt sie die ihr Hörigen mit dem Tod (»der Tod ist der Sünde Sold«, Röm 6,23). Schon diese Redeweise zeigt, daß die Sünde mehr ist als nur ein Sammelbegriff für ein Vielerlei von Tatsünden, sosehr sie auch in sittlichen Verfehlungen zutage tritt (Röm 1,26 ff.; 2,21 ff.; 3,10 ff. u. ö.). Ihrem Wesen nach ist sie Feindschaft wider Gott (Röm 5,6 ff.; 8,7), dem Ehre und Dank verweigert wird. Sie hat den Menschen immer schon in ihrer Gewalt; ihren Bann vermögen auch die guten Taten der Heiden (Röm 2,14) wie die auf »eigene Gerechtigkeit« abzielenden Werke des frommen Juden nicht zu brechen. Am deutlichsten wird diese Haltung des Menschen durch den Begriff *Fleisch* (sarx) charakterisiert. Häufig zwar bezeichnet er wie schon im Sprachgebrauch des Alten Testaments den Menschen als Kreatur *im Unterschied zu Gott.* Fleisch ist der Mensch in seiner vergänglichen Existenz (Gal 4,13; 2Kor 12,7; 4,11; Phil 1,22.24 u. a.), im Hinblick auf seine Abstammung, Verwandtschaft oder Stellung in der Gesellschaft (Röm 1,3; 4,1; 9,3.8; 1Kor 10,18; 1,26). »Fleischlich« heißen irdisch-vergängliche Güter wie Nahrung und Geld (Röm 15,27; 1Kor 9,11). Doch hat »Fleisch« bei Paulus in zahlreichen Aussagen einen prägnanten Sinn, der der Sprache des Alten Testaments noch unbekannt ist. Dann bezeichnet er menschliches Wesen und Verhalten *im Gegensatz und Widerspruch zu Gott und Gottes Geist.* »Fleisch« meint hier – in der Regel in verbalen Verbindungen – den Grund, von dem her, und das Ziel, woraufhin der natürliche Mensch sich versteht und lebt (z. B. Röm 8,4; 2Kor 10,2; 11,18), wenn nicht gar die Machtsphäre, der er in seinem vitalen Drang zur Selbstbehauptung verfallen ist. Sie umgreift ebenso das grob sinnliche Begehren (Gal 5,13 ff. 24), wie auch die religiösen Vorzüge, auf die der Jude oder die Enthusiasten ihr Selbstvertrauen gründen (2Kor 11,18; Gal 6,12 f.; Phil 3,3 f.). Vermeintlich und scheinbar stellt der Mensch sich in solchem Verhalten auf sich selbst, in Wahrheit erliegt er jedoch den ihn versklavenden Mächten. Wie die Sünde ist auch das Fleisch eine versklavende Macht (Röm 7,14.18; 8,6 f. 12; Gal 5,16.24).

Dieses Verfallen des Menschen an sich selbst und die Macht des Verderbens vollendet sich im *Tod.* Lebens- und Selbstbehauptungsdrang des Menschen tragen ihm die Früchte zu, die der Tod gleichsam in seine Scheuer sammelt (Röm 7,5). Saat auf das Fleisch ist Verderbenssaat (Gal 6,8; vgl. auch Röm 6,23; 8,13; 2Kor 7,10). Vielfach wechselnde, oft nur angedeutete Bilder umschreiben dieses Geschehen. Sie zeigen, daß der Tod für Paulus nicht nur das physische Phänomen des Sterbens bezeichnet und nicht das Nichts jenseits der Grenze des Lebens. Vielmehr durchdringt der Tod mit seiner nichtigenden Kraft schon das natürliche Leben des Unerlösten, ob er es in Furcht (Röm 8,15) und Trauer (2Kor 7,10) hinbringt oder in der Lust, die dem Tod mit der Allerweltsparole zu begegnen sucht: »Laßt uns essen und trinken, denn morgen sind wir tot« (1Kor 15,32). So ist der Tod im Lebensdrang schon mit eingeschlossen, Fleisch und Sünde sind in sich selbst todesträchtig (Röm 6,16). Die Sünde ist der Treiberstachel in des Todes Hand (1Kor 15,56). Ineins mit der Sünde herrscht der Tod über die unerlöste Menschheit (Röm 5,12-21) und bleibt bis zum Ende der Welt der letzte Feind Christi (1Kor 15,26).

Diesen Unheils- und Todeskreis vermag das Gesetz nicht aufzusprengen (Röm 8,3), ja es besiegelt und festigt ihn nur. Als Heilsweg ist es abgetan; Christus ist des Gesetzes Ende (Röm 10,4).

Für Paulus wie nach ihm für die Reformatoren war die Botschaft von der Rechtfertigung allein aus Glauben der articulus stantis et cadentis ecclesiae (der Artikel, mit dem die Kirche steht und fällt). Das darf über die Schwierigkeiten nicht hinwegtäuschen, die sie dem heutigen Verstehen bereitet. Sie haben ihren Grund in der Zeitgebundenheit ihrer Sprache und ihrer Denkformen, aber nicht minder in der von Paulus selbst inaugurierten kirchlichen Tradition, die weithin versteinert ist und ihre Kraft verloren hat. So wie man einst auf dem Fundament alter Basiliken neue Kirchen gebaut hat, aber so, daß die alten Grundrisse kaum noch erkennbar blieben, fristet die paulinische Rechtfertigungslehre oft nur noch in pietätvoll gehüteten Formeln ein Schein- und Schattendasein. Nicht daß sie – jedenfalls im Umkreis reformatorischer Tradition – bestritten oder unbekannt wäre. Vielmehr ist sie in solchem Maße anerkannt und allzu bekannt, daß sie zur Selbstverständlichkeit geworden ist. So geht man mit ihr um wie mit einer Erfindung und Entdeckung, die früheren Generationen gelang und ihren Nachfahren nun offensteht und mühelos von der Hand geht. Die in christlicher Sprache noch mehr oder weniger geläufigen Vokabeln bestätigen dabei nicht mehr die Kraft, sondern die Ohnmacht des einst Gesagten. Die Selbstverständlichkeit der Botschaft verdeckt und verrät vielfach nur den Grad ihrer Unverständlichkeit. Sie ist damit nicht mehr, was sie war. Denn sicher ist eine selbstverständlich gewordene, in einen Katechismussatz oder in den Paragraphen einer Dogmatik verbannte Rechtfertigungslehre nicht mehr die des Paulus. Die Folgen liegen deutlich vor Augen: Die kirchliche Verkündigung redet ausgerechnet hier, wo nach Paulus das Herz des ganzen Evangeliums liegt und sein Wort erschütternd und befreiend den wirklichen Menschen traf, nur noch ein Phantom an. Nicht selten auch spürt man Predigt und Theologie, sofern sie nicht längst auf angeblich zeitgemäßere Felder ausgewichen sind, das ebenso redliche wie vergebliche Bemühen ab, mit armseligem Pflug Felsblöcke zu zerkleinern und das Terrain in Kleingartenland umzuwandeln.

Das zeigt, welcher Anstrengung es bedarf, die paulinische Botschaft wieder zum Sprechen zu bringen und damit in den Sturm zu geraten, den sie einst entfacht hat. So bleibt die Aufgabe einst wie heute, sich seiner Lehre auszusetzen, sie nachzubuchstabieren und nach Kräften neu zu verstehen.

Die Rechtfertigungslehre des Paulus »nachbuchstabieren« kann nicht heißen, sie scholastisch in ihre einzelnen begrifflichen Bestandteile zu zerlegen und diese hernach wieder zu einem Ganzen zu summieren. Das in Christus Ereignis gewordene und im Evangelium vergegenwärtigte Geschehen steht am Anfang und bekundet sich alsbald in dem spannungsvollen Bezugsfeld, in das die einzelnen Begriffe in der paulinischen Botschaft gestellt sind. Jeder von ihnen verweist auf den anderen und ist nicht schon in sich selbst eine zureichende Aussage. Wohl aber will jeder Begriff daraufhin befragt werden, was er zum Verständnis der im Evangelium verkündigten Geschichte einträgt.

1. Gottes Gerechtigkeit

Paulus lehrt nicht den allgemeinen theologischen Satz, daß Gott gerecht sei. Das Besondere seiner Botschaft ist die Übereignung der Gerechtigkeit Gottes an den Glaubenden. Was aber heißt das, und was bedeutet hier Gerechtigkeit, gerecht machen, gerecht werden, Rechtfertigung?

Keine der abendländischen modernen Sprachen verfügt über einen Begriff, der den Bedeutungsgehalt des paulinischen und biblischen Wortes angemessen wiedergibt. Gleichwohl wäre es nicht geraten, das alte Wort »Gerechtigkeit« dafür zu verwerfen. Mit ihm würde schnell auch die von Paulus gemeinte Sache verlorengehen. Aber welche Sache? Überraschen mag schon die Tatsache, daß Paulus Röm 1,17 in *einem* Satz von der Gerechtigkeit Gottes und der des Glaubenden redet und doch beides nicht zweierlei, sondern eines ist: Gottes Gerechtigkeit. Er kann dafür auch sagen »Gerechtigkeit aus Gott auf Grund des Glaubens«, »aus Glauben« (vgl. Phil 3,9; Röm 9,30; 10,4.6; Gal 2,16 u.a.). Sie und nur sie ist nach Paulus für den Menschen die Rettung vom Tod und der Zugang zum Leben vor Gott (Röm 1,17; Phil 3,9 ff.), in schroffem und exklusivem Gegensatz zu der »Gerechtigkeit«, die der Fromme den Werken des Gesetzes abzwingen will, denn was er in seinem Eifer zustande bringt, ist immer nur seine »eigene« (Röm 10,3), niemals Gottes Gerechtigkeit (vgl. Röm 9,30–10,4; 3,21.31).

Schon dieser Sprachgebrauch zeigt, daß »Gerechtigkeit« und »gerecht«, von Gott, zugleich aber auch vom Menschen ausgesagt, nicht im griechischen (und lateinischen) Sinn als eine Eigenschaft verstanden werden darf. Dieses falsche Verständnis hat die Theologie lange in die Irre geführt, weil man sich an dem Begriff der griechischen Kardinaltugend und dem lateinischen Ideal der iustitia orientierte. Noch für Luther war das so mißverstandene Wort »Gerechtigkeit Gottes« zunächst ein Gegenstand des Schreckens, weil er es selbstverständlich an der richterlichen Norm des göttlichen Gesetzes maß, der der sündige Mensch niemals genügt. Wie sollte eine solche Gerechtigkeit Inhalt des *Evangeliums* sein? Erst nach langen, qualvollen Bemühungen brach sein neues, befreiendes Verständnis der Gerechtigkeit im biblisch-paulinischen Sinne durch. Als Eigenschaft, als ethische Qualität Gottes des Richters und des Menschen verstanden, wird sie in der Tat sinnlos. Eigenschaften lassen sich nicht übertragen. Sie charakterisieren jeden in seiner Besonderheit und können nur Gleichartige zusammenschließen, z. B. Gerechte gegenüber Ungerechten. Bei Paulus ist aber gerade dies gemeint: der Zusammenschluß der völlig Ungleichartigen, Gottes und des Menschen, Gottes und seiner Feinde (Röm 5, 10), ja – wie Paulus in äußerster Paradoxie sagen kann – Gottes und des Gottlosen (Röm 4, 5; vgl. 5, 6). Gott eignet seine Gerechtigkeit dem Menschen zu, der Sünder und in sich selbst nicht gerecht ist. Gott ist gerecht und erweist seine Gerechtigkeit, indem er den Glaubenden gerecht macht (Röm 3, 26). Gerechtigkeit kann nun wirklich von beiden ausgesagt werden und ist und bleibt doch Gottes Gerechtigkeit. Der strikte Unterschied besteht jedoch darin, daß nur für Gott das Activum gilt: gerecht sprechen und damit gerecht machen (vgl. Röm 3, 26; 4, 5; 8, 30. 33; Gal 3, 8 u. ö.), vom Menschen dagegen das Passivum: gerecht gesprochen / gerecht gemacht werden (vgl. Röm 2, 13; 3, 20. 28 u. ö.). Die Genitivverbindung »Gerechtigkeit Gottes« meint grammatisch gesprochen also nicht einen genitivus subjectivus (damit wäre Gott in die unerreichbare, den Menschen ausschließende Ferne seiner Majestät verbannt), sondern einen genitivus auctoris. Das heißt: Gott schafft dem Menschen sein Recht, setzt ihn ins Recht – den Menschen, der ohne diesen Spruch und diese Tat Gottes verloren ist, aber nun vor ihm leben darf.

In allen diesen Wendungen ist und bleibt Gott der Richter, und die Beziehung des Menschen zu ihm ist als ein Rechtsverhältnis verstanden. Über Sein und Nichtsein, Leben und Tod des Menschen entscheidet allein der Spruch Gottes. Weil das Wort Gerechtigkeit für Paulus nicht seinen juridischen Sinn verloren hatte, konnte er es auch den Griechen zumuten. Überraschend und neu aber ist in seiner Botschaft, daß Gott der Richter nicht selbst einer unwandelbaren, über ihm stehenden Rechtsnorm untersteht und ihr entsprechend sein Urteil fällen müßte. Gott allein bestimmt, was Gerechtigkeit und gerecht ist. Nur darum

kann Paulus sagen: Sie ist offenbar geworden *»ohne* Gesetz« (Röm 3,21). Eine vom Menschen her gesehen unmögliche Aussage! Stellt der Mensch sich vermessen jenseits des Gesetzes und durchbricht seine Schranken, so ist das Ende nur Gesetzlosigkeit, und er muß erfahren, daß er damit dem Gesetz in Wahrheit nicht zu entrinnen vermag, sondern erst recht seine Gewalt zu spüren bekommt. Gott aber ist nicht Sklave seines Gesetzes, sondern das Gesetz steht in seinem Dienst. Er hat seine Gerechtigkeit nicht vor dem Gesetz auszuweisen, sondern es ist dazu da, auf Gottes Gerechtigkeit hinzuweisen; es weist über sich selbst hinaus (Röm 3,21 b). Indem es uns kundtut, daß wir vor Gott nicht gerecht sind, bezeugt es den, der allein gerecht ist und gerecht macht, freispricht aus Gnade. Er überläßt den Menschen nicht sich selbst. Er sagt Ja zu dem Gottlosen. Gott verschließt sich also nicht in seiner Gerechtigkeit, sondern schließt den Sünder in sie ein und holt ihn aus der Ferne in die Nähe. Diese Rechtfertigung des Sünders ist Gottes Spruch und Tat zugleich. Sein Wort vollbringt, was es sagt. Eine Fiktion, ein »als ob« hat hier keinen Raum.
Die Wurzeln dieses paulinischen Denkens liegen nicht im Griechentum, sondern im Alten Testament (AT) und im Judentum, auch wenn die paulinischen Aussagen weit darüber hinausführen. Gerechtigkeit, Gerechtsein und entsprechend verbale Wendungen wie gerecht erklären, freisprechen, Recht schaffen u. ä. sind bereits im AT Grundbegriffe für das Bundesverhältnis, das Jahwe mit seinem Volk geschlossen hat. Sie bezeichnen, von Gott ausgesagt, die Treue, mit der er zu diesem Bund steht und ihn in seiner Güte und Gnade immer neu verwirklicht. Entsprechend besteht auch die Gerechtigkeit des alttestamentlichen Frommen in dem bundesgemäßen Verhalten, d. h. im Gehorsam gegenüber dem Anruf und den Weisungen Jahwes, die sein Volk in diesem Gemeinschaftsverhältnis bewahren. Daß der Mensch diesem Willen Gottes nicht genügt und »keiner vor Gott gerecht ist« (Ps 143,2; Hi 4,17), hat gewiß in alttestamentlichen und jüdischen Psalmen und Gebeten vielfachen, bewegenden Ausdruck gefunden, wie auch die neugefundenen Qumran-Texte reichlich bestätigen. Um so mehr vertraut der Fromme auf Gottes Treue und Erbarmen. So begegnen schon im Judentum Zeugnisse, die ganz »paulinisch« klingen: »Denn dadurch wird deine Gerechtigkeit und Güte, Herr, offenbar, daß du dich derer erbarmst, die keinen Schatz von guten Werken haben« (4Esr 8,36). Oder in der Sektenregel Qumrans: »Strauchle ich durch die Bosheit meines Fleisches, so wird meine Rechtfertigung durch Gottes Gerech-

tigkeit ewig bestehen« (1 QS XI, 12). Doch darf der Gleichklang zwischen solchen und paulinischen Aussagen nicht über die tiefe Differenz hinwegtäuschen. Die jüdischen lösen sich niemals von dem einzigartigen Verhältnis Gottes zu seinem erwählten Volk und bedeuten in keinem Fall eine Infragestellung des Gesetzes als Heilsweg. Undenkbar wäre hier die für Paulus kennzeichnende Steigerung, die er dem von ihm selbst zitierten Psalmwort (Ps 143, 2) hinzufügt: *»›aus Werken des Gesetzes‹* wird keiner vor ihm gerechtfertigt« (Röm 3, 20; Gal 2, 16). Darum ist auch die paulinische Entgegensetzung von Werken und Glauben für den Juden ein Unding.

2. Die Gnade

Durch Christus – durch den Glauben allein! Mit dieser Botschaft hat Paulus dem noch in der Linie alttestamentlich-jüdischer Tradition liegenden Gedanken, daß Gott allein rechtfertigt und der Fromme auf seine Gnade angewiesen ist, nicht nur neue Motive gleichsam hinzuaddiert. Was solo deo (durch Gott allein) und sola gratia (durch Gnade allein) heißt, hat einen alle umfassenden, radikal neuen Sinn erhalten. Die Gerechtigkeit Gottes für den Glauben ist ohne Gesetz in dem »Sühnopfer« Christi begründet und offenbar geworden (Röm 3, 21 ff.). Paulus hat den Gedanken des Sühnopfers Christi nicht selbst geprägt. Er entstammt der frühen judenchristlichen Theologie, die in Christi Tod einen Erweis der Bundestreue Gottes sah und ihn noch ganz auf die Wiederherstellung des schuldhaft von Israel gebrochenen Sinaibundes bezog. So klingt der Gedanke in der Tat in Röm 3, 25 noch an. Doch tritt er alsbald in der eigenen Interpretation des Paulus völlig zurück hinter dem weltweiten und weltenwendenden Heilshandeln Gottes in der Gegenwart, das allen zuteil wird, die es im Glauben an Jesus annehmen (Röm 3, 26). Dabei ist der Opfergedanke nicht als ein Akt der Selbstbehauptung Gottes verstanden und vollends nicht als eine von der schuldigen Menschheit erbrachte Sühneleistung. Die in der späteren Theologie diskutierte Frage: welche Bedingungen mußte Gott in seinem Heilswerk erfüllen, um nicht selbst Schaden zu nehmen? wird von Paulus nicht gestellt. Wohl aber umschreibt der Gedanke die Gnade Gottes, der in Christus allen seine Gerechtigkeit zugewandt hat und die Glaubenden in sie hineinnimmt, um sie dem Schaden zu entreißen, dem sie ohne Christus verfallen sind. Hinter diese Gnade reflektiert Paulus nicht zurück. Ohne daß das Wort fällt, spricht er damit den

Gedanken des *neuen* Bundes aus, der zu dem alten, auf Israel beschränkten Sinaibund in radikaler Antithese steht (vgl. 2Kor 3,6 ff.; Gal 4,24; Röm 11,27).

Paulus schließt den großen Abschnitt Röm 3,21 ff., der seine Rechtfertigungsbotschaft entfaltet, mit einem Siegesruf: »Wo bleibt nun das Rühmen? Es ist ausgeschlossen. Durch welches Gesetz? Das der Werke? Nein, sondern durch das Gesetz des Glaubens. Denn wir rechnen damit, daß der Mensch allein durch Glauben gerecht wird ohne Werke des Gesetzes« (Röm 3,27 f.). Ein Siegesruf ähnlich dem in 1Kor 15,55: »Wo ist dein Sieg, Tod? Wo ist dein Stachel, Tod?« Nicht Menschen haben diesen Sieg errungen, sondern Gott, und alle haben an ihm teil, so wahr Gott nicht nur der Juden, sondern auch der Heiden Gott ist (Röm 3,29).

Wo immer der Apostel von Gottes *Gnade* (Röm 3,24; 5,2.15; 2Kor 8,9; Gal 1,6; 5,4 u. ö.) oder auch Gottes *Liebe* (Röm 5,8; 8,35.39; 2Kor 5,14; Gal 2,20) redet, denkt er nicht bloß an eine allgemeine Gesinnung Gottes, sondern meint das Handeln Gottes, das im Tode Christi Ereignis geworden ist. Diese Liebe findet nichts vor, was ihrer wert ist, nur Schwache, Gottlose, Sünder und Feinde (Röm 5,6-8). Ihre Paradoxie, für menschliches Verstehen ein Widersinn (5,7), zeigt ihre göttliche Größe. Auf sie läßt sich das schöne Wort des Rechtsphilosophen G. Radbruch anwenden: »Die Gnade ist dem Wunder innigst verwandt. Wie das Wunder die Naturgesetze durchbricht, so durchbricht diese die Rechtsgesetzlichkeit, und beiden gemeinsam ist jene Wirkung, die ein großes, unverdientes Glück auf jeden übt, der solcher Ansprache fähig ist.« Gnade gefährdet nicht die Ordnung des Rechtes, sie hebt die Unterschiede zwischen Gut und Böse nicht auf und führt nicht in die Anarchie. Vielmehr begründet sie eine neue Ordnung, den neuen Bund.

Für »Rechtfertigung« gebraucht Paulus in gleichem Sinne auch das Wort *»Versöhnung«* (Röm 5,10 f.; 2Kor 5,18 f.). So wie die Rechtfertigung ist auch die Versöhnung allein Gottes Tat in der Hingabe Christi. Daß Gott durch sein Opfer versöhnt *wird*, sagt Paulus niemals. »Gott versöhnte die Welt mit sich selbst« (2Kor 5,19). Bezeichnenderweise lautet sein Ruf: »Laßt euch versöhnen mit Gott!« (Imperativus Passivi!). Damit wird zugleich die weltumgreifende Bedeutung der Heilstat Gottes im Tode Christi deutlich. Sie ist insonderheit das Thema der nachpaulinischen Briefe an die Kolosser und Epheser (Kol 1,20 ff.; Eph 2,16). Gottes rettende Tat begründet einen Stand des Heils, »eine Gnade, in der wir *stehen«* (Röm 5,1 f.).

3. Der Glaube

Auch der Glaube ist in der paulinischen Theologie kein Thema in sich selbst. Von ihm wird nicht gesprochen als von einer religiösen Gesinnung und frommen Haltung. Bezeichnenderweise gibt Paulus ebensowenig wie das übrige Neue Testament (mit der einen Ausnahme von Hebr 11,1) jemals eine Definition des Glaubens. Dieser hat sein Wesen von seinem Gegenstand her, auf den er sich richtet, von der göttlichen Gnade. Nie wird er unter Absehung von dem, woran er glaubt, selbst als Gegenstand der Reflexion verobjektiviert. Glaube heißt immer Glaube an... (Gal 2,16; Röm 10,14; Phil 1,29 u. ö.), glauben, daß... (1Thess 4,14; Röm 6,8; oft verbunden mit einem genitivus objectivus). In diesem Sinne ist er Annahme der Heilstat Gottes, die das Evangelium verkündet, in gehorsamem Vertrauen und vertrauendem Gehorsam (Röm 1,5; 6,16; 2Kor 10,5 u. a.). Als solcher ist er Bedingung des Heils, aber nicht so, daß er zuvor kraft eines menschlichen Entschlusses erbracht werden müßte, um danach des Heils teilhaftig zu werden. Bedingung heißt hier nicht Vorbedingung und Vorleistung. So mißverstanden wäre er selbst ja nur wieder ein »Werk«, den Gesetzeswerken vergleichbar, die der Jude aufzubringen sich bemüht, um auf Grund derselben von Gott anerkannt und gerecht gesprochen zu werden. Dabei wäre es ohne Belang, ob man ihn als höchste Frömmigkeitsstufe und als einen Zustand der Seele (Philo) versteht oder als eine Art Ersatzwerk, das des Menschen Unvermögen vor Gott kompensieren und ihn veranlassen könnte, die gute Gesinnung für die schuldig gebliebene Tat anzusehen. Der strikte, exklusive Gegensatz von Werk und Glaube wäre damit hinfällig und die Rechtfertigung des Gottlosen preisgegeben.

Schon im Judentum ist *Abraham* schlechthin *der* Prototyp des wahrhaft Glaubenden, und zwar nicht nur als moralisches Vorbild, sondern als der Vater Israels. Ihn hat Gott aus den Völkern herausgerufen (Gen 12), mit ihm seinen Bund geschlossen und ihm die Beschneidung als Bundeszeichen gegeben für alle seine Nachkommen (Gen 15; 17). Auf ihn gründet sich Israel als erwähltes Gottesvolk. Diese Tradition hat sich auch im Urchristentum fortgesetzt. Das zeigen viele Stellen der Evangelien und der Apostelgeschichte. Abrahams Söhne zu sein und Erben der ihm gegebenen Verheißung, nimmt auch die Urchristenheit für sich in Anspruch. Der Gott, zu dem sie sich bekennt, ist der »Gott Abrahams, Isaaks und Jakobs« (Mk 12,26 Parr.), wie auch Jesus als Messias Abrahams Sohn heißt (Mt 1,1 f.; Gal

3, 16). An Abrahams Verhalten wird für Juden und Christen gleicherweise sichtbar, was Glaube heißt. Die klassischen alttestamentlichen Stellen, auf die man sich dabei beruft, sind Gen 12 (Abrahams Gehorsam gegenüber dem Rufe Gottes), Gen 22 (seine Bereitschaft, auf Gottes Forderung hin sogar seinen Sohn zu opfern) und Gen 15 (sein unbedingtes Vertrauen zu der Verheißung einer großen Nachkommenschaft). Diesen Glauben hat Gott ihm als Gerechtigkeit angerechnet. So nennt ihn in keinem anderen Sinn als schon zuvor das Judentum Hebr 11 unter der »Wolke der Glaubenszeugen« in Erinnerung an seinen gehorsamen Auszug ins Unbekannte, allein auf das an ihn ergangene Wort Gottes hin (Hebr 11, 8) und noch zum zweiten Mal in Erinnerung an Isaaks Opferung (11, 17 ff.). Auch der Jakobusbrief führt ausdrücklich diese gleiche Bewährung des Glaubens Abrahams mit der Tat an (Jak 2, 20 ff.) und verknüpft diese Schriftstelle mit der anderen klassischen aus Gen 15, 6, um zu verdeutlichen, daß nicht der Glaube allein, sondern Glaube und Werk von Gott gerechtfertigt werden.

Auch Paulus verdeutlicht, was Glaube heißt, an Abraham, aber unter Verzicht auf Gen 12 und 22 in Beschränkung allein auf Gen 15, 6 (»Abraham glaubte Gott, und das ward ihm als Gerechtigkeit angerechnet«; Röm 4, 3; Gal 3, 6). Die breiten Ausführungen über Abrahams Glauben und den Segen Gottes, durch den er zum »Vater vieler Völker« wurde (Röm 4; Gal 3), sind ihrer Form nach eine Art Midrasch, eine Schriftauslegung nach jüdischer Art zur Darlegung eines Glaubenssatzes. Inhaltlich freilich unterscheiden sie sich radikal von traditionellen jüdischen Gedanken, und was zunächst als seltsame schriftgelehrte Reflexion anmutet, ist in Wahrheit ein Kampf auf Leben und Tod um die Fundamente und Prinzipien jüdischen und christlichen Glaubens überhaupt. Nach jüdischer Überzeugung, aber auch nach der des Jakobusbriefes, ist Abrahams Rechtfertigung durch Gott der wohlverdiente Lohn für den höchsten Erweis der Frömmigkeit. Paulus jedoch versteht sie nicht als »geschuldeten Lohn«, sondern als »Gnadenlohn« (Röm 4, 4 f.). Das ist die Erkenntnis, die er der Geschichte Abrahams entnimmt, nicht nur für jüdische Ohren geradezu blasphemisch: Gott »spricht den Gottlosen gerecht« (Röm 4, 5). Der starke Ausdruck darf nicht abgeschwächt werden. Freilich braucht kaum gesagt zu werden, daß hier nicht von moralischen Mängeln Abrahams die Rede ist, daß Paulus ihm etwas am Zeuge flicken und ihn gegenüber der jüdischen Verehrung herabsetzen will. Gleichwohl figuriert er hier als Prototyp des Menschen – aller Menschen, die von Natur keinen Zugang zu Gott haben, sondern Sünder und Feinde Gottes sind (vgl. Röm 5,6 ff.). Diesen Menschen hat Gott geliebt und spricht ihn auf Grund seines Glaubens gerecht.

Damit bekommt auch der altjüdische Bundesgedanke, symbolisiert im Bundeszeichen der Beschneidung, einen tödlichen Stoß. In schriftgelehrter Manier, in der gemeinten Sache aber ganz unjüdisch, folgert Paulus aus der Nachordnung von Gen 17 (der Gabe des Beschneidungszeichens) hinter Gen 15 (Abrahams Rechtfertigung auf Grund des Glaubens, nicht seiner Werke), daß jenes Bundeszeichen seine noch im Stand des Heiden ihm zugesprochene Glaubensgerechtigkeit nur nachträglich besiegeln und bestätigen sollte (Röm 4,11). So ist Abraham zum »Vater vieler Völker«, d. h. auch der Heiden geworden. Mit anderen Worten heißt das: Das Heil ist nicht an die nur dem irdischen Israel gegebene Verheißung gebunden und nicht im Bereich des Gesetzes zu suchen, sondern dort, wo Gottes Gnade und der Glaube allein gelten (Röm 4,16; vgl. Gal 3,6-18). In diesem Sinne gilt es, in Abrahams »Fußstapfen zu treten« und Vordermann zu halten (Röm 4,12), auf einem diametral anderen Weg als die Juden vermeinen, die einem Phantom nachjagen.

Dieser Glaube im Gegensatz zu den Gesetzeswerken hat seinen festen Grund in der Zusage Gottes; er ist nicht nur ein allgemeines Gottvertrauen. Nach menschlichen Maßstäben steht er wie der Schöpfer selbst vor dem Nichts, aber er hält sich an das Wort dessen, »der die Toten lebendig macht und dem Nichtseienden ruft, daß es sei« (Röm 4,17). So ist er Glaube auf Hoffnung, wo für Menschenaugen nichts zu hoffen ist (»wider die Hoffnung auf Hoffnung«, Röm 4,18), so wie Abraham von den »vielen Völkern«, deren Vater er werden sollte, noch nichts sah. Gottes Verheißung ist seine einzige Bürgschaft. Das besagt nicht, daß er blind sei gegenüber der Wirklichkeit und in Illusionen entflieht: »Ohne im Glauben schwach zu werden, sah Abraham sehr wohl seinen erstorbenen Leib und daß der Mutterleib Saras tot war. Dennoch verfiel er nicht in Zweifel und Unglauben, sondern erstarkte im Glauben und gab Gott die Ehre in der Gewißheit, daß er Macht habe zu tun, was er verheißen hat« (Röm 4,19 ff.). Dieser Glaube wird von Gott als Gerechtigkeit angerechnet, der Glaube, mit dem Abraham auf die künftige Verheißung wartete, und der Glaube, mit dem die Glaubenden jetzt auf ihre Erfüllung in Tod und Auferstehung Christi sich gründen (Röm 4,23 ff.).

Schritt um Schritt wird so in Röm 4 der Kampf mit dem Judentum um Abraham, um den wahren Sinn des Gottesvolkes, um

die »Heilsgeschichte«, um das ewige Heil ausgekämpft, und alles, was der Jude im Unterschied zu den Heiden für sich beansprucht, wird den Glaubenden aus Juden und Heiden zugesprochen.
Der urchristliche und paulinische Glaubensbegriff hat mit dem alttestamentlich-jüdischen vieles gemein. Schon im Alten Testament bedeutet Glaube: sich auf das verlassen, was gültig, fest, verläßlich ist – den Bund, das Gesetz, die Verheißungen Gottes. Hier berührt sich das hebräische Verb häämin (vom selben Stamm wie das auch in unsere religiöse Sprache eingegangene »Amen«) mit der griechischen Wortgruppe pistis = Treue (von Mensch zu Mensch), pisteuein = Vertrauen haben und beweisen, pistos = treu oder vertrauenswürdig und etwas, worauf Verlaß ist. So bot sich diese griechische Wortgruppe, obwohl sie ursprünglich keinerlei religiösen Sinn hat, dem hellenistischen Judentum und Christentum an, wo die Worte erst zu religiösen Zentralbegriffen geworden sind und den »Glauben« bezeichnen. Er schließt in sich das geduldige Harren, die unbeirrbare Hoffnung und hat nichts gemein mit vagen Vermutungen und Hoffnungen, die der Mensch sich »macht«, oder allgemeinen Ansichten und Überzeugungen, wozu unsere Sprache das Wort degradiert hat.
Aber soviel Elemente davon der christliche Glaube auch übernommen hat, er erschöpft sich darin nicht. Er bezeichnet vor allem die Annahme der Christusbotschaft. Dabei ist die Heilstat Gottes in Christus selbst Inhalt des Glaubens. Zwar gründet sich auch der alttestamentlich-jüdische Glaube auf die Israel widerfahrenen Gottestaten (z. B. die Rettung aus Ägypten; Jahwes Wundertaten in der Wüste; die Niederwerfung der Feinde Israels; sein Einzug in das verheißene Land). Aber diese selbst sind nicht Inhalt des Glaubens, sondern aufweisbare und erzählbare Ereignisse der Volks- und Weltgeschichte. Anders im Urchristentum und bei Paulus: Hier will das im Evangelium verkündete heilbringende Geschehen von Christi Tod, Auferstehung und Erhöhung selbst im Glauben angenommen und angeeignet werden. Darum »kommt der Glaube aus der Predigt, die Predigt aber durch das Wort Christi« (Röm 10, 17). In dieser unmittelbaren Zuordnung von Wort und Glaube wird die Gerechtigkeit Gottes zur Glaubensgerechtigkeit. Glaube als Empfangen und Gehorsam sind darin eines, wie auch umgekehrt Unglaube und Ungehorsam von Paulus nicht selten synonym gebraucht werden (Röm 1, 8 und 16, 19; 1Thess 1, 8 und Röm 15, 18; Röm 10, 3 und 10, 16; 2Kor 10, 5 f.; Röm 10, 21; 11, 30 ff.; 15, 31 u. a.).

Entscheidend ist, daß es hier keine bedingenden und vermittelnden Zwischenglieder zwischen Gott und dem Glaubenden mehr gibt. Wie das Gesetz nicht mehr zwischen Gott und Mensch steht, so ist auch dem Menschen der Irrweg abgenommen und verwehrt, zwischen Gott und sich selbst das Wahngebilde eigener Werke und Weisheit aufzurichten. Bedingungslos wie die Gnade (Röm 3,24; Gal 2,21) ist auch der Glaube. Er erbringt keine Vorleistung, sondern ist Verzicht auf eigene Leistung und niemals Grund des »Ruhmes«, d.h. der Selbstbehauptung vor Gott.

Zur Hingabe an Gott im Glauben gehört darum unveräußerlich die Selbstpreisgabe – Preisgabe des eigenen Selbstverständnisses, das vermessen und verzweifelt zugleich dem alten, natürlichen Menschen im Blute sitzt, und Annahme eines neuen, von Gottes Gnade eröffneten (Röm 5,3; 14,14; 1Kor 15,10; Gal 2,20; Phil 1,19). So ist der Glaube Ende der alten, aber zugleich Anfang einer neuen Existenz, in der der Glaubende nun erst recht zu »stehen« und sich zu bewähren hat (1Kor 16,13; Gal 5,1; Phil 1,27; 4,1; 1Thess 3,8), in Bewegung versetzt und nicht schon am Ziel: »Nicht daß ich es schon erfaßt hätte oder schon vollkommen wäre. Ich jage ihm aber nach, ob ich es ergreifen möchte, weil ich ja von Christus Jesus ergriffen bin« (Phil 3,12).

Solcher Glaube geht die ganze konkrete Existenz des einzelnen an mit allen ihren individuellen Situationen und Möglichkeiten. In diesem Sinne gibt es darum auch ein Wachsen (2Kor 10,15) wie ein Schwachwerden und Erlahmen im Glauben (Röm 14,1; 1Thess 3,10) und ein je verschiedenes »Maß« des Glaubens (Röm 12,3).

4. Heilsgeschehen und Heilsgeschichte

Nicht zufällig war in dem, was wir bisher gesagt haben, vom Heilsgeschehen so die Rede, als ginge es nur den einzelnen an. Wo vom Glauben geredet wird, muß in der Tat notwendig vom einzelnen, seiner Verlorenheit und seiner Rettung gesprochen werden. Glaube ist niemals die Sache eines Kollektivs, sondern des einzelnen, vor dessen »Gewissen« Paulus darum mit der Wahrheit seiner Botschaft offenbar werden will (2Kor 4,2; 5,11). Das hat mit Subjektivismus, Individualismus und Existentialismus im modernen Sinn nichts zu tun und schränkt den welt- und geschichtsweiten Horizont der paulinischen Rechtfertigungsbotschaft in keiner Weise ein. Im Gegenteil, die »Vereinzelung« im Glauben ermöglicht und begründet gerade die Universalität des Heils.

Die zumal von den Reformatoren inaugurierte, angeblich individualisierende Interpretation der Heilsbotschaft des Apostels ist in der neueren Paulusforschung leidenschaftlich angefochten worden. Dabei ist nicht die zentrale Bedeutung der Lehre von der Gerechtigkeit Gottes bestritten. Wohl aber richtet sich die Kritik darauf, daß man die Welt- und Zukunftsdimension der von Paulus verkündeten Gottesgerechtigkeit preisgegeben und sie unter Verkennung ihres apokalyptischen Horizontes auf das einzelne Individuum eingeengt habe. Das bekunde sich darin, daß man sie vornehmlich, wenn nicht gar ausschließlich als *Gabe* an den Menschen verstünde. In Wahrheit meine Paulus mit Gottes Gerechtigkeit »die sich eschatologisch in Christus offenbarende Herrschaft Gottes über der Welt«; »jenes Recht, mit welchem Gott sich in der von ihm gefallenen und als Schöpfung doch unverbrüchlich ihm gehörenden Welt durchsetzt« (E. Käsemann). Primär sei Gottes Gerechtigkeit als *Macht* zu verstehen, und nur sofern sie sich der ganzen Schöpfung mitteilt und alle – auch die Heiden, nicht allein das israelitische Bundesvolk – in ihren Heilsbereich mit einschließt, sei sie auch als *Gabe* zu bezeichnen. Weil Paulus nicht auf den einzelnen, sondern auf eine neue Menschheit und eine neue Schöpfung abzielt, ist er nach dieser Deutung auch und gerade mit seiner Rechtfertigungslehre Apokalyptiker geblieben.

Doch sind mit diesen Thesen die Gewichte eigentümlich verlagert. Denn die für Paulus entscheidende und einzigartig von ihm zur Geltung gebrachte Zuordnung von Gottesgerechtigkeit und Glaube tritt in ihnen merkwürdig zurück. Eben diese ist in alttestamentlichen und apokalyptischen Texten ohne Vorbild und eine genuine Neuschöpfung des Paulus. Trotz seiner unbestreitbaren Abhängigkeit von jüdischer Tradition tritt er damit in schroffen Gegensatz zum Denken der Apokalyptik. Diese, primär und wesentlich kosmisch orientiert, faßt zuerst den Weltlauf ins Auge, und der einzelne ist nur noch ein Teilchen in einer Kette des Verhängnisses oder des Heils. Aus solcher Betrachtung befreit Paulus den Menschen, indem er ihn als verantwortlichen Sünder und als begnadetes Geschöpf Gottes anspricht. Er befreit damit auch Glauben und Theologie von dem furchtbaren Irrweg des Theodizeeproblems, in dem schon die jüdische Apokalyptik, wie besonders die Apokalypse des 4Esr zeigt, enden und scheitern mußte und das beständig den Glauben bedroht.

Man darf sich nicht dadurch täuschen lassen, daß der Vokabel nach auch das Wort »Theodizee« nichts anderes bedeutet, als was Paulus mit »Gerechtigkeit Gottes« sagt. Ansatz und Inhalt des Fragens und Denkens sind gleichwohl hier und dort völlig verschieden. Denn die Frage der Theodizee will die Gerechtigkeit Gottes in den Weltgeschehnissen und in der Geschichte des einzelnen ergründen und sucht einen Platz zu gewinnen, der dem Menschen niemals zukommt. Die Rechtfertigungsbotschaft des Paulus dagegen – wie seine Lehre vom Gesetz – hält den Menschen in seiner Wirklichkeit fest und sagt, daß Gott ihn dort gesucht und gerettet hat.

Schon an der paulinischen Gesetzeslehre haben wir bemerkt, wie sehr sie im Gegensatz steht zu allem weltanschaulichen Denken über Gott und Welt (s. oben S. 139). Das Entsprechende gilt auch für das Heilsverständnis und zumal die Rechtfertigungslehre. Sie zwingt den Menschen sozusagen in den Lichtkegel der im Evangelium für den Glauben geoffenbarten Gerechtigkeit Gottes und verwehrt ihm, die heilsame Grenze dieser Begegnung mit Gott zu überschreiten.

Das soll nicht heißen, daß Paulus das Verhältnis Gottes zum Menschen und des Menschen zu Gott »privatisiert« und die Dimensionen der Welt und der Geschichte gleichsam abgeblendet hätte. Das Verständnis der den einzelnen übergreifenden *Geschichte Gottes* mit seinem Volk, das seit alters das große Thema alttestamentlich-jüdischen Glaubens ist, hat Paulus in seiner Rechtfertigungslehre keineswegs preisgegeben. Wie aber versteht er die »Heilsgeschichte«? Bereits das besprochene Abrahamkapitel (Röm 4) gibt auf diese Frage Antwort. So wenig die vom Apostel reichlich angeführten Schriftstellen nur Zitate aus einem zeitlosen Sentenzen- und Orakelbuch sind, ist auch Abrahams Glaube nur ein zeitloses Exempel frommen Verhaltens. Paulus nennt ihn im Römerbrief »unser Vorvater« (Röm 4, 1) und kann von dem auf Gottes Geheiß aus Ägypten in die Wüste gezogenen Israel auch zu den (heidenchristlichen!) Korinthern als von »unsern Vätern« sprechen (1Kor 10, 1). Hier wie da also werden die Glaubenden in den geschichtlichen Zusammenhang mit Israel hineingestellt. Diese »Heilsgeschichte« ist freilich Geschichte in einem höchst paradoxen Sinn. Was sonst Geschichte heißt und was auch gerade der fromme Jude als solche versteht, ist durch eine irdisch-natürliche Kontinuität zwischen Vätern und Söhnen und eine aufweisbare Abfolge der Generationen bestimmt. So verstandene Geschichte setzt Grenzen und Unterschiede zwischen Menschen und Völkern und begründet für den Juden bis heute seine unverlierbare Auszeichnung vor den Nicht-Juden. In der von Paulus gemeinten Geschichte ist die einzige Kontinuität, die es gibt, Gott selbst, seine Verheißung und der Glaube, der seinem Worte traut. Jede andere Kontinuität ist hier zerbrochen, denn dieser Gott ist nicht der Garant einer sichtbaren Geschichte, sondern der, »der die Toten lebendig macht und dem Nichtseienden ruft, daß es sei« (Röm 4, 17). Dennoch meint Paulus Geschichte, wirkliche Geschichte. Denn zwischen Abraham einst und den Glaubenden heute spannt sich ein fester Bogen, dessen erster Pfeiler die Abraham widerfahrene Gnade und dessen letzter Pfeiler wiederum kein anderer als Gottes Gnade ist, die *allen* im Glauben zuteil werden soll.

In besonderer Dringlichkeit stellt sich für Paulus das Problem der Geschichte und Heilsgeschichte durch das Verhältnis Israels zu den Heiden. Davon handeln die breiten Ausführungen über Israels Erwählung, seine Verstockung und seine endliche Rettung (Röm 9 – 11). Man hat sie geradezu als einen Schlüsseltext für den ganzen Römerbrief und die paulinische Lehre von der Gerechtigkeit Gottes verstehen wollen. Doch ist nicht zufällig, daß sie nicht am Anfang des Briefes stehen und erst folgen, nachdem zuvor die Rechtfertigungsbotschaft in den Kapiteln 1 – 8 unter den Antithesen von Gesetz und Christus, Werken und Glauben entfaltet worden ist – mithin ohne Rekurs auf Israels besonderes Schicksal und ein noch ausstehendes Weltgeschehen. Wohl kündigt sich die Thematik des folgenden schon in der Frage nach dem besonderen heilsgeschichtlichen »Vorrang« Israels Röm 3, 1 an: »Was ist nun der Vorzug der Juden und der Nutzen der Beschneidung?« wie auch in der wiederholt begegnenden Wendung: »dem Juden zuerst und auch dem Griechen« (Röm 1, 16 u. ö.). Zusammenhängend und eingehend aber behandeln erst Röm 9 – 11 die damit gestellten Fragen. Der Gedankengang und die Aussagen zeigen, daß der Apostel hier versucht, die Grundgedanken der vorangehenden Briefkapitel auf das spezielle Problem Israel anzuwenden. Röm 9 – 11 bekommt damit die Funktion, das Vorangegangene zu erläutern und seine Konsequenzen für Gegenwart und Zukunft des erwählten Volkes auszuziehen. Man darf sich die unausgeglichenen Spannungen und Aporien dieser Ausführungen nicht verhehlen. Sie ergeben sich daraus, daß Paulus einerseits von dem historisch-empirischen Israel als erwähltem Gottesvolk redet und die ihm geschichtlich zuteil gewordenen Verheißungen anerkennt (Röm 9, 4 ff.; 11, 28 f.; vgl. schon 3, 1) und doch andererseits den traditionell-jüdischen Gottesvolkgedanken zerschlägt. Denn das wahre Gottesvolk hat sein Wesen nicht durch eine irdisch-natürliche Kontinuität, sondern allein aus der freien Gnade Gottes (vgl. schon Röm 2,28 f.). Was folgt daraus für das geschichtliche Israel? Die Antwort kann nur paradox gegeben werden: Von Anfang und jeher ist es das einzigartige Wesen und die Bestimmung des empirisch-historischen Israel, gerade nicht aus einem irdisch-aufweisbaren, gleichsam einklagbaren Geschichtsablauf, sondern aus der schlechthinnigen Unverfügbarkeit des göttlichen Wortes zu leben, m. a. W. aus der freien und souveränen Kraft der Erwählung. Diese Israels Geschichte begründende Erwählung steht nicht nur am Anfang, wie Röm 9,7 ff. an Isaak darlegt, um danach nun doch wieder ein Gesetz irdischer Geschichte zu werden, sondern sie *bleibt* das Grund- und Lebensgesetz Israels (das verdeutlicht für die Folge die freie Erwählung Jakobs vor Esau; Röm 9,11 ff.).

Der Leitgedanke der Kapitel Röm 9 – 11 ist der Satz, daß das an Israel ergangene Wort Gottes nicht »hingefallen« ist (9,6), eben jenes Wort der freien, erbarmenden Gnade, dessen Kehrseite die Verstockung und Verwerfung ist (Pharao; Röm 9). Daraus folgt, daß nicht »Wollen und Laufen« des Menschen, sondern allein Gottes Erbarmen entscheidet (Röm 9,16). Der hier mit aller Schroffheit ausgesprochene Gedanke der *Prädestination* darf im Sinne des Paulus nicht deterministisch mißverstanden werden, dergestalt, daß der Mensch nur noch eine Marionette eines blind über ihm waltenden Schicksals wäre. Vielmehr präzisiert er, was reine Gnade ist, und verweist den Menschen an den ihm gebührenden Ort, an dem jedes Rechten-Wollen mit seinem Schöpfer zur Vermessenheit wird. Auch fragt der Prädestinationsgedanke nicht in eine ewige Vorzeit zurück, in der über das Geschick der Menschen die Würfel fielen, sondern hält sich streng an das ergangene Wort der Gnade (Röm 9, 22). Von ihm gilt: Es ist dir so »nahe«, daß du es glauben und bekennen kannst zu Heil und Gerechtigkeit (Röm 10,8 ff.). Gott hat es an nichts fehlen lassen, hat die Boten des Heils entsandt; sie haben es verkündigt, und es ist gehört worden. Israel aber hat es trotz aller unaufhörlichen, inständigen Bemühungen Gottes um sein Volk nicht geglaubt, sondern ungehorsam und widerspenstig sich Gott verweigert, der Tag um Tag seine Hände nach ihm ausgebreitet hat (Röm 10,14-21).

Hat Israel damit seine Erwählung für immer verwirkt? Paulus verneint diese Frage mit allem Nachdruck (Röm 11,29). Wohl aber ist Israel für ihn gerade in seiner Verblendung und seinem Scheitern am Evangelium von beispielhafter Bedeutung für die

Verlorenheit aller Menschen und ihr Angewiesensein auf Gottes Erbarmen. Noch ist es in seiner gegenwärtigen Verstockung Träger der Verheißung, und das Heil wird auch ihm widerfahren, wenngleich auf einem überraschenden Umweg. Weil es das Evangelium verworfen hat und verworfen ist, ist in einer für Israel aufreizenden Umkehrung der sonst von Paulus selbst betonten Reihenfolge »dem Juden zuerst und auch dem Griechen« das Heil nun den Heiden als ersten zuteil geworden, um Israel »eifersüchtig« zu machen (Röm 10,19; 11,11) und es so zu seinem Ursprung zurück und zu seiner endlichen Erlösung zu führen. Dem entspricht der eigene Missionsweg des Apostels. Er erwartet und verheißt dieses Ende offensichtlich noch für die kurze Zeit bis zur nahenden Parusie (Röm 11,26 f.) und dem kommenden »Leben aus den Toten« (Röm 11,15). Seine Gedanken über die Geschichte tragen also auch hier deutlich den Stempel seiner Naherwartung (vgl. u. S. 203). Entscheidend aber ist, daß das Leitmotiv seines Verständnisses der »Heilsgeschichte« kein anderes ist als das, welches seine Rechtfertigungslehre beherrscht.

5. Leben im Glauben

Es mag überraschen, daß Paulus fast nie von Vergebung der Sünden redet, obwohl sie nicht nur in Jesu Verkündigung, sondern auch im Glauben des Urchristentums eine zentrale Rolle spielt und dem, was bei Paulus Rechtfertigung oder Versöhnung heißt, doch ganz nahe zu kommen scheint. Nur vereinzelt umschreibt er mit einem Psalmzitat das Geschehen der Rechtfertigung mit Vergebung (Röm 4,7 f.) und erläutert die Versöhnung mit der Nichtanrechnung der Verfehlungen (2Kor 5,19). Dieser Sachverhalt wird darin begründet sein, daß die Rechtfertigung sich nicht nur auf die in der Vergangenheit geschehenen Sünden bezieht, sondern auf die Befreiung von der Sünde als versklavender Macht.

Aber auch der Begriff der Rechtfertigung gibt als solcher die Fülle des Heils, der »Gnade, in der wir stehen«, noch nicht her, sosehr sie den »Heilsstand« der Glaubenden begründet (Röm 5,1). Häufig bedient sich Paulus darum für das gegenwärtige Heil in Christus anderer Kategorien, die sich nicht ohne weiteres aus seiner Rechtfertigungslehre herleiten lassen. Sie sind nicht eigentlich juridischer Art, sondern »Seins«-Aussagen. Hierher gehören sakramentale Aussagen wie Röm 6 und Gal 3,26 ff.; die Rede vom »Anziehen« Christi (Gal 3,27; Röm 13,14), vom »Leib Christi« und seinen Gliedern (1Kor 12,12 ff.; Röm

12, 4 f.), vom »Sein« in Christus. Sie sind so häufig und haben solches Gewicht, daß man in ihnen geradezu die Hauptsache der paulinischen Botschaft und Theologie hat finden wollen. Doch lassen sie sich nicht gegen seine Rechtfertigungsbotschaft ausspielen, von ihr trennen oder ihr überordnen. So stark die Aussagekraft jener mystisch-ontologischen Vorstellungen und Wendungen ist, Paulus läßt sie doch kaum je ohne das Korrektiv seiner Rechtfertigungslehre. Diese dient ihm dazu, jede Art von Naturalismus und Automatismus in dem Verständnis des Heils abzuwehren, sei es, daß solches Denken aus dem Schema der apokalyptischen Äonen-Vorstellungen, aus jüdischen Adam-Spekulationen, heidenchristlichem Sakramentalismus und Enthusiasmus oder aus einem unerschütterten Erwählungsglauben Israels sich herleitet.

Leben im Glauben besagt für Paulus Leben *im Frieden mit Gott*, der uns mit sich selbst versöhnt hat (Röm 5, 1 ff.; 2Kor 5, 17 ff.). Das heißt nicht, daß der Glaubende keine Drangsale mehr erführe. Im Gegenteil, er erfährt sie als Glaubender erst recht. Aber er kann sich ihrer »rühmen« (Röm 5, 3); denn sie widersprechen nicht der Hoffnung des Glaubens, sondern entsprechen ihr und verbinden ihn fest mit der künftigen Herrlichkeit, der endgültigen Befreiung der Kinder Gottes (Röm 8, 18 ff.). Weil Christus für uns eintritt, steht keine Anklage und keine Mauer der Feindschaft mehr zwischen Gott und den Glaubenden. Sie begegnen der Welt und ihren feindlichen Mächten als die Geliebten Gottes und darum als Sieger (Röm 8, 31-39). Damit ist gesagt: Die Glaubenden erfahren die Welt nun nicht mehr unmittelbar, sondern vermittelt durch die Liebe Gottes in Christus (Röm 8, 37 ff.). Was das bedeutet, wird gerade im Gegensatz zu jener vermeintlichen Unmittelbarkeit der Lebenserfahrung deutlich, die bekanntermaßen der Unglaube für sich in Anspruch nimmt. Dieser hält sich, wie er vorgibt, illusionslos an die Realitäten von Welt und Leben, stellt das Wort von der Liebe Gottes in das Licht, besser gesagt in den Schatten dieser Erfahrungen und findet durch sie die »Liebe« Gottes widerlegt. Der Glaube aber faßt zuerst Grund in dem ihm zugesagten Wort von der Liebe Gottes in Christus und erfährt dann Leben und Welt im Sinne von Röm 8, 28: »Wir wissen aber, daß denen, die Gott lieben, alles zum Guten helfen muß, denen, die nach seinem Ratschluß berufen sind.«

Als die Gerechtfertigten und auf Christi Tod Getauften sind die Glaubenden *der Sünde gestorben* (Röm 6, 2). Nicht, daß es Sünde für sie nicht mehr gäbe. Noch will die von Gott entthronte Macht auch von den Glaubenden wieder Besitz ergreifen und sie in ihren Dienst zwingen. Gerade darum folgt aus dem Indikativ, mit dem die Befreiung von ihrer Macht verkündet wird, der Imperativ, ihrer usurpierten Herrschaftsgewalt zu widerstehen (Röm 6, 12 ff. u. ö.). Aber die Glaubenden gehen in den Kampf mit der Sünde nicht mehr als die von ihr Versklavten und ihr Unterlegenen hinein, sondern als die von Gott Befreiten und in solcher Freiheit an ihn Gebundenen (Röm 6, 12-23). So sind sie gerufen, in der Freiheit, zu der sie befreit *sind*, zu stehen (Gal 5, 1. 13).

Leben im Glauben bedeutet zugleich *Freiheit vom Gesetz* (Röm 7, 1 ff.; Gal 3, 1 ff. u. ö.). Sosehr Paulus diese Freiheit gegen Mißbrauch verteidigen muß, veranlaßt ihn das doch niemals dazu, die Glaubenden wieder unter das Gesetz zurückzurufen. Das hieße die Mauer des Gefängnisses, in dem der Mensch gefangen ist, in eine Brücke umbauen, die ihn zu Gott führen soll, wobei er doch mit den Steinen dieser Mauer nur das fragwürdige Postament seiner eigenen vermessenen Größe errichten würde.

Der Glaube ist nach Gal 5, 6 *in der Liebe wirksam*. Damit ist die umfassende Bedeutung des Glaubens, seine die ganze Existenz bestimmende Totalität bezeichnet, von der wir früher gesprochen haben. Dennoch muß hier das Mißverständnis abgewehrt werden, das besonders in der katholischen, aber weithin auch in der evangelischen Theologie umgeht, als ob nur der durch die Liebe zur Vollendung gelangte Glaube zur Rechtfertigung führte. Damit wäre das Verhältnis von Glaube, Liebe und Rechtfertigung bedenklich verzeichnet. Wenn Paulus von der Rechtfertigung spricht, redet er niemals von Glaube *und* Liebe, sondern *nur* vom Glauben als Empfangen. Die Liebe ist also nicht eine zusätzliche Bedingung für den Empfang des Heils und nicht eigentlich ein Wesenszug des Glaubens, sondern umgekehrt ist der Glaube ein Lebenselement der Liebe, in der er wirkt. Die Liebe und andere »Früchte des Geistes« (Gal 5, 22 ff.) dürfen darum nicht als Bedingungen der Rechtfertigung verstanden werden, vielmehr ist die Rechtfertigung nach Paulus deren Bedingung und Wurzel. Luther hat darum treffend in seinem Galaterkommentar von 1535 zu Gal 5, 6 gesagt, »daß die Werke aus dem Glauben durch die Liebe geschehen, aber nicht der Mensch durch die Liebe gerechtfertigt werde«. Paulus darf darum nicht mit Jakobus, der Glaube *und* Werk zur Bedingung der Rechtfertigung macht (Jak 2, 14 ff.), eilfertig harmonisiert werden. Denn bei Jakobus ist unbeschadet seiner berechtigten Polemik gegen einen »toten« Glauben der Hauptgedanke des Paulus ver-

loren gegangen, daß der Glaubende durch die Gnade Gottes in Christus zu einem neuen Leben befreit und gerufen ist.
Endlich umschließt das neue Leben im Glauben nach Paulus *die Freiheit vom Tod*, auch wenn die Glaubenden Tag um Tag in den Tod gegeben werden (Röm 8, 36; vgl. 2Kor 4, 10). Seine versklavende Macht aber ist gebrochen (1Kor 15, 55 ff.).
Von alledem war im Blick auf den Glauben die Rede. Doch lebt er allein von dem, was Gott in Christus getan hat und was in Christi Herrschaft Gegenwart ist. Um seinetwillen allein ist der Glaube, was er ist.
Das Leben in der Kraft der Gerechtigkeit Gottes faßt Paulus wiederholt in der Trias Glaube, Hoffnung, Liebe zusammen (1Kor 13, 13; 1Thess 1, 3; 5, 8; Gal 5, 5 f.; Röm 5, 1–5; vgl. auch Kol 1, 4 f.; 1Petr 1, 21 f.; Hebr 10, 22-24). Sie bezeichnet ein Leben, in dem »alles neu geworden ist«. Kennzeichnend ist in dieser wahrscheinlich von Paulus übernommenen Formel die dreifache Dimension der Zeit: Die Vergangenheit, von der wir herkommen, ist jetzt nicht mehr unsere Schuld, sondern die Tat Gottes, der seinen Sohn für uns alle dahingegeben hat. Darauf gründet sich der Glaube. Die Gegenwart ist nicht mehr das Gefangensein im Gesetz, das uns an die Kette jener Vergangenheit legt und uns das kommende Zorngericht Gottes ankündigt, sondern die Gewißheit, daß Gott für uns ist und Christus zur Rechten Gottes für uns eintritt. Im Blick auf die Zukunft aber heißt es: »Weder Hohes noch Tiefes, noch irgend ein anderes Geschöpf vermag uns zu scheiden von der Liebe Gottes, die in Christus Jesus ist, unserem Herrn« (Röm 8, 38 f.).

6. In Christus

Zu den im vorigen Abschnitt besprochenen Seinsaussagen, die die neue Existenz der Glaubenden umschreiben, gehört vor allem die überaus häufig bei Paulus begegnende Wendung »in Christus«. Schon ihr Vorkommen in sehr verschiedenen Zusammenhängen weist darauf, daß ihr Sinn variiert. Oft wird sie einfach für das gebraucht, was unsere Worte »christlich«, »als Christ« u. a. besagen, wofür es in der Sprache des Urchristentums und bei Paulus – fast möchte man sagen: zum Glück! – noch keine Vokabel gibt. Bezeichnet ist damit eine Weise des Redens, Denkens, Wirkens, Leidens, auch des Verhaltens zu einander, die dem Christsein entspricht. Nicht selten ist damit nur die Gliedschaft in der Kirche zum Ausdruck gebracht. Es versteht sich, daß solchen Wendungen nicht ein tiefsinniger theologischer, etwa gar ein »mystischer« Sinn abgezwungen werden darf.

Häufig aber faßt die Wendung zusammen, was durch Christus an den Glaubenden geschehen ist und das Heil begründet. In Christus – durch ihn hat Gott seine Liebe bewiesen (Röm 8, 39); in ihm – durch ihn sind die Glaubenden berufen, gerechtfertigt, versöhnt, befreit, geheiligt (Phil 3, 14; 1Kor 1, 2; 6, 11; 2Kor 5, 21; Gal 2, 4). In ihm – auf Grund des Heilsgeschehens rühmt Paulus sich seines missionarischen Werkes (Röm 15, 17; 1Kor 15, 31) und weiß, daß die Arbeit der Glaubenden nicht vergeblich ist (1Kor 15, 58).

So aber kann die Wendung »in Christus« den vollen Sinn der neuen, tragenden und umfassenden Wirklichkeit erhalten, in die die Glaubenden, der Machtsphäre des Verderbens entnommen, versetzt sind. Hierher gehören Sätze wie die, daß sie Christus »angezogen« haben (Gal 3, 27 f.) und durch die Taufe zu Gliedern seines Leibes geworden sind (Röm 12, 5; 1Kor 12, 13. 27). Aber auch umgekehrt kann Paulus von einem »Wohnen« Christi oder seines Geistes in den Glaubenden sprechen (Röm 8, 9 f.) und sagen: »Ich lebe aber nicht mehr, es lebt aber in mir Christus« (Gal 2, 20 a). Das geschieht nicht durch eine Entrückung in eine himmlische Sphäre, sondern gilt gerade für die irdische Existenz des Glaubenden: »Was ich aber jetzt lebe im Fleisch, lebe ich im Glauben an den Sohn Gottes, der mich geliebt und sich für mich hingegeben hat« (Gal 2, 20 b).

Mit Mystik haben diese und andere Aussagen wenig gemein, auch wo sie sich ihrer Sprache nähern. Denn zum Wesen der Mystik gehört das Verschwimmen der Grenzen zwischen Gott und Mensch, das Einswerden beider. Hier aber bleibt der qualitative Unterschied beider bestehen. Christus bleibt der Herr, der Glaubende ist sein Eigentum (Röm 8, 9; 14, 7 ff. u. ö.), und die befreiende Einung mit ihm geschieht in seinem Dienst (Röm 6, 15 ff.).

Für den engen Zusammenhang angeblich »mystischer« und »juridischer« Aussagen der Rechtfertigungslehre ist vor allem Röm 8 ein sprechendes Beispiel – das große Gegenkapitel zu dem vorangehenden (der fleischliche Mensch unter Sünde, Gesetz und Tod). Man beachte, wie hier das »Gesetz« des befreienden, lebenschaffenden Geistes dem versklavenden Todesgesetz gegenüber gestellt ist und die »Verdammung« – das Stichwort, auf das alles Vorangehende hindrängt – für die »in Christus Jesus« verneint wird (in J. S. Bachs Motette »Jesu meine Freude« unvergleichlich zum Ausdruck gebracht!). Antithetisch verklammert ist auch sonst der Inhalt der beiden großen Abschnitte, und zwar im Sinne der Rechtfertigung des Sünders. Vom Geist kann Paulus nur sprechen, indem er Sendung, Weg und Werk Christi umschreibt, durch dessen Hingabe an die Verlorenheit des Menschen Gott vollbracht hat, was das Gesetz um der Sünde willen nicht vermochte, nämlich die Bastion der Eigenmächtigkeit des Ich niederzureißen und befreiend einzubrechen in unser Herz (Röm 8,3 ff.). Gott hat damit eine neue mächtige Bewegung in Gang gebracht. Das heißt: »Wandeln nach dem Geist« (Röm 8,9 ff.).

Es mag auffallen, daß in Röm 8 zunächst nicht ein einziger Imperativ erklingt, obwohl von der großen Gegenbewegung gegen das Sinnen und Trachten des »Fleisches« und von dem Aufbruch im Geist nachdrücklich geredet wird und hier schon sich deutlich abzeichnet, was im Sinne des Paulus »Ethik« heißt (s. u. S. 207). Für den Eigenwillen des Menschen, gleich ob in seinen wildesten oder höchsten Möglichkeiten, ist und kann der Wille des »Fleisches« nichts anderes sein als ein beständiger Feldzug (»Feindschaft«) wider Gott (Röm 8,7). Gott ist für das Leben, das der Mensch sich selbst sichern möchte, Störung und Gefahr. Das ist sein eigentlicher »Atheismus«: nicht die theoretische Leugnung des Daseins Gottes, sondern die Bestreitung seines Rechtes, Gott zu sein. Christus aber, eingegangen in unseren Todesbereich, hat uns in den Lebensbereich Gottes eingeschlossen. So zielt sein Geist auf »Leben und Frieden« (Röm 8,6).

IV. Die Gegenwart des Heils

1. Das Wort

Botschaft und Bekenntnis haben zu ihrem Inhalt nicht Geschehnisse einer Vorzeit, die mit der Zeit in ein unwiderrufliches Gestern abgesunken sind. Sie erinnern auch nicht an Marksteine der Menschheitsgeschichte. Christi Geschichte, so gewiß sie eine einmalige ist, bestimmt als Heilsgeschehen die Gegenwart und die Zukunft. »Wir wissen, daß Christus, erweckt von den Toten, nicht mehr stirbt. Der Tod ist nicht mehr Herr über ihn; denn mit seinem Sterben ist er der Sünde *ein für alle Mal* gestorben; mit seinem Leben aber lebt er Gott« (Röm 6,9 f.; vgl. 14,9). Das Evangelium *ver-gegenwärtigt* das Heilsgeschehen im wahren Sinne des Wortes und gehört zu ihm selbst hinzu; es ist nicht nur nachträgliche Kunde von ihm (s. o. S. 126). Mit seiner Verkündigung strahlt das Licht eines neuen Schöpfungstages in den

Herzen der Glaubenden auf (2Kor 4, 6). Der Apostel kann darum von der in Christus geschehenen Versöhnungstat Gottes an der Welt zugleich sagen, daß Gott den »Dienst«, das »Wort der Versöhnung« eingesetzt hat (2Kor 5, 18 f.). Sowenig die Verkündigung nur Erinnerung an ein vergangenes Einst ist, ist sie Vertröstung auf ein künftiges Dann. Das Äonen wendende »Heute« und »Jetzt« wird in ihr Ereignis. So zitiert und deutet Paulus das Wort aus dem zweiten Jesaja (Jes 49, 8): »Zur willkommenen Zeit habe ich dich erhört und am Tage des Heils dir geholfen. Siehe jetzt ist die hoch willkommene Zeit; siehe jetzt ist der Tag des Heils« (2Kor 6, 2). Von der Gerechtigkeit aus Glauben sagt er darum in kühner Umdeutung des alttestamentlichen Gesetzeswortes Dtn 30, 12 ff. auf das Evangelium: Du brauchst sie nicht aus dem Himmel oder aus den Abgründen der Erde herab- oder heraufzuholen, d. h. erst zu vollbringen, was in Christus längst geschehen ist; – »nahe ist dir das Wort in deinem Munde und in deinem Herzen. Das ist das Wort des Glaubens, das wir verkünden« (Röm 10, 6-8).

Es wäre verfehlt, aus allgemeinen Reflexionen und Theorien über Wort und Sprache an sich oder auch aus Analogien der Religionsgeschichte, die das Phänomen des machthaltigen Wortes in der Tat kennt, eine zureichende Erklärung für diese erstaunlichen Aussagen des Paulus finden zu wollen. Sie haben ihren Grund allein darin, daß Christus nahe ist, von den Toten erweckt und als der erhöhte, gegenwärtige »Herr reich für alle ist, die ihn anrufen« (Röm 10, 12). Das Wort ist sein Wort (Röm 10, 17). Weil sein Tod und seine Auferweckung »für uns« geschehen sind und seine Herrschaft allen gilt, darum kann und muß Paulus so von der Verkündigung reden.

Aber von welchem Wort gilt das! Der Apostel kann seinen Inhalt im ersten Korintherbrief in der einen schroffen, exklusiven Wendung zusammenfassen: »das Wort vom Kreuz« (1Kor 1, 18).

Paulus meint damit auf alle Fälle den geschichtlichen Tod Christi, den dieser, aufs tiefste erniedrigt, in Schande wie ein Verbrecher gestorben ist (Phil 2, 8; 2Kor 13, 4), nicht ein zeitloses, paradoxes Symbol. Kein Mensch im Altertum hätte je daran gedacht, ausgerechnet das Kreuz, die schändlichste, von der römischen Justiz nur an Sklaven und Rebellen praktizierte Exekutionsart, zum religiösen Symbol zu erheben. Fern liegt Paulus aber auch der bis in die Moderne fortwirkende Gedanke an einen furchtbaren Justizirrtum, der wie noch in der Neuzeit erwogen in einem wieder aufgenommenen Gerichtsverfahren

wenn nicht rückgängig gemacht werden, so doch wenigstens zur Rehabilitierung des Hingerichteten führen könnte. Wie sollte daraus schon eine einmalige erlösende Bedeutung des Kreuzes Christi zu folgern sein! Justizirrtümer hat es in der Geschichte der Menschheit in Fülle gegeben, und der Kreuzestod ist im Altertum nichts Einmaliges; Tausende sind ihn im römisch-jüdischen Krieg des 1. Jahrhunderts gestorben.
Ebensowenig bewegt den Apostel die Vorstellung von einer Tragödie der gescheiterten Liebe Gottes, der in seinem Sohn sich der Welt zuwandte, aber von ihr in Haß und Verblendung abgelehnt worden ist. Gottes Liebe ist nach Paulus im Tode Christi nicht gescheitert, sondern hat sich in ihm mächtig erwiesen. Eine Tragödie der Gottesliebe könnte ja wohl auch nur Erschrecken und Mitleid bewirken. Abzuwehren ist schließlich für Paulus aber auch das Motiv des Mitleids mit dem Gekreuzigten selbst, von dem vor allem die mittelalterliche und spätere Passionsmystik, die in Christi Leiden sich innig versenkte, aufs stärkste bewegt war. Auch die Wendung des Paulus im Brief an die von Irrlehrern verführten Galater, er habe ihnen den gekreuzigten Jesus Christus »vor die Augen geschrieben« (Gal 3,1) wäre so mißverstanden, denn die Aussage meint nicht das »Bild« des Leidenden und Sterbenden (Luthers Übersetzung: »vor Augen gemalt« ist hier irreführend), sondern sie ist von der Vorstellung einer öffentlichen Proklamation, einem gültig bekanntgemachten Dekret hergenommen.
Was Paulus in Wahrheit bewegt, spricht er im ersten Korintherbrief dadurch aus, daß er das »Wort vom Kreuz« in schroffe Antithese zur »Weisheit dieser Welt« stellt (1Kor 1,18 – 3,20). Diese »Weltweisheit« ist nach Paulus keineswegs eine nur in sich selbst verharrende und die Gottesfrage ausschließende Weisheit, sondern gerade auch eine auf Gott bezogene. Sie äußert sich bei den Juden darin, daß sie von Gott Machterweise (»Zeichen«) verlangen, und bei den Griechen darin, daß sie von jeder Kunde über Gott die Gründe einer erhabenen Weisheit erwarten, ehe sie bereit sind, sie anzunehmen. Eine Botschaft aber, die das eine und das andere schuldig bleibt und nach diesen Maßstäben sich nicht ausweisen kann, ist für die Juden ein »Ärgernis« (Skandalon), für die Griechen eine »Narrheit« (1Kor 1,22 f.).
Der Hohn über das paulinische Evangelium ist darum schon im Altertum nicht ausgeblieben. Gegner des Christentums in den ersten Jahrhunderten wie Celsus und Porphyrius haben dem christlichen Glauben deshalb Unvernunft, Unbildung, ja Idiotie vorgeworfen, und noch Goethe hat das Wort des Paulus (1Kor

3, 19) mit der Bemerkung abgetan: »Es wäre nicht der Mühe wert, siebzig Jahre alt zu werden, wenn alle Weisheit der Welt Torheit wäre vor Gott« (Maximen und Reflexionen 2).
Die Schärfe und Sorgfalt der Argumentation in dem großen Kontext von 1Kor 1 – 4 zeigt freilich, daß Paulus hier so wenig wie sonst gegen die Vernunft als solche angeht und seine Aussagen über Heilsgeschehen und Glauben nicht von einer geheimen Lust am Absurden durchzogen sind. Er fordert keinen »blinden« Glauben und redet nicht dem Opfer von Verstehen und Denken überhaupt das Wort. Wohl aber sagt das Wort vom Kreuz, daß Gott durch diese »törichte« Botschaft die »Weisheit der Welt« zur Torheit gemacht hat. Kennzeichen der Weltweisheit ist, daß sie Gott nach ihren eigenen Maßstäben messen will. So erweist sie sich als der Versuch des Menschen, sich selbst vor Gott zu behaupten. Im Urteil, das der Unglaube über Gott spricht, fällt jedoch zugleich das richtende Urteil Gottes über ihn. Erst recht aber widerfährt im Wort vom Kreuz den Glaubenden, die bereit sind, von seiner Gnade allein zu leben, die Rettung. In diesem höchst paradoxen Sinn ist der gekreuzigte Christus Gottes Kraft und Weisheit. »Denn die ›Torheit‹ Gottes ist weiser als die (Weisheit der) Menschen und die ›Schwachheit‹ Gottes stärker als die (Stärke der) Menschen« (1Kor 1, 25).
Die besondere Front, in der Paulus im ersten Korintherbrief redet, darf nicht dazu verführen, die Härte der Wendung »das Wort vom Kreuz« abzuschwächen und sie als eine nur situationsbedingte, überspitzte und unvollständige Formel zu verstehen, zu der ergänzend »natürlich« auch andere »Heilstatsachen« wie Christi Auferweckung und Herrschaft, von denen seine Briefe doch auch reichlich reden, stillschweigend hinzugefügt werden müßten. Es versteht sich von selbst, daß Paulus Christi Auferweckung und Herrschaft auch hier nicht vergessen hat. Sie sind im »Wort vom Kreuz« mit eingeschlossen, jedoch nicht als ein zweites und drittes Hinzukommendes, vielmehr so, daß sie in jener vermeintlich einseitigen, verkürzten Wendung ausgelegt werden. Damit ist gesagt: Durch Auferstehung und Erhöhung Christi ist sein Tod nicht annulliert, vielmehr gerade festgehalten, als richtendes und rettendes Heilsgeschehen in Kraft gesetzt und so zum Inhalt der Verkündigung geworden (Conzelmann).
Die korinthischen Enthusiasten waren der Faszination einer anderen Auferstehungstheologie erlegen und glaubten als Träger des Christusgeistes schon in einen neuen Äon des Lebens jenseits von Zeit und Tod versetzt zu sein. Darauf bezieht sich das grimmig-ironische Wort 1Kor 4, 8: »Ihr seid schon satt, ihr seid schon

reich geworden. Ohne uns seid ihr zur Herrschaft gekommen! Ja, wäret ihr doch zur Herrschaft gelangt, damit auch wir mit euch herrschen!« Doch hat Gott die Apostel »als die Geringsten, wie zum Tod Verurteilte hingestellt, ein Schauspiel für Welt und Engel und Menschen«. »Wir sind Toren um Christi willen, ihr klug in Christus. Wir schwach – ihr stark; ihr in Ehren – wir in Schande. Bis zur Stunde hungern, dürsten wir, nackt, geschlagen, unstet, mühen uns mit unserer Hände Arbeit; geschmäht segnen wir, verfolgt dulden wir, beschimpft reden wir zum Guten. Sündenböcke der Welt sind wir geworden, ein Abschaum für alle bis jetzt« (1Kor 4, 9-13). Apostelsein heißt für Paulus: vom »Wort des Kreuzes« gezeichnet, gebrandmarkt sein (Gal 6, 17), der Mühsal der Tage und dem Sterben noch *nicht* entnommen (vgl. dazu den folgenden Abschnitt).

Aber auch die Korinther selbst haben an ihrer eigenen Berufung und ihrem Dasein als Christen den Beweis vor Augen für das, was das Wort vom Kreuz besagt. Die soziale Struktur ihrer Gemeinde dokumentiert sinnenfällig das Nein Gottes zu aller menschlichen Weisheit, Macht und weltlichen Stellung, zugleich aber die frei erwählende Gnade Gottes und seine neu schaffende, erlösende Kraft. Auf ihn allein vermag der »Ruhm« der Glaubenden sich zu gründen (1Kor 1, 26-31).

Was immer hier über die kritische, zu Schanden machende, vernichtende Gewalt der Kreuzesbotschaft gesagt wird (beachte die Häufung der Negationen schon in 1, 26-31, aber auch in dem nachfolgenden Kontext!), zielt in Wahrheit doch auf die Verkündigung der Macht des Schöpfers und Erlösers. Die Glaubensbotschaft wiederholt darum in neuer Gestalt nur das Wort von der Schöpfung (1Kor 1, 28; vgl. Röm 4, 17; 2Kor 4, 6). Sie erläutert damit eindeutig auch den Sinn der früher bedachten »ontologischen« Wendungen bei Paulus. Sie zeigen, daß wirkliches Sein nur ein Sich-Verdanken heißen kann, wie Paulus von sich selbst sagt: »Nicht ich, sondern die Gnade Gottes, die mit mir ist« (1Kor 15, 10). Von ihr allein in der Schwachheit seines kranken Leibes zu leben, ist die ihm zuteil gewordene Weisung des Herrn: »Meine Gnade ist genug für dich, denn die Kraft vollendet sich in der Schwachheit« (2Kor 12, 9). So zerschlägt er auch den Selbstruhm der korinthischen Enthusiasten und fragt sie: »Was aber hast du, was du nicht empfangen hast?« (1Kor 4, 7), wie er im Römerbrief den Heidenchristen, die über das gefallene Israel triumphieren wollen, zuruft: »Siehe also die Güte und den Ernst Gottes – an den Gefallenen den Ernst, an dir aber die Güte, wenn anders du in der Güte bleibst, da auch du sonst herausgeschlagen wirst« (Röm 11,22). Sich-des-Herrn-Rühmen heißt Preisgabe des Selbstruhms.

Dieser Verzicht auf jeden anderen Ruhm – auch auf Grund der menschlichen Autoritäten, denen man sich in Korinth verschrieb – eröffnet die *Freiheit*. So erklingt im engsten Zusammenhang mit dem Wort vom Kreuz der große paulinische Hymnus auf die libertas Christiana: »Alles ist euer / – Paulus, Apollos oder Kephas / Welt, Leben oder Tod, Gegenwärtiges oder Zukünftiges – / Alles ist euer / ihr aber seid Christi / Christus aber ist Gottes« (1Kor 3, 21 ff.).

Setzt dieses letzte (»ihr aber seid Christi«) der Freiheit der Glaubenden eine Grenze? Auch dies zu sagen, hätte wohl seinen guten Sinn. Hier aber begründet es gerade die alles umspannende Kraft ihrer Freiheit.

Inmitten der bedeutsamen Erörterungen des ersten Korintherbriefes über Kreuz und Weisheit findet sich ein Abschnitt, der wie wenige der Auslegung bis heute erhebliche Schwierigkeiten bereitet (1Kor 2,6-16). Das hat offensichtlich nicht zuletzt darin seinen Grund, daß der Apostel hier in deutlicher Anlehnung an die Verkündigungsweise seiner »gnostischen« Gegner in Korinth und unter Aufnahme von vorgeprägtem Gedankengut redet, freilich so, daß er auch hier wieder beides korrigierend in einem neuen Sinne versteht. Befremdlich ist in der Tat, daß er jetzt, nachdem er zuvor den gekreuzigten Christus als den einzigen Inhalt seiner Botschaft und als Richtmaß seines Verhaltens nachdrücklich betont hat (1Kor 2,1-5), von einer anscheinend darüber hinausgehenden »Weisheit für die Vollkommenen« redet, die auch er verkündigen könnte, wenn die Korinther nicht noch, wie ihr Streiten beweist, menschlich-allzumenschlich und ganz und gar nicht »vollkommen« wären. Er bricht diese Art der Weisheitsrede ja auch tatsächlich alsbald jäh wieder ab, denn noch sind die Angeredeten wie Kinder, die der Milch bedürfen, aber noch keine feste Nahrung vertragen (1Kor 3,1-3). »Vollkommen« – das nimmt sichtlich eine stolze Selbstbezeichnung der korinthischen Pneumatiker auf und meinte in ihrem Sinn, wie es einer in der Gnosis geläufigen, aber auch in der Alten Kirche verbreiteten Denk- und Sprechweise entspricht, solche, die kraft ihres besonderen Geistbesitzes über den Stand bloßen Glaubens hinaus sind und zu tieferer Erkenntnis göttlicher Offenbarung gelangt waren. Gibt es das nach allem zuvor Gesagten für Paulus also doch – ein Übersteigen des Glaubens? Eine

»Weisheit«, der das Wort vom Kreuz nicht genügt, und einen nur wenigen vorbehaltenen »Geist«, der »auch die Tiefen Gottes« erforschend und erkennend durchdringt? Wird der Apostel damit nicht seinen eigensten Intentionen untreu? Sosehr diese Fragen sich aufdrängen, so deutlich ist doch, daß Paulus damit mißverstanden wäre. Was er sagt, überschreitet die Grenze seiner Kreuzesbotschaft nicht. Zwar nimmt er hier Gedanken und Begriffe der spätjüdischen Weisheitstheologie auf, die früh schon das urchristliche Denken und sicher auch die korinthischen »Theologen« sich zu eigen gemacht und die Gnostiker zu einem großen Erlösungsmythos ausgesponnen haben. Nicht zufällig zitiert der Apostel selbst in diesem Zusammenhang ein in der Gnosis besonders beliebtes apokryphes Schriftwort, dessen Ursprung nicht mehr mit Sicherheit anzugeben ist (Elias-Apokalypse?): »Was kein Auge gesehen und kein Ohr gehört hat und in keines Menschen Herz gedrungen ist, das hat Gott denen bereitet, die ihn lieben« (1Kor 2,9). Daß jene »geheimnisvolle Weisheit« Gottes den Weltmächten, die zunichte werden, verborgen ist, hat sich darin erwiesen, daß sie im Unverstand »den Herrn der Herrlichkeit« gekreuzigt haben (1Kor 2,7 f.). Uns jedoch, die ihn lieben, hat Gott durch den Geist seinen ewigen Ratschluß offenbart (1Kor 2,9 f.). »Uns« – das sind für den Apostel nun nicht mehr nur die »Pneumatiker« im Unterschied zu den bloß Glaubenden. Und die »Tiefen Gottes« sind nicht mehr seine abgründigen ewigen Ratschlüsse, die nur den Vollkommenen sich erschließen, sondern das, was allen Glaubenden *»von Gott aus Gnade geschenkt ist«* (1Kor 2,12). Damit überholt er den von der korinthischen Theologie so fragwürdig betonten und ihren Stolz begründenden Gegensatz von reifen und unreifen Christen in der Gemeinde und radikalisiert ihn zu einem absoluten Gegensatz: Weltmächte – wir, Geist der Welt – Geist aus Gott, menschliche – gottgeschenkte Weisheit, uns allen gegeben, die wir als Glaubende den Geist des (gekreuzigten) Christus haben (1Kor 2,16). So zeigt gerade dieser Abschnitt, in dem Paulus auf den ersten Blick in Akkomodation an die korinthischen »Gnostiker« sich selbst fremd zu werden scheint, daß er keine anderen, höheren oder tieferen Mysterien jenseits des Evangeliums kennt als die *im* »Wort vom Kreuz« selbst beschlossenen. Seine scheinbar weitergehenden lehrhaften Ausführungen lenken damit zum Ursprung zurück und sind nicht nur Polemik, sondern höchst positiv Entfaltung der Kreuzesbotschaft selbst.

2. Dienst und Leiden des Apostels

Das Thema des apostolischen Amtes nimmt in Geschichte und Briefen des Paulus einen auffallend breiten Raum ein. Das gilt zumal für die Briefe an Gemeinden, in denen Gegner des Apostels seine Autorität zu untergraben suchten und seine Sendung bestritten (Gal, Phil, 1 u. 2Kor). Vor allem die im sogenannten zweiten Korintherbrief gesammelte, über Monate hinweg sich erstreckende Korrespondenz mit der Gemeinde ist in allen ihren Teilen von diesem einen Thema beherrscht (vgl. Exkurs II). So drängt sich die Annahme auf, erst die Gegner hätten diese Frage eigentümlich hochgespielt und dem Apostel aufgezwungen. Aber dieser Eindruck trügt. Ihre Vordringlichkeit ist keineswegs nur situationsbedingt. Sie hat für Paulus selbst unabhängig von allen Kontroversen größtes Gewicht. Selbstbezeichnungen wie »berufener Apostel durch den Willen Gottes«, »Knecht Christi Jesu« u. dergl. begegnen stereotyp im Präskript der Briefe, und häufige eingehende Erörterungen über sein apostolisches Amt und Verhalten durchziehen seine gesamte Korrespondenz. Sie gehören mit der Verkündigung seines Evangeliums aufs engste zusammen. Schon die auffallend lange Danksagung in dem ältesten, an die Thessalonicher gerichteten Brief des Paulus (s. o. S. 81 f.) erinnert die Gemeinde an ihre Anfänge, als der Apostel aus Philippi vertrieben als Fremdling zu ihnen kam und in mühsamer Arbeit bei Tag und Nacht notdürftig sein Dasein fristend, bar allen imponierenden Auftretens, sie durch die Heilsbotschaft vom heidnischen Götzendienst dazu bekehrte, »dem lebendigen und wahren Gott zu dienen und seinen Sohn vom Himmel zu erwarten, den er von den Toten erweckte, Jesus, der uns von dem kommenden Zorngericht rettet« (1Thess 1,9 f.). Daß sie dieses unter höchst unscheinbaren, alltäglichen Umständen verkündete Wort »nicht als Menschenwort, sondern als das, was es in Wahrheit ist, als Wort Gottes, das in euch, den Glaubenden am Werke ist«, aufgenommen haben, das ist für Paulus Grund und Inhalt seines Dankens (1Thess 2,13).

Die Bedeutung seines Amtes ist in dem Paulus aufgetragenen Evangelium begründet (Röm 1,1-17). Christus selbst redet durch den Mund der Boten und ist in ihrer Predigt gegenwärtig (2Kor 5,20). Weil Paulus, wie Gal 1,15 f. mit Prophetenworten (vgl. Jer 1,5; Jes 49,1) sagt, durch Gott »von Mutterleib an« ausersehen und berufen ist und »die Gnade des Apostolates für

alle Heiden« empfangen hat (Röm 1,5), gehört sein Amt in seine Botschaft selbst mit hinein.
Diesen unauflöslichen Zusammenhang spricht das bereits wiederholt angeführte Kapitel Röm 10 – wieder in Anlehnung an alttestamentliche Worte – in einem Kettengefüge von Sätzen aus: »Denn jeder, der den Namen des Herrn anruft, wird gerettet werden. Wie sollen sie nun (den) anrufen, an den sie nicht geglaubt haben? Wie aber sollen sie (an ihn) glauben, von dem sie nicht gehört haben? Wie aber sollen sie hören ohne einen, der verkündet? Wie aber sollen sie (die Boten) verkünden, wenn sie nicht gesandt sind? Wie geschrieben steht: wie schön sind die Füße derer, die gute Botschaft bringen« (Röm 10, 13 ff.).
In seinem ursprünglichen Zusammenhang schildert das hier zitierte Wort aus Deuterojesaja (Jes 52,7) die Situation der wenigen zur Zeit des Exils in dem verödeten Jerusalem Zurückgebliebenen, die sehnlich auf die Rückkehr der Exilierten aus Babylon warten. Späher sind rings auf den Höhen aufgestellt und blicken den Vorboten der Heimkehrer entgegen, bis endlich die ersten Boten auf den Bergen in der Ferne erscheinen. Da brechen die Wartenden in den Freudenruf aus. Er pflanzt sich fort von Mund zu Mund. Jubel durchschallt die verlassene Stadt. Mit der Freudenkunde bricht für Jerusalem die Heilsstunde an.
In dieser Lage sieht Paulus die Welt im ganzen; bis zu ihren äußersten Grenzen soll nun das befreiende Wort von Christus erklingen (Röm 10,18 mit den Worten aus Ps 19,5). In diesem Kettengeschehen – Christi Wort, Botschaft, Hören, Glauben, Bekennen – sind Sendung und Dienst der Boten und ist sein eigenes Apostelamt ein unveräußerliches Glied.
Die Berufung auf seine Sendung ist bei Paulus also nicht Ausdruck eines übersteigerten und durch Anwürfe gekränkten subjektiven Selbstbewußtseins oder gar eines heimlichen oder offenen Verlangens nach einer Selbstrechtfertigung, in Erinnerung daran, daß er einst die Gemeinde verfolgt hatte und später und anders als andere vor ihm auf anormale Weise (»wie eine Fehlgeburt«; 1Kor 15, 8) sich zum Apostel berufen wußte. Sowenig er diese Tatsache verschweigt und so betont er sich als den »geringsten der Apostel« bezeichnet, ist seine Vollmacht doch keine geringere. Wie den vor ihm Berufenen ist auch ihm der auferstandene Herr erschienen (1Kor 9,1; 15,6 ff.), und seine Gemeinden sind das bestätigende Siegel seines Apostolates (1Kor 9,2. 15; 2Kor 9,3 u. ö.). Er hat sie als ihr Vater durch das Evangelium gezeugt (1Kor 4,15), wie eine

Mutter sie umhegt (1Thess 2,7) und leidet Geburtswehen um sie, »bis Christus in euch Gestalt gewinne« (Gal 4,19). Kein anderer nach ihm steht zu ihnen in einem so engen Verhältnis (1Kor 4,14 ff.).

Wie aber versteht und verteidigt Paulus seinen Apostolat? Das schon bald in der Alten Kirche auftauchende und späterhin lebhafte Interesse an dem Amt als Institution und seinen formalen, einen Autoritätsanspruch begründenden Merkmalen liegt ihm völlig fern. Wir erinnern uns, mit welchem Nachdruck er im Galaterbrief seine Unabhängigkeit und Selbständigkeit gegenüber den Jerusalemer Uraposteln betont, wie wenig ihm die Voraussetzungen, unter denen jene zu Aposteln wurden, ihre Person und Stellung bedeuten, nämlich ihre Zugehörigkeit zur Jüngerschaft des irdischen Jesus und zum Kreise der Zwölf (Gal 2,6). Aber auch seine eigene, unmittelbare Berufung, sosehr er auf ihr als einem souveränen Akt Gottes insistiert, ist ihm nicht schon wegen der exzeptionellen Umstände seiner Christusvision, sondern wegen des ihm aufgetragenen gesetzesfreien Evangeliums für alle Heiden von entscheidendem Gewicht (vgl. o. S. 43 f.). An dem Maß dieses einen und einzigen Evangeliums will er selbst wie jeder andere Zeuge – und sei es ein Engel vom Himmel – gemessen werden (Gal 1,8; vgl. auch 1Kor 4,1).

Vor allem hat der Philipperbrief uns gezeigt, daß der gefangene Apostel frei ist von der Sorge, das Evangelium sei dadurch gefährdet, daß ihm selbst die Hände gebunden waren; es stünde und fiele also mit seinem eigenen Geschick (Phil 1,12-18; s. o. S. 97). Einen besonders schönen Ausdruck hat dieser Zug in den zahlreichen Stellen seiner Briefe gefunden, wo er seine engsten Mitarbeiter und andere Bewährte den Gemeinden empfiehlt, ganz auf ihre Anerkennung bedacht und selbst hinter ihnen zurücktretend. So etwa – ein Beispiel unter vielen – in dem Zeugnis, das Paulus dem nach Philippi entsandten Timotheus ausstellt: »Denn ich habe keinen Gleichgesinnten, der so echt für euch sorgen wird. Denn alle (übrigen) suchen das Ihre, nicht die Sache Christi Jesu. Ihr wißt ja von seiner Bewährung, daß er wie ein Kind dem Vater – mit mir seinen Dienst am Evangelium getan hat« (Phil 2,20 ff.; man beachte, wie der Satz umbiegt und nicht, wie zunächst zu erwarten, vom Dienst des Timotheus für den Apostel, sondern von ihrem gemeinsamen Dienst spricht). Seine Gehilfen sind seine Partner im selben Werk; oft werden sie namentlich in den Briefeingängen und -schlüssen genannt. Auch spricht er wiederholt mit allem Nachdruck von dem, was er und andere einzelnen Gliedern der Gemeinden verdanken (z. B. Röm 16, 2. 4), und versichert, daß nicht nur er Bringer des Trostes ist, sondern Trost und Fürbitte ebenso von seiten der Gemeinde braucht (Röm 1, 11 f.; 15, 30 ff.; 2Kor 1, 7. 11; Phil 1, 19). Ihr Verhältnis zueinander ist das eines wechselseitigen Gebens und Nehmens (Phil 4, 15).

Das Evangelium steht nicht auf seinen beiden Augen. Auch wenn er, wie er 1Kor 3, 10 f. schreibt, beim Bau der Gemeinde den Grund gelegt hat – wieder korrigiert er sich und verweist auf das Fundament, das von Gott selbst gelegt *ist*, Christus –, so haben andere weiter gebaut. Was für ein Widersinn darum, seine eigene Autorität oder die anderer zu überschätzen! »So ist weder der Pflanzende etwas noch der begießt, sondern Gott, der es wachsen läßt« (1Kor 3, 7). *»Miteinander* sind wir Arbeiter Gottes« (darauf liegt der Ton; nicht, wie Luthers Übersetzung ›Gottes Mitarbeiter sind wir‹ oft mißverstanden wird, auf der Kooperation zwischen Gott und Apostel bzw. anderen Zeugen!); »Gottes Ackerland, Gottes Bau seid ihr« (1Kor 3, 9). Ebenso wehren einer falschen Einschätzung seiner Autorität Sätze wie: »Nicht Herren sind wir über euren Glauben, sondern Gehilfen eurer Freude« (2Kor 1, 24) oder: »Denn nicht uns selbst predigen wir, sondern Christus Jesus als Herrn, uns aber als eure Diener um Jesu willen« (2Kor 4, 5).

Angesichts dieser und vieler ähnlicher Aussagen ist man um so mehr erstaunt über die Leidenschaft und Heftigkeit, mit der Paulus anderenorts in intensiven, oft bis zum äußersten erregten Passagen seiner Briefe – zumal in denen an die Galater und Korinther – mit Gegnern und Gemeinden um die Anerkennung seines Apostolates ringt, die gegen ihn erhobenen Vorwürfe zurückweist und die der feindlichen Agitation schon fast erlegenen Gemeinden zurückzugewinnen sucht. Von einer überlegenen Gelassenheit ist nun nichts mehr zu spüren. Statt dessen werden hier alle Register gezogen: bis zu Tränen gesteigerter Schmerz, Zorn und Empörung, Klagen und Anklagen, bittere Ironie, vernichtende Urteile über die Agitatoren und die Abtrünnigen, Selbstverteidigungen, ja sogar Selbstempfehlungen, wenn auch widerwillig geäußert und sehr paradoxer Art, aber auch bewegende Ausbrüche seines Herzens, in denen er mit verwundeter Liebe um die Bedrohten und Verführten wirbt.

Worin liegt der Grund für diese so seltsam anders gehaltenen Aussagen? Wer in ihnen nur übersteigerte Äußerungen einer momentan verdüsterten Stimmung und einer maßlosen Gereizt- und Gekränktheit findet, hat sie sicher mißverstanden. Alles liegt daran, auch und gerade in ihnen die sachlichen Motive aufzuspüren und zu erkennen, die den Apostel bewegen. Wenn irgendwo, so ist hier deutlich, daß für Paulus in diesem erbitterten Kampf mit den Gegnern zugleich mit seiner Sendung und seinem von ihnen verlästerten Verhalten als Apostel die Wahrheit des Evangeliums auf dem Spiel steht.

Person und Sache gehören für Paulus also doch in bestimmtem Sinne zusammen. In dieser Überzeugung ist er mit seinen Gegnern sogar eins. Überhaupt darf trotz aller Schärfe des Gegensatzes nicht übersehen werden, wie vieles, wenn auch von beiden radikal verschieden verstanden, er mit ihnen gemein hat; erst so werden die tiefen Differenzen zwischen ihnen verständlich. Auch die Gegner nennen sich Apostel und »Diener Christi« (2Kor 11,23) und geben sich als »Diener der Gerechtigkeit« aus (2Kor 11,15). Auch die gleiche Herkunft aus dem erwählten Gottesvolk Israel verbindet sie (2Kor 11,22f.; Phil 3,4ff.). Und beide dringen auf den Ausweis der Botschaft in der apostolischen und christlichen Existenz. Wohl oder übel muß Paulus sich darum mit seinen Gegnern in dasselbe Kampffeld begeben und sich mit ihnen vergleichen. Es besteht nicht der geringste Grund, aus ihnen einen Popanz zu machen, so rüde und ungerecht auch ihre Anwürfe gegen ihn waren, auf die er vor allem in 2Kor 10-13 – aber auch in Gal und 1Kor – vielfach Bezug nimmt. Wie hätten sie sonst in der Gemeinde Eingang und starke Resonanz finden können, und wie hätte Paulus sie sonst so ernst genommen!

Das Bild der korinthischen »Überapostel« hat uns früher bereits beschäftigt (s.o.S. 91ff.). Sie wußten sich vom Geist Christi mit übernatürlichen Kräften erfüllt; darum konnte Jesu Tod ihnen nicht bedeuten, was er für Paulus war, nämlich das Ende aller irdisch-menschlichen Beziehungen zu ihm (2Kor 5,16), aber auch das Ende des alten Äon der Feindschaft zwischen Welt und Gott. Sie verstanden Christi Tod sicher nicht als Gottes Versöhnungstat an der Welt (2Kor 5,18ff.), so wenig wie seine Auferstehung als Grund und Anfang einer »neuen Schöpfung«, in die wir »in Christus« zwar schon versetzt sind (2Kor 5,17), doch so, daß das irdische Dasein des Christen nun gerade im Zeichen des Kreuzes und Mitleidens steht. Eben dieses Ineins von »Schon« und »Noch nicht«, mit anderen Worten die eschatologische Spannung christlicher und apostolischer Existenz galt den Gegnern nichts. Ihr eigenes Verhalten und ihre Kritik an Paulus besagt: das haben wir hinter uns. Darum rühmten sie sich ihrer geistgewirkten Taten, warteten eifrig beflissen auch mit »Empfehlungen« anderer Gemeinden auf über das, was sie dort Erstaunliches vollbracht hatten, und bestritten Paulus im Vergleich zu dem, was sie selbst vermochten, die Echtheit seiner Sendung.

Die Korintherbriefe enthalten mehrfach Aufzählungen der Schicksale und Taten, die nach Paulus den wahren Apostel legitimieren (2Kor 4,8 ff.; 11,23 ff.; 12,10; vgl. auch 1Kor 4, 9 ff.). Sie folgen sogar bis in den Stil hinein der Form solcher Selbstempfehlungen der damals im Zeitalter intensiver religiöser und popularphilosophischer Konkurrenz umherziehenden Volksredner, die als Sendboten einer Gottheit beredt die widrigen Schicksalsfügungen und Lebensumstände (griech.: peristaseis) schilderten, in denen sie als »Gottesmänner« ihre Überlegenheit und Kraft bekundeten oder als wahrhaft »Weise« aus dem Weltgedränge in das Refugium des Geistes sich zurückzogen.

Bei Paulus haben diese Aufzählungen freilich einen höchst paradoxen Sinn. Er rühmt sich seiner Leiden und seiner Schwachheit, in der die Kraft Christi sich vollendet (2Kor 12,9 f.). Er meint damit im Unterschied zu dem zeitgenössischen Ideal des »Weisen« mehr und anderes als nur die zuversichtliche Erfahrung, daß die Kraft seines Gottes ihn selbst die widrigsten Lebensschicksale ertragen läßt. Paulus versteht seine Anfechtungen anders: »Allenthalben bedrängt und doch nicht in Ängsten, ratlos und doch nicht völlig am Ende, verfolgt und doch nicht verlassen, niedergeworfen und doch nicht verloren. Allezeit tragen wir *die Tötung Jesu* am eigenen Leibe umher, damit auch das Leben Jesu an unserem Leib offenbar werde... Daher ist der Tod in uns wirksam, das Leben aber in euch« (2Kor 4,8-12). So haben Welterfahrung und Weltüberwindung für ihn gleicherweise in Christi Tod und Auferstehung ihren Grund, ihre Notwendigkeit und Verheißung. Das sagt auch die verwandte Stelle 2Kor 6,4-10:

»In viel Geduld, in Drangsalen, in Ängsten, in Nöten, in Schlägen, in Gefängnissen, in Unruhen, in Mühen, in Nachtwachen, in Fasten ... mit den Waffen der Gerechtigkeit zur Rechten und zur Linken, durch Ehre und Schande, durch Lästerung und Lob, als Verführer und doch wahrhaftig, als Unbekannte und doch wohl bekannt, als Sterbende und, siehe, wir leben, als Gezüchtigte und doch nicht getötet, als Trauernde, doch allezeit fröhlich, als Arme, doch viele reich machend, als Habenichtse und doch alles besitzend.«

Was er in langer Kette aufzählt über sein Tun und Leiden, Erfolg und Mißerfolg seines apostolischen Wirkens – vereinzelt anklingend an Worte des 118. Psalms (Luthers »schönes Confitemini«) – in starkem Gefälle der Sätze bis zu den letzten paradoxen Antithesen, sind nicht mehr heroische Verhaltensweisen und Schicksale, vielmehr eine Bekundung der Macht Gottes, der den Apostel um Christi willen in Drangsal und Tod führt, aber ihn zugleich dem Sterben entreißt, Trauer in Freude und Armut in Reichtum verwandelt.

Diese Gewißheit läßt Paulus von der *Freiheit* des Apostels und der Christen bis in den Wortlaut hinein zwar ganz ähnlich reden wie auch der stoische Weise seiner Zeit sie für sich in Anspruch nahm, aber sie hat bei dem Apostel einen völlig anderen Grund und Sinn. Sie ist Widerfahrnis und Geschenk, das er der Gnade Gottes verdankt; nicht mehr nur Postulat und ideale Möglichkeit, sondern die Wirklichkeit, von der die Glaubenden herkommen.

Wie sehr die Beschreibung solcher Freiheit dem stoischen Ideal nahekommt, zeigt auch das Wort des Gefangenen im Philipperbrief:

»Ich weiß zu darben; ich weiß Überfluß zu haben. In alles und jedes bin ich ›eingeweiht‹ (wie ein Myste in den heidnischen Mysterienkulten), Sattsein und Hungern, Überfluß haben und Mangel leiden« (Phil 4, 12).

Solche Worte über die »Autarkie« (Phil 4, 11) könnten auch bei Epiktet oder Seneca stehen. Nicht aber die Fortsetzung des Paulinischen Satzes: »Alles vermag ich durch den, der mich stark macht« (Phil 4, 13). Dasselbe gilt für den Satz, der im Römerbrief die Kette der Verfolgungsleiden abschließt – Drangsal, Angst, Verfolgung, Hunger, Blöße, Gefahr und Schwert: »Aber in dem allen sind wir völlige Sieger *durch den, der uns geliebt hat«* (Röm 8, 37). Zwar heißt es auch bei Epiktet: »Was gilt dem Weisen Geld, Liebesfreude, Finsternis, Ruhm, Schande, Lob, ja sogar der Tod! Er vermag über alles Sieger zu sein« (Diss. I, 18, 22). Freiheit ebenso wie Unfreiheit sind hier und da jedoch völlig anders verstanden. Unfrei ist der Mensch nach stoischer Lehre, solange er allem »Fremden«, was sein eigenes Wesen nichts angeht (Lebensumstände, Schicksale), Verfügungsgewalt über sich läßt und ihm mit seinen Leidenschaften hörig bleibt; frei dagegen, wer im Rückzug auf sein Eigenstes über sich selbst verfügt. Paulus jedoch sagt: *unfrei* sind wir, sofern und solange wir über uns selbst verfügen und Christus nicht Herr über uns geworden ist. Anders als im stoischen Denken setzt er darum auch nicht mit einer Reflexion über die ideale Bestimmung des Menschen ein, sondern bei seiner Wirklichkeit, d. h. seiner natür-

licherweise unentrinnbaren und schuldhaften Unfreiheit vor Gott und Gottes Befreiungstat.
Der Apostel vergegenwärtigt mit seiner Botschaft und seiner eigenen Existenz den Gekreuzigten, aber diese Überzeugung steigert sich bei Paulus dennoch nicht wie bei seinem großen Nachahmer Ignatius von Antiochia (Anfang des 2. Jahrhunderts) zu einer Martyriumssehnsucht und zu dem Gedanken, daß erst das leiblich erlittene Martyrium die Sendung des Gottesboten vollendet und für seine Gemeinde heilsbedeutende Kraft hätte. Dieses Motiv findet sich allerdings schon in dem nachpaulinischen Kolosserbrief (Kol 1,24). Man hat Gedanken solcher Art auch dem Philipperbrief des Paulus entnehmen wollen. In der Tat verlangt es ihn, den Gefangenen, der den ungewissen Ausgang seines Prozesses – Freispruch oder Verurteilung – noch vor sich hat, nach dem Tod:
»Denn Leben – Christus heißt mir ›Leben‹, und Sterben ist mir Gewinn ... Von beidem werde ich bedrängt: ich habe Lust abzuscheiden und mit Christus vereint zu sein, denn das ist weit, weit besser. Das (andere) aber, Bleiben im Fleisch, ist euretwegen nötiger; und in solcher Zuversicht weiß ich, daß ich bleiben werde und mein Bleiben euch allen zugute kommen wird ...« (Phil 1,21-25).
Mit dem Sterben würden die letzten Schranken zwischen dem noch irdisch Lebenden und Christus fallen. Aber schon das irdische Leben gehört ja Christus (Röm 14,8) und heißt in Christus erst eigentlich »Leben«. Die Alternative des physischen Lebens oder Sterbens ist darum nicht mehr von letztem Gewicht:
»So harre und hoffe ich, daß ich in nichts zuschanden werde, sondern frei und offen, wie immer so auch jetzt Christus verherrlicht werden wird an meinem Leibe, es sei durch Leben oder durch Tod« (Phil 1,20).
Nicht erst der Märtyrertod also wird hier ausgezeichnet, vielmehr steht die ganze Existenz des Apostels im Zeichen des »Martyriums«. Auch darf sein mögliches »Geopfertwerden« (Phil 2,17) nicht dem einen und ein für alle Mal dargebrachten erlösenden Opfertod Christi gleichgestellt werden.
Die Vergegenwärtigung Christi auch durch Geschick und Leiden des Apostels hat für seine Gemeinden zwar eine unvergleichliche Bedeutung. Doch hat das ihm Widerfahrene nicht einen exklusiven Sinn, sondern sagt beispielhaft aus, was christliches Dasein überhaupt bedeutet: mit Christus Sterben und Auferstehen. Die Gemeinde zu Thessalonich und Philippi, über die

bereits die ersten Verfolgungen hereingebrochen sind, nimmt Paulus darum unmittelbar in die Solidarität seines eigenen Geschicks mit hinein (1Thess 2, 14 f.; Phil 1, 29 f.) und redet ebenso im zweiten Korintherbriefe von seinen Leiden, um das Zunichte- und Erneuertwerden deutlich zu machen, das zum Leben der Glaubenden gehört:

»Darum ermüden wir nicht, vielmehr: auch wenn unser äußerer Mensch verdirbt, wird doch der innere von Tag zu Tag erneuert. Denn die gegenwärtige leichte Trübsalslast bringt uns über alles Maß eine ewige ›Last‹ der Herrlichkeit ein, da wir nicht auf das Sichtbare, sondern das Unsichtbare blicken. Denn das Sichtbare ist zeitlich, das Unsichtbare aber ewig« (2Kor 4, 16-18).

In diesem weiten Horizont wollen auch die auf den ersten oberflächlichen Blick so befremdlichen, womöglich gar als kleinlich-persönliches Alltagsgezänk anmutenden Auseinandersetzungen des Paulus mit seinen Gegnern gesehen werden. Wer die Geschichte des Urchristentums und speziell des Paulus in eine Paradieslandschaft umfälschen und nicht wahrhaben will, daß die unter dem Evangelium errungenen Siege auf einem Schlachtfeld erkämpft worden sind, wird allerdings durch jene Abschnitte seiner Briefe kräftig schockiert werden. Tatsächlich sind in diesen Kämpfen der Apostel selbst wie seine Gegner mit ihrer ganzen Existenz in den Brennpunkt der Entscheidung zwischen Glaube und Irrglaube, Wahrheit und Lüge, den Gott Jesu Christi und den »Gott dieser Welt« (2Kor 4, 4) gerückt, wohlgemerkt beide in der Überzeugung, daß Christus in ihnen präsent sei: darum reißt Paulus jenen »Überaposteln« die Maske ab, nennt sie Falschapostel, betrügerische Arbeiter, Satansdiener im Gewande von Engeln des Lichtes (2Kor 11, 13-15), Prediger eines anderen Evangeliums, eines anderen Jesus und Träger eines anderen Geistes (11, 4). Darum aber stellt er sich ihnen und verteidigt sich, wenn auch in der ihm aufgezwungenen Rolle eines »Narren« (2Kor 11, 1. 16 ff.; 12, 6. 11), in eigentümlicher Verfremdung scheinbar sich selbst »rühmend«, wie jene es tun, und meint doch mit jedem Wort das Gegenteil von ihren Selbstempfehlungen. Denn sein Ruhm ist seine Schwachheit, damit die Kraft Christi in ihn einzieht (vgl. 2Kor 12, 9 f.; vgl. auch Phil 4, 12). Für Paulus ist die »neue Schöpfung« und »der Tag des Heils« (2Kor 5, 17; 6, 2) allein da gegenwärtig, wo die Boten Christi in den konkret-alltäglichen Widerfahrnissen ihres Daseins sein Kreuz auf sich nehmen und so die Wirklichkeit der Versöhnung Gottes mit der Welt bezeugen.

Wie Paulus seinen Auftrag, als Apostel Heilsgeschehen und Heilsbotschaft zu vergegenwärtigen, existentiell verstand und verwirklichte, hat er noch unter anderen Aspekten in gewichtigen Sätzen des ersten Korintherbriefes ausgesprochen, die geradezu die Maxime seines gesamten missionarischen Wirkens und Verhaltens erkennen lassen. 1Kor 9, 19-23 schreibt er:
»Obwohl frei gegenüber allen habe ich mich allen zum Sklaven gemacht, um die Mehrzahl zu gewinnen. / Und bin den Juden wie ein Jude geworden, um die Juden zu gewinnen; denen unter dem Gesetz wie einer unter dem Gesetz, obwohl ich selbst dem Gesetz nicht unterstehe, um die unter dem Gesetz zu gewinnen. / Den Gesetzlosen wie ein Gesetzloser, obwohl ich kein Gesetzloser vor Gott, sondern im Gesetz Christi gebunden bin, um die Gesetzlosen zu gewinnen. / Ich bin den Schwachen ein Schwacher geworden, um die Schwachen zu gewinnen. / Allen bin ich alles geworden, um allerwege einige zu retten. Alles (das) tue ich um des Evangeliums willen, um Anteil an ihm zu bekommen«.
Diese in Aufbau, Gleichförmigkeit und Zielsetzung sorgfältig, auch rhetorisch meisterhaft formulierten Sätze sind im christlichen Wortschatz leider weithin zu einem gängigen Gemeinplatz abgesunken, häufig dazu mißbraucht, all und jede Akkomodation christlicher Verkündigung und christlichen Verhaltens an die jeweilige Zeit und Umwelt zu decken. Zumindest werden sie meistens nur als klassischer Beleg für den selbstverständlich gültigen, auch von Paulus kräftig praktizierten Grundsatz aufgefaßt, daß das Evangelium in der jeweils verschiedenen Sprache und Denkweise der Hörer ausgerichtet werden muß, wenn anders es verstanden werden soll. Aber das Erstaunliche der paulinischen Aussagen wird in solcher Verallgemeinerung eher nivelliert als in den Blick gebracht, zumal dann, wenn sie als Regel einer bloßen missionarischen Anpassungstechnik verstanden sind.
Bezeichnend und bedeutsam ist, daß auch diese Sätze des Paulus unter dem Leitgedanken der Freiheit stehen, den wir bereits in engstem Zusammenhang mit seinem apostolischen Selbstverständnis zu bedenken Anlaß hatten (s. o. S. 178). Freiheit hier, wie der ganze Kontext 1Kor 8–10 zeigt, nicht als Recht, sondern als Verzicht auf das eigene Recht um des anderen willen verstanden, erwachsen aus der schicksalhaften Gebundenheit an das Evangelium, dessen Inhalt nicht im freien Ermessen des Apostels steht (1Kor 9, 16). An seinem eigenen Beispiel verdeutlicht Paulus hier den über der Frage des Götzenoperfleisch-Essens und

der Teilnahme an heidnischen Kultmahlen zerstrittenen Korinthern (s. o. S. 89 f.) das Wesen christlicher Freiheit überhaupt. Luther hat darum zurecht die erste These seiner berühmten Schrift »Von der Freiheit eines Christenmenschen« (1520) in ausdrücklicher Anlehnung an 1Kor 9, 19 dialektisch formuliert: »Ein Christenmensch ist ein freier Herr über alle Dinge und niemand untertan. Ein Christenmensch ist ein dienstbarer Knecht aller Dinge und jedermann untertan.«

Die von Paulus gegenüber Juden und Heiden, Gesetzesleuten und Gesetzlosen praktizierte Freiheit darf nicht eigentlich als Ermessensspielraum, sondern will als Gehorsam gegen das ihm aufgetragene Wort verstanden werden. In diesem Sinn ist er den Juden ein Jude, den Gesetzlosen ein Gesetzloser, den Schwachen ein Schwacher geworden.

Was aber heißt das? Jede der hier genannten gegensätzlichen Positionen bezeichnet nicht irgendwelche Differenzen zwischen Völkern und Individuen, die einem weltbürgerlichen Weisen zur Zeit des Paulus vom Standpunkt einer aufgeklärten Religion und Moral gleichgültig geworden waren. Vielmehr sind diese Gegensätze in der ganzen Schärfe und Exklusivität ernst zu nehmen, in der jeder Jude sie damals verstand und wie sie auch für die Urchristenheit nicht einfach erledigt waren. So oder so gelten sie als religiöse Positionen, mit denen sich in jedem Fall ein Heilsanspruch verband. Die Heilsnotwendigkeit von Gesetz und Beschneidungsforderung auch für die Christen war das Dogma der Judaisten. Umgekehrt proklamierte die Gegengruppe, wie zumal an den korinthischen Enthusiasten deutlich, die Preisgabe des Gesetzes, die Gesetzlosigkeit, als wahren Ausweis des Christseins (»Alles ist erlaubt!«). Aber auch die von den »Starken« verächtlich als »Schwache« bezeichnete Gruppe in Rom meinte sicher auf ihre Weise den echten Glaubensgehorsam zu beweisen; sie verurteilten darum die anderen (Röm 14, 9 ff.).

Paulus jedoch erkennt alle diese religiösen Positionen als solche nicht mehr an. Sie sind für ihn nicht mehr Heilswege, Voraussetzungen und Bedingungen des Christseins. Heilswege solcher Art zu proklamieren heißt für ihn, den von Gott eröffneten Weg des Heils zunichte machen, der alle menschlichen, gerade auch religiösen Positionen an ihr Ende gebracht und damit die trennenden Grenzen zwischen Juden und Heiden durchbrochen hat.

Bedeutsam ist jedoch, daß er aus solcher Erkenntnis nicht eine neue »Position« jenseits aller dieser Differenzen aufbaut, sondern erklären kann, in seinem Verhalten mit ihnen allen solidarisch geworden zu sein. Der Grund dafür liegt darin, daß er jenen

»Positionen«, wenn auch in einem völlig anderen Sinn, eine unaufgebbare Bedeutung zuerkennt: sie bezeichnen die von keinem eigenmächtig zu überspringende konkrete Lebenswirklichkeit, in der das Evangelium jeden sucht und treffen soll. Pointiert formuliert heißt das: Er macht sich nicht die so oder so proklamierten *Standpunkte* zu eigen, aber nimmt sie als den irdisch-geschichtlichen *Standort* ernst, wo jeder ohne Unterschied, wenn auch verschieden, als Glaubender von Christus schon befreit *ist* und diese Freiheit nicht erst durch eine Änderung seiner Lebenssituation ins Werk zu setzen hat. Der einstige Jude hat darum nicht als Christ das Zeichen seiner Zugehörigkeit zum »erwählten« Bundesvolk abzulegen, und der einstige Heide braucht es nicht zu übernehmen. Aber auch Sklaven und Freie in der Gemeinde sind durch das Evangelium nicht aufgerufen, aus ihrer bisherigen sozialen Ordnung auszubrechen. Denn »im Herrn« *ist* der Sklave bereits ein »Freigelassener«, nämlich des Herrn, und der (im sozialen Sinn) Freie ein »Sklave Christi« geworden, beide gleichermaßen mit ihrer ganzen Existenz sein Eigentum (1Kor 7,17-24). Hier liegt der Grund für die Freiheit, mit der der Apostel sich Juden und Heiden gegenüber verhalten hat und »allen alles« geworden ist.

Es kann nicht zweifelhaft sein, daß Paulus sich damit keineswegs den Zugang zu allen Schichten und Gruppen, die ihm innerhalb und außerhalb seiner Gemeinden begegneten, nur erleichtert hat. Mit Sicherheit hat er sich damit ebensosehr bei vielen der Kritik der Inkonsequenz, der Zweideutigkeit, eines charakterlosen Schwankens und dem Vorwurf ausgesetzt, den Mantel nach dem Winde zu hängen und den Leuten nach dem Munde zu reden. Wie der Galaterbrief zeigt, ist diese Kritik, er unterschlage in seiner Verkündigung Gesetz und Beschneidungsforderung, um seiner Predigt bei den Heiden damit einen leichteren Eingang zu verschaffen, von seiten der Judaisten gegen ihn erhoben worden. Vorstellbar ist durchaus, daß umgekehrt auch bei vielen seiner Gesinnungsgenossen seine Bereitschaft zur Solidarität und seine Toleranz gegenüber den Juden und ihren Traditionen mehr als einmal Kopfschütteln erregt hat. Paulus weist den Vorwurf, Menschen zu gefallen, jedoch schärfstens ab (Gal 1,10; vgl. auch 1Thess 2,4) und gibt ihn grimmig gerade an die Gegner, die das Gesetz auch für die Glaubenden wieder verbindlich machen wollen, zurück (Gal 5,12; 6,12), und dies nicht mit der Begründung, sie belasteten die Gemeinden mit unnötigen Dingen, sondern darum, weil so das Ärgernis des Kreuzes zunichte gemacht werde (Gal 5,11). Der Sinn seines Verhaltens gegenüber Juden und

Heiden ist also nicht, den Skandalon-Charakter seiner Botschaft abzuschwächen, sondern zu verdeutlichen. Seine Freiheit bekundet ebenso das Nein zu den Positionen, auf die Menschen ihr Vertrauen setzen, wie das Ja zum anderen Menschen, der dort, wo er ist, und so, wie er ist, durch die Gnade zu einem neuen Geschöpf wird in Christus.

Beispiele für die Bewährung solcher Freiheit bieten in seinen Briefen etwa seine Erörterungen und Entscheidungen in den Streitfragen seiner Gemeinden wie in dem Widereinander der Parteien in Korinth oder der »Starken« und »Schwachen« dort und in Rom. Sehr bezeichnend, daß er hier jedesmal den casus confessionis, die Scheidelinie zwischen Glauben und Unglauben nicht dort anerkennt, wo die Streitenden sie gegeben sahen, sondern daß er beide in die Verantwortung für einander ruft auf dem Grunde dessen, was durch die Liebe Gottes allen widerfahren ist.

3. Die Kirche

Heilsgeschehen und Herrschaft Christi sind Gegenwart inmitten der Welt im Leben der Kirche. In Gottes Heilstat begründet lebt sie allein aus der Gnade. Sie ist nach Paulus eine von Gott in Gang gesetzte und von seinem Geist ausgerichtete Bewegung. Recht verstanden läßt sich auch von ihr darum nicht für sich und eigentlich nur indirekt angemessen reden, nämlich im Zusammenhang des paulinischen Heilsverständnisses im ganzen. Wir waren darum schon ständig mit der Kirche befaßt, als wir die Geschichte seines apostolischen Lebens und Wirkens und seine Botschaft und Theologie darstellten. Dort haben sich bereits die Grundzüge seines Verständnisses der Kirche abgezeichnet. Doch sammeln sich die Motive und Intentionen seines Denkens in den ekklesiologischen Aussagen wie in einem Brennpunkt, hier unter sehr verschiedenen Aspekten aktualisiert und konkret angewendet.

Paulus ist nicht Schöpfer und Begründer der Kirche. Sie war vor ihm da und erweckte zuerst den Eifer des Verfolgers. Als er ihr begegnete, hatte sie bereits eine bewegte Geschichte hinter sich, deren Spuren und Wirkungen bei ihm vielfach erkennbar sind.

Ekklesia

Schon vor Paulus ist die auch von ihm reichlich verwendete Selbstbezeichnung der Gemeinde als *Ekklesia Gottes* aufgekommen. Ihr Sinn läßt sich nicht unmittelbar aus der Profangräzität erkennen, wo das Wort ekklesia geläufiger Terminus für die profane Volksversammlung ist. Im griechischen Alten Testament jedoch ist es einer der festen Ausdrücke für das erwählte, vor Gott – z. B. am Sinai – versammelte Volk Israel. Von daher ist das Wort vom Urchristentum übernommen und Bezeichnung für das Volk, das Aufgebot Gottes in der letzten Zeit inmitten der Welt geworden. Unser deutsches Wort Gemeinde gibt diesen erfüllten, endzeitlichen Sinn nur unzureichend wieder. Denn die Kirche ist mehr und anderes als die einzelne Gemeinde oder die Summe der Ortsgemeinden und ihrer Gläubigen. Sie ist ihnen zeitlich und sachlich vorgeordnet und in ihnen nur konkretgeschichtlich gegenwärtig, obwohl das Wort – sekundär – auch für die einzelnen Gemeinden gebraucht werden kann. Das spricht der Eingang des ersten Korintherbriefes charakteristisch aus: »Der Gemeinde Gottes in Korinth (eigentlich: soweit sie sich in Korinth befindet), den in Christus Jesus Geheiligten, berufenen Heiligen, samt allen, die den Namen unseres Herrn Jesus Christus anrufen überall, bei ihnen und uns ...« (1Kor 1,2). Kennzeichnend sind hier die zahlreichen, ebenfalls dem Alten Testament entnommenen und allgemein urchristlichen, zumeist passivisch gehaltenen ekklesiologischen Wendungen. Sie besagen, daß Gliedschaft in der Kirche ein Widerfahrnis ist, nicht des Menschen eigenes Werk. Schon daraus erhellt, daß sie im urchristlichen und paulinischen Sinn sich nicht als eine von Menschen organisierte Gemeinschaftsform zur Pflege, Betätigung und Ausbreitung bestimmter religiöser Traditionen und Überzeugungen verstehen läßt.

Bezeichnenderweise versagen hier alle soziologischen Analogien der religiösen und politischen Umwelt. Weder läßt sich das Wesen der Kirche aus den Besonderheiten des jüdischen Tempel- und Volksverbandes noch aus den Synagogengemeinden des Diasporajudentums oder nach Art der streng separierten Sekten wie der Gemeinde von Qumran begreifen. Ebensowenig aber aus den priesterlich-kultischen Ordnungen, die im Bereich der antiken heidnischen Tempel sich erhielten, oder aus den hellenistischen Mysteriengemeinden, den Organisationsformen antiker Vereine oder gar aus politischen und kommunalen Verfassungen.

Der Anfang der Kirche liegt nicht schon in der Geschichte des irdischen Jesus, sondern in der Auferstehung des am Kreuz Hingerichteten. Nicht der »historische« Jesus ist ihr »Stifter«. Der Inhalt seiner Botschaft ist die nahende Gottesherrschaft, die in seinem Wort und Wirken sich schon ankündigt und mit befreien-

der und richtender Gewalt in die bestehende Welt auch und gerade mit ihren frommen Traditionen und Maßstäben hereinbricht. Aus der Kraft des kommenden Gottesreiches begründet sich Jesu eigene Vollmacht, seine Heilsbotschaft für die Sünder und Verachteten, sein Kampf gegen Schriftgelehrte und Pharisäer, sein heilendes Wort, sein Ruf in Jüngerschaft und Nachfolge. Jesu Sendung gilt allen; er sammelt nicht wie viele andere Bewegungen seiner Zeit einen »heiligen Rest« und gründet keine Sondergemeinde der Gerechten. Für das, was nach Jesu Kreuzigung und Auferstehung Kirche heißt, ist in seiner irdischen Geschichte noch kein Raum. Auch das vereinzelte, berühmte Wort an Petrus als den Felsen, auf den er seine Kirche bauen wird (Mt 16, 18 f.), darf für eine Kirchengründung durch den Irdischen nicht in Anspruch genommen werden. Gewichtige Gründe sprechen dafür, daß es ihm erst von der nachösterlichen Gemeinde in den Mund gelegt ist.
Wohl aber weckten die Erscheinungen des Auferstandenen und die Osterbotschaft in den Jüngern die Gewißheit, daß das, was für Menschenaugen Scheitern und Ende zu sein schien, einen neuen von Gott heraufgeführten Anfang bedeutete. Daraus erwuchs die Urgemeinde, geeint durch den Glauben an Jesus als den verheißenen Messias und die Erwartung seines baldigen Kommens als Menschensohn zu Heil und Gericht. Hier liegt der Ursprung der Kirche als Gemeinde der Heilszeit, als Schar der von Gott »Geheiligten« und »Erwählten«, als ekklesia. In diesem Sinne beginnt ihre Verkündigung, werden die Glaubenden durch die Taufe für die kommende Gottesherrschaft gereinigt, empfangen und erfahren den Geist Gottes und feiern unter endzeitlichem Jubel, um das Kommen des Herrn flehend, das Mahl nach Art jüdischer Mahlzeiten und so wie Jesus selbst es mit Zöllnern und Sündern und vor seinem Tod mit seinen Jüngern gehalten hatte. Aber diese Gemeinde scheidet sich nicht vom Judentum, sie nimmt am Tempelgottesdienst teil und hält nach wie vor das Gesetz. Die Israel gegebenen Verheißungen sind ja in Jesus und seiner Gemeinde zur Erfüllung gekommen. So bleibt auch der Verkündigungsauftrag der Urgemeinde zunächst auf Israel beschränkt.
Der Durchbruch durch die Beschränkungen jüdischen Glaubens und Denkens erfolgte erst – wenn auch früh und noch auf demselben Boden Jerusalems – durch das Aufkommen der »Hellenisten«. Von dieser spannungsvollen Geschichte ist in diesem Buch wiederholt die Rede gewesen. Sie führte zu harten Konflikten mit dem Judentum und zu Auseinandersetzungen mit der

gesetzesstrengen Richtung der Urgemeinde. Aber sie führte erst recht zu neuen Erfahrungen der Gegenwart des erhöhten Kyrios und der Wirkungen seines Geistes und damit auch zu einem neuen Verständnis des Heils und der Kirche. Auch den Heiden war nun der Zugang zu Heil und Kirche eröffnet. Die im Alten Testament und seinen Verheißungen grundgelegte und dokumentierte Geschichte war auch in dieser hellenistisch-judenchristlichen Bewegung und in den heidenchristlichen Gemeinden nicht preisgegeben. Die Autorität der Schrift war nicht bestritten, Taufe und Herrenmahl wurden auch hier gefeiert, und die Erkenntnis, daß die Kirche als das eschatologische Gottesvolk ihrem Wesen nach nur *eine* ist und sein kann, blieb weiterhin für die ganze Christenheit bestimmend, auch wenn ihr Verständnis, die Ausprägungen ihrer Überlieferung, die Gestalt ihres Gottesdienstes und die Formen ihrer Organisation sich wandelten. Von dieser Mannigfaltigkeit geben die Quellen des frühen Christentums, vorab die im Neuen Testament gesammelten und die in ihnen verarbeiteten Traditionen, ein eindrucksvolles Bild. Eine einheitliche, normative Lehre von der Kirche ist in ihnen nicht zu finden. Alles ist hier noch im Fluß. Dennoch wäre es falsch, statt von der einen urchristlichen Kirche von einer vagen Vielzahl von Kirchen zu reden. Vielmehr ist die Wirklichkeit und Überlegenheit der einen Kirche von der Mannigfaltigkeit ihrer Ausprägungen und ekklesiologischen Konzeptionen wohl zu unterscheiden. Doch wird gerade daraus verständlich, daß diese Einheit der Kirche sich bereits in frühester Zeit als Problem melden mußte und das Ringen um sie schon in den ersten Jahrzehnten einsetzte. Paulus ist dafür einer der ältesten und jedenfalls der markanteste Zeuge. Seine Geschichte und seine Botschaft haben gezeigt, daß die Wurzeln seines Kirchengedankens im hellenistischen Christentum liegen. Doch hat er mit der ihm eigenen Kraft und Konsequenz das übernommene Erbe neu durchdacht und wie keiner vor ihm zur Tat werden lassen.

Der Geist

Die Israel gegebenen Verheißungen gelten nach Paulus allen aus Juden und Heiden, die an Christus glauben. Auch die Heiden sind nun Abrahams Nachkommen und Erben (Gal 3, 29), Kinder nicht mehr des unter dem Gesetz geknechteten irdischen, sondern des freien, himmlischen Jerusalem (Gal 4, 23-31); das wahre Israel Gottes (Gal 6, 16), sein »Acker« und sein »Bau« (1Kor 3, 9). In diesem Sinn schreibt er nach Korinth: »Wißt ihr nicht, daß ihr Gottes Tempel seid und Gottes Geist in euch wohnt?«

(1Kor 3, 16). In seinem Blick stehen bei diesem der Gemeinde zugesprochenen Prädikat nicht die vielerlei heidnischen Heiligtümer und Tempel, die wo immer in der Welt für eine Gottheit errichtet sind, sondern der eine und einzige Tempel auf dem Zion, von dem schon das Alte Testament und das Judentum wissen, daß Gott hier allein Wohnung genommen hat und in der Welt sich finden läßt. So ist das Bild auch sonst im Urchristentum aufgenommen (vgl. 1Petr 2, 4 ff.) und besagt, daß Gott in der Gemeinde für die Welt da ist, nun freilich nicht mehr gebunden an eine irdische geheiligte Stätte, sondern wirksam allein durch seinen *Geist*, die Manifestation seiner Gegenwart, die Kraft einer neuen Welt.

Diese eschatologische Gewißheit war dem gesamten Urchristentum mit Paulus gemein. Gemeinsam ist ihm darum auch mit den Enthusiasten in Korinth die Erfahrung, daß der Geist Gottes eine von Gott her über die Glaubenden hereinbrechende, treibende Gewalt ist. Paulus scheut sich sogar nicht, die Korinther an die Inspirationen zu erinnern, die sie aus ihrer eigenen heidnischen Vergangenheit kennen (1Kor 12, 2). Doch weiß er gerade deshalb um die Zweideutigkeit solcher Phänomene. Das Echtheitszeichen des Heiligen Geistes ist allein das Bekenntnis: Kyrios Jesus (1Kor 12, 3); das aber heißt: das Bekenntnis zu dem Gekreuzigten. Der Geist wohnt in der Gemeinde und macht sie zu Gottes Tempel, weil ihr das Wort von dem Gekreuzigten verkündigt ist, das ebenso alle Menschenweisheit zu Schanden macht (1Kor 3, 18 ff.), wie alles Bemühen um die Gerechtigkeit aus den Werken des Gesetzes an ihm scheitert (Gal 3, 1-5). Der Geist Gottes ist darum für Paulus nicht die übernatürliche Kraft des Überstiegs über das eigene begrenzte irdische Dasein, vielmehr die Kraft des in Niedrigkeit und Schwachheit sich mächtig erweisenden Gottes.

Besonders die gottesdienstlichen Weisungen 1 Kor 14 (s. u. S. 193 ff.) lassen erkennen, mit welcher Energie der Apostel die Geister zu bändigen bemüht war und sie nicht einem pneumatischen Chaos überließ, ohne doch das Feuer des Geistes auszulöschen, um Vernunft und Ordnung an seine Stelle zu setzen. Der Wortlaut des Kapitels könnte dieses Mißverständnis dadurch nahelegen, daß Paulus hier, von den Korinthern selbst um eine Stellungnahme zu den »Geistesgaben« angegangen, wiederholt das »Reden im Geist« und das »Reden mit der Vernunft« scharf unterscheidet und danach die von den Korinthern als höchste Manifestation des göttlichen Pneuma eingeschätzte ekstatische »Zungenrede« gegenüber der Prophetie und anderen »vernünftigen« Weisen der Rede radikal abwertet. Doch bedient sich Paulus hier nur des vulgären, auch in Korinth und sonst in urchristlicher Sprache gängigen Begriffes »Geist« (bzw. »Geistesgabe«), um ihn kräftig zurechtzurücken und ihm einen neuen Inhalt und Maßstab zu geben. In Wahrheit ist auch die Prophetie für ihn eine Geistesgabe, und zwar darum die höhere, weil sie von allen im Gottesdienst Versammelten, auch von den noch Fremden, ja sogar den Ungläubigen, die etwa sich dazu gefunden haben, verstanden werden kann, so daß sie überführt, im Gewissen getroffen, niederfallen und bekennen müssen: »Gott ist wirklich in eurer Mitte« (1Kor 14,24 f.). Darum die kritische Reserve des Apostels gegenüber allen Formen ekstatischen Redens im Gottesdienst (Verkündigung, Gebet, Gesang, Segen), womit der Redende sich wohl selbst erbauen mag, aber nicht die Gemeinde. Leitend ist dabei die Verantwortung für den anderen, ja auch den letzten vom Geist noch nicht Ergriffenen. Geist Gottes und Vernunft stehen darum nicht einfach wider einander. Sie sind für Paulus überhaupt nicht abstrakte Prinzipien. Damit wäre viel eher Denken und Bewußtsein der Enthusiasten getroffen. Für den Apostel dagegen ist Inhalt und Maßstab allein das allen geltende und verständliche Wort des Heils.

Geist und Recht

Die Aussagen in 1Kor 14 geben bereits wichtige Hinweise für die Beantwortung der viel diskutierten Frage nach dem Verhältnis von *Geist und Recht* im paulinischen Verständnis der Kirche. Erst die Zeit nach Paulus hat auch hier in Prinzipien gedacht und sich bemüht, unter Ausbildung von Amt, Hierarchie, Sukzession und dergleichen beides auszugleichen und zu verbinden. Die Kirche wurde darüber zur Institution und umgekehrt der Enthusiasmus in vielerlei Gestalt als Gegenbewegung auf den Plan gerufen. Noch die in der neueren Geschichte des Kirchenrechts heftig geführte gelehrte Diskussion um die Alternative Geist oder Recht (R. Sohm) bewegt sich auf diesem Boden. Für Paulus jedoch gibt es diese Alternative nicht. Recht und Geist widersprechen einander nicht, sie fordern sich, denn »Gott ist nicht ein Gott der Unordnung, sondern des Friedens« (1Kor 14,33). Viele seiner apostolischen Weisungen haben durchaus rechtlichen Charakter. Doch gibt Paulus sie nicht, um damit gegenüber dem freien Walten des Geistes *auch* dem Recht seine in der irdischen Gemeinde nun einmal wohl oder übel unvermeidbare, Schranken setzende und korrigierende Funktion einzuräumen und zu erhalten. Vielmehr so, daß er das *in* der Verkündigung und im Wirken des Geistes selbst mitgesetzte Recht entschieden zur Geltung bringt. Er nimmt dabei gegenüber den korinthischen Enthusiasten auch für sich den Geist in Anspruch: »Wenn einer meint, ein Prophet oder Geistbegabter zu sein, so soll er erkennen, daß das, was ich schreibe, Gebot des Herrn ist« (1Kor 14, 37); »Ich meine aber auch den Geist Gottes zu haben« (1Kor 7, 40).

Dieses in der Kraft des Geistes gesetzte und von ihm inaugurierte Recht ist freilich besonderer Art. Die Elemente, die sonst unveräußerlich zum Recht gehören und eine Rechtsgemeinschaft begründen, spielen bei Paulus keine, höchstens eine untergeordnete und jedenfalls keine definierende Rolle: ein fixiertes Gesetz, eine autoritative, Recht setzende oder es verbindlich auslegende und anwendende Instanz; Gewalten, die es unter Umständen unter Zwang durchsetzen und Verstöße dagegen ahnden. Wohl kann Paulus in extremen Fällen die Gemeinde an ihre vom Geist gegebene disziplinarische Pflicht und Vollmacht – bis hin zum Ausschluß notorischer Frevler – erinnern (1Kor 5, 3 ff.) und ihr androhen, daß er als Apostel gegebenenfalls »mit dem Stock« zu ihr kommen werde (1Kor 4, 21); doch gibt es bei ihm noch keine einheitliche und verbindliche, Rechtsfunktionen und -kompetenzen regelnde Gemeindeverfassung. Gelegentlich hören wir zwar von Gemeindevorstehern, denen man sich unterordnen und ihre Mühe nicht erschweren soll (1Thess 5, 12), von »Aufsehern und Dienern« (Phil 1, 1), vom Charisma der »Gemeindeleitung« (1Kor 12, 28; Röm 12, 8). Aber die spärlichen Wendungen wechseln, deuten mehr auf aktuelle Hilfeleistungen und lassen sich nirgends in eine hierarchische Stufenfolge institutionalisierter Ämter bringen. Auch die aus der Synagoge stammende patriarchalische Ältestenverfassung ist nach Auskunft der echten Paulusbriefe seinen Gemeinden noch fremd und erst in der Kirche nach ihm aufgekommen. Die Acta und die deuteropaulinischen Pastoralbriefe haben sie freilich fälschlich schon auf Paulus selbst zurückgeführt. Entsprechendes gilt vollends für den monarchischen Episkopat der späteren Zeit.

Um so mehr erhebt sich die Frage nach den Rechtsquellen und Grundsätzen, mit denen der Apostel seine Weisungen begründet. Vereinzelt führt er *Herrenworte* ins Feld. Sie haben für ihn unbedingte Autorität. Aber haben sie den Charakter von Rechtssätzen? Unter den wenigen, die er zitiert, hat allenfalls Jesu Verbot der Ehescheidung rechtlichen Charakter (1Kor 7, 10), aber doch nur in einem bedingten Sinn. Denn Paulus führt das Herrenwort zwar als gültig an, aber gibt gleichwohl die Scheidung der Ehe frei, wenn in einer Mischehe zwischen Christen und Nichtchristen der ungläubige Partner auf ihr besteht. Andernorts nennt er Jesu Wort, daß ein Arbeiter seines Lohnes wert ist (1Kor 9, 14), erwähnt es aber in einer Reihe mit sonstigen Regeln gleichen Inhalts nur dazu, sein eigenes Anrecht auf die Unterhaltspflicht der Gemeinden sicherzustellen, von dem er selbst jedoch kraft eigener freier Entscheidung keinen Gebrauch macht. Auch das *Alte Testament* ist für ihn nicht Rechtsquelle. Selbstverständlich ist es ihm und seinen Gemeinden heilige Schrift und wird häufig nach Art jüdischer Schriftauslegung herangezogen. Aber es ist nicht um seiner selbst willen da, sondern im voraus »geschrieben zu unserer Ermahnung, auf die das Ende der Zeiten gekommen ist« (1Kor 10, 11; vgl. Röm 15, 4). Sofern es über sich hinausweist auf die Erfüllung und das eschatologische »Heute«, in dem die christliche Gemeinde lebt, ist dem Alten Testament damit eine bedeutsame Funktion zuerkannt, aber zugleich seine das Leben der Glaubenden normierende Bedeutung aufs stärkste relativiert. Als verbindliches Gesetz ist es durch Christus abgetan und kann im höchsten Fall nur dazu dienen, die Situation der Glaubenden zu erhellen und zu bestätigen, was vom Evangelium her gilt. Erst recht trifft das zu für die nicht selten aus der Ordnung der *Natur* und der allgemeinen *Sitte* von Paulus angeführten Argumente und für seine Hinweise auf das, was allerorten in den Gemeinden als *Brauch und Ordnung* geübt wird. Auch das sind nur Hilfsargumente, die nicht die Kirche begründen und selbst schon Recht setzen, sie dienen vielmehr dazu, gegebenenfalls der Gemeinde beschämend zu Bewußtsein zu bringen, was überall in der Welt als Recht und Ordnung anerkannt ist. So etwa im Fall der von den Korinthern stillschweigend ertragenen ehelichen Verbindung eines Gemeindegliedes mit der Frau des eigenen Vaters (gemeint ist die Stiefmutter; vgl. 1Kor 5, 1 ff.), was »nicht einmal unter den Heiden« geduldet wird.

Alle diese Motive haben jeweils ihr Gewicht, wenn auch ein sehr unterschiedliches, sind aber dem eigentlichen Grund, aus dem die paulinischen Weisungen ihre Kraft empfangen, nur zugeordnet, nämlich der *Heilsbotschaft und dem neuen Sein in Christus*, in das die Glaubenden ohne ihr Zutun durch Gottes Gnade versetzt sind. Dies ist die neue Lebenswirklichkeit, von der sie herkommen, ohne Unterschied, ob sie dem Evangelium, das sie gehört haben, entsprechen oder nicht. Wie er die Galater auf den Kopf zu fragen kann: Woher habt ihr den Geist empfangen? (3, 2), kann er auch im Ersten Korintherbrief dafür danken – und zwar

nicht nur im Sinne einer captatio benevolentiae –, daß die Gemeinde durch Gottes Gnade reich beschenkt ist, daß das Zeugnis von Christus bei ihnen Wurzel gefaßt hat (1Kor 1,4 ff.), obwohl doch in Korinth horrende sittliche Verfehlungen geschehen sind. Dennoch tut der Geist an ihnen sein Werk. Um so fester greift der Apostel zu und sucht die Gemeinden wieder zurechtzubringen. Aber niemals schreibt er einzelne Gemeinden im ganzen oder auch nur einzelne Glieder in ihnen ab, obschon er die unverrückbaren Grenzen, die der Geist Gottes gegenüber allem Frevel setzt, und die richterliche Gewalt, die in ihm nicht minder beschlossen ist, in beschwörenden Sätzen, ja sogar in Fluchformeln der Gemeinde mit allem Nachdruck zu Bewußtsein bringt (1Kor 3,17; 14,38; 16,22; Gal 6,7 f.).
Das entscheidende, alles tragende Motiv der paulinischen Weisungen ist die *Erinnerung* der Gemeinde an ihren Ursprung: die im Evangelium verkündete Heilstat Gottes in Christus. Weder durch Bildung, Macht und Ansehen noch durch eigene Gerechtigkeit ausgezeichnet, sind die Glaubenden »berufen« und haben von dem Schöpfer, der aus dem Nichts das Seiende zum Leben ruft (1Kor 1,26 ff. u. ö.), in Christus eine neue Existenz empfangen. Befreit von der Gewalt der vergehenden Welt (Gal 5,1. 13; Röm 6 u. ö.), sind sie nicht mehr den Menschen und sich selbst hörig, sondern Gottes Eigentum (1Kor 6,19 f.; 7,23 f.; Röm 14, 7 ff.). Einst der Nacht und Finsternis verfallen, sind sie jetzt Kinder des Lichtes und des Tages (1Thess 5,5; Röm 13,11 f.), »rein gewaschen, geheiligt, gerechtfertigt im Namen des Herrn Jesus Christus und im Geist unseres Gottes« (1Kor 6,11), »in Christus eine neue Schöpfung« (2Kor 5,17). Das *ist* bereits die Wirklichkeit der Gemeinde kraft der Gnade, die ihr die Heilsbotschaft zusagt und der Glaube annimmt. Darin allein weiß Paulus auch seine eigene apostolische Autorität begründet (1Kor 4,15; Röm 12,1. 3 u. ö.).
Gebunden an das Wort vom Kreuz ist der Geist eine im höchsten Maße kritische Instanz gegenüber allen augenfälligen Manifestationen und Garantien, auf die menschliches Vertrauen sich gründen will. Von solcher Versuchung sieht Paulus seine Gemeinden vom Judentum und vom Enthusiasmus her tödlich bedroht; daher der seine ganze Geschichte durchziehende Zweifrontenkrieg. Beide, so verschieden sie sich auf den ersten Blick ausnehmen, stehen in Wahrheit in deutlichem Zusammenhang untereinander und konnten darum, wie die Paulus-Gegner in Korinth, Galatien und Philippi zeigen, sich auch sehr wohl miteinander verbinden. Von der einen Seite her die Versuchung,

durch Übernahme von Gesetz, Beschneidung und kultischen Riten den Anschluß an das privilegierte Heilsvolk zu suchen und seinen verzweifelt-aussichtslosen Weg wieder zu beschreiten. Von der anderen Seite das scheinbar entgegengesetzte Bestreben, aus allen irdischen Bindungen auszubrechen – bis hin zum schamlos proklamierten und praktizierten sittlichen Libertinismus – und die neue Existenz »im Geist« zur Schau zu stellen. Beides, Rückfall in die Gesetzlichkeit und Ausbruch in den Rausch pneumatischen Erlebens, nennt Paulus gleicherweise eine Schändung und Zunichtemachung des Kreuzes Christi (Gal 5, 11; Phil 3, 18; 1Kor 1, 17), in jedem Fall ein Überspringen der irdisch-geschichtlichen Gegenwart, in der das Evangelium die Glaubenden sucht, trifft und festhält, in eine imaginäre Vergangenheit oder in eine phantastische »Vollendung« hinein. So oder so verfallen seine Gegner und Kritiker, denen seine Botschaft nicht genügt, gleichsam einem heillosen Anachronismus und nehmen dem Wort der Gnade sein wahrhaftes Heute und Jetzt und damit sein Gegenüber, nämlich den Menschen, an dem es sein befreiendes Werk vollbringen will.

Gottesdienst

Nicht zufällig gelten viele der paulinischen Weisungen im ersten Korintherbrief dem Gottesdienst. Die Ekklesia ist in der Tat zunächst und vor allem die gottesdienstlich versammelte Gemeinde. Im Gottesdienst bewährt die Gemeinde, was sie ist, werden aber auch Unwesen und Verirrung in ihr beispielhaft offenbar. Auch hier wieder ist bezeichnend, was in den Weisungen des Apostels zur Sprache kommt und was unwesentlich bleibt. Obwohl wir von ihm so viel über den urchristlichen Gottesdienst erfahren wie nirgends sonst im Neuen Testament, hören wir fast nichts über Dinge, die sonst im Bereich des jüdischen oder heidnischen Kultus zum Gottesdienst gehören: über sakrale Räume und Zeiten, Riten und priesterliche Verrichtungen. Zwar hören wir von Wortverkündigung, Segen, vom Amen der Gemeinde als Antwort, von der Anrufung des Kyrios und von Akklamationen, mit denen die Gemeinde seine Gegenwart und Macht bestätigt, von Hymnen, die ihn preisen, von gottesdienstlichen Handlungen wie Taufe und Herrenmahl. Auch läßt sich deutlich erkennen, daß auf die Gottesdienste der paulinischen Gemeinden ebenso der synagogale Gottesdienst des Diasporajudentums eingewirkt hat wie mancherlei Handlungen und Vorstellungen der hellenistischen Mysterien. Doch bleiben viele Fragen hier offen, und es will nicht gelingen, etwa ein einigermaßen einheitliches, agendarisches Formular aus seinen Briefen zu rekonstruieren. Nicht einmal die Frage, ob Wortgottesdienst und Herrenmahl immer und überall eine Einheit bildeten, ist bündig zu beantworten. Feste Regel ist sie aller Wahrscheinlichkeit nach nicht gewesen, aber auch die Scheidung beider nicht. Aus der beiläufigen Notiz 1Kor 16,2 ist allenfalls zu erkennen, daß die Gemeinde den ersten Tag der Woche, den Tag der Auferstehung Christi, gefeiert hat. Aufs Ganze gesehen ist mit einer großen Freiheit und Mannigfaltigkeit zu rechnen. Viele der sonst und anderenorts den Kultus konstituierenden Elemente hat es aber im Gottesdienst der paulinischen Gemeinden sicher noch nicht gegeben.

Um so beredter und eindeutiger sind die Aussagen des Apostels über den Sinn und das Kriterium, woran alles gottesdienstliche Geschehen gemessen sein will. Maßstab ist allein das *»Erbauen«* der Gemeinde. Dieses Wort begegnet in dem schon wiederholt erwähnten 14. Kapitel des ersten Korintherbriefes nicht weniger als siebenmal. Paulus muß hier, wie wir uns erinnern, zu den pneumatischen Ausbrüchen und Wirkungen in der Korinthischen Gemeinde Stellung nehmen, die sie wie eine Sturmflut bedrohten, und sich zu den turbulenten Vorgängen in ihrem Gottesdienst äußern. In diesem Zusammenhang fällt immer wieder das Wort »Erbauung«. Es ist in unserer traditionell kirchlichen Sprache leider so stark verengt, entleert und in einem unpaulinischen Sinne verschoben worden, daß seine ursprüngliche Bedeutung erst wieder zu Bewußtsein gebracht werden muß. Bei Paulus zielt das Wort nicht auf das subjektive religiöse Erlebnis des Einzelnen. So müssen gerade die korinthischen Schwärmer es mißverstanden haben. Der Apostel jedoch redet von »Selbsterbauung« ironisch-kritisch (1Kor 14,4; vgl. auch 8,10) und erkennt nur die Erbauung der Gemeinde an (1Kor 14,3-5.12.17.26). Wird der andere, nicht schon durch besondere Geistesgaben Ausgezeichnete, und damit die Gemeinde im ganzen aufgebaut? Das ist darum die kritische Testfrage, die er bei der Beurteilung von Glossolalie und Prophetie stellt. Mit Bauen und Weiterbauen bezeichnet Paulus auch sein eigenes gemeindegründendes Wirken und die Tätigkeit seiner Nachfolger (1Kor 3, 5 ff.; 2Kor 10,8; 12,19; 13,10). Dasselbe ist aber auch einer dem anderen in der Gemeinde schuldig (1Thess 5,11; 1Kor 8,11-12; 1Kor 14; Röm 14,19; 15,2) nach dem Maß und Beispiel Christi, der auch für den anderen gestorben ist (1Kor 8,11 f.; Röm 14,15) und alle angenommen hat (Röm 15,7). Hingabe und Dienst im Verzicht auf das eigene Recht ist nun das Gesetz der »Erbauung« der Gemeinde. In diesem Sinne hat Paulus sich selbst als einen »Gesetzlosen und doch vor Gott nicht gesetz-los, sondern gebunden an Christi Gesetz« bezeichnet (1Kor 9,21) und ruft die Gemeinde auf: »Folgt meinem Beispiel, wie ich dem Beispiel Christi« (1Kor 11,1; vgl. Gal 4,12; Phil 3,17; 1Thess 1,6; 2,14).

Aus diesen Aussagen wird deutlich, daß die paulinischen Weisungen für den Gottesdienst nichts anderes sind als angewandte und praktizierte »Theologie des Kreuzes«, aber zugleich auch, daß Gottesdienst für Paulus in keiner Weise eine auf bestimmte kultische Verrichtungen beschränkte Veranstaltung ist, sondern das ganze Leben der Glaubenden umfaßt: »Ich ermahne euch nun, Brüder, kraft der Erbarmungen Gottes, eure Leiber Gott hinzugeben als ein lebendiges, heiliges, Gott wohlgefälliges Opfer – zu eurem ›geistlichen Gottesdienst‹« (Röm 12,1). Diese Mahnung leitet den letzten, paränetischen Teil des Römerbriefes ein. Sie nimmt mit dem Ausdruck »geistlicher Gottesdienst« eine aus mystisch-religiösen Texten der Spätantike bekannte Wendung auf. Schon die griechische Aufklärung hatte gegenüber den Opferriten der Volksreligion den Gedanken entwickelt, daß wahre Frömmigkeit sich im rechten Gebrauch der Vernunft erweist, aber erst die hellenistische Mystik hat ihn dahin überboten, daß die höchste Form der Gottesverehrung im ekstatischen Hymnus zu Ehren der Gottheit erreicht sei, im Einswerden des Beters mit dem göttlichen All. In diesem Sinne – nicht nur des geistig-vernünftigen, sondern des von Gottes Geist bewirkten Verhaltens – greift Paulus das Motiv auf, verwendet es jedoch radikal anders und kritisch: Ihr selbst mit Leib und Leben im alltäglichen Tun seid das Opfer, das Gott allein annimmt.

Der Apostel holt damit die Enthusiasten, die sich bereits in ein Jenseits von Zeit und Geschichte versetzt glaubten, in die Zeitlichkeit und Geschichtlichkeit menschlicher Existenz zurück, wo einer für den anderen verantwortlich ist. Denn noch lebt die Kirche nicht im neuen Äon der Vollendung, sondern in der gespannten letzten Weltzeit zwischen der Auferweckung des Gekreuzigten und seiner Parusie, hier noch im Zeichen seines Kreuzestodes in Schwachheit und doch schon in einem Leben aus der Kraft des Auferstandenen (2Kor 13,4). Den viel gepriesenen und bestaunten Manifestationen des Geistes, die auch Paulus aus eigener Erfahrung kennt und der Gemeinde nicht einfach verwehrt, bestreitet er damit den Charakter letzter Vollendung und mißt sie an dem Wort vom Kreuz und an dem Gebot der Liebe.

Taufe und Herrenmahl

Ähnliche Gedanken kehren in den paulinischen Aussagen über Taufe und Herrenmahl wieder. Der Apostel kann auch hier anknüpfen an das, was die Gemeinde schon weiß (Röm 6, 3; 1Kor 10, 15). Wie aber versteht er beides? Der theologische Begriff »Sakrament«, unter dem wir beide zusammenfassen, ist Paulus noch fremd, obwohl er sie beide gelegentlich zusammen nennen kann (1Kor 10, 1-4). Der Begriff ist auch nicht unbedenklich, da er leicht das Interesse an rituellen Handlungen haften läßt, die bei dem Apostel nicht eigentlich im Blickfeld liegen. Allerdings sind sie auch für ihn nicht vom Menschen in Szene gesetzte, sondern in der Kraft der Gnade wirksame Handlungen, als solche wie in der ganzen Urchristenheit so auch in seinen Gemeinden vorausgesetzt und von hoher Bedeutung. Gleichwohl zieht er sie mehr in einem beispielhaften, erläuternden Sinne heran und gewinnt ihnen Erkenntnisse ab, die er anderwärts der Christusbotschaft selbst und oft schon vorformulierten Bekenntnissen des Glaubens unmittelbar entnimmt, ohne auf die »Sakramente« zu rekurrieren.

Erinnernden, existenziell-applizierenden Sinn haben zunächst seine Aussagen über die *Taufe*. Als Sakrament ist die Taufe im Namen Jesu von jeher in der Urgemeinde geübt und verstanden worden, d. h. als eine reale Wirkungen auslösende Handlung, die die Täuflinge dem Herrn übereignet, ihnen die Vergebung der Sünde vermittelt, den Geist verleiht, sie unter den Schutz des Kyrios stellt und so in die eschatologische Heilsgemeinde eingliedert. Auch Paulus redet nicht anders von ihr und gebraucht dabei vorgeprägte Wendungen urchristlicher Tradition: Abwaschen, Heiligen, Rechtfertigen (1Kor 6, 11); Befestigen in Christus, Salben, Versiegeln (= Signieren), Gabe des Geistes (2Kor 1, 21 f.). Wie sehr auch er mit einer realen Wirkung der Taufe rechnet, zeigt u. a. die gelegentliche Bezugnahme auf den in Korinth geübten seltsamen Brauch der sogenannten Vikariatstaufe (1Kor 15, 29). Er besagt, daß die Korinther sich für ungläubig verstorbene Heiden stellvertretend taufen ließen, um ihnen damit Anteil am Heil zu vermitteln. Zwar hat Paulus diese auch aus gnostischen Mysterien bekannte Sitte schwerlich eingeführt und empfohlen, sie aber ebensowenig verworfen. Er erwähnt sie, um den Korinthern zu demonstrieren, daß sie mit der Leugnung der Totenauferstehung auch ihre eigene Taufpraxis ad absurdum führen.

Die aufgezählten Wendungen für das durch die Taufe vergegenwärtigte Heilsgeschehen erschöpfen jedoch ihren Sinn noch nicht.

Andere paulinische Aussagen wie die vom »Anziehen« Christi (Gal 3,27), vom »Getauftwerden in den Leib Christi und Getränktwerden mit dem einen Geist« (1Kor 12,13) umschreiben noch intensiver und spezieller die völlige Einung des Täuflings mit Christus. Dazu gehört vor allem die Röm 6,3 begegnende Vorstellung, daß die Taufe Anteil gibt an Christi Tod und Auferstehung. Religionsgeschichtliche Parallelen, zwar nicht in großer, aber ausreichender Zahl, weisen darauf, daß diese Vorstellung erst unter dem Einfluß heidnischer Mysterienkulte, in denen die Initianden am Geschick ihrer Kultgottheit Anteil empfingen und durch ein rituell vollzogenes Mitsterben und -auferstehen das Heil, die Rettung vom eigenen Todesschicksal erlangten, in den hellenistisch-christlichen Gemeinden aufkam. Doch ist bezeichnend, wie Paulus diesen Gedanken verwendet und wendet – anders als es von den Analogien zu den heidnischen Mysterien her zu erwarten wäre und offensichtlich auch in seinen Gemeinden verstanden wurde. Für diese bedeutete die Taufe die bereits geschehene Versetzung in ein neues, übernatürliches Leben jenseits des Todes kraft der Auferstehung Christi. Paulus dagegen redet im Blick auf die Gegenwart der Getauften und Glaubenden nur davon, daß sie mit Christus gekreuzigt, gestorben und begraben sind. Das Mit-ihm-Auferstehen, das Leben, ist für ihn erst Gegenstand der Erwartung (beachte den Unterschied zwischen der Vergangenheitsform der Verben und den streng futurischen Wendungen in Röm 6,2-8!). Die Gegenwart also steht im Zeichen des Todes Christi. Noch tragen die Glaubenden als die mit ihm Gekreuzigten den »Leib der Erniedrigung« (Phil 3,21; vgl. auch 3,10; Röm 8,17 u. ö.). Auch dies bedeutet schon eschatologische Existenz, denn die Getauften sind der vernichtenden Gewalt der Sünde entnommen, sie liegt hinter ihnen. Sie haben den Tod als mit Christus Gestorbene nicht mehr vor, sondern hinter sich; sie kommen von ihm her. Aber nicht im physischen Sinn leibhaftiger Auferstehung, vielmehr so, daß sie nun erst zu einem neuen Wesen, zum Leben, befreit und gerufen sind, »damit so wie Christus auferweckt worden ist von den Toten durch die Herrlichkeit des Vaters, auch wir im neuen Wesen, im Leben, wandeln« (Röm 6,4). In diesem Sinne kann es freilich auch von der Gegenwart der Getauften schon heißen: »So (darum) rechnet damit, daß ihr für die Sünde tot seid, aber für Gott lebt in Christus Jesus« (Röm 6,11).

Mit dieser Unterscheidung von Tod und Auferstehung, von Gegenwart und Zukunft, von Schon und Noch-nicht, so eng sie einander verbunden bleiben, hat Paulus das mysterienhafte Denken über die Taufe radikal durchbrochen, aber damit auch das in den hellenistischen Gemeinden vulgäre und gängige Verständnis, in dem jene entscheidende Dialektik aufgehoben und eingeebnet war.

Ganz entsprechende Motive wie in den Aussagen des Paulus über die Taufe finden sich auch in seiner Erörterung des *Herrenmahls*. Wir brauchen hier nicht auf die Ursprünge und die im einzelnen nicht mehr völlig aufzuhellende Vorgeschichte dieser urchristlichen Feier genauer einzugehen und ihre weitere Entwicklung in der frühen Kirche zu verfolgen. Daß sie auf Jesu letztes Mahl zurückgeht, kann nicht zweifelhaft sein – Paulus selbst beruft sich bei der Zitierung der Stiftungsworte auf eine vom Herrn überkommene Überlieferung (1Kor 11,23). Ebenso deutlich ist aber, daß Gestalt und Deutung der Feier zumal im Bereich des hellenistischen Christentums eine nicht unerhebliche Wandlung durchgemacht haben. Auch hier kann der Apostel die Gemeinde an eine ihr bekannte Tradition erinnern und an ein Verständnis der Abendmahlshandlung appellieren, das nicht erst von ihm stammt (1Kor 10,15). Sie bedeutet, daß durch den Segen des Kelches und das Trinken des Weines die Feiernden »Anteil« an Christi Blut und ebenso durch Brechen und Essen des Brotes »Anteil« an seinem für uns in den Tod dahingegebenen Leib empfangen (1Kor 10,16ff.; 11,23ff.). Vorausgesetzt ist dabei, daß das »Herrenmahl« (1Kor 11,20) als eine wirkliche gemeinsame Mahlzeit gehalten wurde, bei der das Brotbrechen unter Danksagung am Anfang stand und »nach dem Essen« (1 Kor 11,25) zum Schluß der Kelch dargereicht wurde. Dabei hatten die beiden durch die Mahlzeit getrennten und wohl unter Zitierung der Stiftungsworte des Herrn geschehenden Akte der Brot- und Kelchdarreichung eine ausgezeichnete Bedeutung in dem erwähnten, 1Kor 10,16ff. ausgesprochenen »sakramentalen« Sinn. Dieser widerspricht nicht der Formel der Stiftungsworte »das tut zu meinem Gedächtnis«, entspricht ihr vielmehr; denn diese Wendung weist nicht auf ein bloßes Erinnerungsmahl an einen Verstorbenen, wie wir sie auch sonst kennen, sondern meint im strengen Sinn des Wortes die »Vergegenwärtigung« des Heilstodes Christi.

Aber nicht schon die mit dem Begriff der »Teilhabe« bezeichnete sakramentale Deutung des Herrenmahls ist spezifisch paulinisch – wo immer die auch von den Synoptikern (Mk 14, 22ff. Parr.) überlieferten Einsetzungsworte zitiert wurden, ist sie für das hellenistische Christentum anzunehmen –, wohl aber die Wendung, die Paulus dem Sakramentsgeschehen gibt. Er folgert:

»Weil ein Brot ist, darum sind wir – die vielen – ein Leib; denn wir haben alle an dem einen Brot teil« (1Kor 10,17). Das Wort »Leib« ändert dabei von einer Aussage zur anderen seinen Sinn. Entsprechend dem Brotwort Jesu: »Das ist mein Leib für euch« meint es zunächst den im dargereichten Brot den Essenden zum Heil übermittelten und empfangenen Todesleib Jesu. Indem die Feiernden ihn aber empfangen, sind und erweisen sie sich als Leib Christi, nun aber in einem neuen, nicht minder realen Sinn: als das corpus mysticum ecclesiae – die Gemeinde. Das ist nicht nur bildlich gemeint; der realen Aussage der Stiftungsworte: »Das ist mein Leib« entspricht die Realität der anderen: »Wir sind sein Leib«.

Beides, die rettende Hineinnahme der Glaubenden in den Herrschaftsbereich Christi wie ihre verpflichtende Einheit untereinander, ist im paulinischen Verständnis des Herrenmahles verbunden. Damit sind die Motive und Argumente bezeichnet, die den Apostel bei seiner scharfen Zurechtweisung der Gemeinde angesichts der in ihrer Feier aufgetretenen Mißstände im 11. Kapitel seines Briefes leiten. Auch in Korinth hat man das Herrenmahl im Rahmen einer gemeinsamen Mahlzeit gefeiert, offensichtlich aber so, daß die beiden, ursprünglich durch die ganze Mahlzeit getrennten sakramentalen Akte des Brotbrechens und gemeinsamen Trinkens aus dem Kelch zusammengefaßt, an das Ende der ganzen Veranstaltung gerückt und damit besonders herausgehoben waren. Dieser Brauch hat sich auch sonst schon früh entwickelt, wie denn die alte bei Paulus und Lukas (Lk 22,20) erhalten gebliebene Floskel »nach dem Essen« sich in den Berichten Mk 14,22 ff. und Mt 26,26 ff. nicht mehr findet. Auch Paulus ist nicht daran interessiert, jene frühere liturgische Ordnung wieder einzuführen. Wohl aber geht er energisch gegen die Abwertung und Entstellung der gemeinsamen Mahlzeit, die sich im Zuge dieser Entwicklung herausgebildet hatte, und gegen das Mißverständnis des eigentlich sakramentalen Herrenmahles an. Denn in Korinth war nun die Unsitte eingerissen, das Mahl selbst vorweg, gesondert in Klüngeln und Cliquen zu genießen, wobei die Reichen sich gütlich taten und es nicht für nötig hielten, auf die Ärmeren, also etwa Arbeiter und Sklaven, die nicht in der Lage waren, sich rechtzeitig bei der abendlichen Gemeindefeier einzufinden, zu warten. So war sie zu einer erschreckenden Schaustellung der sozialen Zerklüftung der Gemeinde ausgeartet, so daß Paulus bitter darüber klagen muß, daß es bei ihnen »gar nicht mehr möglich sei, das Herrenmahl zu essen« (1Kor 11, 20). Man wird sich bei alledem vorzustellen haben, daß sich die Korinther selbst dieser Konsequenzen ihres Verhaltens nicht eigentlich bewußt waren; sie konnten ja noch immer der Meinung sein, daß vom eigentlichen Sakrament auch die später Kommenden nicht ausgeschlossen waren. Paulus aber war nicht gewillt, sich damit abzufinden; denn nach seinem Verständnis gehörten der im Sakrament empfangene Todesleib Christi und die Gemeinde als der eine Leib Christi und ebenso das Anteilempfangen an Christi Blut, d. h. seinem Sterben, und die »neue Heilsordnung« (der »neue Bund« 1Kor 11, 25), sich darstellend in der Gemeinde, unlöslich zusammen. Die Korinther jedoch hatten in ihrer Rücksichtslosigkeit gegeneinander aus ihrer Versammlung einen Hohn auf das Herrenmahl werden lassen und sich damit das Strafgericht Gottes zugezogen (1Kor 11, 27 ff.). So muß Paulus sie aufrufen, das Mahl »angemessen«, d. h. dem Sinn seiner Stiftung entsprechend, zu begehen und nicht darauf los zu essen, »ohne den Leib zu unterscheiden« (1Kor 11, 29), d. h. ihn als den Leib Christi zu respektieren, der uns zu seinem Leibe zusammenschließt.

Aus dem Gesagten ergibt sich, daß man in Korinth nicht einfach, wie oft behauptet, den sakramentalen Sinn des Herrenmahles vergessen und eine frischfröhliche, profane Schmauserei daraus gemacht hatte. Im Gegenteil, die Korinther müssen einen sehr massiven, übersteigerten Sakramentalismus vertreten haben und überzeugt gewesen sein, durch die im Sakrament vermittelte Teilhabe am auferstandenen Christus in die höhere Sphäre der Erlösten schon entrückt zu sein. Gegenüber diesem Irrglauben hält Paulus ihnen schon 1Kor 10, 1-13 das Bild des Volkes Israel in der Wüste vor Augen, die gesegnet mit Gottes Gaben doch sich verstockten und furchtbar von seinem Gericht getroffen wurden. »Darum wer da meint, er stehe, der sehe zu, daß er nicht falle« (1Kor 10, 12).

Auch die paulinische Behandlung der Abendmahlsfrage ist, wie die der Prophetie und Glossolalie, ein Stück aktualisierter Kreuzestheologie: »Denn so oft ihr dieses Brot eßt und den Kelch trinkt, verkündet ihr den *Tod* des Herrn, bis daß er kommt« (1Kor 11, 26). Die schwärmerisch in ein phantastisches Jenseits entrückte Feier bekommt damit ihren Platz *in* Zeit und Geschichte zwischen Tod und Wiederkunft Christi, und die Gemeinde wird aus einem Phantom zu einem höchst konkreten irdischen Miteinander in der Bruderschaft.

Der Leib Christi

Im Zusammenhang der paulinischen Aussagen zum Gottesdienst und speziell zu den Sakramenten ist uns bereits wiederholt die Bezeichnung der Gemeinde als *Leib Christi* begegnet. Paulus hat damit einen in der Antike wohl bekannten und reichlich verwendeten soziologischen Topos aufgegriffen und anschaulich von ihm Gebrauch gemacht (vgl. 1Kor 12, 14 ff.). Aber es ist bald zu erkennen, daß dieses geläufige Bild eines einheitlichen und doch vielfach gegliederten Organismus, in dem jedes Glied im ganzen seine Funktion hat und das eine Ganze nicht lebensfähig wäre ohne jedes einzelne, die Gedanken des Paulus nicht erschöpft. Gewichtige Stellen, und zwar gerade die im Zusammenhang mit den Sakramenten begegnenden (1Kor 12, 13; 10, 17), reden von der Gemeinde nicht nur bildlich: Sie ist nicht so etwas *wie* ein Leib, sondern – realiter – sie *ist* Christi Leib (1Kor 12, 27; vgl. auch 12, 12), *ein* Leib in Christus (Röm 12, 5), eine mit keiner irdischen Gemeinschaft sonst zu vergleichende und doch irdische Wirklichkeit, begründet in dem Einen, der sich leibhaftig in den Tod gegeben hat und in der Gemeinde gegenwärtig ist. Sie hat ihr Wesen als »Leib« primär in diesem Einen, nicht in der Vielzahl und Verschiedenheit ihrer Glieder. Irdisch-menschliche Schranken und Grenzen gelten hier nicht mehr – zwischen Juden und Griechen, Sklaven und Freien, Mann und Weib (1Kor 12, 13; Gal 3, 28). Von einem Organismus im natürlichen menschlichen Sinn ist darum hier streng genommen nicht zu reden, eher – wenn auch mißverständlich – von einem Organ, einem Mittel und Werkzeug, mit dem Christus selbst seine Herrschaft aufrichtet und durch seinen Geist verwirklicht. Das soll die Gemeinde nicht erst werden; sie *ist* es kraft seines Todes und seiner Auferstehung, von ihm befreit und beschenkt, ohne Ausnahme. Eben darum läßt Paulus Gemeinde und Gottesdienst nicht, wie in Korinth geschehen, zu einem Tummelplatz und einer Arena für religiöse Virtuosen werden, faszinierend für die einen und entmutigend für die anderen, ein Gelände für enthusiastische Ausbrüche aus der irdisch-geschichtlichen Wirklichkeit menschlichen Daseins in eine vermeintlich jenseitige, göttliche Welt. Denn der Geist ist nach Paulus nicht das Privileg einzelner, und seine Manifestationen erweisen sich keineswegs allein in jenen exzeptionellen Äußerungen, die offensichtlich in der Gemeinde der Korinther hier Überheblichkeit und dort resignierenden Kleinmut ausgelöst hatten. Er ist allen gegeben und in allen wirksam in sehr verschiedener Weise, auch in den scheinbar geringfügigen und höchst nüchternen Diensten und

Verrichtungen im alltäglichen Miteinander, die man in Korinth sicher nicht zu den »Geistesgaben« zählte. Neben Prophetie, ekstatische Rede und deren verständlicher Übersetzung, neben der Gabe der Unterscheidung der Geistwirkungen (dämonischer und göttlicher), neben apostolischer Verkündigung und Lehre, auch der Gabe der Krankenheilung, rechnet Paulus darum ebenso die Gabe zur Gemeindeleitung, den gegenseitigen Zuspruch und die Fürsorge füreinander zu den Wirkungen des Geistes oder besser – seiner eigenen Sprache entsprechend – zu den »Gnadengaben«. Wo immer er sie aufzählt, geschieht es ohne eine erkennbare Tendenz zu hierarchischer Abstufung, auch nicht zur Vollständigkeit (vgl. 1Kor 12,9 ff. 28 ff.; Röm 12,7 ff.). Entscheidend ist, daß keiner ausgenommen ist und das Wirken der Gnade sich bei allen wie verschieden auch immer konkretisiert, je nachdem, wie der eine Gott, der eine Kyrios, der eine Geist jedem das Maß des Glaubens zugeteilt hat (Röm 12,5; 1Kor 12,4 ff.).

Nur in diesem Zusammenhang der Gnadenwirkungen und -gaben macht der Apostel auch von dem erwähnten antiken Bild des einen Leibes in der Vielfalt seiner Glieder Gebrauch. Doch ist diese zweite bildliche Verwendung des Leib-Motives der ersten untergeordnet und definiert nicht schon für sich das Wesen der Kirche. Auf dem Grunde aber der durchaus real gemeinten Aussagen über Christi Leib dient Paulus das Bild vom Organismus zur Überwindung der 1Kor 12,15 ff. drastisch, um nicht zu sagen surrealistisch, gemalten Verwüstung der Gemeinde, in der die einzelnen hypertrophierten und atrophierten Glieder im Widerstreit miteinander konkurrierten und die einen sich rücksichtslos breit machten, die anderen sich zurückgesetzt oder gar ausgeschlossen fühlten. Paulus ruft damit – kritisch hier und ermutigend dort – die Gemeindeglieder dazu auf, sich selbst, aber auch den anderen an seinem Platz, in seinen Möglichkeiten und Grenzen gelten zu lassen, einander nicht nach eigenmächtigen Schablonen zu vergewaltigen und zu überfordern und so in der Erkenntnis des Angewiesenseins aufeinander das »Gesetz Christi« (Gal 6, 2) zu erfüllen, von dem die Gemeinde lebt. Unter diesem Gesetz gibt es das nicht mehr, daß Leid abstößt und abstumpft und Ehre und Glanz Neid erregt. Die Glieder am Leibe Christi erleiden gemeinsam Schmerz und Freude (1Kor 12, 26).

V. Zukunft und Gegenwart (Eschatologie und Ethik)

1. Die Zeit des Glaubens

Nach dem Verständnis des Paulus läßt sich die Zeit des Glaubens nicht im Schema der Weltzeit verrechnen: was war? was ist? was wird geschehen? Wie sehr in seiner Verkündigung das in Christus für die Welt Geschehene Gegenwart ist, hat uns in den vorangehenden Kapiteln beschäftigt, aber nicht minder die damit eröffnete Zukunft, auch wenn Paulus das Noch-nicht der irdischen Existenz unablässig einschärft. Das Verhältnis von Zukunft und Gegenwart ist jedoch im folgenden noch näher zu bedenken. Die Frage stellt sich durch das geradezu widersprüchlich anmutende Nebeneinander der paulinischen Gedanken: Er ruft die Philipper angesichts der nahen Ankunft Christi zur Freude auf (Phil 4, 4 f.); er gemahnt an das Vergehen dieser Welt (1Kor 7, 29); er lehrt die bald geschehende Auferstehung der Toten und die Verwandlung der Überlebenden (1Kor 15, 50 ff.). Aber derselbe Paulus verkündigt, die Zeit sei erfüllt (Gal 4, 4), die »neue Schöpfung« in Christus Gegenwart (2Kor 5, 17), auf die Glaubenden sei »das Ende der Zeiten gekommen« (1Kor 10, 11). Ist hier wirklich nur ein unaufgelöstes Nebeneinander festzustellen, bedingt vielleicht durch wechselnde Stimmungen und Situationen, oder löst sich der Widerspruch doch in einem gleichsam quantitativen Sinn: das eine ist jetzt schon dem Glauben gewährt, das andere aber steht noch aus? Obwohl Paulus wiederholt so reden kann und zumal in Front gegen den Enthusiasmus so reden muß (vgl. 1Kor 4, 8-13; 15; 2Kor 13, 4 u. ö.), sind doch beide Aussagenreihen enger miteinander verklammert, und das zugrunde liegende Denkschema ist nur ungenügend mit der Formel »Ja – aber«, »Ja – trotzdem« bezeichnet. Der wirkliche Sachverhalt läßt sich nur mit einem »Weil – darum« wiedergeben (vgl. Röm 5, 1-11 u. ö.): Weil das Christuszeugnis in der Korinthergemeinde befestigt ist und sie in ihm überschwänglich reich geworden sind, darum erwarten sie seine künftige Offenbarung (1Kor 1, 4 ff.). Weil Paulus von Christus ergriffen ist, sagt er von sich: »Nicht daß ich es schon ergriffen hätte oder schon vollkommen wäre, ich jage ihm aber nach, ob ich es wohl ergreifen möchte« (Phil 3, 12). »Denn wir *sind* gerettet – auf *Hoffnung«* (Röm 8, 24). Das ist in Wahrheit auch in den zitierten Abschnitten über den gegenwärtigen Heilsstand der auf Christi Tod Getauften und auf das erst zukünftige Leben mit Christus Wartenden Röm 6, 1 ff. gemeint, wo sich der

Apostel deutlich erkennbar auf das Christusbekenntnis der Gemeinde bezieht (Röm 6, 8 ff.). Nicht anders 1Kor 15: Der Apostel argumentiert hier von dem Christusgeschehen aus, auf dem der Glaube steht (1Kor 15, 3 ff.), um die Erwartung der künftigen Totenauferstehung zu begründen.
Von der Eschatologie ist die Botschaft des Paulus in solchem Maße geprägt, daß es nicht angeht, aus ihr – wie es in der Lehre der späteren Kirche weithin üblich wurde – ein gesondertes Lehrstück »Von den letzten Dingen« zusammenzustellen und aus diesem ein an den äußersten Rand gerücktes, zusätzliches End- und Schlußkapitel zu machen, in dem alle über den Tod des einzelnen und das Ende der Welt hinausgreifenden Gedanken und Aussagen des Apostels sich sammeln ließen. Schon die traditionelle Bezeichnung »von den letzten Dingen« will für ihn nicht passen; im Grunde sind sie die »ersten« Dinge. Die Frage drängt sich darum auf, ob es nicht sachgemäßer gewesen wäre, seine Eschatologie als ein zusammenhängendes Ganzes an den Anfang zu stellen, weil ohne sie weder seine Lehre vom Gesetz, noch seine Rechtfertigungs- und Heilslehre noch irgendeine andere Aussage über das Wort vom Kreuz, über Taufe und Herrenmahl, über das Wirken des Geistes und das Wesen der Kirche zu denken sind. Doch hätten wir damit den eschatologischen Grundzug seines Denkens und Wirkens ebensowenig getroffen. Zu leicht entstünde der irrige, von nicht wenigen Paulusdarstellungen genährte Eindruck, seine Eschatologie sei so etwas wie ein aus der jüdischen und urchristlichen Apokalyptik übernommener, wenn auch vielleicht abgewandelter Vorstellungsrahmen, in den er wie in ein vorgegebenes Koordinatengefüge die Christusbotschaft hineingezeichnet hätte. Auch wenn unter religionsgeschichtlichem Aspekt sich für diesen Eindruck einiges geltend machen läßt und tatsächlich ein Wechselbezug zwischen apokalyptischem Erbe und paulinischer Heilsbotschaft besteht, ist das Umgekehrte richtig: die überkommene Eschatologie ist von Paulus dem Evangelium dienstbar gemacht und nicht primär die Christusbotschaft von der apokalyptischen Tradition, sondern diese vom Heilsgeschehen her neu verstanden. Von der Gültigkeit der paulinischen Gegenwartsaussagen läßt sich auch nicht das geringste abmarkten. Sie sind keine enthusiastischen Übertreibungen. Es gilt im vollen Sinn: »Ist einer in Christus, so ist er ein neues Geschöpf. Das Alte ist vergangen; siehe es ist neu geworden« (2Kor 5, 17). Was die jüdische und urchristliche Apokalyptik als Zukunft erwartet und in mannigfaltigen Bildern ausmalt (vgl. Apk 21, 5), wird auf

Grund der Versöhnungstat Gottes in Christus an der Welt als geschehen verkündigt. Die Eschatologie ist damit nicht preisgegeben und durch eine weltimmanente Geschichtstheologie und -philosophie ersetzt. In diesem Hegelschen Sinn formulierte der große Tübinger Erforscher der Geschichte des Urchristentums F. Chr. Baur (1792–1860) im Anschluß an Gal 4: »Wie es ... im Wesen der menschlichen Natur liegt, daß der Mensch vom unmündigen Knaben und Jüngling zum selbständigen reifen Mann, vom Unfreien zum Freien, vom Knecht zum Sohn wird, so ist Christus in der dazu bestimmten Zeit, d. h. in der Zeit, in welcher die Menschheit dazu reif geworden war, als Sohn in sie eingetreten. So betrachtet ist das Christentum eine Stufe der religiösen Entwicklung, die aus einem innern, der Menschheit immanenten Prinzip (!) hervorgegangen ist, der Fortschritt des Geistes zur Freiheit des Selbstbewußtseins« (Neutestamentliche Theologie [1864] S. 173). Doch meint Paulus nicht, daß die Zeit in sich selbst zur Reife gelangt und das Heilsgeschehen gleichsam ihre weltgeschichtliche Erntezeit sei oder die Erlösungsbedürftigkeit der Menschen im Augenblick der Erscheinung Christi bis zu einem solchen Grad angestiegen war, daß er geradezu ein weltgeschichtlicher deus ex machina genannt werden könnte. Vielmehr ist die Stunde der Rettung die freie Gnadenstunde Gottes. »Denn nicht die Zeit hat die Sendung des Sohnes zustandegebracht, sondern im Gegenteil: die Sendung des Sohnes hat die Zeit zur Erfüllung gebracht« (Luther). Was aber heißt hier Eschatologie? Offenbar nicht nur: die Weltenuhr ist zum Stillstand gekommen. Gewiß teilt Paulus mit der spätjüdischen und urchristlichen Apokalyptik sehr bestimmte, ja eigenartig massive Vorstellungen über das Weltende. Und doch ist von ihm in anderem Sinne damit ein die Welt angehendes Geschehen gemeint, das Gott allein verwirklicht hat und vollenden wird. Es sprengt den Horizont und die Möglichkeiten innermenschlicher Geschichte und führt sie zu ihrem Ende – Gottes Geschichte als eine radikale Gegenbewegung zur irdischen Geschichte. Zeit, Geschichte und Welt sind dabei anders verstanden als im modernen Bewußtsein. Für dieses sind sie konstatierbare, menschlicher Beobachtung und Reflexion offenliegende Gegebenheiten: die Zeit in ihrem auf und ab wogenden und verströmenden Fluß von Gegenwart, Vergangenheit und Zukunft, die Geschichte als das in der Zeit sich unablässig Wandelnde, die Welt als das beides umgreifende, dauernde Gefüge. Auch die Apokalyptik hat sie, wenngleich unter theologischem Aspekt, nicht anders verstanden, den Ablauf der Zeit beobachtet, den

Verlauf der Geschichte periodisiert und die Welt auf ihr Ende und den Anbruch einer neuen Gotteswelt hin gedeutet.

Sprache und Vorstellungen der Apokalyptik haben auch auf die paulinische Theologie stark eingewirkt und doch in ihr eine tiefgreifende Wandlung erfahren. Ihre Spekulationen, Bilder und Konzepte treten bei Paulus völlig zurück oder werden gar ausdrücklich zurückgewiesen (1Thess 5,1 ff.) und begegnen in der Regel nur noch fragmentarisch und uneinheitlich. Grundlegend neu ist vor allem in seiner Eschatologie die Erkenntnis, daß in der Sendung, im Kreuzestod und in der Auferweckung Jesu Christi die Wende der Äonen geschehen ist. Damit verbindet sich in der Theologie des Paulus aufs engste die von ihm wie nie zuvor durchreflektierte und entfaltete Einsicht, daß der vor Gott verlorene Mensch der Welt ihre Signatur aufprägt und daß diesem Menschen *in* Zeit und Geschichte die Befreiungstat Gottes widerfahren ist. Die Zeit des Glaubens ist so zur Zeit zwischen Christi Tod und Auferstehung und seiner Zukunft geworden.

Paulus hat damit die apokalyptische Erwartung jüdischer oder urchristlicher Art überholt und hinter sich gelassen, aber ebenso den Standort des Glaubens gegenüber den Schwärmern in seinen Gemeinden bezeichnet. Diese hatten nur allzu begierig die Kunde von der Erfüllung der Zeit und dem Anbruch des Heils aufgegriffen und glaubten, den neuen Äon in ihrer eigenen Existenz zur Darstellung zu bringen, jedoch ohne die Bereitschaft, das Unterwegssein christlichen Daseins unter Niedrigkeit und Leiden auf sich zu nehmen. Aus zahlreichen polemischen Äußerungen der paulinischen Briefe erfahren wir, wie sehr die Enthusiasten dem Apostel das Zugleich und Ineins des schon verwirklichten Heils und der noch ausstehenden Vollendung als Schwäche und Inkonsequenz auslegten und mit der vermeintlichen Kraft ihres einlinigen, hochfliegenden Denkens und Verhaltens in den Gemeinden Eindruck machten. In ihren Augen mußte die Denkweise des Paulus als Rückfall in ein sinnloses Interim und ein überwundenes Vacuum erscheinen. So meinten sie, nun auch ihrerseits seine Botschaft überholen und hinter sich lassen zu können. Doch ist das paulinische Verständnis der noch währenden Zeitlichkeit in Wahrheit nicht primär durch einen Mangel, sondern positiv von der Christusbotschaft her bestimmt, nicht ein peinlicher, zu tragender Erdenrest, vielmehr der Heilsstand, dem der gekreuzigte und auferstandene Christus Sinn und Inhalt gibt. Zeitlichkeit und Geschichtlichkeit sind das Feld der Bewegung und Bewährung des Glaubens.

Ausdruck dieser Erkenntnis ist zwar nicht allein, aber in besonders charakteristischer Weise das, was wir gemeinhin als paulinische *Ethik* zu bezeichnen pflegen. Der Begriff ist mißverständlich und weckt leicht die für Paulus unzutreffende Vorstellung eines besonderen, von der »Theologie« des Apostels zu unterscheidenden Systems von Sätzen und Weisungen für das rechte Verhalten des Christen, wobei dann beides wo möglich gar unter die Stichworte »Theorie« und »Praxis« gerückt wird. Auch wenn die Mahnungen in seinen Briefen oft ihren eigenen Platz, sogar ihre eigene Form haben, wäre Paulus damit grundlegend mißverstanden. Ebenso falsch wäre es, sie aus einer so oder so gearteten Idee vom Menschen, vom Staat, von der Gesellschaft oder vom Kosmos abzuleiten wie in der platonischen, stoischen oder irgendeiner modernen Ethik. Seine Mahnungen sind auch nicht wie im Judentum an einem fixierten Gesetz orientiert, das für die verschiedensten Lebensbezüge und -situationen ausgelegt und angewendet wird. Dem gegenüber heißt es bei ihm: »Ihr aber steht nicht unter dem Gesetz, sondern unter der Gnade« (Röm 6, 14).

2. Leben aus der Gnade

Leben aus der Gnade bedeutet, daß alles Tun der Glaubenden zuerst und zuletzt an dem ausgerichtet wird, was Gott zuvor in Christus getan hat. Am Anfang stehen hier nicht abstrakte, ideale Möglichkeiten, sondern eine Wirklichkeit, der auch der Glaubende nichts hinzuzufügen, die er aber um so mehr in der gehorsamen Hingabe der eigenen Existenz hinzunehmen und anzunehmen hat. So sind die Mahnungen des Apostels nur eine andere Weise seiner Heilsbotschaft. Darum beginnt die »Paränese« (Mahnrede) des Römerbriefes (Röm 12 – 15) mit dem bereits zitierten (s. o. S. 195) umfassenden Aufruf, der aus der Botschaft des ganzen vorangehenden Briefes gefolgert ist und mit beschwörender Kraft noch einmal an sie erinnert: »Ich ermahne euch also, Brüder, *durch das Erbarmen Gottes . . .«* (Röm 12, 1). Ein anderes klassisches Beispiel bietet Phil 2, 1 ff. in einer Mahnung zum Selbstverzicht in der Liebe zum anderen (Demut). Paulus führt dabei einen aus dem Liedgut der frühen Gemeinde stammenden Christus-Hymnus an (das älteste uns erhaltene Lied der Kirche!). Sein Inhalt ist Christi Verzicht auf göttliche Hoheit, seine Selbstentäußerung und Erniedrigung im Gehorsam bis in die Tiefe des Menschseins und zum Tod am Kreuz und eben darum seine Einsetzung durch Gott zum Herrn (Kyrios) über alle Mächte und

Gewalten (Phil 2, 6–11). Auf dieses Geschehen, nicht nur auf die vorbildlich demütige Gesinnung des irdischen Jesus weisend sagt das einleitende Wort – mehr als Luthers Übersetzung (»Ein jeglicher sei gesinnt wie Jesus Christus auch war«) erkennen läßt –: »Auf das richtet euer Sinnen, was in Christus Jesus gilt« (Phil 2, 5), d. h. in ihm als Wirklichkeit uns umfängt.

Die Hinnahme und Annahme dieser Wirklichkeit aber ist selbst – wenn auch nicht Leistung und Werk, so doch in höchstem Maße ein Tun, so wahr die Gnade an dem Glaubenden nicht mit naturhaftem Zwange wirkt und der, dem sie widerfährt, nicht wie der Stein für den Bildhauer ein totes Objekt ist. Im unmittelbaren Zusammenhang der erwähnten Stelle fährt Paulus darum sehr paradox fort: »Daher, meine Geliebten ... schafft mit Furcht und Zittern euer Heil, denn (!) Gott ist der, der in euch das Wollen und Vollbringen wirkt zur Erfüllung (seines) Ratschlusses« (Phil 2, 12 f.). Wohlgemerkt: Hier wird das Handeln nicht zwischen Gott und Mensch aufgeteilt, so daß beide Sätze sich ergänzten. Etwa so: Setzt euer ganzes Mühen daran, Gott wird dann das Seine hinzufügen und eure Mühe krönen. Oder: Er hat den Anfang gemacht, sorgt ihr dafür, daß er zum erfolgreichen Ende kommt. Nein, beide Sätze begründen sich wechselseitig: Weil Gott alles tut, habt auch ihr alles zu tun. »Mit Furcht und Zittern« – das kennzeichnet im Alten und im Neuen Testament das Erschrecken und die Beunruhigung des Menschen, dem Gott begegnet und der, in das Kraftfeld seines Wirkens gestellt, bedrängt ist von der Sorge, mit ihm Schritt zu halten und seine Gnade nicht vergeblich werden zu lassen (2Kor 6, 1). So von Christus herkommend sind die Glaubenden unterwegs seinem »Tage« entgegen, dazu gerufen, »untadelig und unanstößig, lautere Kinder Gottes zu sein mitten unter einem krummen und verdrehten Geschlecht« als die, »die am Wort des Lebens festhalten, als Lichtträger in der Welt« (Phil 2, 15 f.).

Das wechselseitige Bezogensein von Heilszusage und Ruf zum Gehorsam, Zuruf und Aufruf ist für Paulus in besonderer Weise kennzeichnend. Es wird oft umschrieben mit den gewiß nicht falschen, aber allzu abgenutzten Formeln »Gabe und Aufgabe« oder »Werde, was du bist« (wenn nur die Sprache nicht durch ihre geläufigen Richtigkeiten häufig einen Sachverhalt verstellte und ihn selbstverständlich machte, anstatt Frage und Verständnis zu wecken!). Dieses Mit- und Ineinander von Indikativ und Imperativ begegnet in den paulinischen Briefen in vielen Variationen (vgl. Röm 6, 2 ff. / 11 ff.; 8, 1 ff. / 12 ff.; 15, 1 ff.; Gal 5, 1. 13 u. ö.). Es spricht sich auch darin aus, daß Zuspruch und

Aufruf oft im Inhalt übereinstimmen: »Ihr habt Christus angezogen« (Gal 3,27) / »Ziehet den Herrn Jesus Christus an« (Röm 13,14); »Wir sind für die Sünde gestorben« (Röm 6,2) / »Haltet euch für tot gegenüber der Sünde, aber als lebend für Gott in Christus Jesus. So herrsche also die Sünde nicht mehr in eurem sterblichen Leib ...« (Röm 6,11 f.). Oder 1Kor 5,6 ff., wo Paulus in Anknüpfung an das Passa und die jüdische Sitte, ungesäuertes Brot zu essen, im Bildwort redet: »Schafft also den alten Sauerteig (der Schlechtigkeit und Bosheit) weg, damit ihr ein neuer Teig (der Reinheit und Wahrheit) seid, wie ihr ja wirklich ›Ungesäuertes‹ seid«. Klassisch formuliert Gal 5,25: »Leben wir im Geist, so laßt uns auch im Geist wandeln.« Überall ist hier der Umkreis, in dem die Mahnungen sich bewegen, kein anderer als der der Heilsaussagen. Das neue Leben überschreitet nicht, was dem Glauben durch die Gnade geschenkt ist. Es genügt darum nicht, das Leben, zu dem der Christ in den Mahnungen gerufen wird, nur als nachträgliche Konsequenz des Glaubens zu verstehen; es ist selbst eine Weise des Glaubens, Aneignung des von Gott Zugeeigneten. Das Tun des Glaubenden lebt von Gottes Tat, die Entscheidung des Gehorsams davon, daß Gott sich zuvor in Christus für die Welt entschieden hat. Beides rückt so gleichgewichtig zusammen: aus der *Gnade* leben, aber ebenso: *leben* aus der Gnade.

Das Woher des Glaubens hat in der Mahnung des Apostels alles Gewicht, aber als Ursprung einer zielgerichteten Bewegung. Nicht zufällig gebraucht Paulus für das Leben im Gehorsam wiederholt schon im Judentum geläufige Ausdrücke des Ausschreitens (»Damit wir in einem neuen Wesen, im Leben *wandeln«*, Röm 6,4), wie auch Lehre und Weisung als »Weg(e)« bezeichnet werden (1Kor 4,17 u. ö.).

Die Vielfalt menschlicher Verhaltensweisen wird dabei – mit neuer Dringlichkeit und Einfalt zugleich – auf ein Entweder/Oder und häufiger noch an Gottes Heilstat erinnernd auf ein Einst/Jetzt reduziert, das das »alte« und »neue« Wesen wie ein Keil auseinandertreibt (vgl. Gal 5,19 ff. und 1Kor 6,11 u. ö.). Wieder zeigt sich darin, daß die Mahnung des Apostels nicht mit Möglichkeiten argumentiert, vor deren Wahl der Christ gestellt ist, sondern mit Macht- und Herrschaftsbereichen, aus denen und zu denen er befreit und aufgebrochen ist: Gesetz und Gnade (Röm 6,14), Sünde und Gerechtigkeit (Röm 6,16 ff.), Fleisch und Geist (Röm 8,5 ff.; Gal 5,16 ff.), Tod und Leben (Röm 8,6).

Bei der Aufzählung dessen, was solches Leben der Christen in »Gehorsam«, »Dienst« und »Schuldigkeit« konkret besagt, bedient sich Paulus in seinen Mahnungen geradezu geflissentlich allgemein gültiger und verständlicher Begriffe und Wendungen ohne jedes Bestreben, eine neue, spezifisch christliche Werteskala auszuarbeiten. Das zeigt sich besonders deutlich in den zahlreichen, locker und ohne systematische Ordnung gefügten Aneinanderreihungen seiner Mahnungen, die formal und inhaltlich in den »Tugend- und Lasterkatalogen« jüdischer Spruchtradition und hellenistischer Popularethik ihre unmittelbare Parallele haben (vgl. Röm 1,29-31; 12,8-21; 13,13; 1Kor 5,10 f.; 6,9 f.; 2Kor 12,20 f.; Gal 5,19-23). Wie er Röm 12,8 ff. Spruchgut aus den Proverbien und anderen alttestamentlichen Büchern, aber auch solches aus urchristlicher Tradition aufreiht, so kann er ohne Bruch und Unterschied ebenso auf sittliche Weisungen aus der vernünftigen Ethik des Heidentums zurückgreifen und z. B. in der Paränese des Römerbriefes unter Aufnahme des wohlbekannten griechischen Begriffs der Besonnenheit summarisch und wortspielartig formulieren: »Denn kraft der mir verliehenen Gnade sage ich euch, daß ihr nicht mit eurem Sinnen hoch hinausfahrt über das, was zu sinnen sich ziemt, sondern darauf zu sinnen, besonnen zu sein – jeder so, wie Gott ihm das Maß des Glaubens zugeteilt hat« (Röm 12,3). Ebenso charakteristisch die gut griechische Zusammenfassung der Weisung Phil 4,8: »Endlich, Brüder, denkt allem nach, was wahr, was sittlich, gerecht, gut, beliebt und anerkannt ist, was es an Tugend gibt und Lob verdient.« Tradition besagt hier: was konkret zu tun ist, weiß und versteht im Grunde jeder oder kann und muß es doch wissen. Gottes Wille zielt auf das immer schon und weiterhin Gültige, das in Gewissen, Herz und Vernunft geschrieben ist und je neu als »das Gute und Wohlgefällige und Vollkommene« zu prüfen und zu bewähren ist (Röm 12,2).

Neu ist hier nicht der Inhalt, wohl aber der Kontext der Mahnungen: das Woher und Wohin des Weges, auf dem die Christen unterwegs sind; die Gnade, aus der sie leben und kraft deren sie zu einem neuen Dienst und Gehorsam gerufen sind, und der kommende Tag Christi, für den sie »berufen« sind, das »Heil zu erwerben« (1Thess 4,7; 5,9). Auch sie haben an jenem »Tag« vor dem göttlichen Richter Rechenschaft abzulegen (Röm 14,12; 1Kor 4,5; 2Kor 5,10 u. ö.).

Geht man von Brief zu Brief die paränetischen Abschnitte durch, so ist erstaunlich zu sehen, wie vielfältig und differenziert, durchaus nicht schematisch und klischeehaft der Apostel in jedem

Falle *argumentiert,* m. a. W. an das Verstehen seiner Hörer und Leser appelliert, nicht nur proklamiert und dekretiert. Im wahrsten Sinne des Wortes sind seine Argumente »Motivierungen«, »Beweg«-gründe. Wohl kehren bestimmte zentrale Motive häufig wieder und verflechten sich miteinander, andere haben mehr zusätzlich-bestätigenden Charakter. Dennoch ist unverkennbar, wie vielfältig variiert Paulus Sinn und Bedeutung des Heilshandelns Gottes in Christus für das Verhalten der Glaubenden fruchtbar macht und entfaltet, sie auf ihre Taufe auf Christi Tod (Röm 6, 3 f.; 1Kor 6, 11) und ihre Gliedschaft am Leibe Christi anredet (1Kor 11, 17 ff.; 12, 12 ff.; Röm 12, 5 ff.), sie zum rechten Gebrauch ihrer Freiheit aufruft, d. h. der Freiheit, die nicht auf dem eigenen Recht insistiert, sondern um des anderen, Schwächeren, willen zum Verzicht bereit ist (1Kor 8, 1 ff.; 10, 23 ff.; vgl. auch Röm 14; 15). Oder er warnt die Gemeinde vor falscher Selbsteinschätzung und Sicherheit (1Kor 10, 1 ff.) und appelliert an ihre Mitverantwortung für die Wirkung und Anerkennung des Evangeliums von der Herrschaft Christi auch in der Völkerwelt (Röm 15, 7 ff.) oder gemahnt sie an das nahende Kommen des Herrn (Phil 4, 5; Röm 13, 11 ff.).

Aber auch jene anderen, nicht im eigentlichen Sinne theologischen Motive sind diesen Leitgedanken zugeordnet, wie der Appell an das, was sich ziemt (1Kor 11, 13; 14, 34), an die Sitte (1Kor 11, 17), an das, was die »Natur lehrt« (1Kor 11, 14 ff.; vgl. Röm 1, 26; 2, 14) oder was in allen Gemeinden guter Brauch ist (1Kor 11, 16; vgl. dazu auch oben S. 191). Das kann sich freilich gelegentlich, wie in dem seltsam dunklen Abschnitt 1Kor 11, 2-16, wo der Apostel enthusiastischen Emanzipationstendenzen der Frauen im Gottesdienst entgegentritt, auch mit eigenartigen Spekulationen über die Ordnung der Schöpfung verbinden.

Wie immer Paulus im einzelnen seine Mahnungen begründet, auch solche Rückgriffe auf das, was überall anerkannt ist, sind von ihm nicht als Konformismus mit der Welt gemeint. Im Gegenteil, gerade an solcher Stelle steht die Weisung: »Nehmt nicht das Gehabe dieser Welt an, sondern laßt euch umgestalten (passivischer Imperativ!) durch die Erneuerung eures Sinnes« (Röm 12, 2).

So ergibt sich der scheinbar widersprüchliche Tatbestand, daß die paulinischen Weisungen zugleich eschatologisch und aus dem immer schon und bleibend Gültigen in der Welt begründet sind. Beides bestimmt das Verhältnis des Christen zur Welt.

Das Leben des Christen ist nach Paulus ebenso weit entfernt von Weltverfallenheit wie von Weltflucht. Der Glaube befreit zur Unabhängigkeit von der Welt und verpflichtet doch zugleich zur Bewährung in ihr. Dieses eigentümlich zwiefache Verhältnis zur Welt findet bei Paulus einen vielfachen Ausdruck. Kraft des ihnen eröffneten neuen Lebens gehören die Glaubenden nicht mehr dieser Welt, ihren Mächten und Verstrickungen (Gal 1,4), sondern dem gekreuzigten und auferstandenen Herrn (Röm 14,7 ff.). Durch das Kreuz Christi ist für Paulus die Welt gekreuzigt und er für sie (Gal 6,14). Es gilt, ihr nicht mehr zu verfallen in der Weise der von den galatischen Judaisten betriebenen gesetzlichen Werkerei. Weltverfallenheit aber droht nicht minder in der Gestalt des alltäglich-besorgten Umganges mit ihr. Darum der Ruf des Apostels zur Distanz gegenüber allen irdischen Bindungen:

»Die, die Frauen haben, sollen sein, als hätten sie keine,
und die, die weinen, als weinten sie nicht,
und die, die sich freuen, als freuten sie sich nicht,
und die, die kaufen, als behielten sie es nicht,
und die, die mit der Welt umgehen, als hätten sie nichts davon.
Denn die Gestalt dieser Welt vergeht.« (1Kor 7,29-31)

Für sich genommen könnten diese Sätze geradezu als eine klassische Umschreibung des kynisch-stoischen Lebensideals der Gelöstheit von allen irdischen Bindungen und der Gelassenheit gegenüber allen guten und bösen Schicksalserfahrungen und Lebensumständen bezeichnet werden. Was immer den Weisen umgibt und ihm widerfährt – Vaterland, Freundschaft, Familie, Gesundheit und Krankheit, Ansehen und Mißachtung, Reichtum und Armut, Liebesfreude und Tod –, das alles geht den wahrhaft Weisen in seinem eigensten Wesen nichts an; von allem ist er unabhängig und verliert sich nicht daran (Epiktet).

Auch 1Kor 7,29-31 argumentiert wie die sprichwörtliche Lebensweisheit mit der Vergänglichkeit alles Irdischen. Doch braucht kaum gesagt zu werden, daß damit nicht nur der allgemein-menschlichen Erfahrung der Flüchtigkeit der Zeit Ausdruck verliehen ist. Verkürzt und knapp bemessen ist die Zeit, weil die baldige Wiederkunft Christi und das Weltende in greifbare Nähe gerückt sind – so nahe, daß viele der gegenwärtigen Generation es noch bei Lebzeiten erfahren werden (1Thess 4,15 ff.; 1Kor 15,51 ff.; vgl. Phil 4,5). Auch wenn niemand Zeit und Stunde kennt und »der Tag des Herrn« kommen wird »wie ein Dieb in der Nacht« (1Thess 5,1 f.), so ändert das doch nichts

an der Gewißheit der Naherwartung auch des Paulus. Aus diesem Zusammenhang dürfen auch die paulinischen Weisungen und Ratschläge 1Kor 7 nicht gelöst werden. Doch besagt das für Paulus – weitab von einem allgemeinen Memento mori –, daß die Glaubenden in Christus bereits zu einer neuen Existenz berufen *sind* (1Kor 7, 17 ff.) und darum ihre Sorge sich auf den im Geist gegenwärtigen und zu Heil und Gericht kommenden Herrn richten soll.
Die *Fragen der Ehe,* die der Apostel unter einer solcherart eschatologisch und christologisch verkürzten Zeitperspektive in 1Kor 7 eingehend erörtert, sind ihm brieflich durch die Korinther gestellt (1Kor 7, 1), und zwar sichtlich auf Grund enthusiastisch-asketischer Anschauungen, die eine bestimmte Gruppe in der Gemeinde propagierte. Auch hier wieder dieselbe Tendenz zur Emanzipation, zur Aufhebung aller irdisch-menschlichen Beziehungen und zur Verwirklichung eines neuen, überirdischen Daseins – möglicherweise gar unter Berufung auf Paulus selbst: »Hier ist weder Jude noch Grieche, nicht Knecht noch Freier, nicht Mann noch Weib; denn ihr alle seid einer in Christus Jesus« (Gal 3, 28; vgl. 1Kor 12, 13). Die Folgerung, die man daraus zog, lautete: Auflösung der Ehe und Verzicht auf jeden geschlechtlichen Verkehr. Man sieht, zu welchen gegensätzlichen Konsequenzen derselbe Enthusiasmus fähig war: Freigabe auch des wilden Auslebens sexueller Triebe mit Dirnen, weil derlei inferiore Dinge ja doch den Christen in seinem Eigensten nicht berühren könnten (1Kor 6, 12 ff.), und hier Verwerfung aller geschlechtlichen Beziehungen. Die eigentümlich gebrochenen Antworten auf die Fragen, ob Christen eine Ehe eingehen sollten oder nicht, ob und wie bestehende Ehen weiterbestehen oder aufgelöst werden sollten oder ob ein Verlobter seine Braut noch heiraten solle, zeigen, welchen schweren Stand der Apostel in allen diesen für uns kaum noch verständlichen, aus urchristlichen Voraussetzungen aber durchaus begreiflichen Fragen hat. Daß er selbst zu einer »asketischen« Antwort neigt, beweist gleich der erste Satz des Kapitels: »Gut ist es für einen Mann, kein Weib zu berühren« (1Kor 7, 1. 8), unverheiratet zu bleiben, wie er, der Apostel selbst (1Kor 7, 8. 26 ff.; vgl. auch 7, 36 ff.). Aber ein solches Verhalten setzt eine »Begabung« voraus, die nicht jedem verliehen ist (1Kor 7, 7); ein Gesetz will Paulus daraus mit Rücksicht auf die Leidenschaft der natürlichen Triebe auf keinen Fall machen (1Kor 7, 2. 9). Heiraten oder Wiederverheiratung nach dem Tod des Ehepartners ist keine Sünde (1Kor 7, 28. 36. 39 f.). Und schon gar nicht sollen bestehende Ehen ge-

löst werden gemäß Jesu eigenem Wort (1Kor 7, 10 ff.), es sei denn, daß der nichtchristliche Partner darauf besteht (1Kor 7, 12 f.). Das ändert jedoch nichts daran, daß Ehe und eheliches Leben von Paulus aufs ganze gesehen nur als eine wenn auch göttlich legitimierte Notmaßnahme gegen die Übermacht der geschlechtlichen Triebhaftigkeit des Menschen, zum Schutz gegen Unzucht und satanische Versuchungen (1Kor 7, 2. 5. 9. 36 ff.) angesehen wird, vor allem auch unter dem Aspekt, daß die Ehe zwangsläufig Verstrickungen in besondere »Trübsal« (1Kor 7, 28) und »Sorge« (1Kor 7, 33 f.) mit sich bringt, die Paulus angesichts des bevorstehenden Weltendes den Gliedern der Gemeinde erspart wissen möchte (1Kor 7, 28).

Niemand wird die Einseitigkeit und die eschatologisch bedingte, uns heute rein negativ anmutende Verkürzung, unter der Paulus die Ehe ansieht, bestreiten können. Eine positive Würdigung der Liebe zwischen den Geschlechtern oder des Reichtums menschlicher Erfahrung in Ehe und Familie sucht man in den eingehenden Erörterungen von 1Kor 7 in der Tat vergebens. Von den »heiligenden« Kräften, die in der Ehe vom christlichen Ehegatten auf die nichtchristlichen Glieder der Familie, den anderen Elternteil und die (ungetauften) Kinder ausgehen können, ist nur beiläufig die Rede, wo der Apostel die Christen in solcher Mischehe ermahnt, nicht ihrerseits auf eine Auflösung der Ehe zu dringen, mit einer fast magischen Wendung (1Kor 7, 14).

Dennoch sollte man den sehr nüchternen Realismus im Urteil des Paulus nicht übersehen und vor allem die Tatsache beachten, daß Paulus im Gegensatz zu den asketischen Enthusiasten in Korinth und verbreiteten Tendenzen in der späteren Kirche Ehe und Geschlechtsleben nicht generell im Sinn eines grundsätzlichen Dualismus verwirft. Im Unterschied zu solchen Anschauungen geht es dem Apostel nicht um die *Verhältnisse*, die zuvor geändert werden müssen – sie haben als solche keine Heilsbedeutung –, sondern um das *Verhalten* der Christen in ihnen. Leitmotiv und Maßstab der paulinischen Weisung ist allein das Verhältnis der Glaubenden zu dem kommenden Herrn. Wie die Glaubenden konkret ihr Christsein verwirklichen und bewähren sollen, dafür nimmt Paulus dem einzelnen die Entscheidung nicht ab. Er zeigt dafür nur die Kriterien auf, aber warnt zugleich vor jeglicher Selbsttäuschung über das eigene Vermögen. Hier liegt der Grund für die eigentümliche Gebrochenheit seiner Weisung. Sie ist nicht Ausdruck seiner Ratlosigkeit in den ihm gestellten Fragen, vielmehr einer sehr bestimmten, in der Sache begründeten Scheu, gesetzlich zu dekretieren, wo allein vom

»Geist« (1Kor 7,40) und vom Glauben her in eigener Selbstprüfung die Entscheidungen fallen müssen. »Das aber sage ich zu eurem eigensten Besten, nicht um euch eine Schlinge überzuwerfen, sondern damit ihr ehrbar und treu beim Herrn bleibt – ohne Ablenkung« (1Kor 7,35).

Mit alledem ist gerade das – im wahrsten Sinne des Wortes so zeit-gebundene – 7. Kapitel des ersten Korintherbriefes von beispielhafter Bedeutung für das Verhältnis des Christen zur Welt. So nachdrücklich der Apostel den gebotenen *Abstand* der Glaubenden zur Welt betont, klassisch formuliert in dem fünfmal variierten »Haben, als hätte man nicht« (1Kor 7,29-31), gibt er doch zugleich dem *Stand* des einzelnen Christen in ihr eine fundamentale Bedeutung. Das zeigt aufs deutlichste der kurze, in die Erörterungen der Ehefragen eingeschobene Passus über die von den Korinthern in weiterem Sinn gestellte Frage, ob das Christsein nicht auch und vordringlich sich in einer Aufhebung der religiösen und sozialen Verhältnisse in der Gemeinde erweisen müsse, d. h. ehemalige Juden das Bundeszeichen der Beschneidung unkenntlich machen oder Heiden es übernehmen sollten, oder auch die Unterschiede zwischen Sklaven und Freien demonstrativ zu beseitigen seien (1Kor 7,17-24). Die Antwort des Apostels lautet merkwürdig »konservativ«: »Jeder soll in dem Stande, in dem er berufen wurde, bleiben« (1Kor 7,20), ja die Sklaven sollen nicht einmal dann, wenn sich ihnen die Möglichkeit ihrer Freilassung bietet, von ihr Gebrauch machen (1Kor 7,21). Zum Verständnis dieser befremdlichen Weisung ist freilich erstlich zu beachten, daß sie sich auf Verhältnisse in der Gemeinde, nicht auf die Problematik der gesellschaftlichen Strukturen überhaupt bezieht, und zum anderen, daß unser moderner Begriff »Stand« unwillkürlich aber fälschlich Vorstellungen einer allgemeinen, konservativen Ständelehre assoziiert. Daran ist in keiner Weise gedacht. Das griechische Wort, das man hier in der Tat profan-griechischem Sprachgebrauch entsprechend mit »Stand« wiedergeben darf, ist dasselbe Wort, das sonst in den paulinischen Briefen die (göttliche) »Berufung« (klēsis) bezeichnet. Der Akzent liegt 1 Kor 7,17 ff. jedoch eindeutig auf der konkreten religiösen oder sozialen Situation, *in* der die Glaubenden jeweils verschieden von dem »Ruf« Gottes zum Glauben getroffen worden sind. Dabei bringt Paulus beides gleicherweise zur Geltung: an sich bedeuten diese so oder so gearteten Lebensumstände nichts mehr; sie sind in Hinsicht auf das Heil der Glaubenden radikal relativiert und profaniert. Gleichwohl sind und bleiben sie von entscheidender Bedeutung, denn sie bezeichnen den irdisch-geschichtlichen, konkreten Ort, wo Christus die Glaubenden bereits zu einer neuen Existenz befreit *hat:* der Sklave ist bereits durch ihn zu einem »Freigelassenen des Herrn« und der »Freie« zu einem »Sklaven Christi« gemacht worden (1Kor 7,22 ff.). Das will »in dem Stande, in dem jeder berufen ist« und »bleiben« soll, bewährt werden.

4. Seid untertan der Obrigkeit!

Auch die viel verhandelte, in den Briefen nach Art und Inhalt vereinzelte apostolische Mahnung zur Unterordnung unter die Obrigkeit (Röm 13,1-7), wie wenige biblische Texte wirksam geworden in einer langen Geschichte, aber auch mit dieser belastet, berührt einen bedeutsamen Ausschnitt aus dem Verhältnis des Christen zur Welt. Ihr Inhalt ist zunächst nicht mehr und nicht weniger als die schlichte, auch für Christen geltende Forderung, sich den staatlichen Gewalten gehorsam zu fügen, eine Mahnung also zur bürgerlichen Rechtschaffenheit.
Der Text selbst gebietet es, sich so »altmodisch« auszudrücken und alle sich alsbald aufdrängenden Wenns und Abers und die viel diskutierten Probleme der Grenze des christlichen Gehorsams bis hin zur Frage nach der Möglichkeit und dem sittlichen Recht der Revolution nicht sofort in ihn einzutragen. Fast möchte man sagen, sie werden hier von Paulus geradezu geflissentlich beiseite geschoben. Auffällig ist auch, daß er auf alle spezifisch christlichen Begründungen für das geforderte Verhalten gegenüber dem Staat in dem genannten Abschnitt verzichtet. An keiner Stelle fällt auch nur der Name Christi oder das Wort Glauben. Vielmehr macht der Apostel auch den Christen zur Pflicht, was schlechterdings für alle gilt: *»Jedermann* ordne sich den vorgesetzten Gewalten unter« (Röm 13,1). Gemeint sind mit diesen »Gewalten« und ihren Repräsentanten eindeutig, wie der aus zahlreichen Belegen der römisch-hellenistischen Rechts- und Verwaltungssprache zur Genüge bekannte Wortschatz ausweist, die amtierenden potestates (imperia) und magistratūs in Staat und Stadt. Sie hüten die Ordnung und wehren der Rebellion. Sie spenden – so heißt es auch in vielen zeitgenössischen Texten – dem gut bürgerlichen Verhalten »Lob« und bestrafen die Aufsässigen, wobei »gut« und »böse« hier in einem allgemein gültigen, keiner Erläuterung bedürftigen Sinne gemeint sind (Röm 13,3 f.). Den Regierenden ist darum die »Schwertgewalt« (ius gladii) verliehen, d. h. die vor allem dem Kaiser zustehende, aber auch von seinen Statthaltern ausgeübte Kapi-

taljurisdiktion (Röm 13,4). Entsprechend ist von »Steuer« und »Zoll«, die die Bürger zu entrichten haben, und von dem Respekt (»Ehre«), der den Regierenden gebührt, die Rede (Röm 13,6).

Wie schon im vorchristlichen und zeitgenössischen Judentum nennt auch Röm 13 die staatliche Gewalt eine von Gott eingesetzte »Ordnung«. In welchem Maße dieser Begriff die ganze Mahnung beherrscht, zeigen die zahlreichen ihn umkreisenden griechischen Ausdrücke: »sich unterordnen«; »von Gott verordnet«; »Anordnung Gottes«; »sich der Ordnung widersetzen«. Die Regierenden heißen darum »Gottes Diener zum Guten«, sein »Anwalt zur Bestrafung des Übeltäters« (Röm 13,4.6). Gehorsam gebührt ihnen nicht nur aus Furcht vor Strafe, sondern »um des Gewissens willen« (Röm 13,6).

Alles das sagt Paulus, ohne auch nur anzudeuten, daß die (heidnische!) Obrigkeit ihre Herrschaftsgewalt auch mißbrauchen und der Christ in die Lage versetzt sein kann, Gott mehr gehorchen zu müssen als den Menschen (Act 5,29) – bekanntermaßen nicht erst ein christliches Problem (Antigone!). So ist Röm 13 gerade wegen seines »unproblematischen« Charakters weithin problematisch geworden – Anlaß genug, zunächst genauer auf Eigenart und Intention des Textes zu achten und mit den eigenen Problemen vorerst zurückzuhalten. Nach Form und Inhalt ist er ein Stück typischer *Paränese,* im hellenistischen Judentum vorgeprägt und vom Apostel übernommen. Diese fast selbstverständliche Feststellung besagt: Hier werden nicht die Regierenden in der Art eines »Regentenspiegels« darüber belehrt, wie sie ihr Amt recht führen sollen. Angeredet sind vielmehr die Christen in Rom und erhalten eine Weisung, die, wie es auch sonst zum Stil antiker und christlicher Paränesen gehört, auf die Erörterung aktueller Situationen und Konfliktsfälle verzichtet, um desto nachdrücklicher einfache, immer gültige Regeln des Verhaltens einzuprägen. Aus dieser Einsicht folgt, daß Röm 13 nicht zu einer allgemeinen Staats- und Ständelehre und zu einer Theologie der Schöpfungs- und Erhaltungsordnungen aufgebläht werden darf, wofür die Geschichte der Kirche leider Beispiele in Fülle bietet. Das Verständnis der paulinischen Mahnungen wäre damit in eine falsche Richtung abgedrängt, ihr Zielpunkt wäre verrückt und einem dem Apostel völlig fremden religiös-metaphysischen Denkgefüge geopfert.

Von entscheidender Bedeutung ist auch für Röm 13 der vorangehende und nachfolgende Kontext: die schon erwähnten, für alles weitere Richtung gebenden Mahnungen (Röm 12,1 f.), als

Christ sich selbst Gott »darzubringen« und sich nicht »dieser Welt anzupassen«; nicht minder aber der anschließende Aufruf, die »Zeit« und die »Stunde« des nahenden letzten »Tages« zu erkennen und darum »die Waffen des Lichtes« anzulegen (Röm 13,11 ff.). Beides umgreift auch die Weisung, der gottgesetzten Obrigkeit sich zu unterstellen und der »Verfügung Gottes« sich nicht zu widersetzen. Schwerlich will Paulus unter dieser eschatologischen Perspektive die an die Christen gerichtete Gehorsamsforderung relativieren und ihr Verhältnis zum Staat zu einer Belanglosigkeit abwerten. Gleichwohl wird, ohne daß es ausdrücklich gesagt werden müßte, dem politischen Leben damit sein irdisch-befristeter Ort zugewiesen. Zugleich aber gibt Paulus der Bewährung des Christseins im Alltag dieser Welt, die auch für Christen keine andere ist als die allen Menschen vorgegebene und gesetzte, durch die Erkenntnis der »Zeit« (Röm 13,11) eine erhöhte Dringlichkeit und eine nur dem Glauben verständliche verschärfende Begründung, die den Horizont der Mahnung selbst (Röm 13,1 ff.) übersteigt. Daran zeigt sich noch einmal, wie sehr und ausschließlich hier die Existenz des Christen und nicht die Institution des Staates als solche oder die Frage, wie weit die jeweiligen Amtsträger ihrem Auftrag genügen, in seinem Blick steht.

Zur historischen Würdigung unseres Kapitels mag auch die Erinnerung daran dienen, daß zur Zeit der Abfassung des Briefes planmäßige Christenverfolgungen seitens des Staates noch nicht eingesetzt hatten. Wohl gab es schon zur Zeit des Paulus hier und da spontane, lokal begrenzte Haßausbrüche und Pogrome, oft auf Anstiften der Juden, aber auch unter Mitwirkung staatlicher und städtischer Behörden. Der Apostel selbst hat sie zu spüren bekommen (vgl. z. B. 1Thess 2,2; 1Kor 15,32; 2Kor 1,8 ff.; 11,26; Phil 1,12 ff.) wie z. B. auch seine Gemeinden in Philippi (Phil 1,29 f.) und Thessalonich (1Thess 2,14 ff.; s. o. S. 78 ff.). Nicht einmal die letzte Gefangenschaft und das Martyrium des Paulus selbst unter Nero (s. o. S. 119) und dessen grausames Vorgehen gegen die Christen in Rom (wohl einige Jahre später: 64 n. Chr.) lassen sich mit Sicherheit zu den Christenverfolgungen zählen, da die Christen nach dem Brand von Rom als angebliche Brandstifter, nicht um ihres Glaubens willen litten. Nirgends haben wir Anzeichen dafür, daß dem Apostel bereits Kaiser und Staatsgewalt als »Antichrist« erschienen seien, so wie der Verfasser der Johannesapokalypse sie zur Zeit Domitians (81–96 n. Chr.) in einer großen Vision geschildert hat (Apk 13). Freilich hätte auch diese für Paulus noch nicht vorauszusehende

Entwicklung ihn schwerlich in der Überzeugung irre gemacht, daß die Staatsgewalt kraft ihres Auftrags in ihren Röm 13 genannten Funktionen den Willen Gottes zu vollstrecken hat. Von der Mahnung dieses Kapitels hätte er sicher kaum ein Wort zurückgenommen. Bezeichnenderweise haben sich auch die Verfasser späterer urchristlicher Schriften nicht aus der Loyalitätspflicht gegenüber dem Staat in die Rolle der Staatsfeinde drängen lassen (Apostelgeschichte, 1Petr, 1Tim, Hebr, 1Clem).

Paränetische Stücke erlauben schon von ihrer Gattung her nicht, sie auf aktuelle Anlässe und bestimmte Gemeindesituationen zu befragen. Das gilt auch für Röm 13. Doch berechtigt die Tatsache, daß gerade diese Mahnung in keinem anderen Brief eine Parallele hat, zu der Vermutung, daß die Gemeinde in Rom in besonderer Weise in Gefahr stand, wenn auch nicht zu offenen Rebellen zu werden, so doch in anderer Weise sich demonstrativ vom Staat zu distanzieren und ihre bürgerlichen Pflichten zu versäumen. Das könnte damit zusammenhängen, daß es wenige Jahre vor Abfassung des Römerbriefes möglicherweise durch den Einbruch der christlichen Botschaft in der römischen Judenschaft zu Unruhen gekommen war, die Kaiser Claudius zu seinem Ausweisungsedikt veranlaßt hatten (49 n. Chr.). In der Zwischenzeit war die christliche Gemeinde freilich überwiegend heidenchristlich geworden (s. o. S. 103f.). Doch fällt diese den historischen Hintergrund von Röm 13 betreffende Vermutung schon in den Bereich der Hypothesen und soll nicht besagen, daß Paulus im selben Sinn nicht auch an jede andere Gemeinde hätte schreiben können.

Die paulinischen Weisungen unseres Kapitels mit ihrer eindeutigen Bestimmtheit und zugleich so merkwürdig undifferenzierten Einseitigkeit haben auf die spätere Christenheit eine in vieler Hinsicht problematische Wirkung ausgeübt. Sie zeigt sich schon darin, daß man das berühmte Kapitel aus dem Zusammenhang der paulinischen Ethik gelöst, verabsolutiert und ihm ein Gewicht gegeben hat, das diesem vereinzelten Text nicht zukommt. Angesichts der Bedeutung des hier erörterten Problems in der späteren Kirche bis zum heutigen Tag ist das zwar verständlich, aber die fragwürdigen Folgen dieses Sachverhaltes liegen offen zutage. Bekanntlich hat Röm 13 weithin ein blindes Untertanendenken gefördert wie auch umgekehrt leidenschaftlichen Protest entfacht, zumindest mehr Fragen geweckt als beantwortet. Das letztere zumal in einer gegenüber Paulus gewandelten Welt, in der seit der Neuzeit die Mitverantwortung auch und gerade des Christen für die Gestaltung des politischen Lebens zu einer selbstverständlichen Forderung geworden ist. Angesichts solcher Reaktionen ist an die zeitgebundenen Grenzen der apostolischen Weisungen zu erinnern. Das heißt: Es geht ebensowenig an, auf sie für alle Zeiten einen bedingungslosen Staatskonservatismus zu begründen wie umgekehrt ihr Antworten auf Fragen abzuverlangen, die Paulus in dieser Form nicht kannte.

Erst bei Berücksichtigung des historischen Ortes von Röm 13 lassen sich seine für das Leben des Christen grundsätzlich bedeutsamen Intentionen ermessen. Ähnlich wie Jesus in dem verwandten Zinsgroschengespräch mit den Pharisäern (Mk 12, 13-17 Parr.) die ihm als vordringlich gestellte verfängliche Frage nach dem, was man dem Kaiser schuldig ist, der Frage nach dem, was Gott gebührt, unterordnet, so verfährt auch Paulus und überholt damit alle Tendenzen zu einer politischen oder sozialen Rebellion. Allerdings bekommt dabei die Frage nach dem Sein und Verhalten des Christen unbedingten Primat gegenüber allen Fragen nach einer möglicherweise unerläßlichen Veränderung der Weltverhältnisse. Doch wird nur der darin eine »Privatisierung« des christlichen Glaubens finden, der die revolutionierende, weltenwendende Kraft des Heilsgeschehens selbst im Sinne des Paulus nicht begreifen kann oder will. Der Apostel bringt damit wie in 1Kor 7 ebenso die dem Glaubenden geschenkte Weltunabhängigkeit, den »Abstand« zur Welt, zur Geltung wie seinen »Stand« inmitten der Welt, dem Feld der konkret-alltäglichen Bewährung des Glaubens. Wie beides jeweils in Einklang zu bringen ist, dafür gibt es weder ein Programm noch eine Kasuistik. In jedem Fall aber ist dem Christen weder eine generelle Glorifikation noch eine schlechthinnige Dämonisierung des Staates möglich, wohl aber seine Respektierung als einer gottgesetzten Ordnung in ihren irdisch-zeitlichen Grenzen – modern gesprochen: weder ein ideologisch besessenes Engagement noch ein enthusiastisch-hochmütiges Disengagement.

Viele Ausleger von Röm 13 bezeichnen das Liebesgebot als das Leitmotiv der paulinischen Weisung unter Hinweis auf die abschließende Mahnung: »Bleibt niemand etwas schuldig, außer daß ihr einander liebt« (Röm 13, 8). Da die Liebe in der Tat nach Paulus die Grundbestimmung der neuen christlichen Existenz ist (vgl. schon Röm 12, 9 ff.), kann sicher auch das Verhältnis zum Staat von ihr nicht einfach ausgeschlossen werden. Dennoch sollte man sie nicht in diesem Bereich, wo es um Unterordnung, bürgerliches Rechtverhalten, behördliche Maßnahmen, Gewissenhaftigkeit, Zoll, Steuer und Respekt geht, als das eigentliche Leitmotiv einführen. Vielmehr versteht Paulus das politische Leben als den Lebensbereich, in dem es gilt, nicht zurückzubleiben und in unerledigten Verpflichtungen sich nicht zu verstricken. Sie prompt und sauber hinter sich zu bringen, um frei zu sein für die niemals endende Schuldigkeit der Liebe, die diese vergehende Welt mit ihren Obliegenheiten übersteigt – darauf zielt die paulinische Mahnung.

Das wird bestätigt durch die Stellungnahme des Apostels zu einem in der korinthischen Gemeinde eingerissenen Mißstand: der *Inanspruchnahme heidnischer Gerichte* durch Gemeindeglieder zum Austrag ihrer Rechtsstreitigkeiten (1Kor 6, 1-11). Paulus sieht darin ein für Christen beschämendes Verhalten und argumentiert dagegen mit Gedanken und Wendungen, die schon der jüdischen Apokalyptik entstammen: Was für ein Widersinn, daß Christen, die als »die Heiligen« dereinst die Welt, ja sogar die Engel richten werden, sich mit geringfügigen, irdischen Angelegenheiten vor das Tribunal der »Ungläubigen« und »Ungerechten« begeben! Wenn es schon unter euch Händel gibt, warum setzt ihr, die Korinther, nicht Glieder der Gemeinde als Richter ein? Ja – so steigert er – warum besteht ihr überhaupt auf dem eigenen Recht und duldet als Christen nicht lieber erfahrenes Unrecht? Trotz der aus jüdischer Tradition geläufigen abwertenden Beurteilung der »Ungläubigen«, »Ungerechten« und »in der Gemeinde nichts Geltenden« zielen auch diese Äußerungen nicht auf eine generelle Infragestellung der weltlichen Instanzen, sondern wenden sich an die Christen, die zur Teilnahme an der eschatologischen Herrschaft Gottes berufen und schon zu einer neuen Existenz befreit sind. Der hier begegnende wiederholte nachdrückliche Appell an die »Bruderschaft« (1Kor 6, 5 f. 8), in der Zank und Streit in jedem Fall – ganz gleich, wer »Recht« hat oder bekommt – bereits eine »Niederlage« ist (1Kor 6, 7), die Aufforderung, lieber das Unrecht zu erleiden als eigenes Recht durchzusetzen, und die abschließende verpflichtende Erinnerung an das neue Sein, das die Glaubenden der Gnade verdanken (1Kor 6, 9-11) – alles das ist im Grunde nur eine Umschreibung des Liebesgebotes. Damit rückt diese Passage des ersten Korintherbriefes in die Nähe von Röm 13, wo ebenfalls das Liebesgebot die das Verhalten des Christen zu den staatlichen Gewalten betreffende Mahnung umgreift (Röm 12, 9 ff.; 13, 8 ff.) und übersteigt. Ein Unterschied besteht freilich darin, daß es im einen Fall um das für »jedermann« gültige und gleiche Rechtverhalten im politischen Leben geht, im anderen um das Miteinander der Christen, das seine Normen aus dem ihnen widerfahrenen Heilsgeschehen empfängt und die Grenzen der bloßen Bürgerlichkeit durchbricht.

5. Die Liebe

Was meint Paulus mit Liebe? Seine Briefe geben reichlich Anlaß, diese Frage zu bedenken, zumal gerade dieses Wort wie kaum ein anderes in den christlichen Sprachschatz eingegangen ist und – unendlich oft gebraucht und mißbraucht – weithin seinen Inhalt und seine Kraft verloren hat.

Paulus faßt mit dem Gebot der Nächstenliebe Röm 13, 8 ff. das ganze Gesetz zusammen: »Wer den anderen liebt, hat das Gesetz erfüllt« (vgl. auch Gal 5, 14). Auch damit steht der Apostel in einer bereits vorgeprägten Tradition, die sich zwar nicht unmittelbar auf die alttestamentliche Tora zurückführen läßt, wohl aber auf das hellenistische Judentum, in dem der altisraelitische, auf den Volksgenossen beschränkte Sinn des »Nächsten« auf den anderen Menschen überhaupt ausgeweitet war. Nicht anders hat Jesus das Liebesgebot verstanden und die urchristliche Gemeinde nach ihm (Mat 5, 43; 19, 19; 22, 39; Mk 12, 30 f.; Lk 10, 27; Jak 2, 8).

Mit den Worten Lieben (agapān) und Liebe (agapē) hat schon das hellenistische Diasporajudentum zwar nicht völlig unbekannte, aber unbedeutende Vokabeln der griechischen Sprache aufgenommen, die sich mit dem, was andere hohe Worte wie eros und philia (Freundschaft) auszusagen vermochten, nicht entfernt messen konnten. Erst in der griechischen Übersetzung des Alten Testaments (Septuaginta) und der hellenistisch-jüdischen Literatur, vollends aber im Urchristentum rücken jene geringwertigen Worte in den entscheidenden Beziehungshorizont von Gott und Mensch (Doppelgebot der Liebe) und empfangen so ihre zentrale Bedeutung. Auf diesem Hintergrund läßt sich erst der besondere Beitrag des Paulus zum Verständnis der Liebe ermessen.

Sie hat darin ihren Grund, daß Gott durch die Sendung und Hingabe Christi uns, den ganz und gar nicht liebenswerten Menschen, den Gottlosen und Gottesfeinden seine Liebe erweist (Röm 5, 8 ff.) und uns damit als die »Gerechtfertigten« und mit ihm »Versöhnten« zu Siegern inmitten der andrängenden Weltmächte gemacht hat. Nichts kann uns mehr von seiner Liebe scheiden (Röm 8, 31 ff., bes. 37-39). Sie ist Gottes Tat an uns, aber zugleich seine wirkende Kraft in uns: »Die Liebe Gottes ist ausgegossen in unseren Herzen durch den Heiligen Geist, der uns gegeben ist« (Röm 5, 5). Entsprechend heißt es: »Die Liebe Christi drängt [treibt] uns« (2Kor 5, 14). Sie übergreift den einzelnen und schließt den anderen mit ein. Dieser Zug, diese Bewegung gehört zum Wesen der Liebe und macht sie zum Lebens- und Wirkungsfeld des Glaubens: »In Christus gilt weder Jude- noch Heidesein (Beschneidung/Unbeschnittenheit), sondern der Glaube, der durch Liebe wirksam ist« (Gal 5, 6). Ähnliches hat schon vor Paulus das liberale hellenistische Judentum gelehrt, nämlich so, wie der Apostel selbst anderenorts diesen offenbar schon vorgeprägten Spruch anführt: »Weder Beschneidung noch Unbeschnittenheit gilt etwas, sondern das Halten der Gebote Gottes« (1Kor 7, 19). In der angeführten Fassung Gal 5, 6 und noch in einer weiteren desselben Briefes (Gal 6, 13 f.) ist das Wort jedoch bedeutsam abgewandelt: an Stelle des Gehorsams gegen Gottes Gebote ist hier von dem in der Liebe tätigen Glauben und von der »neuen Schöpfung« (in Christus) die Rede. Aus einer Möglichkeit, die der Mensch erst zu verwirklichen hat, ist damit eine von Gott schon erschlossene und eröffnete Wirklichkeit geworden: die Liebe als Kennzeichen der neuen Existenz.

Der große Lobpreis der Liebe im ersten Korintherbrief (Kap. 13) steht im Zusammenhang der Ausführungen des Apostels über die »Gnadengaben« (Kap. 12-14). Sie wird hier als der unvergleichlich höhere Weg, als »Weg weit darüber hinaus« bezeichnet (1Kor 12, 31 b); sie ist mehr sogar noch als alle nur erdenklichen »Gaben«, die für urchristliches Verständnis als die höchsten Möglichkeiten urchristlichen Charismatikertums gelten. Ekstatische, geistgewirkte Rede – ohne die Liebe sinnlos nichtiger Lärm; Prophetie, wundertätiger Glaube, Verzicht auf Hab und Gut um der Armen willen, Martyriumsbereitschaft – zu nichts nütze ohne die Liebe (1Kor 13, 1-3).

Es ist mehr als eine poetische Stilform, daß Paulus in 1Kor 13 von der Liebe als Subjekt des Handelns redet und nicht vom liebenden Menschen. Er versteht sie als eine göttliche Macht. Ihr Wirken ist dem, was der natürliche Mensch tut, radikal entgegengesetzt und sprengt seine eigenen faktischen Möglichkeiten.

Nicht zufällig redet der zweite Abschnitt des Lobpreises (13, 4-7) darum in schneidenden Antithesen (acht negative Satzglieder!), auch wenn alle diese Negationen am Anfang und Ende umfaßt sind von dem, was positiv Wesen und Walten der Liebe kennzeichnet. Doch zeigen die kurzen Sätze dieses zweiten Abschnittes (15 Tätigkeitsworte!), wie sich ihr Wirken im konkret-alltäglichen Miteinander vollzieht: sie ist »geduldig«, hat einen langen Atem, wartet auf den anderen; wallt nicht in Leidenschaft auf; prahlt nicht, bläht sich nicht auf; ignoriert nicht die guten Grenzen der Sitte; sucht nicht den eigenen Vorteil; wird nicht bitter; läßt die Schuld nicht trennend zwischen Mensch und Mensch stehen; ist voller Freude – nicht der giftigen, heimlich-pharisäischen, die vielleicht laut über die Schlechtigkeit der Welt lamentiert, um selbst sich dabei ins bessere Licht zu rücken; sie freut sich an der Wahrheit, und zwar gerade an der dem anderen zugute kommenden. Ihre Kraft ist ein unverwüstliches Vertrauen (»alles glaubt, alles hofft sie«), läßt den anderen nicht fallen (»alles trägt sie«) und fällt selbst nicht in Resignation und Verzweiflung (»alles duldet sie«).

Der Schluß des großen Kapitels rühmt die Unvergänglichkeit der Liebe gegenüber dem »Stückwerk« auch der geistgewirkten Gaben (1Kor 13, 8-13). Im Blick steht dabei nicht der zeitlose Gegensatz zwischen irdisch-unvollkommener Wirklichkeit und nie erreichbarem Ideal, sondern der zeitlich-eschatologische von »Jetzt« und »Dann«, vergleichbar dem Gegensatz zwischen dem von Wünschen und Träumen bewegten Reden, Trachten, Denken des Kindes und dem von Illusionen befreiten Denken des Mannes (v 11) und – deutlicher noch – von dem Kontrast zwischen gebrochener, vermittelter Erkenntnis »wie durch einen Spiegel« und der unmittelbaren »von Angesicht zu Angesicht« (v 12), die eine befangen und in den Grenzen der Zeitlichkeit endend, die andere sie durchbrechend – die Gott allein vorbehaltene künftige Vollendung (vgl. 2Kor 4, 18; 5, 7; Röm 8, 24). Bezeichnend ist dabei, daß Paulus nicht der Idee eines stufenweisen religiösen Vergottungsprozesses Raum gibt, von dem die zeitgenössischen Mysterien und die hellenistische Mystik zu reden wissen. Wohl kann auch Paulus in ihrer Sprache von einer »Verwandlung von Herrlichkeit zu Herrlichkeit« reden 2Kor 3, 18) und kommt ihr nahe, wenn er die künftige, vollkommene Erkenntnis als ein »von Gott Erkannt-werden« umschreibt. Das aber meint für ihn, wie schon die abgewandelte Zeitform bekundet, ein »Erwählt-sein« von Gottes Gnade (vgl. 1Kor 8, 2; Gal 4, 9).

Menschliche Gotteserkenntnis und Erkanntsein von Gott kommt in der irdisch-zeitlichen Existenz des Glaubens noch nicht zur Deckung. Gott allein vermag und wird sie zur Übereinstimmung bringen. Auch in der Vollendung wird der Mensch jedoch nicht aufhören, auf Gott angewiesen zu sein. Darum heißt es auch von Glaube und Hoffnung, daß sie über die Grenzen der Zeitlichkeit hinweg »bleiben« werden – aber die Liebe als »die größte unter ihnen« (v 13). Das will nicht im Sinne einer ethischen Werteskala verstanden sein, an deren Spitze die Liebe als die höchste Tugend auch die religiösen Verhaltensweisen Glaube und Hoffnung überragt. Nicht als Wert und Tugend an sich, wohl aber in der Zuordnung zu dem Glauben, der sich auf das gründet, was Gott getan hat, und der Hoffnung, die sich auf das richtet, was er tun wird, ist die Liebe als die schon jetzt unvergängliche Gegenwart des Heils die größte unter ihnen. In diesem Sinne ist die Trias Glaube, Hoffnung, Liebe Inbegriff des von Gott gewirkten Seins in Christus (vgl. auch 1Thess 1, 3; 5, 8; Gal 5, 5f.; Kol 1, 4f.; s. o. S. 163). Von ihm ist keiner ausgenommen; so ist sie mehr als alle »Geistesgaben«, die dem einen geschenkt, dem anderen versagt sind.

6. Die Hoffnung

Wie in den Lobpreis der Liebe 1Kor 13 und in die wiederholt bei Paulus begegnende Trias Glaube, Hoffnung, Liebe ist auch sonst in Botschaft und Weisungen des Apostels die Zukunftserwartung tief und unveräußerlich fest hineingeschrieben. Sie ist aus seiner Theologie, wie schon im Eingang dieses Kapitels gezeigt, nicht wegzudenken und will in ihrer Eigenart noch näher bedacht werden. Überblickt man diese futurisch-eschatologischen Aussagen im ganzen, so zeigen sich alsbald bestimmte charakteristische, für ihr Verständnis wesentliche Züge. Sie begegnen, wie früher schon bemerkt, verstreut über die meisten seiner Briefe, jeweils nach Art und Inhalt oft von Brief zu Brief verschieden, vielfach fragmentarisch, in kurzen, wenngleich gewichtigen Aussagen, meist unter Verzicht auf ausmalende Vorstellungen, und nur gelegentlich zu apokalyptischen Bildern sich verbreitend; in jedem Fall eingebettet in einen bestimmten Kontext lehrhafter oder paränetischer Art. Niemals lassen sie sich jedoch zu einem geschlossenen Gesamtbild zusammenfügen. Dafür sind sie inhaltlich zu different und lassen nur selten das Bemühen erkennen, sie zu einander in Beziehung zu setzen. Das soll nicht heißen, daß sie gleichsam als unsichere Vorstufe und Versuche des Apostels gewertet werden dürften, über das »Jenseits« irdisch-geschichtlicher Erfahrungen Aussagen zu machen, die er selbst in der oder jener Situation wagte, um sie alsbald wieder als untauglich zu verwerfen. Gerade auf diesem Feld begegnen des öfteren Wendungen von einer nachdrücklichen Bestimmtheit: »Wir wissen aber ...« (Röm 8, 28; 13, 11); »Ich rechne damit ...« (Röm 8, 18); »Ich bin überzeugt ...« (Röm 8,

38); »Denn es *muß* das Vergängliche die Unvergänglichkeit anziehen ...« (1Kor 15,53). Hierher gehört auch die prophetische Redeweise, in der Paulus einen bestimmten Heilsratschluß Gottes für die Zukunft verkündigt (Röm 11,25; 1Kor 15,51) oder den Trost auf ein überliefertes »Herrenwort« begründet (1Thess 4,13 ff.).

Viele dieser eschatologischen Sätze ziehen knapp formuliert nur die Folgerungen des Credo von Tod und Auferweckung Christi für die Zukunft jenseits aller irdisch-menschlichen Geschichte und sprechen damit die Hoffnung aus, die in dem, was Gott in Christus bereits für die Glaubenden und an der Welt getan hat, fest begründet ist. Es genügt für diese fast alle seine Briefe durchziehenden, überaus zahlreichen Aussagen der Hinweis auf einzelne Beispiele: Als die mit Christus in den Tod Gegebenen »werden wir leben« (Röm 6,5 ff.; Phil 3,10 f.; 2Kor 4,10 f.; 13,4 u. ö.). In den Stand der Sohnschaft versetzt und mit dem Geist als »Angeld« (Unterpfand) beschenkt (2Kor 1,22; 5,5; vgl. Röm 8,23) sind wir »Erben« und »Miterben« Christi und werden »mit ihm verherrlicht werden« (Röm 8,17). Gerechtfertigt und versöhnt durch den Tod seines Sohnes werden wir gerettet werden vor dem »(kommenden) Zorngericht« (Röm 5,9-11; vgl. auch 8,11; Gal 5,5).

Andere, wenngleich nicht eben häufige Stellen erweitern und entfalten die Zukunftserwartungen zu breiter ausgeführten apokalyptischen Bildern und Gedanken. Wo sie begegnen, sieht Paulus sich fast überall durch Fragen, Sorgen, Zweifel oder auch Vorstellungen in seinen Gemeinden zu Antworten veranlaßt und übernimmt dabei in der Regel Gedanken- und Bildergut aus jüdischer und urchristlicher Apokalyptik, auch wenn er es in seiner Weise neu akzentuiert und nicht selten von seinem Christusverständnis her modifiziert. Vorstellungen und Weltbild verraten deutlich ihre Zeitgebundenheit, sind oft von einer befremdlichen Massivität und für uns kaum noch verständlich. So etwa der Trost, mit dem der Apostel auf Grund eines apokryphen, sicher erst der nachösterlichen Gemeinde enstammenden Herrenwortes die Thessalonicher über das Schicksal ihrer vor der Parusie Verstorbenen beruhigt und ihnen die Sorge zu nehmen sucht, die Entschlafenen könnten an der künftigen Erlösung keinen Anteil haben. Sie werden, so versichert er, hinter den Überlebenden nicht zurückstehen, sondern bei der Herabkunft des Herrn vom Himmel am Jüngsten Tag als erste auferstehen und zusammen mit den noch Lebenden »auf den

Wolken in die Luft entrückt werden zur Einholung des Herrn« (1Thess 4, 13-18).

Ähnlich verteidigt Paulus im ersten Korintherbrief gegenüber den Leugnern der Totenauferstehung die Erwartung, daß die Toten »gruppenweise« auferstehen werden: Christus der Erstling, dann die Gläubigen, danach das definitive Ende der Welt (1Kor 15, 23 f.), zwar nicht in »fleischlicher«, sondern in einer »geistlichen«, »himmlischen« Leiblichkeit, in die auch die Überlebenden »verwandelt« werden (1Kor 15, 51 f.). Wie realistisch diese schon im späten Judentum offensichtlich unter Einfluß des Parsismus vorgeprägten Vorstellungen gemeint sind, beweist der problematische, von seinen eigenen Voraussetzungen her anfechtbare Versuch des Apostels, den zweifelnden Korinthern Antwort zu geben auf die Frage nach dem »Wie« der Totenauferstehung und ihre Denkmöglichkeit aus der Analogie der mannigfaltigen Gestalten und Substanzen im Bereich der irdischen Schöpfung und der Gestirne einleuchtend zu machen (1Kor 15, 35-49). Man erkennt daraus: die zukünftige Seinsweise wird von ihm ebenfalls substanzhaft gedacht. Höchst realistisch redet er ebenso von den Begleiterscheinungen der Wiederkunft Christi (vgl. 1Thess 4, 16; 1Kor 15, 52). Auch die bestimmte Erwartung, daß bis zu diesem in Kürze bevorstehenden Ende nach der Bekehrung der Heiden auch das ganze, bisher noch im Unglauben verstockte Volk Israel zum Glauben kommen werde (Röm 11, 11-32), gehört in den Umkreis dieser Anschauungen.

Charakter und Verschiedenheit der auf die Zukunft gerichteten, speziell »apokalyptischen« Aussagen der Paulusbriefe verwehren es, wie gesagt, sie gleichsam auf eine Fläche aufzutragen und zu einem geschlossenen Gesamtbild zusammenzustellen. Damit wäre verkannt, wie sehr sie nicht nur in einem allgemein weltbildhaften, sondern in einem höchst konkreten Sinn zeitgebunden und mit der Zeit gewachsen sind und sich gewandelt haben. Zwar reichen schon die Quellen nicht aus, so etwas wie eine lückenlose Entwicklung der paulinischen Eschatologie zu rekonstruieren. Aber einzelne Stufen und Modifikationen lassen sich mindestens in Umrissen erkennen. Sie zeichnen sich ab, wenn man aus dem jeweiligen Kontext der Stellen die Frage zu beantworten sucht, was Paulus zu ihnen Anlaß gab und in welche konkreten Situationen – seien es Gemeindeprobleme und -nöte oder auch Parolen und Anschauungen seiner enthusiastischen Gegner – er hineinspricht.

Aufschlußreich ist schon der älteste Paulusbrief an die Thessalonicher. Er macht uns mit einer Gemeinde bekannt, deren ganze Erwartung von dem Apostel selbst auf die in aller Kürze geschehende, wenn auch nicht auf Zeit und Stunde zu berechnende Ankunft Christi und damit auf das Weltende ausgerichtet war (1Thess 5, 1 f.). Ihre Meinung war anscheinend, daß noch bei Lebzeiten der eigenen Generation das Ende hereinbrechen und den Glaubenden Erlösung widerfahren werde. Nur so wird ihre Beunruhigung durch das vorzeitige Sterben einiger Gemeindeglieder verständlich. Der Gedanke an eine Auferstehung aller von den Toten muß also dieser paulinischen Gemeinde zunächst noch fremd gewesen sein. Auf eine solche Situation war offensichtlich der durch den Mund eines geisterfüllten Propheten verkündete Spruch des erhöhten Herrn gemünzt, dessen Paulus sich zum Trost der Gemeinde bedient. Die jüdischer Apokalyptik entstammende Vorstellung von der Auferstehung der Toten dient hier also der bestimmten Zusage, daß Leben und Sterben, »Wachen« und »Schlafen« (1Thess 5, 10) keine unüberbrückbare Kluft aufreißt, sondern beide, Überlebende und Entschlafene, miteinander in Bälde mit dem Herrn für immer vereint sein werden (1Thess 4, 17; 5, 10).

Ein knappes halbes Jahrzehnt später muß Paulus im ersten Korintherbrief in anderer Front die Auferstehung der Toten verteidigen, auch hier zwar noch in derselben Überzeugung, daß »wir nicht alle entschlafen werden« (1Kor 15, 51), aber doch so, daß der Akzent seiner Aussage sich verschoben hat und der Apostel sich genötigt sieht, die kommende, noch ausstehende Vollendung als eine völlige, Gott allein vorbehaltene Neuschöpfung des ganzen Menschen zu umschreiben. Hier ist der Unterschied zwischen Überlebenden und Entschlafenen dadurch völlig relativiert, daß in jedem Fall das Leben nicht anders als durch eine Verwandlung gewonnen wird. Paulus verankert diesen Gedanken, wie wir sahen, fest in dem auch der korinthischen Gemeinde längst schon bekannten Credo von Christi Tod und Auferstehung (1Kor 15, 1-11), und zwar mit solcher Intensität, daß er Evangelium und Glauben überhaupt als sinnlos bezeichnet (1Kor 15, 12-19), wenn die Leugner der zukünftigen Totenauferstehung im Rechte wären.

Die gegnerische Überzeugung darf man nicht, wie es häufig geschieht, mit der griechischen Idee der Unsterblichkeit der Seele gleichsetzen. Sie hat auch nicht in der Leugnung der Auferweckung Christi von den Toten ihren Grund. Dieser Glaube ist vielmehr das Paulus und den Schwärmern gemeinsame Fundament. Aber in den Folgerungen, die beide daraus zogen, bestand zwischen ihnen eine tiefgreifende Differenz, sofern die Bestreiter der Totenauferstehung meinten, in ihren pneumatischen Erlebnissen die Vollendung bereits als Gegenwart zu besitzen (vgl. 2Tim 2,18). Dieser vorschnellen und vorzeitigen Identifizierung ihrer enthusiastischen Erfahrungen mit der erst von der Zukunft zu erwartenden Neuschöpfung durch Gott tritt Paulus mit ganzer Leidenschaft, ja auch mit grimmiger Ironie in 1Kor 15 entgegen (vgl. schon 1Kor 4,8 ff.) und betont mit Nachdruck, daß mit ihm selbst die Reihe der Osterzeugen abgeschlossen sei (1Kor 15,8) und sich nicht ad infinitum beliebig fortsetzen ließe. Den sicher gegen seine Botschaft und Lehre erhobenen Vorwurf des Illusionismus gibt er darum an jene Schwärmer zurück und will lieber heute als morgen wieder zu den Ungläubigen und Heiden gehören, die doch wenigstens die Erfahrungen des »gesunden Menschenverstandes« für sich haben und sie nicht in fromme Illusionen umlügen, wenn die zukünftige Auferstehung der Toten nicht mehr gelten soll (1Kor 15,19.32).

Was spricht sich darin aus? Offenbar dies, daß der Glaube niemals von sich selbst und seiner inneren Bewegtheit, sondern von dem lebt, was außerhalb seiner, jenseits menschlicher Möglichkeiten Gott an den Glaubenden und für die Welt getan hat und tun wird. So dienen seine alle zeitlich-menschlichen, individuellen Erfahrungen übersteigenden, auf das Jenseits göttlichen Handelns verweisenden Aussagen dazu, die Glaubenden gerade in den Grenzen des Diesseits, im Noch-nicht ihrer Zeitlichkeit und Geschichtlichkeit festzuhalten. Anders gesprochen: Die apokalyptischen Vorstellungen und Bilder wollen gerade den qualitativen Unterschied zwischen »Glauben« und »Schauen« (2Kor 5,7) aufrecht erhalten; die Ankündigung des »Tages« Christi verwehrt es, ihn mit menschlich-zeitlichen Tagen zu verwechseln und die Differenz zwischen Gott und Mensch auch und gerade durch Glauben und religiöse Erfahrungen einzuebnen. Gegenüber den allzu engen individuellen, subjektiven »pneumatischen« Erlebnissen der Schwärmer, in denen sie das geschehene und noch zukünftige Heilshandeln Gottes aufgehen ließen, entfaltet der Apostel darum in »objektiven« apokalyptischen Aussagen von kosmischer Weite das erst mit Parusie und Auferstehung der Glaubenden vollendete, aber auf Grund der Auferweckung Christi schon in Gang gekommene Heilsgeschehen: Christi Herrschaft und Sieg über die Mächte der Welt, bis das Werk ihrer Überwindung vollbracht ist und er

die Gott als Schöpfer und Herrn gehörende, aber jetzt noch vom Tod, dem »letzten Feind«, gezeichnete Welt übergeben und »Gott alles in allem« sein wird (1Kor 15,20-28).
Ähnlich, wenngleich in anderen Vorstellungen und Bildern, redet 2Kor 5,1-5 davon, daß die Glaubenden von dem leben, was sie noch nicht sind, was aber ihrer wartet. Ob direkt oder indirekt polemisiert der Apostel auch in diesem merkwürdigen Briefabschnitt offensichtlich gegen eine gnostisch-dualistische Sehnsucht nach einer Befreiung von jeglicher Leiblichkeit und setzt ihr die Hoffnung auf ein neues, himmlisches »Haus«, in das wir versetzt werden, und ein neues »Gewand«, mit dem wir bekleidet werden sollen, entgegen, d. h. eine neue Leiblichkeit, eine Neuschöpfung des ganzen Menschen, in die hinein bei der Parusie die Überlebenden verwandelt, die Entschlafenen auferstehen werden. Auch hier hält Paulus die Spannung durch: so gewiß Gott durch das Heilsgeschehen bei uns ist, gilt doch zugleich das andere, daß wir noch nicht bei ihm, noch nicht »daheim sind beim Herrn« (2Kor 5,8).
Ein System von Vorstellungen will sich aus allen diesen Aussagen nicht ergeben. Dazu sind sie zu mannigfaltig, sporadisch, unausgeglichen. Auch würde ein solches Bemühen die Intentionen des Apostels verfehlen. Unausgeglichen stehen vor allem die kosmischen Enderwartungen, zu denen auch die Ankündigung des »Tages« Christi und des Weltgerichtes (1Kor 4,5; 2Kor 5,10; Röm 14,12 u. ö.) gehört, neben anderen, die von einer unmittelbar nach dem Tode des einzelnen geschehenden Vollendung durch die endgültige Vereinigung mit Christus sprechen (Phil 1,23). In demselben Philipperbrief redet Paulus gleichwohl von dem »Tage« Christi (Phil 1,6.10; 2,16), aber ohne jedes Interesse an einem weltbildhaften, vorstellungsmäßigen Ausgleich des einen und anderen.
Auffallend ist, daß in dem letzten großen Brief des Paulus an die Römer, obwohl er eine Fülle zentraler theologischer Gedanken aus früheren Briefen wieder aufnimmt und in neuer Weise tiefdringend reflektiert (s. o. S. 108 ff.), sich keine direkten Parallelen zu den Auferstehungsaussagen des ersten Thessalonicherbriefes sowie der Briefe nach Korinth und Philippi finden. Wohl ist auch im Römerbrief die Nah-Erwartung des künftigen Heils und des Weltgerichtes keineswegs erloschen oder auch nur ermattet (Röm 13,11 ff.; 2,3 ff.; 14,12; 15,12 f.). Aber eine breitere Entfaltung eschatologisch-apokalyptischer Motive findet sich hier in völlig anderer Richtung: einmal in jenen heilsgeschichtlichen Ausführungen über das endliche Geschick Israels

(Röm 9-11), umgesetzt und angewandt auf eine in Zeit und Geschichte sich erfüllende Hoffnung, und zum anderen in Richtung auf die Erlösung der gesamten Schöpfung (Röm 8,19-23). Paulus sieht sie nicht losgelöst vom Menschen, sondern mit ihm dem Vergehen unterworfen, zugleich aber seufzend und wartend auf die endliche Befreiung der Kinder Gottes, an der auch sie dereinst Anteil haben wird, in Wehen und Nöten, aber zukunftsgerichtet, unter dem Aspekt einer nicht mehr unabsehbaren, sondern absehbaren Zeit, unter dem Zeichen der Hoffnung.
In ihrer Mannigfaltigkeit lassen alle diese Zukunftsaussagen der paulinischen Briefe, wie immer gewendet, sehr bestimmte Grundmotive der Theologie des Apostels im ganzen wiedererkennen: das Motiv der Souveränität und des endlichen Sieges Gottes, der allein sein begonnenes Werk vollenden wird. 1Kor 15 schließt darum mit einem Siegeswort auch über den Tod, dessen verwegenen, herausfordernden Klang kein Mensch von sich aus sich anmaßen dürfte – in seinem Mund würde es schnell zu einer großsprecherischen Illusion. Aber die Glaubenden, selbst Siegesbeute in Gottes Hand, sollen in diesen Siegesruf mit einstimmen:

»Verschlungen ist der Tod in den Sieg.
Wo ist dein Sieg, Tod?
Wo ist dein Stachel, Tod?« (1Kor 15,55).

Alle solche eschatologischen Gedanken des Paulus bis hin zu denen, die auf den ersten Blick sich in zeitgebundene apokalyptische Spekulationen zu verlieren scheinen, haben ein durchgängiges Gefälle zum Menschen und zur Welt, so freilich, daß sie Mensch und Welt in den Grenzen ihrer Zeitlichkeit festhalten und dem Glaubenden verwehren, Leiden und Tod, aber auch die Verantwortung für den anderen enthusiastisch zu überspielen. Dennoch sind sie alle, tröstend oder mahnend, von der Hoffnung geprägt, die auf das Heilsgeschehen sich gründet und selbst die Trübsale nicht als Widerspruch zu dem Heil Gottes erfährt, vielmehr als Entsprechung zum Heil, so daß gleichsam eine feste Kette sich bildet – Drangsal, Geduld, Bewährung, Hoffnung (Röm 5,3ff.). Denn die Wagschale der »Leiden dieser Welt« kommt nicht auf »gegen die Herrlichkeit, die an uns offenbar werden soll« (Röm 8,18). Selbst die Trübsale werden so zu einem Grund des Rühmens, des auf Gott gerichteten Lobpreises (Röm 5,2.11).
Die eschatologischen Sätze des Paulus werden damit nicht anders als die verpflichtenden Erinnerungen an das, was Gott getan hat,

und an das neue Sein, in das die Glaubenden versetzt sind, zu einer Triebkraft der paulinischen Paränese: wachsam zu sein als die, die im Licht des aufgehenden Tages stehen und nicht mehr der Finsternis angehören; nüchtern zu sein und nicht trunken wie die Kinder der Nacht, im Angesicht der Zukunft Christi, wann immer ihre Stunde kommt (1Thess 5, 1-11; Röm 13, 12 ff.). Wider Sorge, Kleinmut und Lässigkeit (Phil 4, 4-9) mündet darum auch und gerade die eschatologische Verkündigung des Paulus eindeutig und einfach in den Ruf zur »Mannhaftigkeit« (1Kor 16, 13), zum »unbeweglichen Stehen«, zum »Starkwerden« –, zu der Zuversicht auch im alltäglichen Tun, »daß eure Arbeit nicht vergeblich ist in dem Herrn« (1Kor 15, 58). Dies nicht nur im Blick auf die individuelle Existenz des einzelnen Glaubenden und sein eigenstes Gestern, Heute und Morgen, sondern ausgerichtet auf die den einzelnen übergreifende Zeit Gottes und seine Zukunft, in dem von ihm eröffneten Horizont, der auch die Welt nicht sich selbst und dem Verderben überläßt, vielmehr sie mitumschließt und ausrichtet auf die ihrer wartende Freiheit (Röm 8, 18 ff.).

Im Rückblick auf unsere Darstellung mag mancher sich vielleicht wundern und es beklagen, daß trotz der revolutionierenden Einsichten des Apostels in die befreiende Kraft der Gnade, die die trennenden Schranken zwischen Menschen und Völkern durchbricht, aus ihnen nicht noch viel stärker und bestimmter Konsequenzen für die uns bedrängenden Fragen der Lebens- und Weltgestaltung gezogen sind. Wer der paulinischen Theologie unmittelbar ein Programm und Konzept für diese Aufgaben abgewinnen will, kommt in der Tat nicht auf seine Kosten. Ein solches Bemühen wäre freilich nicht nur ein unhistorisches, anachronistisches und also vergebliches Unterfangen, das die in diesem Buch wiederholt zur Sprache gekommene Zeit- und Geschichtsgebundenheit des paulinischen Denkens nicht realisiert; es wäre gleichermaßen ein theologisches Mißverständnis der Botschaft des Apostels. Die Welt, in der er Christus verkündigte, ist der unseren nicht ohne weiteres gleichzusetzen. Wohl aber liegen in seinem Glauben Erkenntnisse und Kräfte bereit, die jeweils neu entdeckt und erschlossen werden wollen. Mit seinem Evangelium von der in Christus geschehenen Befreiung hat Paulus allerdings der ebenso vermessenen wie verzweifelten Illusion ein Ende gemacht, durch Menschenwerk die Welt in Ordnung bringen und in ein Paradies verwandeln zu können. Mit der ihm eigenen Leidenschaft hat er damit die ständig drohende Gefahr abgewehrt, erneut in die Sklaverei unter ein wie immer geartetes

Gesetz der Welt zurückzufallen. Nicht minder aber hat er auf dem Grunde der Freiheit Möglichkeiten und Maßstäbe sichtbar gemacht, die in der Kraft des Geistes in einer gewandelten Welt, auch und gerade im menschlichen Miteinander bewährt sein wollen. Wie und wo das konkret geschehen kann und soll, hat er nicht für alle Zeiten vorentschieden, aber dem im Glauben befreiten Prüfen und Urteilen zugetraut und zugemutet. Das meint sein Wort, daß nichts anderes gilt als der Glaube, der in der Liebe sich auswirkt.

SCHLUSS

Paulus und Jesus

Es ist das Verdienst der protestantischen Forschung zu Beginn dieses Jahrhunderts, daß sie den Vergleich zwischen Jesus und Paulus, wenn auch mit problematischer Antwort, unter die theologisch-sachliche Frage nach dem Verhältnis beider zueinander, ja unter die Frage nach dem Wesen des Christentums überhaupt gerückt hat. Sie verglich beide also nicht einfach als Gestalten der Geschichte, in diesem Fall der Religionsgeschichte, etwa in der Art, wie schon im hellenistischen Altertum Plutarch von Chaironea (ca. 45–125 n. Chr.; fast noch ein Zeitgenosse des Paulus) in seinem klassischen Werk Bioi Paralleloi (Biographienpaare) je zwei Heroen, Staatsmänner, Feldherrn, Redner usw. der griechischen und römischen Antike konfrontierte. Eine derartige Betrachtungsweise ist bekanntlich bis heute beliebt und wird ebenso auf Denker, Künstler, aber auch auf Religionsstifter, Reformatoren und andere Gestalten der Kirchengeschichte angewendet. Sie kann ohne Zweifel das Verständnis bedeutender Männer der Geschichte fördern und das Urteil über die größeren und geringeren Leistungen der jeweils Verglichenen schärfen. In unserem Fall bliebe ein solcher Versuch jedoch im Vorfeld der von Jesus und Paulus vertretenen Sache und würde den Zugang zu ihr eher verstellen als eröffnen. Ihre Zuordnung und ihr Verhältnis zueinander kämen dabei nicht in den Blick.

Das Ergebnis der kritischen protestantischen Forschung war freilich überwiegend negativ. Sie zeigte vor allem die tiefgreifende Kluft zwischen beiden auf und endete darin, daß nicht der historische Jesus, der bei aller seiner Eigenart aus den Voraussetzungen des Judentums verstanden sein will, sondern im eigentlichen Sinn erst Paulus das Christentum begründet und zu einer Erlösungsreligion gemacht habe, zwar auch unter deutlichem Einfluß jüdischer Denkweise, vor allem aber orientalisch-heidnischer Anschauungen und Mythen, wie sie zumal in den hellenistischen Mysterienreligionen verbreitet waren. Was an diesen Erkenntnissen richtig oder auch korrekturbedürftig ist, soll hier nicht im einzelnen diskutiert werden. Auch auf eine eingehende Auseinandersetzung mit den theologischen Positionen unserer Väter, die sie auf Grund ihrer religionsgeschichtlichen

Forschung vertraten, sei hier verzichtet. Die Strenge, mit der die meisten von ihnen sich in kritischer Freiheit gegenüber der kirchlich-dogmatischen Tradition auf ihr historisches Handwerk beschränkten, hat entscheidend dazu beigetragen, die Frage nach der geschichtlichen Notwendigkeit, vielleicht gar der inneren Legitimität oder auch nach dem Verhängnis und Verfall in der Entwicklung von Jesus zu Paulus in aller Schärfe zu profilieren. Ausgetragen wurden diese Fragen der theologischen Forschung damals nicht nur in Gelehrtenstuben, sondern erreichten auch die breiteste Laienöffentlichkeit. Seitdem ist die vielumstrittene Parole: »Zurück zu Jesus – weg von Paulus« nicht mehr zur Ruhe gekommen. Mag sie zeitweise wieder abgeklungen und zu einer reinen Theologen-Angelegenheit geworden sein, zumindest unterirdisch hat sie weitergeschwelt, ist zur oft nicht mehr ausgesprochenen, aber heimlichen Grenzbezeichnung der an christliche Traditionen noch Gebundenen und Christentumsfremden und -feindlichen und gerade in jüngster Zeit wieder zum offenen Kampfruf geworden.

Die Frage nach der Einschätzung des Paulus und seiner Botschaft ist freilich uralt. Schon zu seinen Lebzeiten galt er, wie wir sahen, seinen Gegnern als illegitimer Apostel und Verfälscher der christlichen Botschaft. Auch in der weiteren Geschichte der frühen Kirche ist das Urteil über ihn höchst zwiespältig. Noch über eine geraume Zeit hat sich seine strikte Verwerfung als Gegenspieler des Petrus und des Herrenbruders Jakobus auf seiten des Judenchristentums gehalten, ja man scheute in diesen Kreisen nicht davor zurück, ihn mit Simon Magus, dem Haupt aller Ketzerei, gleichzusetzen (Pseudo-Clementinen). Zwar fehlt es seit dem Ende des ersten Jahrhunderts nicht an einigen kirchlichen Autoren, die ihn hoch verehrten und seine Briefe zitierten (1. Clemensbrief, Ignatius von Antiochien, Polykarp). Sonst aber sind es sehr bald gerade die Gnostiker und Sektenhäupter, vor allem Marcion, die ihn für sich in Anspruch nahmen und damit für die Kirche suspekt machten. Er wird darum über Jahrzehnte totgeschwiegen oder aber wie in dem gefälschten 2. Petrusbrief (Mitte des 2. Jahrhunderts) zwar als »lieber Bruder«, aber doch nur mit Vorbehalt erwähnt, weil infolge der Schwerverständlichkeit seiner Briefe »ungebildete und ungefestigte Leute« seine Lehre »zu ihrem eigenen Verderben verdreht haben« (2Petr 3,15 f.). Auch da, wo man ihn wie in der Apostelgeschichte als großen Missionar feierte oder in den Pastoralbriefen das Erbe des Apostels zu bewahren suchte und auch sonst in der altkirchlichen Literatur die Verehrung für

ihn laut wird, geht die Entwicklung der Theologie doch in völlig andere Bahnen, ehe er eindeutig und endgültig – wie immer auch domestiziert und modifiziert – von der Großkirche den Häretikern abgerungen und für sie selbst mit Beschlag belegt wurde.
Seit dem vorigen Jahrhundert ist die erklärte Feindschaft gegen Paulus in der Auseinandersetzung zwischen dem Christentum und seinen Gegnern jedoch wieder offen in zahlreichen Stimmen laut geworden, zumeist noch verbunden mit einer – wenn auch durchaus antikirchlichen – Verehrung für die Person Jesu. So bei P. de Lagarde, dem Vorkämpfer einer »deutschen Religion« und »nationalen Kirche«, der die verhängnisvolle Entwicklung des Christentums darauf zurückführt, »daß ein völlig Unberufener (Paulus) Einfluß auf die Kirche erhielt«. Grimmiger noch und mit eindrucksvollerer Kraft hat F. Nietzsche in seinem »Antichrist« die ganze Geschichte des Christentums als die einer »unaufhaltsamen Korruption« zusammengefaßt: »Im Grunde gab es nur einen Christen, und der starb am Kreuz. Das ›Evangelium‹ *starb* am Kreuz. Was von diesem Augenblick an ›Evangelium‹ heißt, war bereits der Gegensatz dessen, was *er* gelebt: eine ›schlimme Botschaft‹, ein Dysangelium«. »Der ›frohen Botschaft‹ folgte auf dem Fuß die *allerschlimmste:* die des Paulus.« Er hat diesen Prozeß »mit dem Logiker-Zynismus eines Rabbiners« bereits zu Ende geführt. In ihm »verkörpert sich der Gegensatz-Typus zum ›frohen Botschafter‹, das Genie im Haß . . . *Was* hat dieser Dysangelist alles dem Hasse zum Opfer gebracht! Vor allem den Erlöser: Er schlug ihn an sein Kreuz. Das Leben, das Beispiel, die Lehre, der Tod, der Sinn und das Recht des ganzen Evangeliums. – Nichts war mehr vorhanden, als dieser Falschmünzer aus Haß begriff, was allein er brauchen konnte.« Es würde nicht schwer fallen, aus der weiteren Literatur den Chor dieser Stimmen durch die Namen geringerer Geister zu vermehren bis hin zu A. Rosenbergs peinlich erinnerlichem »Mythus des 20. Jahrhunderts«.
In neuester Zeit ist die Parole »Jesus – nicht Paulus« geradezu zu einer Kurzformel geworden, mit der in der neu entfachten Kontroversdiskussion zwischen Judentum und Christentum sich die beide trennende Scheidelinie in knappster Weise markieren läßt. Daß dieses Glaubensgespräch seit dem Zweiten Weltkrieg überhaupt wieder in Gang gekommen ist, und zwar gerade auch dank der Initiative von jüdischer Seite, ist gewiß alles andere eher als selbstverständlich angesichts des Schuldanteils an den unsäglichen Leiden des jüdischen Volkes, den die christlichen

Kirchen durch eine fast Jahrtausende alte Geschichte mit auf sich geladen haben, auch wenn der Ausbruch des grauenhaften Judenhasses in den vergangenen Jahrzehnten seine Triebkräfte gewiß nicht nur aus »christlicher« Tradition, sondern zugleich aus vielen anderen dunklen a-christlichen und antichristlichen Gründen gesogen hat. Beide, Juden und Christen, wurden darum ja auch, als die Maske fiel, unter dem wilden Angriff gegen den Glauben, der – seltsam genug – sie verbindet und scheidet, wenn auch völlig unvergleichbar im Ausmaß, zu Gefährten desselben Pariaschicksals. Auf diesem Grund ist das noch erst fragmentarische Gespräch erwachsen unter der von M. Buber in einem seiner letzten Bücher ausgesprochenen Hoffnung, daß beide sich einander Ungesagtes zu sagen und eine kaum vorstellbare Hilfe zu leisten hätten.

Die Probleme dieser jüngsten Gesprächsphase sind hier nicht im einzelnen zu erörtern. Doch ist ihr Hauptkennzeichen offensichtlich dies, daß in ihr die Vertreter des Judentums (M. Buber, L. Baeck, H. J. Schoeps, Schalom ben-Chorin u. a.) Jesus als einen der großen jüdischen Propheten und ihren Bruder, wenn auch nicht als den Messias bezeichnen, während Paulus einem illegitimen, apokalyptischen und hellenisierten Judentum, erst recht aber heidnischen, griechisch-orientalischen Mythen und Anschauungen zum Opfer gefallen sei und damit für den verhängnisvollen Gegensatz von Judentum und Christentum und die gegenüber Jesu eigener Predigt und dem echten Judentum verfremdete Lehrtradition der Kirche die eigentliche Verantwortung trage. Dabei werden viele bekannte Argumente von einst, wenn auch jetzt im einzelnen variiert und unter völlig gewandelten Voraussetzungen, von neuem ins Feld geführt: die Abrogation von Gesetz und Beschneidung; die Pervertierung des Glaubens Jesu in einen Glauben an Jesus Christus; die Proklamation der in ihm schon gegenwärtigen eschatologischen Heilszeit, die durch alle Erfahrungen in Welt und Geschichte täglich widerlegt wird, und somit die Preisgabe der Hoffnung Israels; schließlich die Lösung des einzelnen aus dem bergenden Schoß von Volk, Geschichte und Welt, ja deren Nichtanerkennung als Schöpfung und ihre Dämonisierung.

Der jüdische Hintergrund der paulinischen Theologie und die eifernde Liebe des Apostels für sein Volk wird dabei nicht bestritten, aber statt einer »Rejudaisierung« der Botschaft Jesu, die man ihm früher zum Vorwurf machte, wird ihm jetzt das Ausbrechen aus den im Judentum streng bewahrten Grenzen vorgehalten; dies hat ihn um der Heiden willen zum Opfer eines heidnischen Synkretismus werden lassen.

Neuestens ist E. Bloch (»Atheismus im Christentum«, 1968) zu diesem Chor gestoßen, freilich nicht als Verfechter des Gottesglaubens, sondern als sein leidenschaftlicher Bestreiter. Auch er mit der Bibel, ja unter intensiver Berufung auf den »Rebellen und Erzketzer« Jesus, als Anwalt der in beiden Testamenten noch kaum entdeckten subversiven Kräfte, die zugunsten des Menschen und der Welt sich gegen »Jachwe« und die priesterlich gehüteten theokratischen Traditionen und Ordnungen aufbäumen; als dezidiert atheistischer Wortführer der dieser Welt geltenden apokalyptischen Utopie im Sinne von K. Marx – ebenso genial in manchen seiner Formulierungen und in dem Gespür für den eschatologischen Grundzug in Jesu Predigt vom nahenden Gottesreich wie gewalttätig in Konzeption und Interpretation. Wie zu erwarten werden hier, nicht gerade mit dem jüdischen Denkern wie L. Baeck und M. Buber eigenen Maß und ihrer Weisheit, um so mehr mit der den marxistischen Philosophen kennzeichnenden Maßlosigkeit und unter grotesken Verzerrungen die Kübel des Zorns über Paulus ausgegossen: über seine archaische Vorstellung eines molochhaften Gottes, der das Opfer seines eigenen Sohnes fordert, um das Sündendebet der Menschheit zu tilgen; über den Ersatz der sozial gefährlichen apokalyptischen Erwartungen Jesu durch eine illusionäre, in Innerlichkeit und Jenseitigkeit abgedrängte, zugleich kultisch-sakramentale Heilsgegenwart mit Hilfe seiner Opfertodtheorie und einem heidnischen Naturmythen entlehnten Auferstehungsmysterium. Jesu Reichsbotschaft sei damit neutralisiert, ihrer Kraft beraubt. Im Zeichen des Kreuzes werden die Gläubigen nunmehr nur noch zur Geduld, Geduld und zumal zum Gehorsam gegen die Obrigkeit aufgerufen – das Ganze ein »Christentum«, in dem die Eschatologie an ihrer Quelle »gedrosselt« sei, das im Jammertal dieser Welt sich eingerichtet und mit ihren politischen, ökonomischen und sozialen Verhältnissen unter dem »merkwürdigen Mischaspekt von Vergänglichkeit und Unveränderlichkeit« seinen Frieden geschlossen hat. »Der Wille zum Auszug oder Einbruch ins Reich« sei durch den Konservativismus des Paulus gebrochen, der »Menschensohn« nun durch den »Sohn Gottes« abgelöst und so durch Paulus eine heidnische, zuletzt gar byzantinische Kyrios- und »Hoftheologie um, über, gegen Jesus« inauguriert.

So etwa stellt sich die Lage dar, in der heute die Frage Jesus – Paulus erneut aufgebrochen ist. Es wäre ebenso unmöglich wie aussichtslos, im Rahmen dieses Schlußkapitels noch einmal eine detaillierte apologetische Erörterung der zuletzt genannten, aber auch der zuvor aufgezählten Einwände und Angriffe gegen Paulus versuchen zu wollen. Wenn die in diesem Buch gegebene Darstellung nicht bereits wenigstens einige der gegen den Apostel ins Feld geführten Argumente entkräftet und notorische Verzeichnungen zurechtgerückt hat, käme eine solche apologetische Bemühung jetzt ohnehin zu spät. In jedem Fall sollte die nicht zur Ruhe kommende Polemik gegen Paulus, ob maßvoll oder vergröbert, die von ihm selbst geweckte Unruhe kräftig wachhalten und die Befremdlichkeit der urchristlichen Botschaft überhaupt und zumal des paulinischen »Wortes vom Kreuz«, »den Juden ein Skandalon und den Griechen eine Torheit« (1Kor 1,23), und damit das Odium, dem das Evangelium in jedem Fall ständig ausgesetzt bleibt, heilsam zu Bewußtsein bringen. Diese Polemik zeigt allerdings, daß der Glaube unbeweisbar ist und die Christusbotschaft ihre Gründe in sich selbst trägt, nicht von außen bezieht. Alles liegt an der Frage, auf die für Paulus wie für die Urchristenheit der Gekreuzigte und Auferstandene selbst die Antwort war – die Frage nach der Bedeutung der Gestalt und Geschichte Jesu Christi als der ein für allemal gültigen Tat Gottes, die über die Welt und über uns entschieden hat und entscheidet.

Mit dieser dezidiert nachösterlichen Formulierung ist, wie sofort deutlich, nur noch einmal mehr die umstrittene Differenz zwischen Verkündigung und Wirken des irdischen Jesus und der Christusbotschaft der späteren Gemeinde fixiert, von der wir im Eingang unserer Darstellung der paulinischen Theologie bereits gesprochen haben. Es ist durchaus sachgemäß, daß die Pauluskritik von jeher auf dieser Differenz insistiert und von hier aus die Frage nach Legitimität und Illegitimität des christlichen Glaubens überhaupt beständig von neuem gestellt wird. Der Glaube selbst kann in seiner Begründung und Rechtfertigung nirgend anderswo seinen Standort suchen als dort, wo ihm sein Recht von seiten des Unglaubens bestritten wird. Der Unterschied zwischen Jesu Botschaft und dem Kerygma der späteren Gemeinde ist in der Tat evident, auch wenn bereits die in den Evangelien gesammelte und verarbeitete Jesusüberlieferung Spuren genug dafür aufweist, daß man nachträglich im Rückblick kerygmatische Züge in die Verkündigung des irdischen Jesus eingetragen hat.

Als ein verhängnisvoller Abfall- und Pervertierungsprozeß muß dieser Wandel sich zwangsläufig für eine Betrachtung darstellen, die sich primär und ausschließlich an einem zeitlosen Ideen- und Gedankengut in Jesu Verkündigung und der seiner späteren Zeugen orientiert. Doch scheitert eine solche Denkweise, so selbstverständlich und geboten sie uns aus langer Tradition erscheinen mag, schon am »historischen« Jesus. Denn auch in seiner revolutionären Kritik an den herrschenden Traditionen, sowie an der Lehre und Frömmigkeitspraxis seines Volkes steht Jesus nach dem Gedankengut seiner Predigt dem, was schon in der Botschaft der Propheten vor ihm und der weisheitlichen Überlieferung des späteren Judentums seinen Niederschlag gefunden hat, viel näher, als man lange Zeit glaubte. Diese völlig richtige Erkenntnis hat die Vertreter des modernen Judentums veranlaßt, nicht ohne Grund Jesus als Propheten ihres eigenen Volkes für sich in Anspruch zu nehmen. Die Tatsache, daß Jesus vor allem mit Johannes dem Täufer engstens zusammengehört, dessen Botschaft, Vollmacht und Bedeutung Jesus selbst, ohne ihn zum bloßen »Vorläufer« zu degradieren, in mehreren seiner Worte ausdrücklich anerkannte, hat das Matthäusevangelium durchaus sachgemäß in der wortgleichen Zusammenfassung der Botschaft beider zum Ausdruck gebracht (vgl. Mt 3,2 mit 4,17). Sie zeigt, daß beide, der Täufer und Jesus, auch und gerade in der Ankündigung der nahe herbeigekommenen Gottesherrschaft und im Aufruf zur Umkehr übereinstimmen. Für diese Botschaft aber hat schon der Täufer keineswegs nur entrüstete Ablehnung erfahren, vielmehr das Ohr seines Volkes gefunden. Sie allein hätte gewiß auch Jesus nicht Todfeindschaft und Kreuz eingetragen. Wohl aber hat sich offenkundig diese Feindschaft daran entzündet, daß in ihm selbst, seinem Wort und Handeln heute schon und jetzt die Zeit des Heils und Gerichts anbrechen soll. Schon ist der Stärkere da, der die Macht des Satans vernichtet und ihm seine Beute entreißt (Mk 3,27); schon gilt: »Wenn ich mit dem Finger Gottes Dämonen austreibe, so ist ja die Herrschaft Gottes schon zu euch gelangt« (Lk 11,20). Die Botschaft, daß Weltende und Gottesreich nahe seien, ließ sich, wie die spätjüdische Apokalyptik beweist, in großen theologischen Konzeptionen verarbeiten und hat keinen ihrer Vertreter in Verruf gebracht. Auch Begriff und Lehre von einem gnädigen Gott ließ sich in der Theologie des zeitgenössischen Judentums sehr wohl unterbringen. Aber daß es unter dem Wort und Wirken Jesu Wirklichkeit sein und gelten sollte: »Kind, dir sind deine Sünden vergeben« (Mk 2,5), diese von keiner priesterlichen und schriftgelehrten Autorität mehr getragene und gesicherte »Vollmacht« war Blasphemie. Die nicht mehr nur gepredigte, sondern vollzogene, wahrhaft revolutionäre Infragestellung aller geheiligten Traditionen und Ordnungen, die Aufsprengung aller Grenzen zwischen Rein und Unrein, Gerechten und Ungerechten, die Proklamation dieses »Heute« und »Jetzt« unter dem weltenwendenden eschatologischen Horizont des nahenden Gottesreiches rief Jesu Gegner auf den Plan und hat ihm das Verdikt des Empörers eingetragen (das hat mit der ihm eigenen Vehemenz E. Bloch wie wenige zur Sprache gebracht, wenn auch in gewaltsamer Verzerrung atheistisch-utopisch interpretiert).

Für Jesu Feinde war aus diesem Hier und Heute sehr schnell ein unwiderrufliches Gestern und Dort geworden, eine Episode, ein ärgerlicher Zwischenfall für Juden und Römer, keiner Frage mehr wert. Eine bittere Frage aber für Jesu Jünger, wie die Geschichte der Emmausjünger zeigt (Lk 24,13 ff.): das Ende einer Hoffnung, das Vergehen einer Sternstunde ihres Volkes. Gekommen war nicht die Erlösung Israels, sondern die Welt und der unerbittliche Gang ihrer Geschichte waren geblieben. In dieser Erfahrung war für sie Ostern, der gekreuzigte, auferstandene und gegenwärtige Herr selbst die Antwort.

In welchen christologischen Hoheitsnamen das in den Bekenntnissen der späteren Gemeinde seinen Ausdruck fand, die Stufen und Schritte, in denen Jesu Predigt und Geschichte sich zur nachösterlichen Christusbotschaft, in die er selbst eingegangen und zu ihrem Grund und Inhalt geworden war, wandelte, ist hier nicht des näheren zu erörtern. Das gilt auch für die zureichenden oder anfechtbaren, zeitbedingten und uns heute kaum noch verständlichen, aber auch für die durchaus sachgemäßen, unaufgebbaren Vorstellungen und Kategorien des Denkens, in denen der urchristliche Glaube sich sehr verschieden aussprach und entfaltete, auch wenn sie in jedem Fall ständig neuer Übersetzung und Interpretation bedürfen. Geschichte und Botschaft des Paulus haben gezeigt, aber auch die Geschichte der Theologie zeigt es bis heute, wie sehr Paulus als Interpret des urchristlichen Kerygma an diesem Prozeß des Verstehens Anteil hatte, aber auch wie er selbst in und mit seiner Theologie Auslegung und Aneignung immer neu herausforderte. Die Fragen nach dem rechten Verständnis des Heilsgeschehens, vor die er sich gestellt sah und die er selbst für die Zukunft weckte, sind nicht zur Ruhe gekommen, und schrecklich zu denken, sie kämen zur Ruhe. So ist es kein Wunder und nur gut, daß er bis heute in dem Feuer kritischer Auseinandersetzungen steht und hoffentlich bleiben wird.

Recht und Sinn eines Vergleiches der Verkündigung Jesu und der Botschaft des Paulus sind mit dem bisher Gesagten nicht bestritten. Doch wird ein solcher Vergleich jetzt nicht mehr nur fragen, ob und inwiefern in der Botschaft des Apostels gleiches Gedankengut wie in Jesu Predigt wiederkehrt und aufbewahrt ist. Von vornherein und durchgängig will vielmehr der geschichtliche Standort und die durch das Ende Jesu am Kreuz und die Gegenwart des lebendigen Herrn im Geist heraufgeführte neue Zeit- und Weltsituation bedacht werden, die Paulus wie keiner vor und nach ihm im Urchristentum durchreflektiert und entfaltet hat. Bei aller so bedingten Verschiedenheit von Inhalt, Denkweise und Sprache stimmt die Botschaft beider darin überein, daß sie auf den Menschen und seine Welt zielt, d. h.: auf Mensch und Welt vor Gott und das Verhalten Gottes zur Welt.

In der paulinischen Botschaft wird dabei der Mensch nicht einfach als ein moralisches Scheusal verstanden, so wenig wie die Welt schlechthin gnostisch-dualistisch als Teufelsreich abqualifiziert wird. Gegenüber derlei Tendenzen, die dem Apostel von seiten seiner enthusiastischen Gegner reichlich begegneten, verteidigte gerade er sie als Gottes mit dem Menschen, seiner Geschichte, seiner Gegenwart und Zukunft auf Gedeih und Verderben verbundene Schöpfung. Wohl aber weiß Paulus, daß der Mensch »gott-los« (asebēs) ist, ohne doch Gott loszuwerden, von ihm zum Leben gerufen und doch zum wirklichen Leben vor ihm nicht fähig. Das sagt nach Paulus das ebenso wie in Jesu Predigt im Liebesgebot zusammengefaßte Gesetz allen, auch und gerade denen, die durch »Werke« oder »Weisheit« durchzustoßen vermeinen. Erst recht aber sagt seine Botschaft, daß Gott diesen Menschen nicht preisgegeben, sondern gefunden und befreit hat – im Glauben, unter Verzicht auf eigene Größe und »Ruhm« und ohne zuvor Bedingungen zu stellen und Vorleistungen zu fordern, und seien es die bestimmter Überzeugungen über die Existenz Gottes und eine jüdische oder christliche Weltanschauung.

Von hier aus wird deutlich, daß die paulinische Botschaft von der Rechtfertigung allein aus Gnade in Jesu Zuwendung zu den Gottlosen und Verlorenen ihre Entsprechung hat. Hier wie dort geht es dabei nicht um einen Gottes*begriff*, die *Idee* des vergebenden Gottes, sondern um Ausrichtung und Vergegenwärtigung – in des Wortes voller Bedeutung – von dem, was jetzt geschieht und was die Stunde geschlagen hat: die Herrschaft Gottes »schon in eurer Mitte« (Lk 17,20); »die Fülle der Zeit« (Gal 4,4). In Jesu Verkündigung und Wirken wie für Paulus bedeutet das Heil Befreiung als Ereignis und Wunder. Die Menschen, die Jesus umgeben und ihm begegnen, sind in aller ihrer Verschiedenheit gleichermaßen durch eine abgründige Unfreiheit gekennzeichnet: in Krankheit, Besessenheit, Schuld, aber auch als Gefangene ihrer religiösen Konventionen und Traditionen, ihrer Frömmigkeit und Zukunftsträume. Wo immer Jesus ihnen begegnet, wird diese ihre Unfreiheit erst eigentlich offenbar, und wo er sein Wort spricht und seine Taten vollbringt, geschieht die Befreiung von der Last ihrer Vergangenheit wie von der Zukunft, auf die sich ihr Sorgen und Eifern richtet. So ist die nahende Gottesherrschaft – auf Erden, nicht in einem Jenseits (hier hat E. Bloch völlig recht!) – schon im Anbrechen. Die eigentlich Bedrohten und Verlorenen sind darum auch in Jesu Botschaft die »Frommen«, die der Umkehr nicht bedürfen, der Pharisäer im Tempel (Lk 18, 9 ff.), der murrende ältere Bruder des verlorenen Sohnes (Lk 15), die Arbeiter im Weinberg, die das größere Maß geleisteter Arbeit und damit den höheren Anspruch auf Verdienst ihrem Herrn vorrechnen (Mt 20, 1 ff.).

Paulus hat an diese und ähnliche Worte des irdischen Jesus nicht unmittelbar angeknüpft. Alles deutet sogar darauf, daß er sie nicht einmal gekannt hat. Man darf getrost die vielen vielleicht überraschend und paradox erscheinende Behauptung aussprechen, daß trotz der fast 2000 Jahre Abstand wir heute aller Wahrscheinlichkeit nach mehr über den geschichtlichen Jesus wissen, als Paulus von ihm wußte. Gleichwohl hat er auf Grund dessen, was er von ihm wußte, seines Todes am Kreuz und seiner Auferstehung, das befreiende Werk Christi ausgerufen und ihn selbst als das bestätigende »Ja und Amen« der göttlichen Verheißungen verstanden (2Kor 1, 17 ff.). Jesus in seiner Zuwendung zu den Sündern und Zöllnern und Paulus in seiner Botschaft und seinem missionarischen Wirken unter den Heiden haben damit gleicherweise die Schranken der Leistungen und vermeintlichen Privilegien durchbrochen.

Nach der Botschaft beider, Jesus und Paulus, ist die »Freiheit der Söhne Gottes« noch verborgen; die Vollendung steht noch aus. Ihrer beider Predigt ist darum von dem Aufruf zum Wachen, Bereitsein zu Leiden und Anfechtung durchzogen. Wachen und Bereitschaft aber nicht ins Ungewisse, auch nicht im Entwurf auf eine apokalyptische Utopie, in einer Hoffnung, die der Mensch »noch am Grabe aufrichtet«, sondern im Lichte des mit Jesus Christus angebrochenen neuen Tages.

Nach allem Gesagten sollte es kaum eines Wortes darüber bedürfen, daß Paulus von Grund auf mißverstanden ist mit dem oft gehörten Vorwurf, er habe sich mit seiner Theologie zwischen Jesus und die Christenheit gedrängt und durch seine »kompli-

zierte« Heilslehre eine neue Schranke zwischen Gott und Mensch aufgerichtet. Der Autor des Epheserbriefes hat die Intentionen der paulinischen Botschaft sachgemäßer verstanden. Sie zielt auf nichts anderes als die Verkündigung, daß Christus »die Scheidemauer des Zaunes (zwischen Gott und Mensch, aber auch Juden und Heiden) niedergerissen hat« (Eph 2, 14).
Es wäre ein Trug zu meinen, daß in den hier ausgesprochenen Gedanken Paulus und seine Theologie einfach und lückenlos aufgingen. Es bleibt genug und übergenug an seiner Gestalt und Theologie dunkel und rätselhaft. Man mag dies oder das nennen und in den Vordergrund rücken: viele seiner traditions- und zeitbedingten Vorstellungen in seiner Lehre von Gesetz und Heil; die Befremdlichkeit seiner unerfüllt gebliebenen Naherwartung; sein oft in Abgründe vordringendes theologisches Denken; seine hier und da ans Artistische, um nicht zu sagen Abstruse grenzende Schriftauslegung (auch hier ist er freilich ein Sohn seiner Zeit). Dazu die höchst unbequemen Züge seiner Menschlichkeit: die harte, jähe und unerbittliche Entschlossenheit seiner Entscheidungen; die Leidenschaft seiner Ausbrüche in seinen Briefen; die wahrscheinlich mehr als einmal ungerechte Beurteilung seiner Gegner; der Sturm seines Vorwärtsdrängens; die phantastisch anmutende Weite seiner Ziele und was dergleichen mehr ist. Größe und Grenze gerade dieses Apostels liegen wie nur je hart beieinander. Mit seinen Ecken und Kanten sprengt er Klischee und Rahmen jedes Heiligenbildes. Nichts anderes aber wird in alledem sichtbar als die Wahrheit seines eigenen Wortes: »Wir haben aber diesen Schatz in tönernen Gefäßen« (2Kor 4, 7). Eins ist so wahr wie das andere: in tönernen Gefäßen – den Schatz.

Exkurs I: Echte und unechte Paulusbriefe

A. Die Echtheit der in diesem Buche zu Grunde gelegten Pls-Briefe bedarf nach dem heutigen Stand der Forschung keiner Verteidigung. Sie sind sämtlich während der etwa 6–7 Jahre dauernden missionarischen Wirksamkeit des Apostels in der kleinasiatischen Landschaft Galatien, Macedonien, Griechenland, Ephesus (Asia) und wieder Macedonien und Griechenland (Korinth) abgefaßt. *Reihenfolge* (teils sicher, teils wahrscheinlich):

a) Aus dem ersten Aufenthalt des Pls in Korinth: *1Thess.* Vgl. 2, 17–3, 8 (Frühjahr 50).

b) Aus der Zeit seiner Wirkung in und um Ephesus:

α) *Gal,* gerichtet an Gemeinden in der *Landschaft* Galatien, schwerlich in den Act 13; 14 genannten Gebieten (vermutlich 54);

β) der größte Teil der *Korrespondenz mit Korinth* (vgl. Exk. II; – Zeit: etwa 54/55);

γ) die Gefangenschaftsbriefe *Phil* und *Phlm.* Beide setzen lebhaften Nachrichtenaustausch, darum relative Nähe zwischen dem Gefangenschaftsort des Pls und dem Ort der Empfänger voraus, was für Ephesus, nicht Rom oder Caesarea spricht. Obwohl die Act nichts von einer Inhaftierung des Pls in E. berichten und die Briefe den Haftort nicht ausdrücklich nennen, sprechen 1Kor 15, 32 und 2Kor 1, 8 ff. von durchlittener Verfolgung und Todesgefahr in Ephesus (Asia). Zeit: 54/55 (?).

c) Aus dem letzten Aufenthalt des Pls in Macedonien und Griechenland (Korinth): das letzte Stück der Korrespondenz mit *Korinth* (2Kor 1, 1–2, 13; 7, 5 ff.; 8; 9), *Röm* (15, 25 ff.) und *Röm* 16 (vgl. Exk. II).

B. Unter dem Namen des Pls abgefaßte, *unechte* Briefe hat es in der Alten Kirche nachweislich mehrere gegeben, z. B. einen an die Laodicener und einen dritten Korintherbrief. Auch sonst hat man unter dem Namen urgemeindlicher Autoritäten Briefe ausgehen lassen (1/2Petr; Jak; Jud). Das Phänomen dieser Pseudonymität darf nicht ohne weiteres nach den Maßstäben moderner Schriftstellerei beurteilt werden. Begriffe wie »geistiges Eigentum«, »Autorschaft und -recht« u. dgl. sind in der Antike noch nicht ausgebildet. Darum im einzelnen Vorsicht mit dem disqualifizierenden Begriff »Fälschung«! Die fingierten Verfasser sind zumal in der kirchlichen Schriftstellerei primär Träger einer autoritativen Lehrtradition, besonders im Kampf gegen die Irrlehre und um die Befestigung von Glauben und Ordnung der Gemeinden. – Als Deuteropaulinen gelten in diesem Buch aus den jeweils aufgeführten Gründen (Aufzählung nicht nach der historischen Abfolge, sondern nach dem Consensus bzw. Dissensus bzgl. ihrer Unechtheit und Echtheit in der heutigen Forschung):

a) Die *Pastoralbriefe* (1/2Tim, Tit): Die weder aus den Act noch aus den übrigen (unbestrittenen) Paulinen verifizierbaren biographischen Verhältnisse; die nachapostolische Gemeindeordnung; die Charakteristik der Häresie; Wortschatz und theologische Indizien. Abfassungszeit: etwa die ersten Jahrzehnte des 2. Jhdts.

b) *Eph:* Ortsname textlich unsicher. Nirgends konkrete Details aus dieser Gemeinde, obwohl Pls hier am längsten gewirkt hat (S. 94 ff.); mehr eine theologische Abhandlung als ein Brief; unpaulinischer Stil; theologische Differenzen gegenüber Pls (besonders bzgl. der Kirche als kosmischer Leib, dessen »Haupt« Christus ist); von der Gnosis beeinflußtes Weltbild; Abhängigkeit von Gedanken des Kol, wenn auch selbständig weiterentwickelt. Abfassungszeit: um 100 n. Chr.
c) *Kol:* Die sehr engen stilistischen und theologischen Berührungen rücken Kol ebenso in die Nähe von Eph (trotz gewisser Differenzen), wie sie Kol von Pls entfernen (Unterschiede im Verständnis der Christologie, der Kirche, der Taufe, des Apostelamtes, der Eschatologie). So deutlich echt paulinisches Gedankengut verwendet und der Verf. mit der Situation des gefangenen Apostels vertraut ist, lassen sich die Spuren einer theologischen Weiterarbeit der »Paulusschule« (vgl. o. S. 102) schon im Kol erkennen. Näheres bei E. Lohse, Die Briefe an die Kolosser und an Philemon (Meyer K IX, 2, 14. Aufl.), 1968; dort weitere Literatur.
d) *2Thess:* unter enger Anlehnung an 1Thess verfaßt (bis in geringfügige Wendungen hinein). Die (fingierte) Briefsituation ist dieselbe; wenn echt, müßte der Brief also unmittelbar nach 1Thess geschrieben sein. Doch wäre dann die literarische Benutzung des eigenen früheren Briefes durch Pls selbst ungewöhnlich und vor allem die sehr andere Beantwortung der Frage nach dem Weltende und der Parusie Christi mit Hilfe einer ausgeführten apokalyptischen Belehrung befremdlich (Aufzählung der Ereignisse, die noch vor dem Eschaton geschehen müssen und das Ende aufhalten, vgl. 2, 1-12). Auch wird bereits gegen »angebliche« Plsbriefe (2, 2), die die unmittelbar bevorstehende Nähe des Herrentages ankündigen, polemisiert (1Thess?) und die eigene Unterschrift des Pls unter den Brief als Signum der »Echtheit« von 2Thess ins Feld geführt (3, 17).

Exkurs II: Literarkritische Probleme des 1/2Kor, Phil und Röm

Die Auswertung des 1/2Kor, Phil und Röm in unserer Darstellung stützt sich auf folgende literarkritische Beobachtungen:
1. Die Korrespondenz des Pls mit den *Korinthern* (s. o. S. 91 ff.) hat auf alle Fälle mehr als nur zwei Briefe umfaßt (1Kor 5, 9; 2Kor 2, 4; 7, 8). Mit erwägenswerten, aber m. E. nicht durchschlagenden Argumenten haben einige Forscher die These vertreten, daß der schon 1Kor 5, 9 erwähnte Brief (A) nicht einfach verloren, sondern in wichtigen Fragmenten in dem kanonischen 1Kor (B) später eingearbeitet und erhalten sei. In diesem Buch ist dagegen die Integrität von 1Kor vorausgesetzt. Die Frage konnte um so mehr außer Betracht bleiben, als A und B zeitlich so dicht aufeinander gefolgt sein müssen, daß eine evtl. Aufteilung kaum wesentliche historische Erkenntnisse einbringen würde.

Mit ungleich größerer Sicherheit ist für 2Kor anzunehmen, daß er nicht als *ein* fortlaufender Brief abgefaßt ist, daß vielmehr mehrere, unter sehr differenten äußeren und inneren Bedingungen und zu verschiedenen Zeiten geschriebene Brieffragmente in 2Kor aneinandergefügt sind, und zwar in einer Anordnung, die dem Ablauf der Ereignisse nicht entspricht.

a) Am deutlichsten tritt die Diskrepanz in dem Verhältnis zwischen den Kapiteln 10–13 und den Teilen 1, 1–2, 13; 7, 5–16 zutage. Letztere sind geschrieben im Rückblick auf die S. 91 ff. geschilderten und inzwischen beigelegten Konflikte mit der Gemeinde. Ganz anders ist die Lage in 10–13. Der Kampf des Pls mit den Korinthern um die Legitimität seines Apostolates ist hier auf seinem Höhepunkt (schonungslose Demaskierung der »Überapostel«; schärfste Worte über die von ihnen verführte Gemeinde; bitter-ironische Selbstverteidigung des Pls). Nicht nur Ton und Stimmung differieren in beiden »Brief«-Teilen, sondern auch die konkrete Situation des Verf. wie der Gemeinde. Stünden 10–13 am richtigen Platz, wäre die Wirkung von 1–2 und 7 zunichte gemacht. Seit 100 Jahren wird darum m. E. zu Recht von vielen Forschern angenommen, daß die letzten Kapitel die wichtigsten Partien des 2, 4; 7, 8 erwähnten »Schmerzensbriefes« (D) enthalten (Vierkapitel-Hypothese).

b) Eine zweite, auffallende Bruchstelle ist, wie oft bemerkt, zwischen 2, 13 und 14 erkennbar. Nachdem Pls von seinem Aufbruch von Troas nach Macedonien berichtet hat, um dort den ungeduldig aus Korinth zurückerwarteten Titus zu treffen, bricht 2, 13 jäh ab und wird erst 7, 5 fortgesetzt. Beide Stellen passen »wie die Bruchstellen eines Ringes« (J. Weiß) zusammen. Dazwischen (2, 14–7, 14) steht unvermittelt eine erste große Apologie des Apostelamtes des Paulus (C), ohne jede Bezugnahme zum vorangehenden (1, 1–2, 13) und folgenden (7,5–16). Auch dieser Abschnitt steht schwerlich an seinem ursprünglichen Platz. Bei aller sachlichen Nähe zu D spiegelt C offenbar eine frühere, noch nicht bis zum äußersten gediehene Phase des Kampfes zwischen Apostel und Gegnern bzw. Gemeinde. C dürfte darum geschrieben sein, als die Kunde von der neuen Agitation gegen Pls zu ihm gedrungen war, er aber noch auf die Einsicht und Treue der Gemeinde vertraute (vgl. 6, 11 f.; 7, 4 mit 11, 16-21; 12, 11 ff. u. a.); d. h. *vor* Zwischenbesuch und Schmerzensbrief.

c) Auch die beiden Kollektenkapitel 8 und 9 sind sichtlich nicht zur selben Zeit abgefaßt. Beide handeln zwar von der Sammlung für Jerusalem, aber jeweils in sich geschlossen, ohne Bezug aufeinander und in verschiedener Situation. Kap. 8: Titus wird abermals von Pls zusammen mit anderen nach Korinth entsandt, um das früher begonnene Kollektenwerk fortzuführen, und der Gemeinde empfohlen. Die völlige Aussöhnung mit ihr ist vorausgesetzt. So ist Kap. 8 (F) als kurzes eigenes Empfehlungsschreiben für Titus anzusehen oder als Anhang zu dem von ihm überbrachten »Versöhnungsbrief« 1, 1–2, 13; 7, 5-16 (E). – Kap. 9: später abgefaßtes und letztes Schreiben des

Apostels in Sachen der Kollekte. Noch weilt Pls in Macedonien, bittet aber die erfolgreich gediehene Sammlung bis zu seinem eigenen baldigen Eintreffen in Korinth zum Abschluß zu bringen (G).
An der Echtheit der aufgezählten Briefstücke zu zweifeln, besteht nicht der geringste Anlaß (mit Ausnahme der wenigen, nach Terminologie und theologischem Gehalt charakteristisch unpaulinischen paränetischen Verse 6, 14–7, 1, die auch den Zusammenhang unterbrechen; diese mit Qumrantexten sich eng berührende Passage muß ein Zusatz von späterer Hand sein).
Ist unser kanonischer 2Kor demnach eine Sammlung verschiedener Briefe (C bis G), so erhebt sich die Frage nach ihrem Zweck und ihrer Entstehungszeit; vor allem aber auch die Frage, warum der Sammler das Fragment des »Schmerzensbriefes« (D) ans Ende gestellt und damit den Eindruck des Versöhnungsbriefes (E) scheinbar illusorisch gemacht hat. Doch erklärt sich sein Kompositionsverfahren aus einem in der urchristl. Literatur auch sonst reichlich nachweisbaren Formgesetz, demzufolge Warnungen vor der Häresie als einer die Endzeit ankündigenden Gefahr an den Schluß von Schriften oder Schriftstücken gerückt werden. Offenbar hat der Sammler die Polemik des Pls gegen die »Pseudoapostel« und »Satansdiener« in diesem Sinn verstanden wissen wollen und darum ans Ende gestellt. Im übrigen hat er E zu Grunde gelegt, das früheste und besonders wichtige Fragment C darin eingearbeitet und dem so enstandenen Ganzen zeitlich und sachlich angemessen F und G folgen lassen.
Die Hypothese einer späteren Sammlung wird dadurch gestützt, daß nachweislich der kanonische 1Kor und nur dieser bei den Apostolischen Vätern des ausgehenden ersten und beginnenden zweiten Jhdts. (1Clem, Ignatius, Polykarp) reichlich zitiert wird, aber noch nicht 2Kor. Möglicherweise ist die Sammlung des 2Kor am Ende des 1. Jhdts. als apostolisch-kirchliches Lehrschreiben in den neunziger Jahren in Korinth zusammengestellt und von da aus verbreitet worden, als abermals, wie 1Clem beweist, die kor. Gemeinde von Rebellion bedroht war. (Näheres in G. Bornkamm, Die Vorgeschichte des sogen. Zweiten Korintherbriefes, Sitzungsberichte der Heidelberger Akad. d. Wissensch., 2. Aufl. 1965 = Ges. Aufs. IV 162–164; dort weitere Lit.)
2. Auch *Phil* (s. o. S. 99 ff.) ist vermutlich eine Sammlung von mindestens zwei, wahrscheinlicher drei Briefen. Zeitlich dürfte 4, 10-20 an den Anfang gehören, ein kurzer Dankbrief an die Philipper, die dem inhaftierten Apostel ein Gemeindeglied, Epaphroditus, als Gehilfen und durch ihn eine Gabe übersandt haben (A). Von einer schon länger währenden Haft ist hier nichts zu merken. Diese ist erst in 1, 1–3, 1 (B) vorausgesetzt: Epaphr. hat sich bewährt, ist aber todkrank geworden, wodurch die Philipper beunruhigt worden sind, ist zwar wieder genesen, aber drängt nach Hause, und der Apostel sendet ihn zurück, in der Hoffnung, auch selbst in Kürze entlassen zu werden und nach Philippi kommen zu können (2, 19-30). Dem entspricht auch die Situation in Kap. 1: Die Gefangenschaft des Pls hat sich hinausgezogen, ihr Aus-

gang steht dicht bevor, ist aber noch ungewiß (Freilassung oder Hinrichtung, 1, 12–26; 2, 17). – Von alledem deutet der äußerst scharf polemische Briefteil 3, 2–4, 9 (C), unvermittelt einsetzend und abgeschlossen durch einen Friedensgruß, nichts mehr (oder noch nichts?) an. Er setzt wohl die Entlassung des Apostels, aber auch die gegenüber A und B bedrohlich unveränderte Lage der Empfängergemeinde voraus. (Neuere Untersuchungen bei G. Bornkamm, Der Philipperbrief als Paulinische Briefsammlung, in: Neotestamentica et Patristica, Freundesgabe für O. Cullmann, 1962, S. 192–202 = Ges. Aufs. IV 195–205.)

3. Seit längerem wird von zahlreichen Forschern aus den oben S. 96 genannten Gründen auch die lange Grußliste *Röm 16* als ein fälschlich ans Ende des Röm geratenes, ursprünglich einem nach Ephesus gerichteten Brief zugehöriges Fragment angesehen; es setzt auch Kenntnisse über eine häretische Bedrohung der Gemeinde voraus, von denen Röm sonst nichts verrät (16, 17-20, eng verwandt mit Phil 3). Ist die Annahme richtig, dann ist dieses Stück eines *Epheser*briefes etwa gleichzeitig mit Röm vor der letzten Reise des Pls von Korinth nach Jerusalem verfaßt. Ob die Grußliste zu einem eigenen, im übrigen verlorenen Brief gehört hat oder einer von Pls nach Ephesus gesandten Kopie des Röm angefügt wurde (T. W. Manson), kann hier offenbleiben. Unsere Hypothese erklärt Röm 16 m. E. überzeugender als die phantasievolle Annahme einer erneuten Übersiedlung der in Ephesus und im Osten beheimateten Personen nach Rom (etwa nach Aufhebung des Claudius-Ediktes unter Nero); sie käme einer kleinen »Völkerwanderung« gleich. Bedenkt man, in welchem Augenblick der Apostel Röm und Röm 16 schrieb (s. o. S. 96), so wird die ungewöhnliche Länge der Grußliste aus der Situation des Abschieds von der Ephesinischen Gemeinde verständlich, in der Pls bis vor kurzem so lange wie nirgends sonst gewirkt hatte. – 16, 25-27 ist, wie schon die unsichere Textbezeugung und zumal die unpaulinische Terminologie beweisen, anerkanntermaßen ein nicht von Pls stammender Briefschluß.

Exkurs III: Christologie und Rechtfertigung (zu Röm 1, 3 f. und 1, 16 f.; vgl. o. S. 128 f.)

Röm 1, 3 f. und 1, 16 f. fassen den Inhalt der Heilsbotschaft sehr verschieden zusammen.

a) Für Aufnahme eines vorpaulinischen Credo in *Röm 1, 3 f.* sprechen folgende Gründe: 1. der für urchristl. Bekenntnissätze charakteristische Partizipialstil und der (synthetische) Parallelismus der Satzglieder. 2. das christologische Schema: nach dem Fleisch/nach dem Geist (vgl. 1Tim 3, 16; 1Petr 3, 18; Ign Eph 18, 2; Tr 9; Sm 1, 1). 3. das bei Pls sonst nirgends begegnende Motiv der Davidssohnschaft Jesu. 4. unpaulinische Wendungen (»eingesetzt als ...«; »Sohn Gottes in Kraft«; »Geist der Heiligkeit«; »seit (seiner) Auferstehung von den

Toten«). Vgl. R. Bultmann, Theologie des Neuen Testaments, 5. Aufl. (1965) 52, 473; E. Schweizer, Erniedrigung und Erhöhung (1955); ders., Artk. pneuma u. sarx (Theol. Wörtb. z. N. T. VI 415; VII 125 f.); F. Hahn, Christologische Hoheitstitel (1963) 251–258; W. Kramer, Christos Kyrios Gottessohn (1963) 105–108. Für sich genommen gibt das Credo die Christologie der frühen (judenchristlichen) Gemeinde wieder: Jesus, durch seine davidische Abstammung als Messias legitimiert, ist durch seine Auferstehung zum »Gottessohn« erhöht. Die Glaubensformel redet weder von der Heilsbedeutung seines Todes noch zielt sie auf die Rechtfertigungsbotschaft ab.
b) *Röm 1, 16 f.* ist urpaulinisch und im Unterschied zu dem rein christologischen Credo soteriologisch formuliert (»Gottes Kraft zur Rettung für jeden, der glaubt«; »Gottes Gerechtigkeit aus Glauben zum Glauben«; »der aus Glauben Gerechte wird leben«; kein christologischer Hoheitsname wie Gottes Sohn, Kyrios, nicht einmal der Name Christi). Beide Wendungen sind vollständige Inhaltsangaben; sie greifen nicht – die eine dieses, die andere jenes – aus dem Evangelium heraus.
Wie verhalten sich beide zueinander? Die Auskunft, Pls wolle mit der traditionellen Formel nur seine Rechtgläubigkeit vor der unbekannten Gemeinde in Rom dokumentieren, um danach erst zu *seiner* Botschaft überzugehen, reicht schwerlich zu. Sie bringt den unlöslichen Zusammenhang von Christologie und Rechtfertigungslehre in der paulin. Theologie nicht zur Geltung. Welche Brücke führt von der ersten zur zweiten Inhaltsangabe und welcher Weg von der zweiten zur ersten zurück? Die Antwort ist nicht aus dem (traditionellen) Motiv der Davidssohnschaft Jesu zu gewinnen, das bei Pls kaum eine Rolle spielt (vgl. jedoch das Jesajazitat Röm 15, 12), um so mehr aber aus dem Hoheitsnamen »Sohn Gottes«, den Pls, streng genommen dem Credo selbst nicht gemäß (weil er nur die zweite Hälfte der Formel deckt), betont an den Anfang stellt (»von seinem Sohn« 1, 3; vgl. auch 1, 9) und abschließend in 1, 4 durch den ihm geläufigeren Titel des Kyrios ersetzt (»von Jesus Christus, unsrem Herrn«). Obwohl seltener in seinen Briefen vorkommend, hat auch »Sohn Gottes« bei Paulus eine wichtige Bedeutung. Anders als in dem zitierten Gemeindebekenntnis bezeichnet es bei ihm den *präexistenten* Christus, den Gott zur Erlösung in die Welt »gesandt« hat (Röm 8, 3; Gal 4, 4). Weder reflektiert Pls dabei über Christi göttliches Wesen an sich vor aller Zeit, noch impliziert der Titel Jesu übernatürliche Geburt (so auch in Joh und Hebr). Vielmehr weist er auf das bei Gott anhebende, nicht weltimmanente Erlösungsgeschehen: »Gott hat seinen Sohn nicht verschont, sondern für uns alle hingegeben« (Röm 8, 32). Er sagt aus, daß »Gott für uns ist« (8, 31). Das gilt für Pls universal, nicht mehr beschränkt auf den heilsgeschichtlichen Vorrang Israels. Von daher wird verständlich, daß der Würdename gerade in der paulin. Rechtfertigungslehre seinen festen Platz hat (Gal 1, 15 f.; 3; 4; Röm 8) und die Heilsbedeutung des Todes Christi wie seiner Auferstehung in sich schließt

(Röm 5, 10; 8, 29). Der soteriologische Sinn der Gottessohnschaft Christi wird auch darin deutlich, daß in der Sendung des »Sohnes« die Gottessohnschaft der Glaubenden begründet ist und durch seinen Geist ihnen bezeugt wird. Sie werden durch ihn nicht zu »Christoi« und »Kyrioi«, wohl aber zu »Söhnen« und »Erben« (Röm 8, 14-17; Gal 4, 4-7). Ohne daß diese Zusammenhänge schon Röm 1 expliziert werden, weist nach paulin. Verständnis in diesem Sinne 1, 3 f. auf 1, 16 f. voraus, wie umgekehrt dieses auf das von Pls neu verstandene Credo zurück.

Literatur

Die folgenden bibliographischen Angaben können aus der unübersehbaren Paulusliteratur nur eine Auswahl bieten (Allgemeinverständliches ist mit * bezeichnet). Sie beschränken sich im ersten Teil (I) auf einige neuere Standardwerke, in denen der spezieller Interessierte sich leicht über weitere, auch ältere Monographien und Aufsätze orientieren kann. Im zweiten Teil (II), der aus Raumgründen die Anmerkungen ersetzen muß, ist – der Disposition dieses Buches folgend – auch Spezialliteratur genannt, soweit auf ihre Ergebnisse in diesem Buch zustimmend oder kritisch Bezug genommen wurde. Auf eine Aufzählung der gängigen Fachliteratur (Kommentare; Lehrbücher; Theol. Wörterbuch zum N. T. u. dgl.) ist verzichtet. Ebenso konnten Paulusdarstellungen übergangen werden, in denen die für das heutige wissenschaftliche Paulusbild grundlegende neueste Actaforschung noch nicht oder mindestens nicht hinreichend verarbeitet ist. Werke, die auf dieser Basis und nach den in der Einführung dargelegten Grundsätzen die wechselseitig aufeinander bezogene Lebensgeschichte und Botschaft des Apostels zusammenhängend darstellen, sind m. W. noch kaum vorhanden.

Dem Leser, der das N. T. nicht im Urtext lesen kann, wird die Benutzung einer wissenschaftlich zuverlässigen neueren Übersetzung empfohlen, z. B. der von C. Weizsäcker, H. Menge, der sog. Zürcher Bibel oder in dem Kommentarwerk *Das Neue Testament Deutsch zu den einzelnen Schriften. Die verbreitete Übertragung des N. T. von J. Zink ist mehr eine modernisierende, weithin allzu freie Paraphrase.

I.

Geschichte der Paulusforschung: A. Schweitzer, Geschichte der Paulinischen Forschung von der Reformation bis auf die Gegenwart, 1911 (= 2. Aufl. 1933); R. Bultmann, Neueste Paulusforschung, in: Theol. Rundschau, N. F. 6, 1934, S. 229–246; 8, 1936, S. 1–22; O. Kuss, Die Rolle des Apostels Paulus in der theol. Entwicklung der Urkirche, in: Münchener Theol. Zeitschr. 14, 1963, S. 1–59; 109–187; B. Rigaux, Paulus und seine Briefe, 1964. Ausgewählte Abhandlungen (seit W. Wrede) in: Das Paulusbild in der neueren deutschen Forschung, hrsg. von K. H. Rengstorf, 1964.

Einleitungsfragen: vgl. *M. Dibelius, Geschichte der urchristl. Literatur 1926 (Nachdruck 1975); (P. Feine – J. Behm –) W. G. Kümmel, Einleitung in das N. T., 17. Aufl. 1973; W. Marxsen, Einleitung in das N. T., 3. Aufl. 1964; E. Lohse, Entstehung des N. T., 1972; Ph. Vielhauer, Geschichte der urchristl. Literatur, 1975. Ferner die Artikel zu den einzelnen Schriften in: Die Religion in Geschichte und Gegenwart (RGG), 3. Aufl., I–VI, 1957–1962.

Neuere Gesamtdarstellungen: Leben und Botschaft des Paulus: *M. Dibelius – W. G. Kümmel, Paulus (Sammlung Göschen), 3. Aufl. 1964. – *Theologie:* A. Schweitzer, Die Mystik des Apostels Paulus, 1930 (= 2. Aufl. 1954); H. J. Schoeps, Paulus. Die Theologie des Apostels im Lichte der jüdischen Religionsgeschichte, 1959; R. Bultmann, Theologie des N. T., 5. Aufl. 1965, S. 187–353; H. Conzelmann, Grundriß der Theologie des N. T., 1967, S. 175–314; W. G. Kümmel, Die Theologie des N. T. nach seinen Hauptzeugen, 3. Aufl. 1976; E. Lohse, Grundriß der ntl. Theologie (1974), S. 74–111; E. Käsemann, Paulinische Perspektiven, 2. Aufl. 1972 (vgl. auch ders., An die Römer, Handb. z. N. T. 8 a, 3. Aufl. 1974).

Judentum, Hellenismus, Urchristentum: E. Schürer, Geschichte des jüd. Volkes im Zeitalter Jesu Christi, I–III, 4. Aufl. 1901–1911; W. Bousset – H. Greßmann, Die Religion des Judentums im späthellenistischen Zeitalter, 3. Aufl. 1926 (4. Aufl. 1966, photomech. nachgedruckt, mit Vorwort und neuerer Lit. von E. Lohse); J. Weiß, Das Urchristentum, 1917; *R. Bultmann, Das Urchristentum im Rahmen der antiken Religionen, 3. Aufl. 1963; H. Conzelmann, Die Geschichte des Urchristentums, 2. Aufl. 1971; E. Lohse, Umwelt des N. T., 1971.

II.

Die im folgenden mit G. B. angeführten Titel enthalten eigene Abhandlungen des Verf. zur näheren Begründung der in diesem Buch gegebenen Darstellung in: Das Ende des Gesetzes. Paulusstudien, 1952 (Ges. Aufs. I, 5. Aufl. 1966); Studien zu Antike und Urchristentum (Ges. Aufs. II, 1959, 3. Aufl. 1970); Geschichte und Glaube. Zweiter Teil (Ges. Aufs. IV, 1971).

Einführung (Paulus in seinen Briefen und in der Apostelgeschichte): Die späteren romanhaften Beschreibungen der Vita Pauli und seines Martyriums in den »Paulusakten« (entstanden gegen Ende des 2. Jhs.) konnten in diesem Buch außer Betracht bleiben. Texte in: E. Hennecke-W. Schneemelcher, Neutest. Apokryphen, 3. Aufl. 1964, Bd. 2, S. 221 bis 270. – Grundlegend für alle die Acta betreffenden Fragen: M. Dibelius, Aufsätze zur Apostelgeschichte (1951), 5. Aufl. 1968; Kommentare: E. Haenchen, 15. (6.) Aufl. 1968; H. Conzelmann, 1963; dazu die Rez. von P. Vielhauer, in: Gött. Gel. Anz. 221, 1969, S. 1–19; ders., zum »Paulinismus« der Apg. (1950/51), in: Aufs. zum N. T., 1965, S. 9–27; U. Wilckens, Die Missionsreden der Apg., 2. Aufl. 1963; H. v. Campenhausen, Die Entstehung der christl. Bibel, 1968, S. 47–62.

Erster Teil (Leben und Wirken): 1. Zum hellenist. Judentum und seiner Mission: J. Juster, Les Juifs dans l'Empire Romain, I–II, 1914;

D. Georgi, Die Gegner des Paulus im 2. Korintherbrief. Studien zur rel. Propaganda in der Spätantike, 1964, S. 83–187; M. Simon-A. Benoit, Le Judaisme et le Christianisme Antique, 1968, bes. S. 69 bis 74; 95–105; Religions in Antiquity, ed. J. Neusner, 1968 (in memory of E. R. Goodenough; darin dessen letzter Aufsatz: Paul and the Hellenization of Christianity, S. 23–68). – 2. (Berufung): Zu Gal 1, 15 f. (s. o. S. 40 ff.): D. Lührmann, Das Offenbarungsverständnis bei Pls. und in paulin. Gemeinden, 1965, S. 67–81. – 4. und 5. (Apostelkonvent, Kollekte, Antiochenischer Konflikt): D. Georgi, Die Geschichte der Kollekte des Pls. für Jerusalem, 1965, bes. S. 13–33. Das Verhältnis des Pls. zu Jerusalem ist m. E. grob verzeichnet in E. Stauffer, Petrus und Jakobus in Jerusalem, in: Festschr. O. Karrer, 1959, S. 361–372; ebenso, wenngleich in anderer Weise in J. Munck, Pls. und die Heilsgeschichte, 1954. – 6. (Welthorizont): Zitat S. 73 aus: A. v. Harnack, Mission und Ausbreitung des Christentums, 4. Aufl., I, 1924, S. 79 f. – 8. (Korinth): W. Schmithals, Die Gnosis in Korinth, 2. Aufl. 1965; D. Georgi (s. o. unter 1.). – 10. (Römerbrief): genauer begründet in: G. B., Der Römerbrief als Testament des Pls., Ges. Aufs. IV, S. 120–139; hier kritische Anmerkungen auch zu G. Klein, Der Abfassungszweck des Römerbriefes, in: Rekonstruktion und Interpretation, Ges. Aufs. z. N. T., 1969, S. 129–144.

Zweiter Teil (Botschaft und Theologie): I. (Christologisches Kerygma der Urgemeinde): R. Bultmann, Theologie (s. o.), S. 34–66, bes. S. 45–56; F. Hahn, Christologische Hoheitstitel, 3. Aufl. 1966 (passim); W. Kramer, Christos, Kyrios, Gottessohn, 1963. – II, 1 (Gesetz): G. B., Wandlungen im alt- und neutest. Gesetzesverständnis, Ges. Aufs. IV, S. 73–119 (bes. S. 103 ff.); ders., Die Offenbarung des Zornes Gottes. Röm 1–3, Ges. Aufs. I, S. 9–33; ders., Gesetz und Natur. Röm 2, 14–16, Ges. Aufs. II, S. 93–118. – Zu Röm 5, 12–21: G. B., Paulinische Anakoluthe, Ges. Aufs. I, S. 76–92 (bes. S. 80 ff.); E. Brandenburger, Adam und Christus, 1962; E. Jüngel, Das Gesetz zwischen Adam und Christus, Zeitschr. f. Theol. u. Kirche 60, 1963, S. 42–74. – Zu Röm 7, 7–25: W. G. Kümmel, Römer 7 und die Bekehrung des Pls., 1929; R. Bultmann, Römer 7 und die Anthropologie des Pls., jetzt: Exegetica, 1967, S. 198–209; G. B., Sünde, Gesetz und Tod, Ges. Aufs. I, S. 51–69. – II, 2 (Anthropologie): R. Bultmann, Theologie, S. 191–270; H. Conzelmann, Grundriß, S. 195–206. – III, 1 (Gerechtigkeit Gottes): E. Käsemann, Gottesgerechtigkeit bei Pls., in: Exeget. Versuche u. Besinnungen II, 1964, S. 181–193; P. Stuhlmacher, Gerechtigkeit Gottes bei Pls., 2. Aufl. 1966; R. Bultmann, Theologie, S. 271–287; H. Conzelmann, Grundriß, S. 236–243; G. Klein, Gottesgerechtigkeit als Thema der neuesten Paulus-Forschung, Ges. Aufs. (s. o.) S. 225–236; G. B., Theologie als Teufelskunst (Röm 3, 1–9), Ges. Aufs. IV, S. 140–148. – 2. (Gnade): E. Käsemann, Zum Verständnis von Röm 3, 24–26, in: Exeget. Versuche und Besinnungen I, 1960, S. 96–100; Zitat S. 150 aus: G. Radbruch, Rechtsphilosophie, 6. Aufl. 1963, S. 343. – 3. (Glaube): A. Schlatter, Der Glaube im N. T., 5. Aufl. 1963, S. 323–

418; R. Bultmann, Theologie, S. 315–331. – 4. (Heilsgeschehen und Heilsgeschichte): E. Dinkler, Prädestination bei Pls., in: Signum Crucis, 1967, S. 241–269; ders., The Idea of History in Earliest Christianity, ebd., S. 313–350 (bes. 322 ff.); U. Luz, Das Geschichtsverständnis des Pls., 1968. – 6. (In Christus): M. Bouttier, En Christ, 1962; H. Conzelmann, Grundriß, S. 232–235. – IV, 1. (Das Wort): U. Wilckens, Weisheit und Torheit, 1959; R. Bultmann, Theologie, S. 306–315; H. Conzelmann, Grundriß, S. 266–268. – 2. (Dienst und Leiden des Apostels): E. Güttgemanns, Der leidende Apostel und sein Herr, 1966. – 3. (Kirche; Geist und Recht): H. v. Campenhausen, Die Begründung kirchlicher Entscheidungen beim Apostel Pls., in: Aus der Frühzeit des Christentums, 1963, S. 30–80. – (Taufe und Herrenmahl): N. Gäumann, Taufe und Ethik, 1967; R. C. Tannehill, Dying and Rising with Christ, 1967; G. B., Taufe und Neues Leben bei Pls., Ges. Aufs. I, S. 34 bis 50; ders., Herrenmahl und Kirche bei Pls., Ges. Aufs. II, S. 138 bis 176. – V. (Zukunft und Gegenwart; Eschatologie und Ethik): R. Bultmann, Das Problem der Ethik bei Pls.; in: Exegetica, S. 36–54; H. Schlier, Vom Wesen der apostolischen Ermahnung nach Römerbrief 12, 1-2; in: Die Zeit der Kirche, 4. Aufl. 1966, S. 74–89; E. Käsemann, Gottesdienst im Alltag der Welt, in: Exeget. Versuche und Besinnungen II, 1964, S. 198–204; W. Schrage, Die konkreten Einzelgebote in der paulinischen Paränese, 1961; O. Merk, Handeln aus Glauben, 1968. – (Zu Röm 13): A. Strobel, Zum Verständnis von Röm 13, in: Zeitschr. f. d. neutest. Wiss., 47, 1956, S. 67–93; ders. ebd. 55, 1964, S. 58–62; H. v. Campenhausen, Zur Auslegung von Röm 13, in: Aus der Frühzeit (s. o.), S. 81–101; E. Käsemann, Grundsätzliches zur Interpretation von Römer 13, in: Exeget. Versuche und Besinnungen II, 1964, S. 204–222; E. Dinkler, Zum Problem der Ethik bei Paulus. Rechtsnahme und Rechtsverzicht, in: Signum Crucis, 1967, S. 204–240. – (Liebe): G. B., Der köstlichere Weg. 1. Kor. 13, Ges. Aufs. II, S. 93–112. – (Hoffnung und Enderwartung): H. Conzelmann, Grundriß, S. 207–214; E. Brandenburger, Die Auferstehung der Glaubenden als historisches und theologisches Problem, in: Wort und Dienst. Jahrb. der Theol. Schule Bethel, N. F. 9, 1967, S. 16–33.

Schluß (Paulus und Jesus): R. Bultmann, Jesus und Paulus (1936) in: Exegetica, 1967, S. 210–229; E. Jüngel, Paulus und Jesus, 3. Aufl. 1967. – Zur Stellung des Pls. in der Alten Kirche: H. v. Campenhausen, Die Entstehung der christl. Bibel, 1968, S. 169–172. – Zur Beurteilung des Paulus und Jesu im modernen Judentum: W. G. Kümmel, Jesus und Paulus. Zu Joseph Klausners Darstellung des Urchristentums (1948), in: Heilsgeschehen und Geschichte, 1965, S. 169–191; ders., Jesus und Paulus, ebd., S. 439–456; M. Buber, Zwei Glaubensweisen, 1950; L. Baeck, Paulus, die Pharisäer und das Neue Testament, 1961, S. 7–37. – Zitate S. 236 aus: P. de Lagarde, Über das Verhältnis des deutschen Staates zu Theologie, Kirche und Religion, in: Deutsche Schriften, 1886, S. 47–98; F. Nietzsche, Der Antichrist, in: Werke in drei Bänden, II, 1955, S. 1161–1235.

Register

1. Sachen und Namen
(in Ergänzung zum Inhaltsverzeichnis)

Abendmahl, vgl. Herrenmahl
Abraham *27 f.*, 55, *75*, *151 f.*, 157 f.
Agrippa 116
Akiba 38, 55
Altes Testament 19, 32, 113, 125, 132, 138 f., 148, 151 f., 154, 157, 185, 187 f., 191, 208, 222, 244
Anthropologie *75*, 130 ff., 134 f., 136 ff., *140 ff.*, 152f., 206, 231, 242
Antiochia 51 ff., 57, 59 f., 63 f., 66 ff., 71, 87
Apokalyptik 34, 44 f., 52, 75, 122, *126*, 134, 156, 161, *204 ff.*, 221, 225 ff., 246
Apollos 87, 102
Aposteldekret 56 f., 62 ff.
Apostelgeschichte *12 ff.*, 36 ff., 46 f., 51, 53, 55 ff., 62 ff., 67, 69, 78 ff., 83 f., 94 f., 111 f., 114 ff., 117 ff., 120, 190, 235
Apostelkonvent 42, 48, 52 ff., 64, 73, 107
Apostolat des Paulus 16, *41 ff.*, 82, *91 ff.*, 169, *172 ff.*
Aquila und Prisca 71, 86, 96, 102, 104
Arabia 48 f.
Areopagrede 71, *83 f.*
Aretas 49
Askese 116, 213
Athen 71, 80, 83 ff.
Auferstehung der Toten 116, 142, 203 f., 227 ff.
Bar Kochba 38
Barnabas 47, 51, 53 f., 57 ff., 63 ff., 66 ff.
Beruf des Paulus 35, 82, 86
Beschneidung 28, 33 ff., *53 ff.*
Bürgerrecht, römisches 29, 70, 79, 116
Bund 138 f., 148 ff., 151, 153 f., 200
Charismen, vgl. Geistesgaben
Christologie 38, 44, 52, 74, 121 ff., 125, 129, 134, 204 f., 239, 241, 249 ff.
Chronologie, siehe Zeittafel
Claudius-Edikt 71, 86, 219, 249
Clemensbrief, erster 73, 119, 235
Credo *77*, 128, 188, 196, 226, 228, 249 ff.
Damaskuserlebnis des Paulus 39, 43 f., 46 f., 116
Deuteropaulinen 11 f., *245 f.*
Diasporajudentum *28 ff.*, 36 f., 55, 60, 102, 114, 222
Diatribe 33, 105
Domitian 218
Ehe 190 f., 213 f.
Enthusiasten, vgl. Pneumatiker
Epheserbrief 102, 150, 244
Ephesus 71, 73, 86 f., 93, *94 ff.*, 105, 112
Epiktet 178, 212
Erbauung *194 f.*
Erwählung 55, 109 f., *159*, 161
Eschatologie 75 f., 81, 90, 123 f., 132, 153 f., 176, 188, 191, 197, *203 ff.*, 211, 214, 225 ff., 238, 242
Ethik, vgl. Glaube, Paränese
Evangelium 22, 41, 44 f., 50, 54, 57 ff., 67, *72 f.*, 92 f., 101, *126*, 128, 131 f., 145 f., 147, 154, 165 ff., 172 ff., 191, 249 ff.
Felix 113, 116
Festus 116 f.
Fleisch 99, 137, *143 f.*, 165
Freiheit 51, 54, 59, 67, 88 ff., 99 f., 106 f., 114, 141, *162 f.*, 170, *178 f.*, *181 ff.*
Galaterbrief 41 f., 96, 98 f., 245
Gallio 86
Gamaliel 35

Gebote, vgl. Gesetz
Gefangenschaft des Paulus 79, 96 ff., 99 ff., 113, 115 ff., 118 ff., 245, 248
Gegner des Paulus 20, 40 f., 53, 56, 58, 91 ff., 97 f., 103, 110, 125, 170, 175 f., 180, 183, 192
Geist, menschlicher 142
Geist, göttlicher 92, 99, 137, 141, 144, 164 f., 171, *187 ff.*
Geistesgaben (Charismen) 188 ff., 194 f., *201 f.*, 223, 225
Gemeinde, vgl. Kirche, Leib Christi
Gemeindeverfassung 65, 112, 189 ff., 245
Gerechtigkeit Gottes 39 f., 43, 116, 134, *146 ff.* (vgl. Rechtfertigung)
Gesetz 31, 33, 35 ff., 40 ff., 51, 59 f., 66 ff., 98 f., 106, 110, 113 f., 127 f., *131 ff.*, 146 ff., 156 f., 162, 222
Gewissen 130, *142*, 155, 210
Glaube 55 f., 81, 135, *151 ff.*, 229, 239
  Glaubensgerechtigkeit 146 f., 149 f., 152 ff., 156 f.
  Glaube und Vernunft 130
  Glaube und Werk 66, 149, 151 ff., 162
  Leben im Glauben 90, 154 f., *160 ff.*, 169, 195, 197, 203, 206, *207 ff.*, 212 ff.
Glossolalie, vgl. Geistesgaben
Gnade 59, 110, 139, 148, *149 f.*, 151, 158, 202, 207 ff.
Gnosis 88, 134, 137, 139, 143, 170 f., 230, 246
Gottesdienst 20, 60, 74, 90, *193 ff.*
Hebräer 27 f., 36
Heidenchristen 28, 45, 51 ff., 58 ff., 62, 66 ff., 88, 98, 103, 105, 110, 187, 219
Heilsgeschichte 60 f., 72, 75, 154, *157 ff.*, 230
Hellenisten 36 f., 51 f., 69, 124, 186
Herrenmahl 60, 63, 66 f., 90, 186, 193 f., 196, *198 ff.*
Herrenworte 122, 190 f., 226
Hoffnung, vgl. Eschatologie
Hymnus 76 f., 170, 193, 207
Ignatius von Antiochia 68, 179, 235
Israel 55, 75, 108 f., 151, 153, *157 ff.*
Itinerar der Act 17 f., 70, 111 f.
Jakobus (Herrenbruder) 49, 54, 62 ff., 66 f., 107, 113 f., 235
Jerusalem 15 ff., 27, 34 f., 37 f., 48 ff., 53, 58, 60, 72, 77, 106, 109 ff., 113, 116, 186
Johannesjünger 95
Johannes Markus 65
Josephus 28, 30
Judaisten 35, 41 f., 53 f., 98 f., 182 f., 212
Judenchristentum 54, 59 ff., 67, 106 f., 110, 113, 128, 131
Judentum *27 ff.*, 31, 52, 55 f., 80, 85 f., 97, 101, 105 f., 109 f., 113 ff., 116, 125, 128, 132 f., 148, 153 f., 157 f., 186 f., 192, 218, 236 f.
Kephas, vgl. Petrus
Kerygma 74 ff., 101, 121 ff., *124 ff.*, 165, 168, 239, 241
Kirche 50, *52 ff.*, 67 f., 73, 76, 88, 107, 114, 127, 163, 175, *184 ff.* (vgl. Leib Christi)
Kollekte 58, *61 f.*, 77, *105 ff.*, 111, 113 f., 247 f.
Kolossä 100
Kolosserbrief 102, 150, 179
Korinth 69 ff., 73, 80, 83, *85 ff.*, 93, 106, 169 ff., 184, 199
Korintherbriefe 245, *246 ff.*
  Erster 85, *87 ff.*, 246
  Zweiter *91 ff.*, 172, 247 f.
Krankheit des Paulus 23 f.
Kreuz Christi 35, 84 f., 88, 90, 130 f., *166 ff.*, 171, 176, 180, 193, 195, 200, 239
Leib *140 ff.*
Leib Christi 88, 90, 107, 141, 164, 197, 199 f., *201 f.*
Liebe 99, 150, *161 f.*, 167, 220 f., *222 ff.*
Lukas, vgl. Apostelgeschichte
Marcion 24, 235
Mensch, vgl. Anthropologie, Welt
Milet 112

Mission des Paulus 21, 33 f., 43, 47, *48 ff.*, 60, 63 ff., *68 ff.*, 81 f., 95, 101, 104 f., 116, 118, 172 f., 181
Mitarbeiter des Paulus 14, 22, 52, 55, 65, 68, 74, 94, 100, 102, 104, 111, 125, 174 f.
Mysterienkulte 31, 63, 88, 178, 196 f., 224, 234
Naherwartung, vgl. Parusie
Nasiräer 113
Obrigkeit 99, 115 f., 119, *216 ff.*, 221 f.
Offenbarung *43 ff.*, 57 f., 174
Paränese 99, 122, 165, *191 f.*, 207 ff., 217 ff., 232 (vgl. Glaube)
Parusie 49, 81, 116, 160, 195, 203, 212 ff., 218, *227 ff.*, 244, 246
Pastoralbriefe 12, 102, 112, 120, 190, 235, 245
Paulusbriefe *11 f.*, *18 ff.*, 82, 98, 101, 108 f., 121, 245 f.
Paulus-Schule 102, 246
Peristasenkataloge 24, 97 f., 169, 177
Petrus (Kephas) 42, 48 ff., 53 f., 58 ff., 62 ff., 66 ff., 119, 186
Pharisäer 16, 27, 33 f., 46 f., 55, 106, 116
Philemonbrief 96, 100, 245
Philipperbrief 96, *99 f.*, 245, *248 f.*
Philippi 69 f., 73, 78, 97, 106
Philippus 37, 113
Philo 19, 28, 32, 140, 151
Pneumatiker 20, 88 ff., 99, 101, 141, 168 ff., 182, 188 ff., 192, 194 f., 201, 206, 213, 223
Prädestination, vgl. Erwählung
Propaganda, religiöse 29 ff., 79, 81 f., 92
Proselyten 34, 36
Rechtfertigung 36, 44, 99, 107, 110, *126 ff.*, 129, 145 f., 152 f., 156 f., 160, 250 (vgl. Gerechtigkeit Gottes)
Römerbrief 94, 96, *103 ff.*, 219, 245
Rom 60, 70 ff., 73 f., 76, 105 f., 115 f., 118 ff., 184
Sakramente 196 ff.
Saulus 28 f.
Schöpfung 133, 140 f., 156, 165, 169, 180, 184, 203, 223, 230 f.
Seneca 178
Sitte und Brauch 89, 191, 210 f.
Sklaven 100, 183, 215 f.
Spanien 71 ff., 76, 105, 120
Staat, vgl. Obrigkeit
Stephanus 37 f., 51
Stoa 32 f., 75, 84, 142 f., 178, 212
Sünde 66, 75, *132 ff.*, 135 ff., 138 f., 141, *143*, 144, 148, 160 ff.
Sueton 86
Synagoge, vgl. Judentum
Syrien 27, 38, 50 f., 57
Tarsos 27, 50 f.
Taufe 164, 186, *196 ff.*
Theodizee 156 f.
Thessalonich 69 ff., 73, 79 f.
Thessalonicherbrief, erster 80 ff., 245; zweiter 246
Timotheus 69, 80, 86, 91, 102, 174
Titus 55, 67, 94, 102, 247
Tod 135, 137, 141, *144*, 150, 163, 168 f., 179, 197
Tugend- und Lasterkataloge 210
Urapostel 41 ff., 48, 51, 53, 56 f., 59, 61, 174
Urgemeinde, Jerusalemer 36, 45, 50 ff., 61 f., 68 f., 106 ff., 114, 124 f., 168 f.
Vernunft 90, 130 f., 137, *142 f.*, 167 f., 188 f., 210
Versöhnung *150*, 160, 166
Via Egnatia 70, 72
Weisheit 32, 84, 88, 90, 130, 133, 167 f., 170 f.
Welt 74 f., *139 ff.*, 156 f., 161, 212, 216, 218, 220
Werke, vgl. Gesetz, Glaube
Wiederkunft Christi, vgl. Parusie
Zorn Gottes 131 ff.
Zwölf Apostel 16, 36 f., 91

2. Stellenregister (Auswahl)

A. Altes Testament

Gen 12, 1 ff.: 151 f.
15, 6: 151 ff.
17, 1 ff.: 151, 153
22, 1 ff.: 152
Dtn 30, 12 ff.: 166
Jes 42, 6: 30
49, 1: 40, 172
49, 8: 166
52, 5: 30
52, 7: 173
Jer 1, 5: 40, 172
Ps 19, 5: 173
118: 178
143, 2: 148 f.
Hi 4, 17: 148

B. Judentum

4Esr 8, 36: 148
1QS XI, 12: 149
Philo, De vita Mosis II, 20: 30
Josephus, Contra Apionem II, 39: 30

C. Neues Testament

Mt 10, 2: 91
16, 18 f.: 186
20, 1 ff.: 243
23, 15: 33 f.
Mk 2, 5: 240
3, 27: 240
12, 13 ff. parr.: 220
14, 22 ff. parr.: 198 f.
Lk 11, 20: 240
15, 11 ff.: 243
17, 21: 242
18, 9 ff.: 243
24, 13 ff.: 241
Act 1, 8: 15, 118
2, 9 ff.: 28
5, 29: 217
6, 1-6: 36
7, 58–8, 3: 28, 37 f.
9, 1-9: 47
9, 19-30: 49 ff.
11, 19-26: 37, 51 f.
11, 27-30: 62
13-14 f.: 63 ff.
15: 51 f., 64
15, 39 f.: 65, 68
16, 11-40: 17, 29, 70, 78 f.
17–19: 71
17, 1-10: 79 f.
17, 16-34: 83 f.
18, 1-17: 85 f.
18, 24-28: 87
19: 94 f.
20, 3 f.: 106, 111
20, 17-38: 112, 118
21, 27-36: 115
22: 35, 38, 47, 116
23, 6: 34
24–26: 116 f.
24, 17: 62, 113
27: 117 f.
28, 30 f.: 13, 118 f.
Röm 1–3 (4): 75, 108, 133 f.
1, 1: 126
1, 3 f.: 128, 249 ff.
1, 5: 74, 78, 151, 173
1, 13 f.: 70, 72
1, 16 f.: 126 ff., 131 f., 146 ff.
1, 18–3, 20: 133 f.
1, 20 f.: 84, 143
2, 14 f.: 142, 143, 211
2, 17-24: 30,
3, 1: 158
3, 20: 148 f.
3, 21-31: 132, *146 ff.*, *149 f.*
4: 75, 108, *151 ff.*, 157 f.
4, 5: 147
4, 17: 158, 169
5, 1-11: 143, 147, 150, 153, 155, 160, 222 f., 226, 231
5, 12-21: 108, *134 ff.*, 138, 143 f.
6: 160, 161 f., 165, 192, *196 ff.*, 203 f., *207 ff.*, 211
6, 9 f.: 165
6, 15 ff.: 132, 164

6, 23: 143 f.
7, 1 ff.: 162
7, 7-25: 46, 130, 132, *136 ff.*, 143 f.
8, 1-11: 44, 141, 144, *164 f.*
8, 12 ff.: 142, 144, 208,. 226, 231
8, 15 f.: 108
8, 16: 142
8, 18-30: 140, 161, 231 f.
8, 35 ff.: 150, 222
9–11: 109, *158 ff.*, 230 f.
9, 30–10, 4: 40, 144, 146
10, 6-8: 76, 146, 166
10, 12: 75, 166
10, 14-18: 72, 154, 173
11, 11-32: 138, 169 f., 226 f.
12, 1 f.: 141, 195, 207, 210 f.
12, 3-5: 164, 192, *201 f.*, 210
12, 6-21: 108, 210, 220 f.
13, 1-7: *216 ff.*
13, 8-10: 132, 220 f., 222
13, 11-14: 160, 192, 218, 232
14, 1–15, 13: *76 f.*, 108 f., 211
14, 7 ff.: 74, 164, 210, 230
15, 7 ff.: 194, 211
15, 11: 72
15, 19 ff.: 71, 72 f., 76
15, 22 ff.: 61, 70 ff.
16, 1-16: 96, 249
16, 17-20: 103, 249
16, 25-27: 249

1Kor 1–4: 88
1, 4 ff.: 192, 203
1, 18 ff.: 84 f.
1, 26 ff.: 86, 192
2, 6-16: 170 f.
3, 1-3: 170
3, 5 ff.: 194
3, 7 ff.: 175, 187
3, 17: 192
3, 21 ff.: 88, 170
4, 9 ff.: 177, 203
4, 14 ff.: 173 f., 192
5, 1 ff.: 90
5, 3 ff.: 190 f.
5, 6 ff.: 209
5, 10 f.: 210
6, 1 ff.: 90
6, 1-10: 221 f.
6, 11: 164, 196, 209, 211
6, 12 ff.: 89, 141, 213
7: 213 ff.
7, 10: 190
7, 17-24: 183
7, 22 f.: 100
7, 29-31: 212
8–10: 89 f., 108, 181 f.
8, 1 ff.: 211
9, 1: 44, 173
9, 19-23: 181 f.
9, 20 ff.: 114
10–11: 90
10, 1: 157
10, 1-4: 196, 211
10, 15 ff.: 198 f.
10, 23: 89
10, 23 ff.: 211
11, 2-17: 211
11, 20 ff.: 198, 200
11, 23 ff.: 125, 198
12: 108
12, 2 f.: 188
12, 4 ff.: 202
12, 12 ff.: 201, 202
13: 90, *223 ff.*
14: 143, *188 ff.*, 194
15: 90, 142, 227 ff.
15, 3 ff.: 125, 204
15, 6 ff.: 173
15, 8: 23, 44
15, 10: 23, 155, 169
15, 22 ff.: 108
15, 24-26: 77
15, 29: 196
15, 32: 98, 108, 144, 218
15, 50 ff.: 203, 212, 226
15, 55: 150
15, 56 f.: 108
16: 61
16, 13: 155, 232

2Kor 1, 8 ff.: 218
1, 17 ff.: 243
1, 22: 196, 226
1, 24: 175
2, 4 f.: 93
2, 14 ff.: 93
2, 16: 126
2, 17: 93
3, 1: 91

3, 6 ff.: 150
3, 14: 131
3, 18: 224
4, 2: 155
4, 5: 175
4, 6: 46, 165 f., 169
4, 8 ff.: 177
4, 10 f.: 226
4, 16-18: 180
5, 1 ff.: 230
5, 14: 150, 223
5, 16 ff.: 176, 203
5, 18 f.: 150, 166
5, 19 ff.: 75, 160
5, 20: 126, 172
6, 1: 208
6, 2 ff.: 166, 180
6, 3-10: 177
7, 10: 144
8–9: 61, 107
10–13: 92, 94, 176
10, 1: 20
10, 3 ff.: 131
10, 5 f.: 154
11: 97
11, 1: 180
11, 13-15: 92 f., 176, 180
11, 23 ff.: 24, 91, 177
11, 29-31: 98
12, 9 f.: 92, 169, 177, 180
13, 4: 166, 195, 226
Gal 1, 1-5: 42, 212
1, 8: 174
1, 11 f.: 42, 50, 57
1, 13 f.: 35, 38, 136
1, 15 f.: 40 ff., 126, 172
1, 18: 48 ff.
1, 21 ff.: 38, 45, 50 f.
2, 1-10: *52 ff.*, 174
2, 16: 146, 149, 151
2, 11-21: 63, 66 ff.
2, 20 f.: 150, 155, 164
3: 44, 75, 108, *152 f.*
3, 1 ff.: 162, 167, 188, 191
3, 8: 147
3, 24 f.: 138
3, 26 f.: 160, 164, 197, 209
3, 28: 60, 100, 201, 213
4, 1 ff.: 108, 138
4, 8-10: 18 f., 224
4, 12-20: 70, 174
5, 1-12: 35, 42, 99, 155, 162 f., 193, 223
5, 13-15: 99, 132, 162, 222
5, 16-26: 99, 144, 209 f.
6, 1-10: 99, 202
6, 11 ff.: 144, 169, 212, 223
Eph 2, 11 ff: 150, 244
Phil 1, 12-18: 93, 97, 174
1, 19-26: 100, 179, 230
1, 27-30: 180, 218
2, 1-4: 207
2, 5-11: 74, 77, 166, 208
2, 12-18: 179, 208, 230
2, 19-24: 174
3: 39 f., 108
3, 1-14: 16, 34 f., 134, 144, 146, 176, 203
3, 17-21: 193, 197
4, 4-7: 203
4, 8: 210
4, 10-20: 70, 73, 175, 178
Kol 1, 15 ff.: 150
1, 24: 179
1Thess 1, 2-10: 73, *80 f.*, 172
2, 1-12: 35, *79 ff.*, 174
2, 13: 82, 172
2, 14-16: 71, 80, 180, 218
2, 17–3, 13: 20, 80, 155
4, 13-18: 81, 212, *226 f.*
4, 15: 122, 226
5, 1-11: 206, *228*, 232
5, 21: 143
1Tim 3, 16: 77
2Tim 2, 18: 229
Hebr 1: 77
11: 151 f.
Jak 2, 14-26: 152, 162
1Petr 2, 4 ff.: 188
2Petr 3, 15 f.: 235
Offb 13: 218

D. Außerbiblische Quellen

1Clem 5, 4-6: 73, 119 f.
Epiktet, Diss. I, 18, 22: 178
Strabon XIV, 673: 27
Sueton, Vita Claudii 25, 4: 86